聶石樵文集

第四卷

古代戲曲小説史略

中 華 書 局

目 录

自　序

　　这部《古代戏曲小说史略》,撰写的是从元代开始到清道光二十年鸦片战争为止的戏曲小说史。鸦片战争之后,史称近代,不在论述之内。

　　我国具有现代意义的通俗戏曲和小说,即既有人物形象又有故事情节,在唐、宋时期已经产生了。但当时只是萌芽状态,正式形成则在元代,所以我从元代写起。又称为"史略",略去什么?即略去一些文学价值不高或根本没有文学价值的作品。如公案、武侠之类的小说,这类小说对民俗学研究有意义,却并无文学价值。又如某些戏剧演出效果很好,但作为文学剧本,却很简陋。这些都被从略了。我所论述的是有文学成就或文学成就高,在戏曲、小说发展过程中起过作用,对后代文学有影响的作家和作品。

　　我国通俗戏曲、小说的产生,突破了传统的抒发主观情感的抒情诗的形式,把视野扩大到社会各个领域,反映了广阔的社会生活,特别是下层社会人民的生活,并以下层社会人民为作品的主人公,成为舞台艺术的主角,为我国古代文学史开辟了一个新的历史时期。如何正确地评价古代戏曲、小说作家和作品,如何正确地阐述古代戏曲、小说的发展过程,目前已经出版的若干部戏曲史和小说史,已各有论述,然而将戏曲史和小说史合编则不多见,我以独撰的形式进行论述,这是这部书稿的主要特点。另外,这部书稿之所有论述,都是根据学生的需要,根据他们学习中的问题而阐述的,有它的实践性,并非无的放矢,这也是一个特点。

最后需要补充说明的是,这部稿子是我早年撰写的,这次重新整理,除了补充小部分作家作品外,其他如体例、思想、观点以及文风都保持原貌。

历史一去不复返了,回首当年:薄禄作无穷之祟,"白专"结不解之仇,苦涩的人生,唯有为教学需要而撰写的这部书稿,给自己留下一点当时的思想意念和精神境界,可资爱摩和回味,亦以"述往事,思来者"吧!

2004 年 9 月

第一章　元代戏曲和小说

第一节　时代特点和文学环境

元朝从世祖忽必烈至元八年(1271)建国号曰"大元"起,到至正二十八年(1368)朱元璋领导起义军攻入大都(北京)灭元止,共九十七年的历史。这一阶段的历史内容是什么?时代特点是什么?这是一个由蒙古贵族集团掌握国家政权的时代,是他们对全国人民进行压迫、剥削、奴役的时代,也是全国被压迫人民反抗斗争的时代,全国人民顽强不屈、坚忍不拔的反抗斗争是这个时代的中心,并决定着这个时代发展的主要动向。

在这个时代里,蒙古贵族统治者以十分野蛮的手段进行经济掠夺和剥削,掠夺广大人民的土地,推行屯田制度,使劳动人民经济破产,生活无着,流离失所。加以汉族地主和蒙古统治者相勾结,不但保存了原有的土地,而且更扩大之,对人民的剥削更加重了。广大人民除了缴纳高额地租之外,还要担负一切课税和徭役。在这种酷重的经济剥削之下,他们或投身为佃户,或卖身为奴隶,过着牛马不如的生活。《续文献通考·田赋考》记载:富豪之家"广占农田,恣意妄为,靡所不至。贫家乐岁终身苦,凶年不免于死亡"。这种贫富悬殊,尖锐的阶级对立现实,给元代文学提供了丰富的内容,如云:一方面是"鸦飞不过的田产","旱路上有田,水路上有船,人头上有钱";另一方面是"俺百姓们痛杀,无根椽片瓦",

以至于"四境饥荒,百姓逃亡"。便是这种现实的真实反映。

在这个时代里,蒙古统治者在政治上对广大人民加以摧残和压迫,在中原地区实行大屠杀,两河山东受害最重。为了破坏全国人民的反抗斗争,分国民为蒙古人、色目人、汉人、南人四个等级,从中离间他们的团结。又在南方农村实行保甲制度,在北方农村设立村社制度,以加强对全国人民的统治。同时制定许多禁令,如"申严汉人军器之禁","申严汉人田猎之禁","禁江南民挟弓矢"(《元史·世祖本纪》)。禁"诸民间有藏铁尺铁骨朵及含刀铁柱杖者",禁"习用角觝之戏"(《元史·刑法志》)。对文艺则一味采取摧残政策,对于"诸妄撰词曲诬人,以犯上恶言者,处死",对于"诸乱制词曲为讥议者,流",对于"诸民间子弟不务正业,辄于城市坊镇演唱词话,教习杂戏,聚众淫谑,并禁治之"(《元史·刑法志》)。从一般的军器猎具到日常的娱乐生活都有禁令,广大人民毫无自由可言了,其统治的严酷性可见一斑。但是汉族地主们却受到特殊的待遇,并甘心为蒙古统治者效劳,为他们出谋划策以镇压人民。这种民族和阶级压迫相结合,造成人民的极大痛苦。这在元代戏曲中也有较多地反映。

在这个时代,蒙古统治者最初不认识农业生产的重要性,变部分农田为牧场。后来鉴于中原地区农业发展的情况,便采取一些有利于农业生产的措施,使农业生产得到恢复。同时为满足蒙古贵族消费的需要,在大都设立各种手工业作坊,拘集工匠数万人,从事半奴隶式的劳动。手工业的兴盛,促成城市商品经济的繁荣,并出现了新的市民阶层。市民阶层的出现,与城市商品经济的发展紧密联系着。元大都是东方最大的城市,也是商品经济最发达的地区,当时"外国巨价异物及百物之输入此城者,世界诸城无能与比。……百物输入之众,有如川流之不息。……每城皆有商人来此买卖质物,盖此城为商业繁盛之城也"(《马可·波罗行纪》冯承钧译本)。此外,江南杭州等城市也极其繁盛,关汉卿的散曲〔南吕·一枝花〕咏唱杭州的兴旺景象:"普天下锦绣乡,寰海内风流地","这答儿忒富贵,满城中绣幕风帘,一匝地人烟凑集","百十里街衢整齐,万余家楼阁参差"。这种城市商品经济的发达为杂剧、话本小说的发展准备了丰富的土壤。

在这个时代,蒙古统治者还利用汉族地主和封建文人大力宣传宗教、推崇程朱理学。据史籍记载,元朝的佛教、道教、基督教流行全国,寺、观、庙、宇遍及各地,教徒公开参与政治活动,他们勾结官府,霸占田产,恣意妄为,宣传因果报应和宿命论思想,让人民听天由命,忍受剥削和压迫,或脱离现实,逃避斗争。像马致远的神仙度人剧和郑廷玉的《看钱奴》、《忍字记》等,即反映了这种思想领域的斗争。他们还极力提倡尊孔读经,用来巩固自己的统治。窝阔台即"诏以孔子五十一世孙元措袭衍圣公",忽必烈命在上都大都诸路州府县设立孔庙。几个在朝廷官居要位的理学家姚枢、窦默、许衡等大讲理学,宣扬"三纲五常","忠君爱民"等。许衡曾提出"下以忠爱上"(奏议《时务五事》)的主张,让广大人民爱统治者。这种思想在当时社会中产生广泛的影响,元杂剧中所反映的封建伦理道德观念,便是这种统治思想的渗透。

元朝统治者为了统治的需要,想招揽汉族儒生,拟设学校开科举,但从世祖至元初年到仁宗皇庆初年约半个世纪,虽有种种议论,由于蒙古贵族和将校的阻力,终未实行。因此,一些儒生并未摆脱奴隶的处境和贫困的遭遇,另一些虽然登上仕途,但因受统治者的歧视,精神极其苦闷。所以当时文人地位之卑贱,有"九儒十丐"之说。在这种情况下,一些文人便转为与群众关系密切的"书会才人",从事戏曲、小说创作。正如明人胡侍所说:"中州人每每

沉抑下僚,志不获展……于是以其有用之才,而一寓乎声歌之末,以舒其怫郁感慨之怀,盖所谓不得其平而鸣者也。"(〔真珠船〕)

总之,在蒙古贵族严酷的统治下,全国人民始终是不屈服的,他们前仆后继,不屈不挠地斗争着。从元朝建立政权以来,广大人民的起义斗争从未停止过,而且起义次数之多,在历史上是空前的,"江南盗贼,凡四百余处"(《元史·世祖本纪》),其他各地可以想见了。因此说,随着民族矛盾的尖锐化,阶级矛盾更急剧、更深刻了。同时新的市民阶层也在发展着,城市的人民大多数来自农村中的中下层农民,从当时的社会关系看,他们和农民同样是社会的最低层。他们的反抗斗争,同样和农民的情绪和愿望联系着。当然,当时社会的主要矛盾,还是地主和农民的矛盾,而市民阶层的蓬勃发展,促进了这种矛盾更加复杂化。这就是当时的历史时代特点。元代的杂剧和话本小说即产生在这一历史环境之中,是这一历史时期社会斗争生活的反映。现实斗争激发了杂剧、小说作家的创作热情,他们"一管笔在手,敢搠孙吴兵斗"(关汉卿〔大石调·青杏子〕"骋怀"),使此期的杂剧和话本小说蓬勃发展起来。

第二节　杂　剧

元杂剧的出现是我国文学史上的一项重要事件,虽然我国戏剧的正式形成在元朝以前,但是真正大发展却在元朝。它是元朝新的文学形式,而且是最主要的文学形式,它体现了这一时代的特点和人民群众的精神面貌。它的出现标志着我国文学发展到一个新的历史阶段,即具有近代文学色彩的阶段。那么它渊源出处如何?

一、金元杂剧的渊源

我国古典戏剧的渊源很早，但今天保存的最早的是产生在宋元之间。杂剧的产生与宋元时期人民群众的艺术生活有密切关系。当时，由于社会经济的发达，形成了广大的市民层。这些市民群众为了精神生活的需要，便创造了他们喜闻乐见的各种艺术形式。在这些艺术形式中即孕育着金元杂剧的诸因素。现在我们即从宋代的杂戏小说、舞曲、官本杂剧和金代的院本中探讨金元杂剧的渊源。

（一）宋代的杂戏小说

宋代杂戏中主要一类是滑稽戏。滑稽戏也叫杂剧，内容以诙谐为主，"作杂剧者打猛浑入，却打猛浑出"（吕本中《童蒙训》）。而且"全用故事，务在滑稽"（吴自牧《梦粱录》）。吕、吴都是南宋时人，所记即南宋时事。这种戏剧虽重在调笑，内容却极严肃，意义也极深广。如张端义《贵耳集》中记载：

> 史同叔为相日，府中开宴，用杂剧人。作一士人念诗曰："满朝朱紫贵，尽是读书人。"旁一士人曰："非也。满朝朱紫贵，尽是四明（即今宁波）人。"自后相府有宴，二十年不用杂剧。

这种讥讽揭露当时朝政黑暗的文风，给金元杂剧的创作以有力影响，今天在金元杂剧中还可以使人感受到。同时，滑稽戏中的角色已比较鲜明，但不能歌舞、演故事，因此，距离真正的戏剧尚远。

由这种以诙谐为主的杂戏演变为能演故事的杂戏，当时的演义小说起了相当大的作用。据宋人高承《事物纪原》记载，北宋时的演义小说极其发达。小说人"能讲一朝一代故事，顷刻间提破"

(耐得翁《都城纪胜》)。所谓"提破",即鲁迅所说"在说一故事而知结局"(《中国小说史略》)。这种故事的内容,后来多为戏剧艺人所采用,他们"或采其说,加缘饰,作影人"(《事物纪原》卷九)。同时小说的"各以诗起,次入正文,又以诗终"(《中国小说史略》)的组织结构,也为后来的戏剧所依傍。

与戏剧的性质更相近的是傀儡。傀儡起源很古,到了宋代更加发达,种类也很多,据孟元老《东京梦华录》记载当时有悬丝傀儡、走线傀儡、杖头傀儡、药发傀儡、肉傀儡、水傀儡等。它们能"敷衍烟粉、灵怪、铁骑、公案、史书、历代君臣将相故事话本,或讲史、或作杂剧、或如崖词。"内容大抵"多虚少实"(《梦粱录》)。可见当时的傀儡戏能演言情、战争、公案、历史等小说故事,取材十分广阔,而且有底本,这是戏剧发展过程中值得注意的进步。

此外,影戏在北宋时也产生了。"仁宗时,市人有能谈三国事者……作影人,始为魏吴蜀三分战争之象"(《事物纪原》卷九)。《东京梦华录》"京瓦伎艺"条记载有影戏与乔影戏的目录。到了南宋影戏更加发展,当时的群众艺人将"汴京初以素纸雕簇"的影人,改进为"以羊皮雕形,以彩色装饰",而且"公忠者雕以正貌,奸邪者则刻以丑形"(《梦粱录》)。自此,影戏已由一般故事的演述,进步到有歌颂、批判,有浓重的爱憎感情,并且有色彩鲜明的形象。

滑稽戏、傀儡戏、影戏、小说各具特点,综合起来,它们能表现一个完整的故事,有丰富的意义、固定的剧本和色彩鲜明的形象。因此,就具备了戏剧初步的条件。

(二)宋代的舞曲

作为一种诗剧的我国古典戏曲,除了具备上述诸因素之外,还需要有抒情的曲词和优美的舞蹈。那么,我们就来考察一下这种舞、曲的渊源。

众所周知,宋代的歌曲以词最盛,词最初是一种民间小调,后来升华为文人士大夫的文学。当时一般谯集,都以唱这种词调来侑觞。其初只唱一支曲子,后来则能以同一支曲子连续歌咏一个故事。如欧阳修的〔采桑子〕十一首,咏西湖的胜景,赵德麟的〔商调蝶恋花〕十首,咏《会真记》的故事。这两者都有戏曲的意味,但只有清唱而无舞蹈。由这类清唱发展为舞曲,便成为"转踏"。

"转踏"(宋王灼《碧鸡漫志》卷二),也叫"传踏"(宋曾慥《乐府雅词》卷上),又叫"缠达"(《梦粱录》卷二十),都是一音之转,实际上是一个东西。北宋的转踏,一般用一支曲子连续歌唱,每一首咏一事,也有许多首合咏一事的,如石曼卿作的〔拂霓裳转踏〕叙述开元天宝遗事(《碧鸡漫志》卷三),可惜原词已佚,不能知其原貌。今举《乐府雅词》所载郑僅的〔调笑转踏〕为例:

> 良辰易失,信四者之难并。佳客相逢,实一时之盛会。用陈妙曲,上助清歌。女伴相将,调笑入队。
>
> 秦楼有女字罗敷,二十未满十五余。金环约腕携笼去,攀枝折叶城南隅。使君春思如飞絮,五马徘徊芳草路。东风吹鬓不可亲,日晚蚕饥欲归去。
>
> 归去。携笼女。南陌春愁三月暮。使君春思如飞絮,五马徘徊频驻。蚕饥日晚空留顾,笑指秦楼归去。
>
> 石城女子名莫愁,家住石城西渡头。拾翠每寻芳草路,采莲时过绿蘋洲。五陵豪客青楼上,醉倒金壶待清唱。风高江阔白浪飞,急催艇子操双桨。
>
> 双桨。小舟荡。唤取莫愁迎叠浪,五陵豪客青楼上。不道风高江广,千金难买倾城样,那听绕梁清唱。
>
> ……

〔放队〕

　　新词宛转递相传,振袖倾鬟风露前。月落乌啼云雨散,游
人陌上拾花钿。

这两支曲子分咏两个故事,此外还有十支曲子分咏十个故事。舞
容极盛,曲词也很典雅,形式上开始是一小段骈文,叫勾队词,然后
一诗一曲相间,诗为七言,曲以调笑为主,最后以七绝作放队词。
仍然近乎民间文艺的格调,对杂剧的形成有一定的影响。

　　与"转踏"相似的是队舞,队舞是以且歌且舞侑觞宾客。据《宋
史·乐志》记载,队舞有小儿队与女子队之分。小儿队凡七十二人,
分柘枝队、剑器队、婆罗门队等十种。女子队凡一百五十三人,分菩
萨蛮队、感化乐队、抛球乐队等十种。他们的装饰都因其队名性质
的不同而各异。这种队舞与转踏相同,只是名目有别而已。

　　此外,舞曲中还有大曲。大曲的产生很早,到宋代更加发达,
组织极其复杂,有"散序、靸、排遍、攧、正攧、入破、虚催、实催、衮
遍、歇拍、杀衮,始成一曲",叫做"大遍"(《碧鸡漫志》卷三)。由
于组织过于复杂,当时人多裁截用之,因此就变成长短不等的形式
了。如曾布的〔水调歌头〕(王明清《玉照新志》卷二)咏冯燕的故
事,只有排遍第一、排遍第二、排遍第三、排遍第四、排遍第五、排遍
第六带花遍、排遍第七攧花十八,共七折。史浩的〔采莲〕(《鄮峰
真隐漫录》卷四十五)只有延遍、攧遍、入破、衮遍、实催、衮、歇拍、
煞衮,共八折。董颖的〔薄媚〕(《乐府雅词》卷上)也只有排遍第
八、排遍第九、第十攧、入破第一、第二虚催、第三衮遍、第四摧拍、
第五衮遍、第六歇拍、第七煞衮,共十折。在现存的大曲中,此三曲
较长,而〔薄媚〕最长,但也不是全遍,可见大曲组织之宏伟了。现
举董颖的〔薄媚〕前二折为例:

排遍第八

　　怒潮卷雪，巍岫布云，越襟吴带如斯。有客经游，月伴风随。值盛世观此江山美，合放怀何事却兴悲。不为回头旧谷天涯，为想前君事，越王嫁祸献西施，吴即中深机。……

排遍第九

　　自笑平生，英气凌云，凛然万里宣威。那知此际，熊虎涂穷，来伴麋鹿卑栖。既甘臣妾，犹不许，何为计。争若都燔宝器，尽诛吾妻子，径将死战决雄雌。天意恐怜之。……

　　这是一篇西子词，遍数既多，篇章又长，但仍为叙事体而非代言体，还不能称为戏曲。

　　舞曲中最完备的是"曲破"。"曲破"唐代已经产生，但只偏于乐舞，到宋代才用来表演故事。史浩《鄮峰真隐漫录》记载的剑舞（剑器曲破）仿佛已经具备了初期杂剧的形式。兹节录如下：

　　二舞者对厅立裀上。……竹竿子勾念毕。乐部唱剑器曲破，作舞一段了。二舞者同唱霜天晓角：

　　莹莹巨阙，左右凝霜雪。且向玉阶掀舞，终当有用时节。唱彻，人尽说，宝此刚不折。内使奸雄落胆，外须遣豺狼灭。

　　乐部唱曲子，作舞剑器曲破一段。舞罢，二人分立两边。别二人汉装者出，对坐。桌上设酒果，竹竿子念：

　　……（致语略）……

　　乐部唱曲子，舞剑器曲破一段。一人左立者上裀舞，有欲刺右汉装者之势。又一人舞进前翼蔽之。舞罢，两舞者并退。汉装者亦退。（以上似为一段——笔者注）复有两人唐装者出，对坐。桌上设笔砚纸。舞者一人，换妇人装，立裀上。竹竿子念：

……（致语略）……

乐部唱曲子，舞剑器曲破一段。作龙蛇蜿蜒曼舞之势。两人唐装者起，二舞者一男一女对舞，结剑器曲破彻。竹竿子念：

……（致语略）……

念了，二舞者出队。

这是宫廷中的乐曲，但也是教坊内群众艺人的创造，是群众艺术形式之一，表现了群众"内使奸雄落胆，外须遣豺狼灭"的威武精神。其中有指挥（竹竿子），有曲词，有道白，有化装，有表演，并同时演两个故事，与《东京梦华录》所谓"杂剧入场，一场两段"的形式正相符合。已俨然是当时的杂剧模型了。

（三）南宋的官本杂剧和金的院本

南宋的官本和金的院本都是在北宋的杂戏、舞曲的基础上形成的。据周密《武林旧事》记载当时的官本杂剧段数有二百八十本之多，其中一部分是北宋时期的作品，但大部分是南宋时的产物。从它们采用的曲调看，大都是大曲、法曲、诸宫调、词曲调等，说明它们多是用歌曲表演的。金代的院本杂剧，据陶九成《辍耕录》记载的目录共有六百九十种。其中采用大曲的十六本，采用法曲的七本，采用词曲调的三十七本，另外采用不著名曲调的很多。与"官本杂剧段数"采用的乐曲多数相同，可以推论它们都导源于北宋杂剧，而分为南北两个流派。

其所以能形成两个流派，与当时的政治形势有密切关系。金人攻陷汴京之后，宋室南迁，北方的文艺形式随之流入江南，其余的则仍在北方发展。在南北人民不同的语言、风习、气质的影响下，便形成了两种各具地方色彩的戏曲。

但是，无论从命意、结构、角色等方面看，实际上都是同一类的戏曲。所谓金代院本也即官本的意思。据《金史·百官志》记载，金朝沿袭宋朝的教坊制度，教坊也得称院，是政府机构之一，所谓院本杂剧，是说这种杂剧的本子出自教坊院。《太和正音谱》认为是"行院之本"，唯行院也属于教坊院，称行院一如称行省。因此，院本也是官本的意思，命意相同。

从结构上看，"杂剧……先做寻常熟事一段，名曰艳段。次做正杂剧，通名两段"。"杂扮或名杂旺，又名技和，乃杂剧之散段"（《都城纪胜》）。那么，官本杂剧是由艳段、正杂剧（两段）、杂扮四部分组成，已经接近金元杂剧四折的形式了。至于院本，据《辍耕录》卷二十五记载："又有焰段，亦院本之意，但差简耳，取其如火易明易灭"的意思。即谓院本除了演主要故事之外，前面也有焰段（焰与艳音通）。至于杂扮虽然未见明文，但却有与杂扮性质相同的如"冲撞引首""打略拴搐"等都以调笑为主，极像杂扮之"多是假装山东和河北人，以博一笑"（《都城纪胜》）的内容。

从角色方面看，院本与杂剧也大抵相同。"杂剧中末泥为长，每四人或五人为一场……末泥色主张，引戏色分付，副净色发乔，副末色打诨，又或添一人装孤"（《都城纪胜》）。院本呢？据《辍耕录》记载："院本则五人，一曰副净……一曰副末，……一曰引戏，一曰末泥，一曰孤装。"可见在角色方面它们也完全一样。

然而，宋官本和金院本也有不同之处，那就是官本多采用古曲，因袭北杂剧的故事，而院本则正相反。这说明官本较墨守古体，院本由于新环境的影响而有所发展，王国维所谓"段数相似，而复杂过之"（《宋元戏曲史》），正是这个意思。其后，随着蒙古统治者势力的南侵，院本也相继南下，南宋官本因此湮没，院本成为通用的名称，官本之名便成为陈迹。

今天所见到的院本只有杂剧小说中残存的一部分，从这些残

迹中,也可以窥见院本的大概轮廓。如明周宪王《吕洞宾花月神仙会》杂剧中有以下一段遗文:

> 扮净同捷讥副末末泥上,相见了,做院本长寿仙献香添寿院本上。捷云:"歌声才住。"末泥云:"丝竹暂停。"净云:"俺四人佳戏向前。"副末云:"道甚清才仙乐?"捷云:"今日双秀才的生日,您一人要一句添寿的诗。"捷先云:"桧柏青松常四时。"副末云:"仙鹤仙鹿献灵芝。"末泥云:"瑶池金母蟠桃宴。"副净云:"都活一千八百岁。"副末打云:"这语言不成文章,再说。"

这段院本是周宪王自撰还是剪裁金元旧篇而成,已不可知,但与上文所引《辍耕录》记载的院本角色相同,唯以捷讥代替引戏,而孤装不知作何解释。在四个演员中,副净和副末是主要角色,副末打副净是唐宋时代"鹘打参军"的遗风,是一种古剧的韵调。又从它表演一个故事看,从它所具备的角色看,从它有歌舞、有曲白、有表演看,都完成了真正杂剧的初步形式。

这种院本再进一步发展,便成为真正的杂剧了。陶九成《辍耕录》卷二十五云:"院本杂剧,其实一也,国朝……始厘而二之。"可见院本杂剧在金朝原是一种戏剧,到元朝才分作两个剧种。但这不只是一个名词问题,而是标志着戏曲史上由金院本到元杂剧的两个历史阶段。

二、金元杂剧的形成及其体例

如上所述,元杂剧是在宋金时代群众多种艺术形式中发展起来的。到了元朝社会矛盾、民族矛盾加深了,原来以调笑为主的院本、杂剧已不能适应新的现实,要求有更完整的文学形式反映新的时代生活。同时，从艺术传统上说除了院本、杂剧之外，诸宫调对元杂剧的形成产生了直接的影响。诸宫调是由民间艺人创造的一种艺术形式，由许多曲子连缀成一个宫调，再由许多宫调连缀演唱一个故事，所以叫诸宫调。它的产生，据王灼《碧鸡漫志》记载："熙丰元祐间（即神宗的熙宁、元丰和哲宗的元祐年间）……泽州（今山西东南部——笔者注）孔三传者，始创诸宫调古传，士大夫皆能诵之。"后来到"崇观（即崇宁、大观）以来，瓦舍伎艺，有孔三传'耍秀才'诸宫调"（《东京梦华录》）。可见这种曲调北宋初年产生于山西东南地区，到北宋末年流传到河南开封一带，南宋时又"杭城有女流熊保保及后辈女童，皆效此说唱"（《梦粱录》）。其流传影响十分广阔，可惜底本都已亡佚，《武林旧事》所载"官本杂剧段数"中仅存的《诸宫调霸王》、《诸宫调挂册儿》两本也不传，今天保存的只有董解元的《西厢》、无名氏的《刘知远》和王伯成的《天宝遗事》三种，大都是宋金对立时代的产物。现在我们从董解元的《西厢》来看诸宫调对元杂剧形成的影响。

（一）从《董西厢》看诸宫调与杂剧的关系

董解元的生平事迹不可考，仅钟嗣成《录鬼簿》记载他是金章宗（1189—1208）时人。他的名字是由这部重要作品而驰名古今的。从他这部《西厢诸宫调》，可以看出元杂剧的许多组成因素在其中已经具备了。

诸宫调是一种说唱文学，其中既有道白又有唱词，这些道白和唱词是群众艺人在长期说唱过程中提炼出来的，描写人物的声容、动作、思想和性格都极生动、逼真。尽管其道白用的是唐宋古文，却流畅顺达，其唱词用的是词曲，但极优美、质朴，有意境。这是我们开卷即能感觉到的。例如作者叙述张生的身世说：

此本话说，唐时这个书生，姓张名珙字君瑞，西洛人也。

从父宦游于长安,因而家焉。父拜礼部尚书,薨。五七载间,家业零替。缘尚书生前守官清廉,无他蓄积之所致也。珙有大志,二十三不娶。

又如其曲词在表述莺莺与张生分别的刹那,景物都为之动情生色:

〔瑞莲儿〕衰草凄凄一径通,丹枫索索满林红。平生踪迹无定着,如断蓬。听寒鸿哑哑的飞过暮云重。

〔风吹荷叶〕忆得枕鸳衾凤,今宵管半壁儿没用。触目凄凉千万种,见滴流流的红叶,淅零零的微雨,率剌剌的西风。

这种道白和唱词是宋官本和金院本所远不可及的,相反则是与元杂剧的语言、曲词十分接近。并且在演唱过程中以曲为主以白为从的形式,也与元杂剧相似。这说明了诸宫调对元杂剧形成的直接影响。

此外,再从曲调上看,《董西厢》开篇所用的宫调曲牌是:

仙吕调〔醉落魄缠令〕引辞……〔整金冠〕……〔风吹荷叶〕……〔尾〕

般涉调〔哨遍〕断送引辞……〔耍孩儿〕……〔太平赚〕……〔柘枝令〕……〔墙头花〕……〔尾〕

如此把许多曲子连缀成为宫调,元杂剧中同样采用。又如《董西厢》中所用的曲牌如:〔赏花时〕〔混江龙〕〔出队子〕〔神仗儿〕〔刮地风〕等,也都是元杂剧中常见的。元杂剧中一人独唱的形式,仍然是说唱诸宫调的遗风。

从它们选取的相同的故事题材看,也可以证明它们的密切关系。如《董西厢》开篇叙述他演唱的内容"也不是崔韬逢雌虎,也不是郑六遇妖狐。也不是井底引银瓶,也不是双女夺夫。也不是离魂倩女，也不是谒浆崔护。也不是双渐豫章城，也不是柳毅传书"。这些都是与《董西厢》同时流行的未载于史籍的诸宫调的名目。这些名目故事同样见于元杂剧中，如关汉卿的杂剧《谢天香》的楔子中即说："郑六遇妖狐、崔韬逢雌虎底大曲内，尽是寒儒。"他所谓大曲，不是乐曲中的大曲，而指的是长篇诸宫调。亦可见关汉卿对诸宫调的熟识了。至于"井底引银瓶"是白仁甫《墙头马上》所演唱的故事。"谒浆崔护"曾被白仁甫和尚仲贤取材作杂剧，但都亡佚。"柳毅传书"，尚仲贤有同名的杂剧，现存《元曲选》中。"双渐豫章城"，王实甫有《月夜贩茶船》演唱同一故事，也已经亡佚。以上事实说明诸宫调与元杂剧的密切关系，说明诸宫调对杂剧的影响之深。

诸宫调中戏曲的条件已经具备成熟，所欠缺的只是由叙事体变为代言体的过程了。这期间由说唱体的诸宫调发展到能够表演的舞台剧，关汉卿、王实甫、马致远等大作家都发挥了重要作用，同时"书会"中的群众艺人的功劳也不容抹杀，如"教坊色长魏、武、刘三人鼎新编辑。魏长于念诵，武长于筋斗，刘长于科泛"（《辍耕录》）。在这些各有专长、对舞台生活十分熟识的艺人的参加研究、创作下，杂剧才正式形成了。

（二）元杂剧的体例

元杂剧是在群众艺术的基础上发展起来的，形成了一种独特的、与以前各种艺术极为不同的文学形式。

元杂剧的组织结构，一般一本以四折为通例，还保存着宋、金杂剧、院本由艳段、正杂剧（两段）、杂扮四部分组成的遗迹。但是，宋金戏剧各段分演不同的故事，而元杂剧则四折共演一个故事。杂剧也有一本五折的，如《赵氏孤儿》，这是变例。一般都墨守四折的规则，四折不够，再续四折，如《太和正音谱》注王实甫的

《破窑记》、《贩茶船》、《丽春园》、《进梅谏》、《于公高门》等剧云"有二本"即是。最长的如《西厢记》二十折,共分五本,仍然是四折一本,不出元杂剧的通例。在四折之外,有的还采取"楔子"。楔子多用在四折之前,有时也用在折与折之间,作为表现戏剧冲突的补充。可以不用,也可以用两个,如《罗李郎》、《抱妆盒》、《马陵道》都用两个,要看剧本内容需要与否而决定。楔子所用的曲调大都是〔仙吕·赏花时〕或〔正宫·端正好〕。《西厢记》第二本的楔子用〔端正好〕全套,与一折相等,可见楔子的增减与内容关系的密切了。在韵法上,大抵每句押韵,而且一韵到底。

元杂剧的"唱""白""科"也有一般的通用方法。"唱"即歌曲,在剧中占主要地位,并由剧中主角一人独唱,其他角色只能对白,不能对唱。担任歌唱的是"正末"或"正旦",因此有"末本"和"旦本"的称呼。这种一人独唱的方式,还保存着诸宫调的遗风。当然也有例外,如关汉卿的《蝴蝶梦》第三折结尾,正旦下场之后,副角色王三唱了〔端正好〕〔滚绣球〕两支曲子。这是例外,在杂剧中很少见。所谓"白",就是台词,用以辅助表现故事的情节和人物的思想感情。这类道白虽然有因袭套用的成分,但基本采用口语,仍不失其洗炼、生动、活泼的精神。如关汉卿的《救风尘》、康进之的《李逵负荆》、无名氏的《老生儿》都是在道白上运用成功的篇章。道白是戏曲不可缺少的因素,也是元杂剧区别于宋金杂剧、院本的重要特征。"科"就是动作,用来帮助表现角色的声容和舞蹈。金院本有"刘长于科泛"(《辍耕录》)的评语,可见当时"做工"已经相当发达了。"唱""白""科"都是戏曲的重要因素,它们都互相依存,不可偏废。

元杂剧的角色,比只有五人的宋金杂剧、院本是复杂多了。它把宋金杂剧、院本的末泥,改名为正末;把副末分为外末、冲末、二末、小末等;把副净简称为净;把杂扮改名为丑。虽然基本上还保存着原来的模式,但分类却十分精细。值得注意的是元杂剧的旦角特别发达。这之前只见于《武林旧事》卷四记载有"装旦"的名称,其他稗官野史都没有记载。到元杂剧则有正旦、副旦、外旦、小旦、大旦、老旦、花旦、色旦、搽旦等种种角色,而且以正旦与正末相配。可见多用旦角表演是元杂剧的一大特色。角色拿的东西,叫"砌末",也就是道具。如焦循《易余籥录》云:"元曲《杀狗劝夫》祇从砌末上,谓所埋之死狗也。《货郎旦》外末取砌末付净科,谓金钱财宝也。"道具的使用是戏曲史上的一个进步。

总之,元杂剧是在宋金杂剧、院本、诸宫调的基础上形成的,但它又有不同于以前任何戏曲的形式,而独具真正杂剧的体例。

三、关汉卿《窦娥冤》及其他剧作

(一)关汉卿的生平和剧作

关汉卿是我国戏曲史上的伟大作家,据《录鬼簿》记载,他号已斋叟,大都(今北京市)人,曾任太医院尹。但元朝有太医院而无尹,则他之任太医院当在金朝。明蒋一葵《尧山堂外纪》直书他"金末为太医院尹,金亡不仕"。又《青楼集·序》说他是金代遗民,并把他看作和杜善夫、白朴同辈的人。白朴在金亡时才八岁,可以推测他的生年可能和白朴相差不远,或更早一些,约在金宣宗贞祐、元光(1213—1223)之间。乾隆时修的《祁州志》说他是祁州(今河北安国)五仁村人。祁州在元代属中书省,因此仍可以称大都。他的卒年也不确切知道,他写过十首〔大德歌〕,大德是元成宗的年号(1297—1307),可见他当时还活着,可能不久就死了。估计他共活了八九十岁。

据《永乐大典》所引元末熊自得编的《析津志》(析津为辽金时

北京的旧名)记载,他"生而倜傥,博学能文,滑稽多智,蕴藉风流,为一时之冠"。这种才情和性格都足以促使他的剧作形成独特的风格。他在其一套带有自叙传性质的散曲〔南吕·一枝花〕"不伏老"中说,自己擅长各种技艺:"我也会吟诗,会篆籀,会弹丝,会品竹。我也会唱鹧鸪,舞垂手,会打围,会蹴鞠,会围棋,会双陆。"并且表示即使"落了我手,歪了我口,瘸了我腿,折了我手,天与我这几般儿歹症候,尚兀自不肯休"。为了喜好的群众技艺,不惜牺牲自己的生命,可见他对自己从事的艺术活动多么坚定执著!贾仲明《书录鬼簿后》说钟嗣成"载其前辈玉京书会燕赵才人……自金之解元董先生,并元初关汉卿已斋叟以下,前后凡百五十一人。"关汉卿是这种群众艺术组织中的代表人物。他不但能编剧,而且还粉墨登场,《元曲选序》说:"躬践排场,面敷粉墨,以为我家生活,偶倡优而不辞者。"他是用全力来写戏的,所以才能取得如此高的成就。

据《录鬼簿》和《辍耕录》记载,他和当时的作家有着广泛的联系,他和杨显之是互相评改作品的莫逆之交,和康进之、费君祥、王和卿是朋辈,和著名杂剧演员珠帘秀有交往。他的戏剧创作已经成为当时剧作家学习的榜样,如北方的作家高文秀被称为"小汉卿",南方的作家沈和甫被称为"蛮子汉卿",都说明他在当时剧坛上的崇高地位和重大影响。

在元代剧作家中,关汉卿是最早着手写戏的。《太和正音谱》即说他"初为杂剧之始",同时也是创作量最多的,共写了六十多本戏,今天保存的有《感天动地窦娥冤》、《赵盼儿风月救风尘》、《包待制三勘蝴蝶梦》、《杜蕊娘智赏金线池》、《望江亭中秋切鲙旦》、《温太真玉镜台》、《钱大尹智宠谢天香》、《包待制智斩鲁斋郎》、《关大王单刀会》、《关张双赴西蜀梦》、《闺怨佳人拜月亭》、

《诈妮子调风月》、《山神庙裴度还带》、《邓夫人苦痛哭存孝》、《刘夫人庆赏五侯宴》、《状元堂陈母教子》、《王闰香夜月四春园》等，共十七本。由于关汉卿长期地生活在群众之中，对广大群众的精神、气质、灵魂有透彻的观察，因此能在自己的剧作中比较深刻地表现出人们的精神面貌，从而反映了元代那个腐朽、黑暗的社会生活。

（二）悲剧《窦娥冤》

《窦娥冤》是关汉卿的代表作，是他的戏剧中最出色的悲剧。题材取自《汉书·于定国传》和《搜神记》所记载的东海孝妇的故事、古代邹衍的故事，以及"苌弘化碧、望帝啼鹃"的典故等，根据现实生活进行再创造的。内容是写一个读书人窦天章的女儿窦娥一生的不幸遭遇。窦娥三岁死了母亲，七岁时由于抵债，被父亲送到蔡婆婆家做童养媳，十七岁结了婚。婚后不到两年丈夫死去，从此便过着悲苦的寡居生活。蔡婆婆出外讨债，赛卢医谋财害命要勒死她。地痞张驴儿和他父亲救了蔡婆婆，趁机赖在蔡家。张驴儿见窦娥貌美，要强迫她为妻，窦娥不肯。他想毒死蔡婆婆，反把自己的父亲毒死了，他便诬告窦娥害死他父亲。审案的桃杌太守是个昏官，将窦娥屈打成招，判处死刑。临刑之前，窦娥对天发出三桩誓愿，她的誓愿感动了天地，果然样样应验。三年之后，她父亲做了提刑肃政廉访使，到楚州察访。窦娥冤魂出现，要求父亲代她报仇。窦天章察明案情，为女儿雪了冤。

作品主要创造了窦娥这一封建社会被压迫妇女的典型。窦娥是个在政治上被压迫、思想上被奴役、人格上被侮辱的妇女，她的一生可以概括出我国封建社会普通妇女的悲惨历史。窦娥的性格是善良的，也是刚强的。她善良的心性主要表现在对婆母的孝敬上和对丈夫旧日的恩爱上。她丈夫死后，她一边守孝，一边奉养婆母,她说:"我将这婆侍养,我将这服孝守。"又当桃杌太守在公庭上要拷打婆母时,怕婆母受苦,她连忙招认了,以自己的生命,救护了年迈的婆母。在赴刑场途中,担心婆母看见痛心,要求刽子手从后街走。在自己生命危在旦夕的时候,还无微不至地关怀婆母,表现了她的真诚至孝!最后她会见了婆母,对婆母提出最后的要求:

　　　　〔快活三〕念窦娥葫芦提当罪愆,念窦娥身首不完全,念窦娥从前已往干家缘,婆婆也,你只看窦娥少爷无娘面。

　　　　〔鲍老儿〕念窦娥伏侍婆婆这几年,遇时节将碗凉浆奠,你去那受刑法尸骸上列些纸钱,只当把你亡化的孩儿荐。

窦娥从七岁进了蔡家,勤俭奉侍婆母,为蔡家付出了许多劳动,最后为了解救婆母,自己屈招了罪名,将要身首两处。这时没有别的要求,只希望婆母能给她奠些浆汤,烧些纸钱。这种微薄的要求,还以一种乞求的语气出之,正显示出这一善良的青年妇女,结局却如此悲惨,增强了窦娥的悲剧性。

　　窦娥的性格是刚强的,她的斗争性是逐渐坚定起来的。起初她对自己的不幸遭遇,只是自我哀怨,认为命运如此,无可奈何。当张驴儿闯进她家里来,强迫她为妻时,她坚决进行斗争,并加以拒绝。张驴儿进而诬陷她药死自己的父亲,提出"官休"或"私休"的诡谋来威胁她时,她正直、刚强的反抗性格进一步发展,当时她对官府抱有幻想,相信太守能替她涤耻雪冤,因此愿到公庭去解决。未料到太守桃杌是个昏庸的酷吏,庇护狡诈的张驴儿,严刑拷打她,把她打得"一杖下,一道血,一层皮","肉都飞,血淋漓"。她感到自己处在覆盆之下,见不到一线光明。但是坚强的窦娥并没有屈服,她愤怒地说:"我做了个衔冤负屈没头鬼,怎肯便放了你好色荒淫漏面贼?"从此窦娥不仅是对张驴儿的反抗,而且是和封建法制的斗争了。窦娥被判处死刑之后,内心显示出复杂的矛盾,她认为"人心不可欺,冤枉事天地知",但同时她又对天地表示怀疑,因为自己本来是冤枉的,但却得不到法律的保护,并将被斩首,还说什么天理昭彰? 于是她对天地发出了义正辞严的质问:

> 〔滚绣球〕有日月朝暮悬,有鬼神掌着生死权,天地也只合把清浊分辨,可怎生糊涂了盗跖颜渊。为善的受贫穷更命短,造恶的享富贵更寿延。天地也做得个怕硬欺软,却原来也这般顺水推船。地也,你不分好歹何为地? 天也,你错勘贤愚枉作天。哎! 只落得两泪涟涟。

对天道发出了质询和控诉。天道是封建统治者权威意志的体现,窦娥否定了它,是她正义刚强的反抗性格发展之极致。尽管窦娥对天道表示了怀疑和否定,但她临刑前又不得不对天发下三桩誓愿:"第一要素旗枪鲜血洒,第二要三尺雪将死尸埋,第三要三年旱示天灾。"她希望"皇天也肯从人愿",能够应验了她的三桩誓愿,以洗雪自己莫大的冤屈和耻辱。在罪恶的统治下,她的反抗越坚强,她的性格也相应的更深化。她尖锐地指出:"这都是官吏每无心正法,使百姓有口难言","呀! 这的是衙门从古向南开,就中无个不冤哉!"给几千年我国封建社会的吏治作了一个极精确的总结。她愤恨已极地说:"从今后,把金牌势剑从头摆,将滥官污吏都杀坏,与天子分忧,万民除害。"(〔鸳鸯煞尾〕)

　　总之,窦娥的悲剧性在于她相信官府,结果却被杀戮;她遵守节孝,结果却受迫害。关汉卿就是通过窦娥的悲剧,对造成这一悲剧的元代社会的政治、伦理、高利贷、社会恶习,进行了尖锐深刻的解剖和批判。

(三)喜剧《救风尘》和《望江亭》

关汉卿不但创作了驰名于世的悲剧,而且创作了一些有深刻意义的喜剧,《救风尘》和《望江亭》便是他的喜剧中最成功的作品。

《救风尘》内容是写妓女赵盼儿拯救同行姊妹宋引章,向纨绔子弟周舍斗争的故事。汴梁妓女宋引章,年轻不通世故,受郑州周舍的欺骗,一心要悔掉与秀才安秀石所订的婚约,嫁给周舍。赵盼儿苦苦劝阻,她始终不听。周舍把宋引章骗到手之后,却立刻变了态度,朝打暮骂,百般凌辱。她写信向赵盼儿求救。赵盼儿设谋划策,亲自到郑州去见周舍,假说自己远程来嫁,要求他必须把宋引章休了。骗得周舍写了一纸休书,休了宋引章,因此把宋引章救了出来,赵盼儿并趁机控告周舍强占有夫之妇。经郑州太守李公弼审理,将宋引章仍断为安秀石之妻。这本喜剧描写了被压迫、被侮辱的妓女的悲苦生活和斗争要求,歌颂了她们中饱受苦难的人的勇敢和智慧,揭露了封建统治阶级中人的愚蠢、卑鄙和无耻。

宋引章是一个幼稚、缺乏主见的妓女,她鄙弃自己的地位,急于"做一个张郎家妇,李郎家妻,立个妇名",认为"立一个妇名儿,做鬼也风流"。即她要跳出苦海,追求人间正常的夫妻生活。她的这一理想,由于缺乏生活经验,"遇人不淑"而毁灭了。她只看到周舍对自己的"知重",不了解浪荡子弟的习性,结果被骗,一进门就被打了五十杀威棒,急切托人带信向赵盼儿求救。关汉卿极熟识并同情妓女这样的命运,在剧作中用极具说服力的生活实践使宋引章纠正了自己的错误,同时对她"则为三千张茶引,嫁了冯魁"的缺点给予批评。

赵盼儿是作品的中心人物,她聪明、机智、重义气。对本阶级中的姊妹无限关怀、同情和支持,并为帮助她们摆脱不幸遭遇而斗

争。当宋引章要嫁给周舍时,她预感宋引章未来的不幸,因而善意地劝说道:

> 〔胜葫芦〕你道这子弟情肠甜似蜜,但娶到他家里,多无半载周年相弃掷,早努牙突嘴,拳椎脚踢,打的你哭啼啼。

她提醒宋引章"事要前思免后悔","你也合三思而行,再思可矣"。赵盼儿由于亲身的体验,深切感受到妓女命运的可悲,她对自己的处境地位和所受的待遇充满了牢骚和愤慨,她积极地要求掌握自己的命运,她也为婚姻不成而忧愁,她说:"待嫁一个老实的,又怕尽世儿难成对;待嫁一个聪俊的,又怕半路里轻抛弃。"(〔油葫芦〕)但她决不愿像宋引章那样轻易嫁人,她又说:"姻婚簿全凭我共你。"赵盼儿为搭救宋引章挺身而出,是出于对被压迫者同命运的同情,她自己说:"惯曾为旅偏怜客","自己贪杯惜醉人"。她把拯救被压迫者看作是义不容辞的事,她说:"你做的个见死不救,可不羞煞桃园中杀白马宰乌牛!"(〔醋葫芦〕)她以不拯救桃园结义的姊妹的苦难为耻,这是一种多么磊落的胸襟! 她熟悉浪荡子弟的习性,看透周舍的虚伪和恶毒,对周舍充满了蔑视,并且以巧妙的办法使周舍进入设计的圈套,最后击败了他。作者在写赵盼儿与周舍全部周旋的过程中,热情地颂扬了赵盼儿精细、智慧和侠义精神,尖锐地嘲笑了周舍庸俗、愚蠢的本质。这就是这篇作品的喜剧性所在。

　　《望江亭》和《救风尘》是姊妹篇,从主题、情节、人物等各方面都十分相近,是关汉卿喜剧创作的双璧。内容是写谭记儿生得美丽,经清安观主白姑姑的介绍,和潭州理官白士中结为夫妻,随白士中赴潭州上任。恶霸杨衙内极其嫉妒,诬奏白士中贪花恋酒,旷废职守,领了势剑金牌到潭州处斩他。谭记儿得知杨的船只已泊于望江亭,劝白士中不要惊慌,自己扮做渔妇,在中秋夜里到江边卖鱼,把鲜鱼送到杨衙内船上。杨衙内见渔妇貌美,把她留住。谭记儿煮鱼劝酒,把他灌得大醉,赚得金牌回去。天明,杨衙内去拿白士中,白士中反而拿了金牌说,有人告他欲奸污良家妇女。杨衙内请求一见,原来就是渔妇,唯有惊惧服罪。

作品成功地创造了谭记儿这一妇女形象。她坚强、勇敢、聪明、机智,面对杨衙内这个凶暴的敌人,她十分镇静,并敢于孤身深入敌阵,与敌人作正面斗争。她面对的人,不是赵盼儿的对手周舍那样的花花公子,而是一个凶暴、毒辣,掌握着势剑金牌的衙内。但是为了解救丈夫,维持自己美满的婚姻生活,她坚定、勇敢地去对付这个敌人。她镇静、沉着地施展计谋,采取先下手为强的手段,从敌人手中赚得势剑金牌,使敌人失掉害人的凭证。她对斗争的胜利充满信心,她说:"着那厮满船空载月明归。"第三折集中地描写谭记儿以高度的机警与智慧战胜杨衙内的过程。谭记儿指挥若定地愚弄了卑俗、丑恶的杨衙内及其侍从,他们那样驯顺地听谭记儿摆布,其间充满了紧张气氛,也洋溢着滑稽和愉快的情调。最后谭记儿取得了势剑金牌和文书,以一种无限欢乐的心情唱道:

〔络丝娘〕我且回身,将杨衙内深深的拜谢,您娘向急飐飐船儿上去也,到家对儿夫尽分说,那一番周折。

〔收尾〕从今不受人磨灭,稳情取好夫妻百年喜悦,俺这里美孜孜在芙蓉帐笑春风,只他那冷清清杨柳岸伴残月。

当杨衙内发觉他的势剑金牌和文书失踪时,他的侍从张惶失措地唱道:

(李稍唱)想着想着跌脚儿叫,(张千唱)想着想着我难熬,(衙内唱)酪子里愁肠酪子里焦。(众合唱)又不敢着傍人知道,则把他这好香烧,好香烧。咒的他热肉儿跳。

关汉卿突破了一人独唱的惯例,使其他角色也唱起来,以显现他们的丑恶形象,增强了喜剧效果。剧终谭记儿以夫人的身份出堂会见杨衙内,以极幽默的手法嘲笑了狼狈败兴的恶人,也是对勇敢、机智者及其幸福美满生活的赞美。

谭记儿和赵盼儿的性格基本上是相同的,她们同样具有正义、勇敢和智慧的品质;同样以艳妆浓抹的计策战胜敌人;同样对胜利怀着极大的信心;在敌人面前表现得深谋远虑、镇静自如;同样地蔑视敌人,把凶残的敌人驾驭得像驯顺的羔羊;同样以尖锐、细致、复杂的斗争赚得敌人的公文、证据凯旋。当然,她们之间并不是没有区别的。谭记儿以一个孤身的女子与一个大恶霸作斗争,更显示了她的勇敢精神。赵盼儿肯舍身去拯救同行姊妹,则更突出了她的正义行为。关汉卿在处理谭记儿、赵盼儿所谋划的斗争策略时,并不是把这一斗争的未来结果预先告诉读者,而是让它从人物活动中逐步显示出来。通过实际斗争来揭示人物的性格,使人物性格表现得更真实、突出和鲜明,这正是关汉卿剧作的现实主义精神的重要表征。

应该补充的是关汉卿创造了相当多的青年女子的形象,对这些青年女子的不幸遭际倾注无限同情,并赞扬她们的美好品德。除了上叙窦娥、谭记儿、赵盼儿之外,妓女形象还有《金线池》中孤耿刚直的杜蕊娘和《谢天香》中聪明机智的谢天香。谢天香为了避免她的掌命司(礼案令史)的迫害,希图"做个哑猱儿"。杜蕊娘在反抗之中揭露妓院生活为"恶劣乖毒狠"。侍女形象有《调风月》中的燕燕,她对主子的侮辱表现出倔强、练达、不屈的精神。闺阁小姐形象有《拜月亭》中的王瑞兰,她反对封建礼教,追求理想婚姻,显示了顽强的意志。还有《绯衣梦》中的王闰香和《玉镜台》

中的刘倩英，王闰香的性格及其反封建倾向与王瑞兰基本上是相同的，《玉镜台》的内容虽然与《拜月亭》《绯衣梦》不同，但刘倩英反愚弄、反压迫的斗争精神与王瑞兰、王闰香是一致的。关汉卿都笔歌墨舞地描写这些人物，并试图探索、寻找她们的生活之路，寻找她们摆脱被压迫的方向。他认为妓女、丫环都应该弃贱从良，跳出人间苦海，过真正人的生活。闺阁小姐都必须冲破封建礼教的束缚，寻求她们互相尊重、互相敬爱的伴侣。他的这种观点和愿望通过他所创造的人物形象揭示出来。

（四）历史剧《单刀会》、《西蜀梦》

《单刀会》是关汉卿的一本著名的历史剧，内容是写三国初年，刘备力量孤弱，经鲁肃保证，借得东吴荆州之地。后来东吴要讨还，恐刘备不给，由鲁肃设下三计，约关羽到江夏赴会。三计即先以礼取；礼取不还，次用软禁；软禁不还，再暗藏甲士将关羽杀掉。鲁肃以此三计问乔公，乔公认为使不得，又问司马徽，司马徽也认为行不通。鲁肃不听，即派黄文去请关羽。关羽慨然允诺，竟单刀前来赴会。在宴会上，鲁肃按三条计策行事，初以言语相激，责关羽傲物轻信，关羽大怒，历数荆州应属汉家，不容辩说。鲁肃见关羽不肯还荆州，便暗传甲士行动，关羽以剑击案、叱咤风云，喝令鲁肃把自己送到江边，遂从容登舟而去。

作品的主要内容是描写吴、蜀两国争夺领土主权的斗争，斗争的焦点是荆州应该归谁、谁应该继承汉家的基业。中心人物关羽，在关汉卿之前虽然经过讲唱家的琢磨与创造，具有一定的形象，但只有在关汉卿笔下，才把他塑造成一个完整的英勇威武、忠贞不屈的英雄人物。关汉卿在塑造这个人物时，不同于其他作品着重于人物性格的刻画，而是运用了陪衬和烘托的方法，重在表现这个英雄人物的精神面貌。在作者笔下，关羽没有突出的性格，而是一个鲜明具体咄咄逼人的艺术形象。关汉卿为了更好地表现这个英雄人物，打破了杂剧一人独唱的惯例，改由三人分折演唱。第一折乔公唱，第二折司马徽唱，并插入道童一段唱词。第三、四折才是关羽唱。第一、二折乔公、司马徽的演唱作用，就在于烘托、渲染关羽的英勇和不可侵犯。所以关羽虽未出场，他那坚贞不屈、叱咤风云的英雄气概却跃然纸上，他的神态已栩栩如生了。

乔公讲了些什么呢？他叙述了关羽兄弟的一些英雄业绩，如博望烧屯、隔江斗智、赤壁鏖兵等，又讲了些收白帝城、诛文丑、刺颜良的壮举，也谈到他性情的刚烈勇猛："但上阵处，凭着他坐下马，手中刀，鞍上将，有万夫不当之勇。""便有百万军，挡不住他不刺刺千里追风骑。你便有千员将，闪不过明明偃月三停刀。"最后讲到被传为美谈的封金挂印的豪气：

〔尾声〕曹丞相将送路酒手中擎，饯行礼盘中托，没乱杀侄儿和嫂嫂。曹孟德心多能做小，关云长善与人交，早来到灞陵桥。崄唬杀许褚张辽。他勒着追风骑，轻抡动偃月刀，曹操有千般计较，则落的一场谈笑。他把那刀尖儿斜挑锦征袍。

一句话"这荆州断然不可取！"司马徽进一步描绘了西蜀将相的英勇无敌，诸葛亮"抚琴霜雪降，弹剑鬼神愁"，黄汉升"猛似虎"，赵子龙"胆大如斗"，马孟起是个"杀人的领袖"，莽张飞"牢关力战十八路诸侯"，"当阳坂有如雷吼，喝退了曹丞相一百万铁甲貔貅"，使"拍岸惊涛水逆流"。至于关羽，除了和乔公所讲相同者外，还谈到千里走单骑、匹马镇九州等英雄事迹。他不但认为三条妙计行不通，荆州讨不得，还要"枉送了你八十一座军州"。这些描写把关羽烘托成为高大、英勇不屈、任何阴谋诡计都不能得逞的顶天立地的英雄。关羽虽然未正式出场，但那种气壮山河的氛围，那种豪迈的境界，其具体、生动的形象已经呈现了，可谓先声夺人。

在这种气氛中关羽出场了。果然不凡，他是一代的英雄豪杰，是有心保卫汉室江山的豪杰，他说："我想当初楚汉争锋，我汉皇仁义用三杰，霸主英雄凭一勇。三杰者，乃萧何韩信张良。一勇者，喑呜叱咤，举鼎拔山，大小七十余战，逼霸主自刎乌江，后来高祖登基，传到如今，国步艰难，一至于此。"其中不免有兴亡之感，但隐约含有重振山河之意。

鲁肃邀请他江夏赴会，他预料这不是一个寻常的筵席，但毫不踌躇，一口答应，并要独自赴会。他认为"大丈夫勇敢当先，一人拚命，万夫难当"，许下回来时"着那厮鞠躬鞠躬送我到舡上"的壮语。这对关羽这个英雄人物的表现更深入一步了。他不但能在战场上与敌人厮杀，而且敢深入敌阵，在酒宴上与敌人对垒。他视入枪林刀山如履平地，对敌人表示极大的蔑视。如：

〔剔银灯〕折莫他雄赳赳排着战场，威凛凛兵屯虎帐，大将军智在东吴上，马如龙人似金刚，不是我十分强，硬主张，但提起厮杀呵磨拳擦掌。排戈甲，列旗枪，各分战场。我是三国英雄汉云长，端的是豪气有三千丈。

关羽来到江夏，看见江水滔滔东流，波涛汹涌，自己的胸怀更壮阔了，满腔热血也沸腾起来，他唱道：

〔双调·新水令〕大江东去浪千叠，引着这数十人驾着小舟一叶，又不比九重龙凤阙，可正是千丈虎狼穴，大丈夫心烈，我觑这单刀会似赛村社！好一派江景呵！

抚今追昔，无限感慨：

〔驻马听〕水涌山叠，年少周郎何处也，不觉的灰飞烟灭。

可怜黄盖转伤嗟，破曹的樯橹一时绝，鏖兵的江水犹然热，好教我情惨切。二十年流不尽的英雄血！

他来到敌人枪刀剑戟丛中，看到的果然是一个太平筵席，鲁肃和他谈的都是些生活琐事，什么"过日月是好疾也，光阴是骏马加鞭，浮世似落花流水"等。逐渐扯到荆州问题上来了，鲁肃责备他负约，他警告鲁肃不要"有意说孙刘，休目下翻成吴越"。鲁肃说他"傲物轻信"，他则说自己最讲信义，并从历史上叙述荆州是汉家领土：

〔沉醉东风〕想着俺汉高皇图王霸业，汉光武秉正除邪，汉献帝将董卓诛，汉皇叔把温侯灭。俺哥哥合情受汉家基业。则你这东吴的孙权，和俺这刘家却是甚枝叶？请你个不克己的先生自说！

他认为国土的归属问题不在借与不借，而要看在历史上是谁开发的，是谁的祖先在这里创立家业的。这种观点在外族统治者统治下的元代是有现实意义的。鲁肃暗藏甲士，待机行动，他则绰剑在手，正指鲁肃说：

〔雁儿落〕则为你三寸不烂舌，恼犯我三尺无情铁，这剑饥飡上将头，渴饮仇人血。

当鲁肃的阴谋被揭穿之后，他义正辞严地对鲁肃说：

〔离亭宴带歇拍煞〕说与你两件事先生记者，百忙里趁不了老兄心，急切里倒不了俺汉家节。

在当时蒙、汉界限很严，在民族压迫下标榜汉节，是有积极意义的。最后，他终于悠悠然凯旋了。

关羽这一英雄形象，坚贞有气节、忠于汉家事业、威武豪壮、所向无敌、感慨古今，于感慨之中蕴含有重振山河之意，在通篇剧作中表现得十分鲜明突出。他这种精神面貌和元朝那个历史时代密切联系着，是那个时代精神的反映。这便是关汉卿创造关羽这一英雄形象的意义。

《西蜀梦》是关汉卿另一本历史剧，内容是写刘备做了西蜀皇帝，派使臣去荆州召关羽、张飞到成都相会。使臣去后得知二人被杀害。诸葛亮夜观天象，发现凶兆，果然传来二人被害的信息。关羽、张飞冤魂不散，在归途中相遇，一起赶赴成都，并托梦给诸葛亮和刘备，诉说被杀经过，表达报仇雪耻的强烈愿望。重阳节日，他们的冤魂到宫廷向刘备陈述荆州失陷和阆州变乱的情况，再次请求出兵报仇。

全篇作品通过阴魂的梦境，表现刘、关、张缅怀其手足之情，以及他们手足情之深厚。同时抒发了他们为蜀汉基业建立了显赫功勋，最后却"横亡在三个贼臣手，无一个亲人救"的悲哀和愤慨，张飞即唱道：

〔滚绣球〕俺哥哥丹凤之躯，兄弟虎豹头，中他人机彀，死的来不如个虾蟹泥鳅！我也曾鞭及督邮，俺哥哥诛文丑，暗灭了车胄，虎牢关酣战温侯。咱人三寸气在千般用，一日无常万事休，壮志难酬！

盖世英雄，"中他人机彀"，无一人拯救而被杀害，命如蝼蚁，死不瞑目，愤慨不平，要报仇雪恨，以酬其壮志。这就是这篇作品所显示的思想倾向。

（五）公案剧《鲁斋郎》

《鲁斋郎》是关汉卿比较好的一本公案剧，内容写恶霸鲁斋郎专事掠夺和敲诈，见银匠李四的妻子貌美，便设计抢走。李四到官府去告，都孔目张珪畏惧权势，不敢代为申冤。清明节鲁斋郎出外游玩,用弹子打破张珪儿子的头,张珪骂了几句,鲁斋郎恼怒,要治张珪重罪,后见其妻美丽,令张珪献妻赎罪。张珪迫于权势,只得照办。同时,鲁斋郎又将李四妻子以自己妹妹的名义送给张珪。李四回家后,自己的子女都已逃散,又去官府找张珪,偶然遇见自己的妻子。张珪向他说明缘由,让他领走,自己出家去了,他的女儿也走失了。包公做湖南采访使,收养了两家的儿女,极痛恨鲁斋郎,但鲁斋郎受皇帝的庇护,包公无奈何,上奏朝廷,说有个叫鱼齐即的人横行不法,圣旨批斩,包公杀了鲁斋郎。

这篇作品的内容是描写元代社会豪强恶霸荒淫无耻的生活和以凶狠残暴的手段迫害人民,也迫害下级官吏,反映了被压迫人民连妻子都不能保的悲苦命运。鲁斋郎是最丑恶、最凶暴的统治阶级的典型人物。作品的开篇他就自我介绍说:“小官嫌官小不做,嫌马瘦不骑,但行处引的是花脚闲汉,弹弓粘竿,黥儿小鹞,每日价飞鹰走犬,街市闲行,但见人家好的玩器……我则借三日玩看了。……人家有那骏马雕鞍,我使人牵来则骑三日。……”更可恨的是他在“街市闲行”时看中了银匠李四的妻子,以欺骗威胁的手段赚到手。日久生厌之后,又以同样的办法掠夺了孔目张珪的妻子,并将李四妻子以自己妹妹的名义送给张珪,这是何其凶恶而灭绝人性的行为!然而这种行为在元代社会统治阶级中却是普遍现象,史籍的记载和元杂剧的描写不乏其例。但是,人民群众在这种高压的手段下,并不敢申冤告状,虽然他们内心的隐痛“似没头鹅热地上蚰蜒”,表面上却仍当苦笑应承。因这般人“他官职大的忒稀诧”,连官司们“提起他名儿也怕”,他们的手段凶残之极,以至于:

　　〔感皇恩〕动一动挑人眼,剔人骨,剥人皮。

在这种残暴的统治者的迫害之下，人民群众便"身亡家破，财散人离"（〔梁州第七〕）。实际上张珪和李四的家庭就在鲁斋郎的迫害下家破人亡了。关汉卿这些描写是有现实根据的，据宋本《绩溪县尹张公旧政记》记载："万夫长、千夫长、百夫长，恃世守，凌轹有司，欺细民，细民畏之过守令，其卒群聚为虐。或讼之有司，举令甲，召其偏裨共弊，则诺而不至，事率中寝，民苦无可奈何！"（《元文类》卷三十一）这些统治者在民间和城市奸淫掳掠无所不为，往往"杀人之夫而夺其妻"（《元史·杨惟中传》），窃夺别人的妻室是普遍现象。关汉卿的剧作即在这一基础上写成的，深刻地反映了元代的社会面貌，反映了人民的苦难和统治阶级的掠夺、迫害的因果关系，对统治阶级的凶狠、残暴予以尖锐的批判。此外，同样题材的《蝴蝶梦》，意义不大，故从略。

　　总之，关汉卿是一个人民群众的剧作家。他的杂剧的艺术特点，主要在于他选择了多种多样的题材，反映了下层社会人民群众的生活。语言朴素、生动，多描写两个对立阶级的矛盾和冲突。重视舞台效果，并把下层社会人民作为正面人物进行创造。从他的作品中可以看到元代那一历史时期整个社会、特别是下层社会的面貌。在他的影响下，有杨显文、纪君祥、石君宝、高文秀、康进之等剧作，形成与他的杂剧风格相近的一个流派。

四、王实甫《西厢记》及其他剧作

（一）作者、题材和主题

　　王实甫和关汉卿是元代戏剧史上两个伟大作家，他们各以其不同的创作个性和特色光辉于元代剧坛。

　　王实甫字德信，大都人（天一阁本《录鬼簿》），生平事迹不可考。据说他曾由地方低级官吏做到陕西行台监察御史，因为"与台臣议不合"，四十多岁"即弃官不复仕"（苏天爵《滋溪文稿》卷二十三）。他的生活我们知道的也很少，据《录鬼簿续编》贾仲明的〔凌波仙〕词云：

> 风月营密匝匝列旌旗，莺花寨明飚飚排剑戟，翠红乡雄纠纠施谋智，作词章风韵美，士林中等辈伏低。新杂剧，旧传奇，《西厢记》天下夺魁。

说明他经常出入"风月营"、"莺花寨"、"翠红乡"等歌台舞榭之中，对勾栏、瓦肆等社会生活十分熟识，因此才能创作出使"士林中等辈伏低"、"天下夺魁"的《西厢记》来。又据他的散套〔商调·集贤宾〕"退隐"所写，他晚年过着放浪形骸的隐逸生活。他自比"志难酬知己的王粲，梦无凭见景的庄周"，他劝诫自己"遇事休开口，逢人只点头，见香饵莫吞钩，高抄起经纶大手"。他憎恶"蜂喧蜂喧蚁斗"、"蝶讪蝶讪莺羞"那争名夺利的社会风气，而要以琴棋诗酒"潇洒傲王侯"。这便是他对现实的态度。这种态度是消极的，但也表现了他愤世嫉俗的精神。

王实甫生活的时代，据王国维考证，是在金元之间，因为他的《丽春堂》杂剧是谱金完颜的故事，并且剧本末尾云"从今后四方、八荒、万邦，齐仰贺当今皇上"是对金代皇上的祝颂，因此是金亡以前的作品（《曲录》）。这种看法很近于事实。我们再从文学成就上看，《丽春堂》的艺术价值不高，思想内容也很平庸，说是早期作品也是可信的。又据《西厢记》结尾有"谢当今垂帘双圣主"语（金圣叹批评本），陈寅恪先生认为此即指元成宗和布尔罕皇后而言（见王季思《西厢记叙说》）。《元史·后妃传》记载，大德年间，成宗多病，布尔罕皇后居中用事，一切政务由她裁决。那么，《西厢记》是元大德年间创作的了。据此推断，王实甫是由金入元的人，稍后于关汉卿。

王实甫的剧作，据《录鬼簿》记载，凡十四种，今天保存的仅《四丞相歌舞丽春堂》、《崔莺莺待月西厢记》、《吕蒙正风雪破窑记》三种，其中以《西厢记》最负盛名。关于《西厢记》，明清人多认为王实甫作至第四本"草桥惊梦"而死。最后"张君瑞团圆"一本是关汉卿所续。此说比较可信。《西厢记》第五本的曲辞不如前四本华丽，道白也不如前四本精炼，人物性格也有与前四本不统一之处。此外，前四本每本之末都有〔络丝娘煞尾〕的曲子，第五本却没有。这些现象都说明第五本并非出于王实甫之手，故明人多有关续之说，如明徐士范刻本《西厢记序》云：

> 人皆以为关汉卿，而不知有王实甫。盖自草桥以前作于实甫，而其后汉卿续成之者也。

同时的王世贞、王伯良，清人金圣叹都主此说。明刻本之起凤馆、香雪居、汇锦堂等《西厢记》也如是署题。可见关续之可信性很大。这并非说关汉卿的才能不如王实甫，而是说明续书之难，曲终难于奏雅。

王实甫的《西厢记》直接取材于金人董解元的弦索《西厢》，而弦索《西厢》则渊源于唐人元稹的《莺莺传》。虽然采用同一题材，但由于时代环境、现实生活以及作者的思想观点不同，作品的内容、风格、艺术形式、思想倾向也都不同。元稹的《莺莺传》描写的是唐代社会中妇女被侮辱、遗弃的悲哀和痛苦，并且篇末对男子那种背信弃义的行为，认为是"善于补过"，表现了士大夫的立场和观点。董解元的弦索《西厢》，则改变了这一思想倾向，而描写封建时代青年男女为争取婚姻自主向封建礼教作斗争。其中除了突出张生、莺莺两个人物外，对原作中次要人物崔夫人、红娘、杜确也各赋予不同的形象和面貌。并且增添了法本、法聪、郑恒、孙飞虎等人。推演了白马将军围普救寺、张君瑞琴挑莺莺、崔莺莺问病诸情节。更重要的是把始乱终弃的结局,改为崔、张团圆。这些改变意义重大,此后,崔、张的故事便以鲜明的反封建礼教的精神,在古代文学中显示其生命力!

弦索《西厢》的独特文学成就,在于描写人物思想、情感的变化,最为淋漓酣畅。作者用如连珠般的曲辞,犹幽咽声的音节,申诉着崔、张二人内心的痛苦。有名的"长亭送别",便是很好的例证,如其四支〔尾〕声:

〔尾〕莫道男儿心似铁,君不见满川红叶,尽是离人眼中血。

〔尾〕满酌离杯,长出口儿气,比及道得个我儿将息,一盏酒里白冷冷的滴毂半盏来泪。

〔尾〕马儿登程,坐车儿归舍。马儿往西行,坐车儿往东拽,两口儿一步儿离得远如一步也。

〔尾〕驴鞭半袅,吟肩双耸,休问离愁轻重,向个马儿上驮也驮不动。

作者以凝练、纯熟的语言,把一对青年男女生离死别的哀伤,表现得淋漓尽致!胡应麟《少室山房笔丛》评云:"精工巧丽,备极才情,而字字本色,言言古意。当是古今传奇鼻祖。金人一代文献尽此矣。"其评价虽有过誉之嫌,但却从一个角度道出了这部作品的艺术成就。或谓董解元《西厢》的成就高于王实甫《西厢》,并举例说:"董云:莫道男儿心似铁,君不见满川红叶,尽是离人眼中血。王则云:晓来谁染霜林醉,总是离人泪。泪与霜林,不及血字之贯矣。又董云:且休上马,苦无多泪与君垂,此际情绪你争知。王云:

阁泪汪汪不敢垂,恐怕人知。两相参见,王之逊董远矣。"(焦循《易余籥录》)单从曲辞看,王《西厢》不如董《西厢》质朴,若从整体结构和人物性格塑造看,董《西厢》却远不如王《西厢》。作为讲唱文学之董《西厢》,在处理题材、描写人物方面,确有其独到之处,同时也有缺点,即对人物和情节的提炼、安排不够统一、匀称。如孙飞虎围普救寺、杜将军解围一节的描述过长,冲淡了作品的反封建倾向。莺莺于老夫人听了郑恒的话悔亲之后,竟亲自找张生,要和张生同时上吊,与相国小姐的身份不符。张生屡次自杀,以自杀为儿戏。解普救寺之围一事,他并非出于义愤,而近于要挟。尤其不合理的是当老夫人第二次反悔拒婚时,他竟说:"郑公贤相也,稍蒙见知,我与其子争一妇人,似涉非礼。"把他写成一个没有理想的世俗庸人。诸如此类现象,其中还有不少。这些不合理之处,在王《西厢》中都得到纠正和补充,并发展了其优良部分,丰富和深化了反封建的思想主题。这一思想主题,概括地说,即肯定了青年男女对婚姻自由的追求,赞扬了他们力图摆脱礼教的束缚而与封建势力作顽强的斗争,揭露了封建势力的腐朽和虚伪。

(二)《西厢记》中的人物

王实甫的《西厢记》补充并发展了董解元弦索《西厢》中的人物,赋予这些人物以声色俱现的形象和具有深刻社会意义的性格。其中最突出的是老夫人、莺莺、张生和红娘。

老夫人是封建礼教的代表人物,她出现的场次不多,而是通过莺莺、红娘、张生等人的活动把她烘托出来。她具有封建阶级的习性和教养,执拗地维护封建教义,她"治家严肃,有冰霜之操"。严格地按照封建礼法管束爱女莺莺:"向日莺莺潜出闺房,夫人窥之,召立莺莺于庭下,责之……"还派遣红娘对莺莺"行监坐守","但出闺门,影儿般不离身","小梅香伏侍的勤,老夫人拘系的紧,则怕俺女孩儿折了气分"。莺莺这几句唱词,道破了老夫人的用心所在。她还令莺莺多做女红,用意也在使莺莺莫作非分之想。她不但严加管束莺莺的言行,而且还密切注视着莺莺的精神活动。"怕女孩儿春心荡",竟至于"怪黄莺儿作对,怨粉蝶儿成双"。看到莺莺"神思加倍,腰肢体态比向日不同",便敏感到"莫不做下来了么?"可见她倾注于莺莺身上的精神意向多么深细专精了。

老夫人是久通世故的人,有丰富的阅历和经验,所谓"心数多,性情佞"。处理问题有一套机变手法,能"巧语花言,将没作有"。兵解普救寺之围后,她对杜确说"恐小女有辱君子",言语之间已流露出悔婚的念头,表面上却谦恭有礼。赖婚一场,她严肃端正不动声色,毫无赖的表情,一面对张生讲论婚嫁之理,一面便把婚事赖掉了,好像真理还在她一边。这就显示了她的虚伪与狡诈。她要莺莺维护"先王的德行"、"相府门第",维护家世的尊严。莺莺则逆其道而行之,她的愿望落空了。这说明腐朽顽固势力总归要失败的。

莺莺是封建官僚家庭中成长起来的"相府小姐",但她却背叛了她的家庭。由于长期受到封建的教养,她的叛逆道路充满了矛盾和痛苦。封建的教养,严厉地桎梏着她的精神,她虽然不曾认识到这一点,但却直觉到一种精神压力:"闲愁万种,无语怨东风",就是这种精神苦闷的表现。在"男女授受不亲,礼也"。"非礼勿视,非礼勿听,非礼勿言,非礼勿动",一切以封建礼法为准则的家庭中,稍不留心就会触犯礼法。莺莺无意识地走出闺门,即受到训斥,不得不认罪:"今当改过从新,毋敢再犯。"莺莺对自己的环境不满,却无勇气反抗,因此便陷入哀伤之中。从佛殿乍逢张生起,她从哀伤中惊醒了。当红娘告诉她,张生自我介绍说:"今年二十三岁,并未娶妻"时,她一边吩咐不要对老夫人说,一边却烧香礼拜说"心中无限伤心事,尽在深深两拜中",陷入沉静的深思之中。酬诗一节,她在感情上与张生契合了,开始意识到生活的意义。从此便"坐又不安,睡又不稳,登临也不快,闲行又闷,整日价情思睡昏昏"。对老夫人之"行监坐守"更加不满起来。她要寻求新的生活之路,但是"谁肯把针儿将线引,向东邻通个殷勤?"她大胆提出自己的希望。至此,莺莺的思想境界提高了,从自我愁怨,到表示不满,从生活无目的,到意识到生活的意义,这是莺莺思想性格的一大发展。

白马将军解围,张生拯救莺莺于虎口之中,莺莺对张生的认识更进一步,不仅"据相貌"、"凭才性",而更认识到他品质的正义性,从而对他产生了敬慕之情:"救了咱家祸,殷勤呵正礼,钦敬呵当合。"这之后,她的感情像火焰般迸发出来,以为幸福生活即可达到。不料老夫人竟然赖婚,这对她是莫大的刺激。

莺莺的叛逆道路是曲折的,这不仅表现在她对封建礼教的代表人物老夫人的不满和反抗上,也表现在对自己所受的封建教养和习性的克服中。长期的封建教养,形成她相国小姐的身份,如何摆脱小姐的身份,却是一个艰苦的过程。赖婚之后,她被困在深闺之中,其处境正如"这云似我罗帏数重,只恐怕嫦娥心动,因此上围住广寒宫"。她敢于冲破这个环境,到花园去听琴,感于"其词哀,其意切,凄凄然如鹤唳天"。然而红娘于其不备叫她一声,她却吓得心惊胆战,说什么"吓得人来怕恐,早是不曾转动,女孩儿家直恁响喉咙"。她既坚强,又很脆弱,心口不一致。她思念张生经常是"半响抬身,几回搔耳,一声长叹!"盼望"怎得个来信息通"?然当红娘传递信简给她时,她又立刻变了脸,申斥道:

> 小贱人,这东西那里来的?我是相国的小姐,谁敢将这简帖来戏弄我!我几曾惯看这等东西。告过夫人,打下你个小

贱人下截来。

长期的封建家庭教养,使她不能在婢女面前失掉自己的身份和尊严,突如其来的脾气,把不识字的红娘弄糊涂了,辩驳说:"你不惯,谁曾惯!"赖简一节中,当真诚的张生应约逾墙前来时,她又突然狡赖起来说:

　　　张生你是何等之人,我在这里烧香,你无故至此,若夫人闻知,有何理说?……

　　　先生虽有活命之恩,恩则当报。既为兄妹,何生此心! 万一夫人知之,先生何以自安? 今后再勿如此,若更为之,与足下决无干休!

张生是莺莺以"明月三五夜"的简帖约来的,当她如愿以偿时,却又变了卦。使张生如入五里雾中,不知所措。这也说明她在张生面前不肯失掉相国小姐的身份,不肯放下自己的架子。封建礼法的教养、习性,决定她必然要变,而且要变得真,必然要赖,而且要赖得诚,此即莺莺性格表现得十分真实深刻之处。以至于后来酬简时,张生又犹疑道:"莫非又是一个谎?"莺莺在反封建礼教的过程中,每前进一步,在自己思想性格上都引起深刻的变化。她是经过顽强、痛苦的斗争,来摆脱自己精神的枷锁,而走向叛逆道路的。

　　拷红之后,莺莺和封建礼法的矛盾表面化了,过去一切隐藏着的事实都暴露在面前,老夫人也不得不将计就计。当美满的结局即将来临之际,老夫人又提出新的要求,以相府"三辈儿不招白衣女婿"为由,逼迫张生应试,造成莺莺新的痛苦。莺莺追求的不是白衣卿相,而是誓同生死的生活伴侣:"不恋豪杰,不羡骄奢,自愿的生则同衾,死则同穴。"她憎恶功名利禄,诅咒的是"蜗角虚名,蝇头微利,拆散鸳鸯在两下里。"张生走后,久无音信,她急躁地喊道："悔教夫婿觅封侯！"可见莺莺不但是反对封建礼教，而且反对一切世俗观念。她的思想性格在许多方面和封建社会、封建制度是对立的，批判了封建社会一切腐朽、庸俗、虚伪的现象，显示了她的纯真和高洁！

莺莺的反抗、斗争成功了，生活的目的达到了。她的性格所揭示的不仅是封建社会尖锐、复杂、不可调和的矛盾，还在于向人们启示求得自由、权力、青春、生命的意义。

张生是一个失意文人，先人曾拜礼部尚书，但因家境贫寒，"功名未遂"、"学成满腹文章，尚在江湖飘零"，正是"才高难入俗人机，时乖不遂男儿愿"，有志不得伸展。他是封建社会青年士子的典型，埋头书斋，脱离实际，行动起来与客观环境不和谐，显得粗莽和呆头呆脑。乍见莺莺，他便自我介绍说"并不曾娶妻"，活现出一个不通世故的书呆子形象，令人啼笑皆非。他热情、纯真并有正义感，为追求理想的伴侣，宁肯把士大夫进身之阶的举业置之度外。但他在追求的过程中，缺少办法，往往在关键时刻又退缩下来。赖婚一场，老夫人自食前言，他目瞪口呆，一筹莫展，说什么"小生非图哺啜而来，此事果若不谐，小生即当告退"。于是哭泣着去求红娘帮助。赖简一场，莺莺变了卦，他也愕然，不知所措，只好借着红娘的话才下了台。琴挑一节，则是依照红娘的意见去做，通过琴声表叙自己的哀思和对莺莺的忠诚。他对自己的"锦绣前程"热烈执著地追求，但若无红娘的帮助，则将一事无成。他对封建礼教的不满和反抗，虽然是自身所具有，但他的反抗道路，却是红娘给指引开拓的。

与一般士大夫富贵易妻不同，张生中状元后，并未忘掉莺莺，并且说："重功名薄恩爱者，诚有浅见贪饕之罪。"批判那些伤风败俗的行为。张生性格也有缺点，即文人士子的寒酸与迂腐，然这些都通过红娘的口给以讽刺和嘲笑。

要之，张生是一个入世不深、淳真、朴实、有正义感和恩爱独衷的青年士子。其所以为莺莺所倾心者在此，其所以动人并引起人们同情者也在此。

红娘是个婢女，是一个被压迫、被奴役的女子形象，具有坚强、勇敢的反抗精神。这种反抗精神，都出于不顾一己之私的正义感。正义感是她思想性格最本质的方面。寺警之前，她并不曾注意张生和莺莺的关系，有时还讥笑张生之呆相。寺警之后，则不同了，她认识到张生急人之难的品德，感到"张君瑞合当钦敬"。又目睹老夫人的狡赖，造成张生和莺莺的不幸和痛苦，深感事件之不合理，便积极参与其事，为张生策划，并诱导莺莺。张生起初并不了解红娘之为人，而以世俗的眼光对待之，托她传简时，应许以后多以金帛酬谢。红娘严正地指责道：

> 哎！你个馋穷酸俫没意儿，卖弄你有家私，莫不图谋你东西来到此？先生的钱物，与红娘做赏赐，是我爱你的金赀？

表现了自己无所图，舍己为人的正义感。当张生处在危难关头，她劝说："你休慌，妾当为君谋之。""拷红"一场，她曾冒老夫人鞭笞之危险，前去讲理，动之以骨肉之情，晓之以利害之理，不但不认错，反而认为错在老夫人："非是张生、小姐、红娘之罪，乃夫人之过也。"然后指出老夫人三大罪状，使老夫人哑口无言。这是红娘的胆识、斗志和正义精神的集中表现。本来是老夫人设堂审判红娘，老夫人是主，但在严正的事实面前，老夫人理屈辞穷，处于尴尬的地位，红娘却居于主导方面，对老夫人背信弃义的行为予以正义的审判。

红娘参与张生和莺莺追求理想婚姻的活动中，曾被莺莺的假意所讹诈和欺骗，曾被张生以世俗的眼光鄙视和侮辱，在张生、莺莺之间左右为难：

> 〔满庭芳〕你休要呆里撒奸，你待要恩情美满，却教我骨肉摧残。老夫人手执着棍儿摩娑看，粗麻线怎透得针关。直待我挂着拐帮闲钻懒，缝合唇送暖偷寒。待去呵，小姐性儿撮盐入火。消息儿踏着泛。待不去呵，（末跪哭云）小生这一个性命，都在小娘子身上。（红唱）禁不得你甜话儿热趱，好着我两下里做人难。

为别人的事，她受鞭笞，遭折磨，又不被人理解，何苦来的？思想产生了矛盾，但最终还是牺牲了自己去帮助别人。这正是红娘的正义精神。

红娘既真诚又勇敢。她嘲笑莺莺、张生之虚伪和懦弱，并激励他们的勇气。当张生害病时，莺莺企图隐瞒其病因，她则揭露道："你哄谁呢？你把个饿鬼弄的七死八活，却要怎么？怕人家调犯，若早晚夫人见破绽，你我何安！"赖简时节，莺莺突然恼怒，张生羞惭无言，她抢白道："张生，背地里硬嘴那里去了？向前搂住丢番，告到官司，怕羞了你！"

> （红唱）没人处则会闲磕牙，就里空奸诈。怎想湖山边，不记西厢下。香美娘处分破花木瓜。

红娘也很机警，凭借自己丰富的生活经验，能预察事物的变化。她代张生传简，料想到莺莺会拽扎起面皮来。果然不出她之所料，莺莺板起面孔大闹一场。老夫人一叫她，她就揣测到其中的缘故，预先准备好一套应付的办法，使严厉的老夫人也无言对答。当张生应约逾墙而来，被莺莺拿住，叱责了一番，她则趁机申斥道："张生，你过来跪着，你既读孔圣之书，必达周公之礼，黄夜来此何干？"

　　(红唱)不是俺一家儿乔作衙,说几句衷肠话。我则道你
文学海样深,谁知你色胆有天来大!

炽烈的嘲讽是红娘性格的基本特征,通过嘲讽揭露了封建阶级一
切狡诈欺骗和虚情假意,也批判了叛逆者自己行为之软弱和庸俗,
并激励他们走向叛逆的道路。

　　红娘是被压迫、被奴役者的形象。她身为奴才,却毫无奴颜媚
骨,并且在任何情况下都是乐观和充满信心的,从不悲观失望。她
是从自己的阶级立场出发判断是非的,这种判断虽然是出于阶级
的直觉,但总是正确的。

　　王实甫成功地塑造了这些栩栩如生的人物,通过这些人物,他
控诉了封建时代礼教的严酷、腐朽和顽固,揭示了在那个时代里人
们精神上的痛苦和追求。

　　(三)《西厢记》的艺术成就及其他剧作

　　《西厢记》是一部带喜剧性的悲剧。所以说它是一部悲剧,因
为它表现的戏剧冲突是莺莺和张生反封建礼教的必然冲突,它描
写的人物是被颂扬的高尚人物,它的结局处理虽然是圆满的,但是
莺莺和张生在追求爱情过程中充满了痛苦和悲伤,其艺术效果令
人悲痛。然而与一般的悲剧不同,它提炼了许多喜剧情节,这些喜
剧情节如锦绣般交织成篇,形成全部作品的一大特色。如酬简一
节,莺莺接到信后,大发脾气,令红娘送回信说:"着他下次休是这
般","相待兄妹之礼如此,非有他意"。志诚的红娘信以为真,持
信去见张生,说"请先生休讪,早寻个酒阑人散",告诉他没有希望
了。张生听后悲伤感叹,当拆开信看时,又大喜若狂:

　　(末接科,开读科)呀,有这场喜事,撮土焚香,三拜礼毕。
早知小姐简至,理合远接,接待不及,勿令见罪! 小娘子,和你

也欢喜。(红云)怎么?(末云)小姐骂我都是假,书中之意,
着我今夜花园里来,和他"哩也波哩也啰"哩……(红云)你看
我姐姐,在我行也使这般道儿。

这些喜剧情节,没有任何做作和虚拟,和生活本来面目那样纯朴自
然,十分真实。其意义,不仅在使人发笑,更重要的是把人们引入
沉静的深思之中,是什么社会力量使他们在恋爱过程中充满了矛
盾、曲折和痛苦?作品所反映的生活逻辑作出了准确的回答。

　　《西厢记》在语言上表现了鲜明的个性,那就是生动、形象并
具有文采和生活俚趣。在写景、抒情和刻画人物方面,其气势像长
江大河一泻千里,文采沛然莫之能御。如"听琴"一折,莺莺唱:

　　　〔秃厮儿〕其声壮,似铁骑刀枪冗冗;其声幽,似落花流水
　　溶溶;其声高,似风清月朗鹤唳空;其声低,似听儿女语、小窗
　　中,喁喁。

滔滔不绝,宣泄出张生和莺莺在封建礼教压迫下的互相追恋的爱
慕情感,其势壮,其情切,其景幽,其声咽,把他们的感情升华到一
种纯洁崇高的境界。又如惠明授书一段,惠明唱:

　　　〔滚绣球〕我经文也不会谈,逃禅也懒去参;戒刀头近新
　　来钢蘸,铁棒上无半星儿土渍尘缄。别的僧不僧、俗不俗、女
　　不女、男不男,则会斋的饱也则向那僧房中胡渗,那里怕焚烧
　　了兜率伽蓝。则为那善文能武人千里,凭着这济困扶危书一
　　缄,有勇无惭。

把惠明那种离经叛道的精神和见义勇为的性格特点,鲜明、生动地
表现出来,并且揭露了僧寺内部的腐朽和黑暗。语言简短明快,俚
趣横生。

《西厢记》的艺术描写,除了细节的真实和语言生动、形象之外,还重视创造典型环境中的典型性格,其中从红娘、莺莺、崔夫人、张生到郑恒、惠明每个人都是典型,同时又有鲜明的个性。作者不是纯客观地描写人物,不只是写这些人物原来怎样,而且写出他们应该怎样,赋予他笔下的人物以美的理想。特别是正面人物,是作者的思想、观点和抱负的直接体现。《西厢记》所表现的理想是什么呢? 就是不受封建礼教束缚,"不恋豪杰,不羡骄奢"的纯朴的美好生活,就是"愿普天下有情人都成了眷属"。为与这种浪漫主义理想相适应,作者还惯于采用巧妙的写意手法,如莺莺夜晚烧香礼拜,张生偷窥一节描写:

> (红云)姐姐,有人,咱家去来,怕夫人嗔着。(莺回顾下)
> (末唱)〔幺篇〕我忽听、一声、猛惊。元来是扑剌剌宿鸟飞腾,颤巍巍花稍弄影,乱纷纷落红满径。

把张生心意中莺莺的美丽,通过景物的烘托,巧妙地描写出来。虽然未直接写莺莺,但客观优美的动的境界,却活现了莺莺的神态。这种传神的写意手法在《西厢记》中还有许多。所以,《西厢记》的艺术创作可以不朽!

《西厢记》之外,王实甫还创作了《四丞相歌舞丽春堂》和《吕蒙正风雪破窑记》两本戏。这两本戏虽然成就不及《西厢记》,但也各有其意义。

《丽春堂》描写金代最高统治者的爪牙李圭的骄纵行为,他一般武艺不通,却做了右副统军使,并任意凌辱当朝丞相。也塑造了女真人完颜乐善这个勇武善战的人物,他官拜右丞相,却为弄臣李圭所戏弄,被贬到济南。他被贬后对现实社会表示强烈的愤慨和不满,一切愁肠怨结都诉之于游山玩水:

　　（正末唱）水声山色两模糊，闲看云来去。则我怨结愁肠对谁诉，自踌躇，想这场烦恼都也由咱取。感今怀古，旧荣新辱，都装入酒葫芦。

他产生了要永久过"琴一张、酒一壶、自饮自斟、自歌自舞"的放浪形骸的生活。但他并未真正忘情于现实，后来当他被诏赦复原职回京时，公卿问他的心意如何？他说："这里是土长根生父母邦，怎将咱流窜在济南天一方，这些时怎不凄凉。"他希望回到自己的家乡，但又怕"来到是非场"，"怕惹起风波千丈"。他从"水国渔乡"骤然间又来到"一划地济济跄跄的官场"，引起内心情绪强烈的激荡。尽管最高统治者对他加官赏赐，在丽春堂大开宴会，他口头上也"仰贺当今皇上"，但从全部情绪看，他对官场仕途是冷淡的，对当时社会是不满的。通过乐善的仕宦升沉，反映了金代统治集团内部的堕落和腐朽，这是作品所显示的客观意义。

　　《破窑记》是演述吕蒙正和刘月娥婚姻的故事。吕蒙正功名未遂之前穷愁潦倒，因为偶然的机会接得绣球，才与刘月娥结为夫妻，长期生活在寒窑之中。其间受尽人们的冷眼和奚落，后来发奋读书，中了状元，得雪前耻。这段故事，在《花朝生笔记》中有记载，但情节与此剧有很大不同。这本戏最大的成就是创造了刘月娥这一妇女形象，描写了刘月娥善良、坚贞和对贫苦人们的尊重和忠诚。同时通过她批判了刘员外嫌贫爱富的阶级根性，提出了正确的婚姻理念："古者男女之俗，各择德焉，不以其财为礼。"这种观念贯穿于全篇作品之中，与《西厢记》中所表现的是一致的，焕发出反封建礼教的思想光辉。

　　王实甫是我国戏曲史上伟大的剧作家，他的作品无论思想内容和艺术形式都有自己的创造，具有与关汉卿创作不同的特点，即他的剧作多描写封建时代上层社会的生活，语言华丽，抒情气息很浓,善于提炼情节并善于细腻地刻画人物的心理活动。在他的影响下,有白朴、马致远、吴昌龄、李好古、郑光祖、乔吉等剧作,形成与他的杂剧风格相近的另一个流派。

五、白朴、马致远及其剧作

(一)白朴《梧桐雨》及其他剧作

白朴,字仁甫,又字太素,号兰谷,真定人(王国维《曲录》)。生于金哀宗正大三年(1226),卒元武宗至大三年(1310)左右,共活了八十多岁,比关汉卿、王实甫晚一些。他年刚七岁,便"遭壬辰之难"(即1232年)。父亲白华,字文举,曾做过金朝枢密院判官,和当时名臣元遗山是中州之世交。两家子弟常举唐代长庆间元稹、白居易的故事,以诗文相往来。他幼遭亡国之痛,父亲又因故到远方,"尝鞠于元好问家,得其指授"(《四库全书总目提要》)。在元家受元遗山"视亲子侄不啻过之"(元王博文《天籁集序》)的指引教导,使他具有深厚的文学修养和强烈的民族思想,所谓"满目山川之叹"(《天籁集》王序),便是指他此时的思想情况。数年之后,他父亲回来了,元遗山曾对他父亲赞扬他说:"元白通家旧,诸郎独汝贤。"(《天籁集》王序)也说明他品德、学问之不凡。此后,他父子便专攻律赋,而白朴的成绩突出,这对他后来戏曲创作的影响很大。他少年即有大志,由于国家覆亡,江山易主,而不得伸展。当时"开府史公(即史天泽)将以所业荐之于朝,再三逊谢,栖迟衡门,视荣利蔑如也"(《天籁集》王序)。他坚决不与异族统治者合作,对功名利禄轻蔑不置一问,"于是屈己降志,玩世滑稽"(明孙大雅《天籁集序》),终日放浪形骸,以排遣愁闷。这都是他四十岁以前的情况。贾仲明〔凌波仙〕词说他"洗襟怀,剪雪裁冰,闲中趣,物外景,兰谷先生"。是他这段生活的真实写照。

　　约当四十岁之后，元统治者统一了中国，他便徙家金陵，并游历过两湖、江西、江苏、扬州等地。他这时期的生活，是"从诸遗老放情山水间，日以诗酒优游，用示雅志，以忘天下"，且"尤精度曲"（《四库全书总目提要》），终日以作诗度曲作为自己爱国、幽愤思想的寄托。虽然他晚年由于儿子的显贵，被赠为嘉仪大夫、太常卿（《录鬼簿》），但不能说明他向异族统治者妥协了，因为那是别人的赏赐，自己是否真心愿意承受还成问题。实际上他这个时期的思想、生活状况，正如他〔石州慢〕这阕词所表述的，是："少陵野老，杖藜潜步江头，几回饮恨吞声哭，岁暮意何如？"这是何等深沉的悲愤情绪！他就是以这种对现实刻骨铭心的悲愤进行创作的。他著有《天籁集》二卷，末附《摭遗》，辑录他的词和散曲。又创作杂剧十六种，今天仅存《唐明皇秋夜梧桐雨》、《裴少俊墙头马上》、《董秀英花月东墙记》三种，这三种中以《梧桐雨》成就最高，是白朴的代表作。

　　《梧桐雨》是白朴依据白居易的《长恨歌》再创作的，内容是写唐明皇和杨贵妃的爱情悲剧。但是在题材的处理上与《长恨歌》有所不同，最主要的是删除了道士访仙一节，而以杨贵妃死后唐明皇陷入深邃的沉思为终结。这就更显出其生活的真实性，更增强了其悲剧性。由于情节有如此大的改变，主题思想因之也与《长恨歌》之主要歌颂爱情不同，而是同情李、杨的真挚爱情，仇恨破坏他们爱情的异族反叛者，强调收复中原的愿望，并暴露了唐明皇的荒淫、昏庸。据杨贵妃自己说，由于她被册为贵妃，遂将她哥哥"杨国忠加为丞相，姊妹三人封为夫人，一门荣显极矣"。而且唐明皇自从得到杨贵妃，便"朝纲倦整"、"烂醉华清"，淫度着"朝朝寒食，夜夜元宵"的靡乱生活。甚至于废餐忘寝，乐以忘忧。当四川道使臣进荔枝来、杨贵妃跳霓裳羽衣舞时，忽报贼兵杀来，他仓惶"惊变"，打破了他的沉湎美梦。这明显地反映出唐明皇的荒淫、靡乱生活是社会变乱的根源。李林甫也说："只为女宠盛，谗夫昌，惹起这刀兵来了。"当然，把国家的危亡只归咎于宠女色，是片面的，但在一定程度上也说明了特定历史条件下的一种现象。又唐明皇自己也沉痛地申诉说："你文武两班，空列些乌靴象简，金紫罗襕，内中没个英雄汉，扫荡尘寰。"这就说明是封建统治阶级全部的荒淫、腐朽和无能，导致了这场阶级、民族的大叛乱。

唐明皇的荒淫昏庸是封建统治者的根性，但他与一般封建统治者还有所不同，那就是他对杨贵妃还有某种真正的感情，能指着牛郎织女对杨贵妃"说尽千秋万古情"，盟发"百年以后，世世永为夫妇"的誓言。同时，他也不是毫不顾及人民的苦难，当驿使送荔枝来时，他手持数颗感叹道："取时难，得后悭，可惜不近长安，因此上教驿使把红尘践。"他对驿使践踏农民的田地表现了强烈的忏悔。他这种情感于"惊变"之后更深化了。幸蜀一节，写他于国破家亡，带领六宫嫔御诸王百官路途中的情况：

（正末唱）〔驻马听〕隐隐天涯，剩水残山五六搭。萧萧林下，坏垣破屋两三家。秦川远树雾昏花，灞桥衰柳风潇洒，煞不如碧窗纱，晨光闪烁鸳鸯瓦。

（众扮父老上云）圣上，乡里百姓叩头。

（正末云）父老有何话说？（众云）宫阙，陛下家居；陵寝，陛下祖墓。今舍此欲何之？（正末云）寡人不得已，暂避兵耳。（众云）陛下既不肯留，臣等愿率子弟从殿下东破贼，取长安。若殿下与至尊皆入蜀，使中原百姓谁为之主？（正末云）父老说的是。左右，宣我儿近前来者。（太子做见科）（正末云）众父老说中原无主，留你东还，统兵杀贼。就令郭子仪、李光弼为元帅，后军分拨三千人，跟你回去。你听我说。（唱）

〔沉醉东风〕父老每忠言听纳，教小储君专任征伐。你也合分取些社稷忧，怎肯教别人把江山霸，将这颗传国宝你行留下。（太子云）儿子只统兵杀贼，岂敢便登大位？（正末唱）剿除了贼徒，救了国家，更避甚称孤道寡。

这里不但表现了唐明皇同情人民，也表现了他收复中原的思想愿望。这是《长恨歌》中所没有的，而完全是白朴的匠心创作。这种创作与元代的社会现实以及白朴自己的思想有着密切的联系，是白朴当时思想的反映。

如上所叙，人民群众在离乱中是同情、拥护唐明皇的，但对造成这次社会变乱的人也是怨恨的。这种怨恨的暴发，就是马嵬坡军心叛变，以陈玄礼为首的护送军要求清君侧，杀杨国忠、杨贵妃以敛众心、泄民愤。结果终于把杨国忠杀死，逼杨贵妃自缢。对杨贵妃的死，作者寄予了同情，她的命运是悲惨的。但是，当群众反抗的怒潮兴起之时，她不可能不被卷入旋涡，并丧失生命。至于她死后士马践踏她的衣服，不能说是军士的残忍，而说明了长期被压迫群众怒火的燃烧，是一种迫切报复心理的反映。

自此以后，直到由蜀又回长安这个时期，唐明皇长时间陷入孤凄的状态中。作者以很长的篇幅描写他对杨贵妃的思念。首先是对高力士代他画的贵妃真容的哀悼，其次是院庭花草所惹起的回忆，再次是感情的沉重不能担荷，又回到殿堂，在睡梦中见贵妃，最后是醒来梦境渺茫，只有疾风凄雨的萧萧飒飒声：

〔倘秀才〕这雨一阵阵打梧桐叶凋，一点点滴人心碎了……

〔黄钟煞〕顺西风低把纱窗哨，送寒气频将绣户敲。莫不是天故将人愁闷搅，度铃声响栈道。……

过去的欢娱现在都变成凄凉,自己的凄切情感与自然环境交织在一起,这就更深化了这本戏的悲剧气氛。白朴处理李、杨的爱情题材到此为止,它给人们的艺术感染力,是对李隆基的无限同情。李隆基原是历史上有作为的国君,同时也是历史的罪人。在民族矛盾、阶级矛盾激化的元朝,人民群众当然怨恨以前的统治者荒淫不理朝政,以致造成国家的危亡,同时更追恋曾经一度被称为盛世之治的过去的政权。李隆基的故事恰巧适合于这一要求,白朴即准确地处理了这一故事题材,通过抒情诗的语言,表达了人民的思想愿望,形成一篇不朽的杰作。

《墙头马上》也是白朴的重要作品,写尚书裴行俭的儿子裴少俊与总管李世隆的女儿李千金自由恋爱的故事。故事虽说出于裴家,但却与唐代裴行俭的事实无涉,完全写的是元代的社会现实。这篇作品有强烈的反封建意义,描写了封建社会青年男女要求婚姻自由的坚贞意志。作品开篇即烘托出来三月上巳的美丽环境:"榆散青钱乱,梅攒翠豆肥。轻轻风趁蝴蝶队,霏霏雨过蜻蜓戏,融融沙暖鸳鸯睡。落红踏践马蹄尘,残花酝酿蜂儿蜜。"自然环境如此溶溶漾漾,而李千金却深居冷酷的闺阁之中,这自然引起她的不满:"则这半床锦褥,枉呼做鸳鸯被。"在这种禁煞人欲的环境中,一旦到花园里看到品貌兼优的男子,即引为知己则是必然的。李千金便是如此一见钟情地认识了裴少俊。所谓一见钟情的恋爱方式,是封建社会对青年男女严酷禁锢的产物。在那种社会环境中,不容许青年男女在婚前有任何接触,否则就违背了封建礼法。即使自由结了婚,也被视为"野合""淫秽",长久不敢露面。李千金婚后便在裴少俊家花园里隐藏了七年之久,后来被裴尚书发现,斥之为娼妓,被赶了出来。可见封建礼法的凶狠和严酷。

李千金被发现之后,翁姑用各种方法对她加以刁难,说他们不是"天赐姻缘",让她能在石上磨玉簪不折、井底引银瓶不坠,作为这种"姻缘"的验证。这当然是不可能的事。她受尽了百般侮辱,却矢志不屈,讽刺她公公说:"枉教他遥授着尚书,则好教管着那普天下姻缘簿!"

其后,裴少俊进士及第,又去接她,翁姑也去恳求,要夫妻团圆。她把翁姑从前对她迫害的行为从头数起,做了一次全盘的清算,最后说:

> 〔上小楼〕恁母亲从来狠毒,恁父亲偏生嫉妒。治国忠直,操守廉能,可怎生做事糊突。幸得个鸾凤交琴瑟谐,夫妻和睦,不似你裴尚书替儿嫌妇。

最后虽然团圆了,但她内心却仍然"贼儿胆底虚,又怕似赶我归家去"!

全剧通过李千金这个人物,深刻地批判了父母之命、媒妁之言的封建婚姻制度,表现了青年男女要求婚姻自由的美好愿望。

《东墙记》的内容与《墙头马上》大体相同,描写书生马文辅与小姐董秀英大胆地追求自由婚姻的故事。在唱法上打破了元杂剧一人独唱的惯例,而是旦、生、梅香各有歌唱。

综观白朴的剧作,受白居易的影响很深,现存的三本戏,有两本连题目都取自白居易的诗歌。《梧桐雨》来源于白居易的《长恨歌》,《墙头马上》来源于白居易的"墙头马上"乐府诗句,并且其中李千金所唱的《青梅歌》,也是白居易的乐府歌辞。更重要的是白朴剧作所表现的对妇女的态度,他对被压迫妇女寄以深切的同情、关怀和支持,这与白居易在其《陵园妾》、《母别子》、《井底引银瓶》等诗篇所表现的几乎完全相同。而且在剧作中还引用了"井底引银瓶"的故事,在李千金与一对儿女被迫分离时,又描写了"母别子"的惨状。白朴如此深受白居易的影响,是他与元遗山"两家子弟每举长庆故事,以诗文相往来"(《天籁集》王序)长期标榜的结果。

此外,在戏曲文学方面,他受王实甫的影响也很深。特别是《墙头马上》、《东墙记》,无论思想内容、故事情节以及艺术特点都好像在《西厢记》直接启发下产生的,而《东墙记》则是《西厢记》的缩影。这些作品中的人物对理想生活追求的勇敢、大胆,比《西厢记》中的人物有过之而无不及。但是作为现实主义创作,要求艺术形象概括更深广的社会内容,则白朴笔下的人物比《西厢记》却单薄得多,从而它们的思想意义远不如《西厢记》深邃。

然而,白朴的剧作也有与王实甫不同之处,那就是它不像王实甫那样文采风靡华丽,而是清俊爽直。他最善于描写人物的心理活动,通过对内心的描写揭示人物的精神世界,这是白朴写作方法的最大特征。

(二)马致远《汉宫秋》及其他剧作

马致远,号东篱,大都人,曾做过江浙省务提举(《录鬼簿》)。其他事迹不可考。他自己所作的散曲说"世事饱谙多,二十年漂泊生涯"(〔青杏子〕),可能是指他二十年宦场经历而言。假若他是二十岁入宦途,那么再经过二十年便四十岁了,所以他又说:"半世逢场作戏,险些儿误了终焉计。"(〔哨遍〕)现实生活对他的刺激太深,宦途的一切太黑暗,使他不能再忍受下去,因此便"白发劝东篱,西村最好幽栖"(〔哨遍〕),过着"酒中仙""风月主"放浪形骸的生活。同时他与群众的艺术组织书会取得了联系,元贞年间与李时中,以及群众艺人花李郎、红字公合作,创作了《黄粱梦》杂剧。由于他与群众艺人的密切联系,使他的艺术才华得到高度的发展,成为"战文场,曲状元,姓名香贯满梨园"(贾仲名〔凌波仙〕

词)的人物。与他的思想、生活相适应,他的剧作也表现一种与现实不妥协的神仙、隐士和失意文人的思想倾向。

他是一个多产的作家,所作杂剧凡十四种,今天保存的有《破幽梦孤雁汉宫秋》、《江州司马青衫泪》、《吕洞宾三醉岳阳楼》、《马丹阳三度任风子》、《西华山陈抟高卧》、《半夜雷轰荐福碑》、《邯郸道省悟黄粱梦》七种。其中以《汉宫秋》成就最高。

《汉宫秋》写的是汉元帝挥泪送昭君的故事。这个故事在《汉书·匈奴传》、《后汉书·南匈奴传》和《西京杂记》中都有记载,关汉卿也写过《汉元帝哭昭君》杂剧,可惜已亡佚。马致远再创作的昭君故事,与史书的记载表现了鲜明的不同倾向,把它处理成一个可以发人深思的悲剧。作为悲剧的中心人物汉元帝,则是一个既善良又昏庸的君主,他自称是"一半儿为国忧民,一半儿愁花病酒"。他沉湎于女色,以至于"如痴似醉,久不临朝",使朝政日非,国祚衰微,将相们只食君禄而不能举干戈,导致异族的凌辱。并且当昭君前去和番时,他竟不顾国体躬自送别,"惹外夷耻笑"。显示出在异族逼迫下一副懦弱的可怜相。虽然如此,但汉元帝这个人物给人们主要的感情影响,是对他的同情。他具有一般的善良品格,对昭君表现了真挚的爱情,然而这种爱情不能得到满朝文武的保障,结果幻灭了。作者好像有意识地要通过汉元帝来诅咒当时昏庸无能的文武百官,痛斥他们在大敌当前,都"似箭穿着雁口,没个人敢咳嗽",他们只会"山呼万岁,舞蹈扬尘,道那声诚惶顿首",结果让汉明妃"有国难投"。为了更丑化这些文武百官,作者将史书中毛延寿点破美人图被处死的事,推演成以美人图降番。把毛延寿写成奸臣贼子,这对元朝那个社会现实更有概括意义。

汉元帝的感情是悲愤沉痛的,随着剧情的发展也逐渐深化,到灞陵送别一折,他的这种感情与环境、历史联系起来,发展到更深刻、细致的境界。他目睹昭君"锦貂裘生改尽汉宫妆",禁不住大喊:"我哪里是大汉皇帝!"他目送昭君远去,越发憎恨朝中的文武百官。后来在"节影悠扬""角声悲壮"中离别,他留恋、痛恨和悲愤的情感,表现得更复杂执著:

> 〔梅花酒〕呀! 俺向着这迥野悲凉,草已添黄,兔早迎霜。犬褪得毛苍,人擞起缨枪,马负着行装,车运着食候粮,打猎起围场。他、他、他伤心辞汉主,我、我、我携手上河梁。他部从入穷荒,我銮舆返咸阳。返咸阳,过宫墙。过宫墙,绕回廊。绕回廊,近椒房。近椒房,月昏黄。月昏黄,夜生凉。夜生凉,泣寒螿。泣寒螿,绿纱窗。绿纱窗,不思量。
>
> 〔收江南〕呀! 不思量,除是铁心肠! 铁心肠,也愁泪滴千行……

这种噤若寒蝉的悲吟,引起人们强烈的同情,激起人们对文武百官的刻骨憎恨,这些昏庸无能之辈,连皇帝的妃子都保不住,何况国家呢? 这就是汉元帝深刻的悲剧情绪所产生的客观效果。

作品中还描写了王昭君这一有民族气节的妇女形象。据历史记载,王昭君确是到了匈奴,并做了宁胡阏氏。但在马致远笔下,王昭君是投黑江殉国,名其坟为青冢,结下青冢之恨。这更鲜明地显示出马致远的思想倾向。

马致远写的是历史剧,但所反映的却是元代的社会现实。他对这一题材处理所显示出对历史的观点和看法,实质上也反映了那个时代人民群众对历史的评价。

马致远的《汉宫秋》和白仁甫的《梧桐雨》在内容和情节方面有极相似之处,如第四折都是叙述对已失掉的爱情的追念。《汉宫秋》是哀思美人图,梦见王昭君,对孤雁而悲吟;《梧桐雨》是哭像,梦见杨贵妃,借梧桐雨而陈诉。这可能是白仁甫对马致远的影响所致。

马致远创作了许多关于"神仙道化"的剧作,这部分作品构成了他全部剧作的中心内容。就现存的元杂剧中十几种神仙道化剧看,他的作品在其中占很大的比重。因此,分析、阐述这一部分杂剧的内容,对评价马致远是很有意义的。

马致远以神仙道化为内容的杂剧,计有《陈抟高卧》、《岳阳楼》、《黄粱梦》、《任风子》四种。这四种杂剧所表现的共同思想倾向,即诱导人们脱离丑恶的元代社会,不与丑恶的元代社会同流合污,不与它妥协,其基本思想即愤世嫉俗。这种思想倾向,与马致远自己的生活、思想有着密切的联系,剧中的主要人物在某些方面可以说是作者自己思想、观点的体现。作为"半世蹉跎"的马致远,一度的官场生活,对官场的腐朽、黑暗有深刻的认识,同时对蒙古统治者统治下祖国山河之被蹂躏、人民群众之被迫害,也寄予深沉的愤慨。但是,作为个人,他无力改变这种现实,无力澄清官场的黑暗和挽救国家的危亡,因此便产生痛苦。为了解除这种痛苦,寻求精神上的解脱,即选取了求仙访道的道路。这种对现实的态度,当然是消极的,同时也是一种反抗,是对人间苦海的批判,是他不妥协、不屈服精神的表现。马致远的这种思想在他的剧作中都可以找到他的影子。

《陈抟高卧》写陈抟的高洁人格,宋太祖想尽办法请他出山,他坚决不从,并说做官"便是死无葬身之地"。《黄粱梦》写汉钟离度脱吕洞宾的故事,把吕洞宾这个热心功名利禄者,变成完全灭绝功名之念的人。《岳阳楼》写吕洞宾的疯僧狂道的性格,这种疯狂、放浪形骸的性格,对封建秩序有叛逆意义,他超度了柳和梅之后沉痛地说:"再不受人间的斧斤苦。"《任风子》写马丹阳超度屠户任风子脱离了杀生的生涯。这些人物所寻求的道路是由于对现实社会憎恶、不满而又苦痛找不到出路的结果，揭示了元代特定的历史环境中一部分士子的思想活动和精神状态。

从这几本剧作主要人物的思想情绪中，人们还可以嗅到另一种气息，即对社会历史变化的沧桑、兴亡之感。陈抟被邀回朝时，他感叹道："天下已归汉，山中犹避秦。"钟离一出场便陈述说："不知甚的秋，甚的春，甚的汉，甚的秦。"又当吕洞宾被勘卖阵之罪时，钟离说："隋江山生扭做唐世界，也则是兴亡成败。"吕洞宾"睡朦胧无多一和"，却"半霎儿改变了山河"。《岳阳楼》中这种情感表现得更浓厚，如吕洞宾唱：

〔贺新郎〕你看那龙争虎斗旧江山。（郭云）你笑什么？（正末唱）我笑那曹操奸雄。（郭云）你哭什么？（正末唱）我哭呵哀哉霸王好汉。（郭云）老师父，你为什么哭了又笑，笑了又哭？〔正末唱〕为兴亡笑罢还悲叹，不觉的斜阳又晚，想咱这百年人，则在这捻指中间。

又吕洞宾在酒楼饮酒时感叹道：

〔鹊踏枝〕自隋唐，数兴亡，料这一片青旗，能有的几日秋光。对四面江山浩荡，怎消得我几行儿醉墨淋浪。

这些人物所抒发的兴亡之感，实际上是元代那个历史环境中时代气息的反映，自然也是作者自己思想情绪的渗透。在元代蒙古统治者极端残酷的统治下，马致远不可能直接表示不满，只能通过曲折的方式，通过塑造人物来表达自己的思想感情。可见马致远是有民族思想的，这从他对王昭君沉江的处理上也可以得到证明。

此外，《荐福碑》写士大夫张镐贫穷、落拓而无出路，《青衫泪》

写白居易与妓女裴兴奴的真挚情意。这两本杂剧在元朝也有现实意义。

马致远的杂剧具有浓厚的浪漫主义色彩,含有丰富的想像力。他笔下的人物,表面上好像很恬淡,其内心情感却极为炽烈。他剧作的语言,一般是典雅的,但却能表现不同阶层人物的身份形象。《汉宫秋》写汉元帝,多用妍丽的曲词;《任风子》是屠户所唱,多用爽利的语言;《荐福碑》是出于失意的士子之口,多引经据典;《陈抟高卧》写隐士生活,多取超逸的俊语。其对语言的运用相当成功,是马致远剧作的一大特色。

六、杨显之、纪君祥、石君宝等及其剧作

(一)杨显之及其剧作

杨显之,大都人,生卒年代不详。与关汉卿为莫逆之交,凡有作品必与关汉卿商讨(《录鬼簿》),因此,他的剧作受关汉卿的影响很深。他大概也善于对别人的作品提意见,所以被称为"杨补丁"。他共作杂剧八种,今天仅存《临江驿潇湘秋夜雨》、《郑孔目风雪酷寒亭》两种。

《潇湘雨》是写崔通嫌贫爱富、停妻再娶的故事。从它的内容情节看,与《赵贞女蔡二郎》极相似,从它的人物性格看,翠鸾却极像《窦娥冤》中的窦娥。作为此剧的中心人物,翠鸾是我国封建社会被迫害被遗弃的妇女形象,少年时随父亲走马上任,渡河遇着风浪,父女因而相失。翠鸾被渔夫崔文远看见,把她认作自己的养女,她从此便陷入"一寸心怀千古恨,两条眉锁十分忧"的忧恨情绪中。不久崔文远把自己侄儿崔通介绍给她为婿,这是她一生中仅有的一次欣喜和快慰,她自己说:"虽然俺心下有,我须是脸儿羞。"但是,好景不长,欢笑难再。果然,她遭到与赵贞女同样的命

运,她利欲熏心的丈夫中了状元,与另外的宦家小姐结了婚,把她抛弃了。她在"洒红尘秋雨丝丝,透罗衣金风飕飕"的凄凉环境中,不畏艰险地去寻找丈夫,企图弥补他们的感情。但是,赤诚换来的却是笞楚。翠鸾未想到丈夫不但不承认她为妻子,反而诬蔑她是其家奴,因偷盗而逃走,今日捉到,要着实痛打。在丈夫面前,翠鸾毫无惧色,表现得勇敢而坚强,她质问崔通当日所立的誓言说:"你说道,不亏心,不亏心,把天地来指!"翠鸾的人格是光辉的,她的命运却是悲惨的,她被打得死去活来:

> 〔哭皇天〕则我这脊梁上如刀刺,打得来青间紫。飕飕的雨点下,烘烘的疼半时。怎当他无情无情的棍子,打得来连皮彻骨、夹脑通心、肉飞筋断、血溅魂消,一直我一疼来一疼来一个死。……

她"气噎声丝,诉不出一肚嗟咨"。结果,被崔通以逃奴的罪名刺配去沙门岛,并告诉解子:"一路上则要死的,不要活的。"这更显示了他的狠毒。翠鸾自己慨叹道:"哎哟天哪!但不知那塌儿里把我来磨勒死。"苦难翠鸾的悲惨遭遇在封建社会得不到任何同情和支持,她自己反复呼唤:"可着谁做主?"在被刺配的路途中,她受那"似走石吹沙"风的吹打,受那"似箭杆悬麻"雨的浇淋,挨那"精唇泼口"公人的诟骂,挨那"饥难分辩"的冻饿。她困顿、疲倦、痛苦、怨恨、不平,百感交集,她忍无可忍地诅咒道:

> 〔古水仙子〕他他他,忒狠毒,敢敢敢,昧己瞒心将我图。你你你,恶狠狠公隶监束,我我我,软揣揣罪人的苦楚。痛痛痛,嫩皮肤上棍棒数。冷冷冷,铁锁在项上拴住。可可可,乾支剌送的人活地狱。屈屈屈,这烦恼待向谁行诉。……

她"捱一夜似一年",她"埋怨天",她"哭干了眼泪""叫破了喉咽"，但并不能得到别人的同情和支持，翠鸾的悲剧性格在这里发展到了高峰。通过这一性格，揭露了封建社会"夫乃妇之天"伦理道德的本质和封建刑法的罪恶。翠鸾的性格与窦娥相同，是与全部不合理的封建制度尖锐对立的。后来在路途中遇到了她官升为廉访使的父亲，有人为她做主，她便将自命为"妇之天"的崔通"揪将来似死狗牵""伤心切齿，怒气冲天"地要报她的"宿世冤仇"。结果经义父崔文远的劝解才重做夫妻，将新娶的妻子降为侍婢。

翠鸾的遭遇和命运在封建社会有普遍意义，她的痛苦、仇恨、反抗和要求，也体现了长期被压迫妇女的痛苦、仇恨、反抗和要求。在对崔通的塑造方面，与《琵琶记》中的蔡伯喈、《荆钗记》中的王十朋、《秦香莲》中的陈世美都不同，而是一个嫌贫爱富、停妻再娶的另一类形象，这显现出我国戏曲创造人物性格的多样化。

《酷寒亭》是写郑嵩与妓女萧娥同居，其妻被气死，萧娥又与高成奸淫，郑嵩发现后，怒杀萧娥，而高成逃走。郑嵩到官府自首，被刺配沙门岛，由高成押解，途中为宋彬所救诸事。作者着重描写了妓女萧娥的刁泼、凶狠以及对前妻子女的暴虐行为，在她身上沾染着浓厚的剥削阶级习性，她是封建社会罪恶制度的产物，同时又死于封建制度。郑嵩是一个小官吏，是被迫害者，他与奸夫的斗争，实质上是一场阶级斗争，因为高成之押送郑嵩是罪恶刑法的一部分。和当时一切被押送的囚徒最终被山寨英雄解救一样，郑嵩也被他的好友宋彬救出，向山寨落草去了。作品也清楚地反映出官逼民反的社会现实。

杨显之的剧作在人物性格、故事内容、文学语言等方面，都与关汉卿的作品相似，即便如《潇湘雨》中关于雨的描写，人们都认为很像白朴《梧桐雨》中的雨的意味，其实我们看来，倒更像关汉卿《拜月亭》里王瑞兰和她母亲逃难的一段情景。这显然是他"凡有珠玉与公(关汉卿)较之"(《录鬼簿》),受关汉卿直接影响的结果。

(二)纪君祥及其剧作

纪君祥或作纪天祥,大都人,与李寿卿、郑廷玉同时(《录鬼簿》)。共作杂剧八种,今天保存的只有《赵氏孤儿大报仇》一种。

《赵氏孤儿》是元杂剧中著名的悲剧,内容是写晋灵公所信任的奸臣屠岸贾陷害忠臣赵盾,将赵家三百口诛尽杀绝,二十年后赵家的孤子大报仇的故事。这段史实见《新序·节士》和《说苑·复恩》之中,经过纪君祥的创作,对原来的史实加以扩大、丰富和加深,完成了在蒙古统治者统治下具有时代意义的重大主题,即赵家要报仇雪恨。从其所描写的这种仇恨联系方面之广,激起的政治波澜之阔,引起人们同情之深看,都不是一般个人或家庭的仇恨所能涵盖得了的,而是具有赵宋报国仇的性质了。

屠岸贾是统治阶级的代表人物,为了陷害忠良赵盾,他施展了最奸诈、专横和毒辣的手段,使尽了各种机谋,以至于长期训练猎犬,在宫廷中放犬追捕赵盾。结果把赵盾"三百口满门良贱,诛尽杀绝",只剩下赵盾的儿子驸马赵朔和公主。他又诈传灵公之命,赐赵朔自尽,把公主囚禁在府中,断绝亲疏。后来公主生下个遗腹子,为了斩草除根,他又打算把婴儿杀掉,派人严守公主家门,以防孤儿被盗,下令有盗孤儿者,犯灭全家、诛九族的大罪。当孤儿真正被盗走之后,他又诈传灵公之命,将国内一个月之上半岁之下的婴儿都拘捕来,一并诛灭。可见他是多么凶狠、残暴!他的行为和计谋集中了历代统治者最毒辣的统治方法和手段。但同时他又是外强中干的,一个未满月的婴儿也足以引起他如此惶恐和不安。

与这一人物尖锐矛盾、对立的,是正直、刚强、博大、舍己为人的程婴、韩厥和公孙杵臼。程婴是赵家的一个家人,因为"在家属上无他的名字"，未遭杀害。当公主处在危难时机，他敢冒着生命的危险把孤儿盗出来。屠岸贾发现孤儿遗失之后，下令要将国内半岁以下的婴儿都拘捕杀戮。他为了拯救全国人民的灾难和保存赵家报仇的根苗，愿意将自己的婴儿献出来冒称赵氏孤儿，并称自己是盗者而自投。这都表现了程婴的勇敢、侠义及其舍己为人的精神。

公孙杵臼是灵公朝与赵盾一殿之臣，因见屠岸贾专权，不愿"被那些腌臜屠狗辈欺负"，才罢职归农。当程婴以赵氏孤儿相托时，他毫不犹疑地答应了，而且自己愿意以盗窃者自称，代程婴抵死。他有季布一诺千金的精神，当程婴坚持自投时，他说："我一言已定，再不必多疑了。"他认为"见义不为非为勇"，"大丈夫何愁一命终！"为了义可以将生死置之度外，并发誓说："便将我送上刀山与剑峰，断不做有始无终。"后来虽然经过屠岸贾的千般拷打，万种凌逼，终未招承。结果触阶而死，以示坚贞不屈。

韩厥是屠岸贾派去把守公主家门的一员将领，但对赵家的遭遇却寄以深切的同情，对屠岸贾却表示刻骨的仇恨。当程婴背着药箱慌慌张张地出门时，他心知其中有异，查出来是赵氏遗孤，又纵之去。程婴唯恐他走漏消息，他则拔剑自刎，以明心迹。

这些人物的侠义、勇敢和舍己为人的精神，受到作者尽情地歌颂，这不仅表现在对他们的思想、行为具体地记述过程中，而且在第四折中以每人一首诗作为对他们的礼赞。他们的思想、行为包蕴的中心内容，就是要报仇，要"替赵家出力做先锋"。这种精神具有鲜明的时代特征。

《赵氏孤儿》的艺术成就主要表现在两个方面，即多方面、尖锐地展开戏剧的矛盾和冲突与自然巧妙地处理剧情的变化和发展。如公孙杵臼被打一段的描写，屠岸贾痛打公孙氏，之后又命程婴继续打。这便引起了程婴思想情绪的紧张变化,他拣个细棍不好,粗棍也不好,都惹起了屠贼的怀疑,结果拣个中等棍子,对公孙氏痛打起来。公孙氏痛楚难忍时,偶然说了一句:"莫不是那孤儿他知道,故意的把咱家指定了?"他立刻"唬的腿脡儿摇"。公孙氏痛极时又说了一句"俺二人商议要救这小儿曹",屠贼问那一人是谁,敢有程婴吗?程婴一边喝道:"你休妄指平人!"一边神态慌张,公孙氏则说:"你慌怎么?"这里表现的矛盾、冲突是多方面的,而且十分尖锐,给人的感受是神经都在颤抖。此外,程婴盗孤儿出公主家门和假做向屠贼告密诸段表现了同样的紧张气氛。如此多方面、尖锐地展开人物性格的矛盾和冲突,使戏剧更具有生活的真实感。

这本戏在剧情的处理上十分自然,毫无牵强之处。如程婴告密,屠岸贾把他认作心腹之人,他就自然地乘机将赵氏孤儿带到屠家,在屠贼的庇护下学成百般武艺,以备将来杀屠贼。又程婴盗孤儿出府门,遇见韩厥,韩厥纵之去,他唯恐韩厥"调假不为真",曾往返三次道"索谢了将军",使韩厥自刎成为必然。又第四折程婴以画成的赵家惨案的手卷来启发、引导赵武的觉悟和报仇心理,步步导引,最后画龙点睛,揭穿案件的缘由,激起赵武的愤怒,要誓死报仇。这也是剧情发展的必然结果。

《赵氏孤儿》在处理戏剧冲突和剧情发展方面有如此高的成就,与它所表现的丰富、深刻的社会内容相联系,便形成了元杂剧中的著名悲剧。其影响于后代者极为深远,今天的京剧仍在演唱。

(三)石君宝及其剧作

石君宝,平阳人(《录鬼簿》),生平事迹不详。所作杂剧十种,今天保存的有《鲁大夫秋胡戏妻》、《李亚仙花酒曲江池》、《诸宫调风月紫云亭》三种。

《秋胡戏妻》是我国古代在群众中流行最广的故事之一，早在唐代变文中已经讲唱，不同的是石君宝增入了秋胡从军，梅英反抗李大户逼婚的情节，内容更丰富、深刻了。它反映了封建官僚荒淫无耻的面貌、地主阶级强夺豪取的凶残本质和在罪恶的社会制度中人民的灾难和痛苦以及他们的反抗和斗争。

作为戏剧的中心人物梅英，是我国封建社会遭遇不幸而又坚强不屈具有反抗精神的妇女形象。她勤劳、善良而勇敢，不为富贵利禄所诱惑，在她看来"贫无本，富无根"，贫富并非与生俱来，而是互相转化的。不幸的是她婚后三天，丈夫秋胡即被征去从军，拆散了这对美满的情侣，她以辛勤的劳动，奉养着婆婆度过了十年的艰苦岁月。但这只是她悲苦命运的开始，封建统治者对这一不幸者的迫害亦步亦趋。不久地主李大户便用金银权势对她凌逼和掠夺，同时年成不收，天灾人祸，使这个青年妇女陷入更深的痛苦之中。梅英对自己的环境是不妥协的，秋胡从军之后，她以一个孤身的女子承担着家庭生活的重负，受到社会各方面的多种折磨，于生死的关头申诉不平的怨恨：

〔中吕·粉蝶儿〕自从我嫁的秋胡，入门来不成一个活路。莫不我五行中合见这鳏寡孤独，受饥寒，揸冻馁，又被我爷娘欺负。早则是生计萧疏，更值着没收成歉年时序。

她质问道："是谁人激恼那天公，着俺庄家每受的来苦，苦。"（〔醉春风〕）李大户来抢婚，她表现了顽强的反抗精神，打了李大户一个耳光，并骂道："把这厮劈头劈脸泼拳搥，向前来我可便挝挠了你这面皮。你怎敢把良人家妇女公调戏。"（〔醉太平〕）对丧德败行的秋胡，她同样表现了坚强的斗志。秋胡使用软硬两种手段调戏她，她表现了贫贱不能移、富贵不能淫的精神：

〔三煞〕你瞅我一瞅，黥了你那额颅。扯我一扯，削了你那手足。你汤我一汤，拷了你那腰截骨。掐我一掐，我着你三千里外该流递。搂我一搂，我看你十字阶头便上木驴。哎！吃万剐的遭刑律，我又不曾掀了你家坟墓，我又不曾杀了你家眷属。

梅英的一生是被凌辱被迫害的一生，她的遭遇是悲惨的，造成她悲惨遭遇的根源有三种因素，一是兵役制度的驱使，二是高利贷剥削和地主阶级的强夺豪取，三是封建官僚的凌辱，总之，根源于封建制度。当然，作者在塑造这个人物时，也渲染了一些节孝观念，渲染了一女不更二夫的伦理道德，这都是作者的封建思想在这个人物形象中的渗透。但主要是她的善良、勤劳和对恶劣环境的反抗精神，这是这个人物艺术生命之所在。

秋胡是个由于做官而变了质的封建士大夫，他卑劣无耻到了极点，第三折对他集中的描写，即在于批判他那种欺骗、荒淫和下流的行为。

《曲江池》的题材本于唐代白行简的《汧国夫人传》，内容是写郑府尹的儿子郑元和与妓女李亚仙真诚的恋爱故事。他们为坚持自己的理想婚姻，受尽了毒打、凌辱、冻饿，终于在不断反抗下达到团圆的目的。老虔婆是封建社会罪恶的体现者，她狠毒、自私、狡诈，正像李亚仙所揭露的："俺娘眼上带一对乖，心内隐着十分狠，脸上生那歹斗毛，手内有那握刀纹。狠的来世上绝伦，下死手，无分寸，眼又尖手又紧，他拳起处又早着昏，那郎君呵不带伤必然内损。"（〔南吕·一枝花〕）她诈取光了郑元和的金钱之后，便把他赶出去，李亚仙要去看望一次都不准。在她心目中，李亚仙就是她骗取钱财的工具，就是她生财之道，只要满足自己的无餍贪欲，李亚仙的前途她是不顾的，她把自己的无餍贪欲完全建立在别人的痛苦之上,这正是剥削阶级的本质。

郑府尹是个封建官僚,他让儿子赴选场,是为了给郑家门第争光,所以当他听到郑元和流落为给别人唱挽歌时,便认为是辱没了自己的门第,把郑元和痛打了一场,目的在维持自己的阶级尊严。

在黑暗罪恶的社会制度下,李亚仙和郑元是不屈服的,尤其李亚仙为了钟情于郑元和,当郑元和被赶走之后,她誓不再干卖笑生涯。她与老虔婆展开了顽强的斗争,从各方面揭露老虔婆凶狠的面貌。郑元和被打后,她不顾一切地前去相救,叫在冰天雪地忍饥受冻的郑元和来家喝酒取暖。她爱郑元和"身贫志不贫",在郑元和身上她看到了自己生活的希望,因此咒骂老虔婆"只为些蝇头微利,蹉脱了我锦片前程"(〔耍孩儿〕)。为了自己的生活理想,她誓死不屈说:

〔二煞〕我和他埋时一处埋,生时一处生。任凭你恶叉白赖寻争竞,常拚个同归青冢抛金缕,更休想重上红楼理玉筝。非是我夸清正,只为他星前月下,亲曾设海誓山盟。

她最后以自己的全部钱财赎身,终于跳出苦海。在她的勉励下,郑元和苦志攻书,一举成名,并做了洛阳县令。

郑元和是个风流才子的形象,为人忠诚,而且身贫志不贫,对李亚仙的爱慕忍辱含垢坚持到底,始终不渝。

《紫云亭》在题材、情节上与《曲江池》相似,没有什么特色,故从略。

石君宝的剧作在艺术上的特点即风格朴素本色,毫无雕琢的痕迹,并善于表现人物的动作,因此显得极为生动,可见他写的是舞台剧,而非案头剧。语言质朴清新,如《曲江池》中对景物的描写:

〔仙吕·点绛唇〕朝来个雨过郊原,早荡出晴光一片。东风软,万卉争妍,山色青螺浅。

山光水色何其清新鲜明,恰足以表现李亚仙的思想情感。

综观石君宝的剧作,受关汉卿的影响很深。《秋胡戏妻》中的梅英和《窦娥冤》中的窦娥在生平遭际、生活态度、思想性格等方面很接近。《曲江池》中的李亚仙和关作《谢天香》中的谢天香很相似。不同的是窦娥比梅英所受的迫害更深,反抗性更强,对当时社会的揭露更深刻,李亚仙对封建社会的诅咒、批判比谢天香更尖锐。然其渊源关系极其明显。

(四)武汉臣及其剧作

武汉臣,济南人(《录鬼簿》),生平事迹不详。共作杂剧十种,今仅存《散家财天赐老生儿》一种。这本戏写的是我国封建社会的家庭纠纷,即家庭财产分配的问题。主人公刘从善积一生经商所得资财万贯,但六十余岁无子,无人继承,因此极其痛苦。依照他自己的传统伦理观念,没有儿子,家产应由侄子继承。但他的妻子却认为应由女儿、女婿管理。这便产生了矛盾,矛盾的结果撕破了他们之间笼罩着的温情脉脉的纱幕,变成了赤裸裸的金钱关系。因此,刘从善痛恨并诅咒"钱",忏悔自己一生不应该为"钱"奔波:"则被你引的我来半生忙,十年闹,无明无夜攘攘劳劳。"并感叹说:"哎,钱也! 我为你呵恨不得便盖一座家这通行庙。"今天却被"好贿贪财"折乏得连个儿子都没有。在他看来,他的家庭纠纷全是由于没有儿子引起的,因此,他要散发财产周济贫民,以赎自己的罪过。作者好像有意识地批判那些偏袒自己女儿、女婿的自私婆娘,她们眼光短小,胸襟狭窄,好贿贪财,嫉妒妯娌,憎恨侄子等。剧情的结尾,虽然将财产由女儿、女婿独占改变为与侄儿、儿子三份平分,算作矛盾的解决。但从作品所反映的生活逻辑看,矛盾并未彻底解决,实际上在当时也不可能彻底解决。这反映了封建宗法制度本身的苍白无力,百孔千疮,已经不能维持它的稳定局面了。

这本戏在艺术上的特点,即大量地采取通俗语言、长篇运用道白,对曲辞的创作很少。如写刘从善在开元寺散钱,侄儿引孙也来叫化,他想暗中给引孙钱,恰巧被妻子撞见的一段对话:

> （正末云）婆婆,你和引张先行,引孙这厮不学好,老夫还要处分他哩。（卜儿云）老的,你慢来,我先回家去也。（卜儿做虚下科）（正末云）儿也,我则觑着你哩。（引孙云）伯伯,您孩儿知道。（正末做哭科云）哎哟,苦痛杀我也!（卜儿上云）老的也,你做什么哩,兀的不啼哭那!（正末云）我几曾啼哭来?（卜儿云）你眼里不有泪来那!（正末云）婆婆,我偌大年纪,怎没些儿冷泪?（卜儿云）你这证候好来的疾也!……

这段对话鲜明地显示出两个人物性格的尖锐冲突,刘从善本来满眼热泪,却不敢承认自己在痛哭。足见其口语道白的高度艺术表现力。这本戏在结构上也独具成就,即其完整性和独创性,王国维即云:“然如武汉臣之《老生儿》……其布置结构,亦极意匠惨淡之致,宁较后世之传奇,有优无劣也。”(《宋元戏曲史》第十二章)

七、高文秀及其他作家的水浒剧

（一）水浒杂剧的作者及其剧作

以水浒为题材的杂剧作者比较多,其中重要的是高文秀。高文秀,山东东平人,所作杂剧三十多种(《录鬼簿》),现存的有《黑旋风双献功》、《须贾谇范雎》、《好酒赵元遇上皇》、《刘玄德独赴襄阳会》、《保存公径赴渑池会》五种。他十分喜欢采取壮烈的历史故事作题材,如他描写过项羽、班超、樊哙、伍子胥、廉颇、刘备等人物。特别突出的是他创作了较多的表现水浒英雄故事的杂剧,描写了英雄们壮烈的斗争场面。在现存的二十七种关于水浒英雄的剧目中,他的作品就有九种之多,其中描写李逵的尤为突出,如《黑旋风诗酒丽春园》、《黑旋风大闹牡丹园》、《黑旋风敷演刘耍和》、《黑旋风斗鸡会》、《黑旋风穷风月》、《黑旋风乔教学》、《黑旋风双献功》、《黑旋风借尸还魂》共八种,对李逵这一英雄形象,他确是付出了精雕细琢的工夫。和剧作的内容反映群众斗争相适应,采用了俚俗、平易的群众语言,这一切都与关汉卿的剧作相接近,所以当时人们称之为"小汉卿"。

此外,以水浒英雄为题材的剧作保存到今天的,还有康进之的《梁山泊李逵负荆》,李文蔚的《同乐院燕青博鱼》,李致远的《都孔目风雨还牢末》,无名氏《争报恩三虎下山》四种。他们的时代,除了无名氏和李致远《录鬼簿》未记载外,其他二人与高文秀相同,被《录鬼簿》列入"前辈已死名公"之中,可见都是元朝初年人。李致远据孙子书先生考证,他曾和仇远在元世祖至元年间同游溧阳(《元曲家考略》),也应是元代初年的作家。他们的时代都相去不远。

由于时代相同,保存到今天的五本描写水浒英雄的剧作所显示的思想倾向是一致的,故事情节也大致相似。《双献功》是写李逵斗杀仗势拐骗孙孔目的淫妇郭念儿之白衙内的一场正义斗争。《李逵负荆》是写李逵错认了宋江、鲁智深霸夺王林的女儿作压寨夫人,要伐倒梁山"替天行道"的杏黄旗,后来知道是恶棍宋刚、鲁智恩冒名欺骗,又到梁山负荆请罪的故事。《燕青博鱼》是燕青落魄卖鱼,与人博鱼,被杨衙内踹了筐子,折了担子,他英勇反霸的斗争。《争报恩》是写梁山英雄关胜、徐宁、花荣受妇女李千娇的恩遇,当李千娇被刑时,他们劫法场的事迹。《还牢末》是写李逵救被刑者李孔目,阮小五招刘唐、史进上梁山的故事。这些作品共同的思想倾向,就是反恶霸、反贪官污吏。这些英雄们无私无畏,为民除害,得到群众的拥戴。

(二)水浒杂剧中的李逵形象

李逵是水浒杂剧中描写最多的英雄形象,在现存的五本水浒杂剧中就有《李逵负荆》、《双献功》、《还牢末》三本敷演李逵的故事。因此,深入分析李逵这个人物形象,对理解全部水浒杂剧有重要意义。

李逵是人民群众在长期斗争经验中丰富起来的形象。元杂剧作家根据当时流传的故事,综合、加工、统一了这个人物性格的共性和个性,塑造成一个生动、鲜明的英雄典型。

李逵是一个具有强烈正义感的赤诚、善良的人物,并以英武、骁勇的气概向压迫者作斗争,他自云:"我从来路见不平,爱与人当道撅坑。"他是那样地急躁、莽撞而又天真,动辄喊杀叫打。但是,他的使性是有原则的,即拥护合理的事物,反对不合理的事物。这种合理与不合理,尽管是凭他直觉经验的判断,却往往是正确的。他说:"将我这尖钢斧、绰清泉、触白石揩揩的新磨净,放心也,我和那合死的官军并。"他把封建官府的军队看作死敌。他憎恶封建社会一切不合理的现象,遇到不平的事就要干预。当他执行梁山领袖交给他的任务时,中途遇到一个年少的打一个年老的,他便前去干涉。到酒店吃酒时,看见店主人哭得伤心,也要问个明白。这并非好奇心的驱使,而完全是出于对被压迫者同情的真挚、善良的行为。他的正义感和同情心是在被压迫的生活过程中形成的,是他的本能的自然纯正的体现,绝不是任何外力可以动摇的。如《李逵负荆》中写李逵听说宋江和鲁智深抢劫妇女时,他愤怒至极,提着板斧奔往山寨,要砍倒"替天行道"的杏黄旗。当时他考虑的不是应当如何对待自己的兄弟和领袖,不是家丑不可以外扬,而是一种公正无私的感情,是正义的斗争。后来当证实抢劫王老汉女儿不是宋江和鲁智深,而是两个冒名的恶棍宋刚和鲁智恩时,他立刻转变了态度,为了维护梁山的威信,他痛快地惩治了这两个恶棍,同时又背负着荆杖到梁山请罪。由于还不能得到宋江的原谅,他即要引颈自刎以实践前言。这是何其淳朴坦率的行为! 这种行为丰富了他那赤诚、善良的性格。

李逵是忠实地执行梁山领袖的命令的,并且对每一项命令都争先恐后地挺胸承诺。宋江对他很不放心,而他总是对任何条件都一口应承,以至于立下军令状以头颅相赌奋勇前往。李逵并不完全是一个鲁莽、浑沌的人,在斗争中也善于小心谨慎地施用计谋。如在《双献功》中,他为拯救孙孔目出牢,曾扮作"庄家呆后生"来到牢狱,到门前他要上去"拽动这牵铃索",但立刻警觉说:"山儿也,你寻思波:着那牢子说道,你既是做庄家呆后生,便怎生认得是个牵铃索,可不显出来?"于是他用砖块敲门,举动言语间处处表示出自己"庄家"的身份,巧妙地骗过了狱卒。鲁莽与机智统一于他的思想、性格中,增加了喜剧性效果。作者往往通过李逵鲁莽和机智的行动对丑恶的现象进行嘲讽和戏弄。

此外,这部分剧作中还描写了其他英雄人物,如起义的组织者和领导者宋江,忠实地服从梁山法纪的燕青等,这些人物的行动都体现了"除暴安良"的淳朴意愿,他们打击贪赃枉法的官吏和横行霸道的豪绅。

(三)水浒杂剧描写梁山农民起义的性质和形式

水浒杂剧中所描写的梁山农民起义总纲领即"替天行道救生民",这一纲领的实际内容即铲除压迫者,拯救被压迫者,这便显示了这个纲领鲜明的阶级性。与封建官府称招降农民起义为"招安"相反,水浒杂剧中的英雄们认为自己的行动是正当的,而把官吏豪绅的贪赃枉法看作是罪恶,所以把争取官府中的人上梁山聚义的策略叫做"招安"。如《还牢末》中宋江说:"今东平府有二人,乃是刘唐、史进,这两个都一身好本事,他二人有心待要上梁山泊来,争奈不曾差人招安去。"这显示出群众艺人、人民群众与封建统治者对"招安"看法的不同,两种立场是鲜明对立的。

水浒杂剧中所描写的梁山英雄,并非无原则的蜂拥云聚,而是受到统治者的迫害为了报仇雪恨才上梁山的。他们为"救生民"这个意愿联系在一起,共同的愿望和遭际构成了他们之间挚守的"义气"。在对敌斗争中,他们采取了巧妙的方式:"赢了时舍性命大道上赶官军,若输呵,芦苇中潜身抹不着我影。""风高敢放连天火,月黑提刀去杀人。"同时他们又是一个有领导有纪律的集体,可以说已经形成了一个农民政权的雏型。当然,其中没有《水浒传》描写的那样完整具体,但也可以看到他们的生活制度和革命秩序。他们一年之中有两个节令,即"清明三月三,重阳九月九",其间要放假三天去祭扫游逛,但必须严格遵守这三天,否则就依法惩办。《燕青博鱼》中的燕青,由于回寨误期,宋江便要依照军纪处斩,却是吴用等人好歹求情,才打了六十军棍撺下山来。英雄们对此无怨无恨,他们知道维持革命秩序的军法是毫不容情的,这决不能动摇他们对梁山泊的忠心。此外,《李逵负荆》中写李逵误会了宋江、鲁智深有抢劫良家妇女的行为,竟敢回到山寨大闹,指责他们违背结义宗旨,破坏梁山声誉。当时作为梁山领袖的宋江也无可奈何,只好等待事实来证明。从此可以看出梁山泊是洋溢着多么民主、正义的气氛!这正是在那个特定历史环境中农民的理想政权。

在水浒杂剧中,对恶人的惩治不是封建的宫廷衙门,也不是人们所拟造出来的清官廉吏,而是把希望寄托于梁山泊。忠义堂被

描写成"明镜高悬"的公堂,水浒英雄们被塑造成主持正义的刑事
执行者。一些压迫、欺凌人民之徒,最终或送上梁山由宋江判决,
或付诸李逵等人的刀斧之下。梁山泊判案的英明公正,和官府的
贪赃枉法形成鲜明的对比,如《还牢末》中的府尹所说:"做官都说
要清名,偏我要钱不要清。纵有清名没钱使,依旧连官做不成。"官
府实际上成了权豪们的"私堂",《双献功》中的白衙内就曾把衙门
借来坐几天。人民群众到那里,冤情不但得不到申诉,相反还要遭
到进一步的迫害,如《双献功》中的孙孔目企图求得法律的保障,
结果却被害。无辜的人民呼唤着:"衙门自古向南开,怎禁那探爪
儿官长每贪财。"(《争报恩》)他们不再对官府抱任何幻想,因为梁
山英雄的行径已经清楚地证明谁是"与民除害"了,因此,人民直
奔梁山找宋江等做自己的保护人。梁山泊"替天行道救生民"的
具体内涵通过作品中的人物鲜明地显示出来。

　　由于水浒英雄的行动是以他们的斗争纲领为准则的,因此就
有广泛的群众基础,为广大群众所拥护,人民竭诚赞扬梁山泊的
"忠义",如李千娇即说:"闻得宋江一伙,只杀滥官污吏,并不杀孝
子节妇,以此天下驰名。"(《双献功》)她焚香祈祷:"愿天下好男子
休遭罗网之灾",这正可以代表一般人民的愿望。这些英雄在刑场
上解救李千娇,保卫孙孔目上泰山进香和帮助燕大等行为,决不只
是字面上所说的知恩报恩,而是一种积极地"除暴安良"的正义
斗争。

　　总之,水浒杂剧的内容,是通过对英雄人物的歌颂以及他们的
行动与人民群众的联系传达出对农民起义的礼赞,真实、正确地反
映了农民起义要求民主反对封建统治的性质。

(四)水浒杂剧的艺术成就

　　水浒杂剧的主要艺术成就,便是通过人物的语言、行动表现他

们的思想、情感,体现他们性格的内在意义。如《双献功》中的李
逵,他听说白衙内把孙孔目的妻子骗走,便手无兵器也要单身去追
赶,并说:

> 〔赚煞尾〕我也不用一条枪,也不用三尺铁,则俺这壮士
> 怒目前见血。东岳庙磕塔的相逢无话说,把那厮滴溜扑马上
> 活挟。他若是与时节万事无些,不与呵山儿待放会劣懒。恼
> 起我这草坡前倒拖牛的性格,强逞我这些敌官军勇烈,我把那
> 厮脊梁骨各支支生搣做两三截。

这正刻画出李逵豪迈、英勇、耿直又鲁莽的性格。又如《李逵负
荆》中李逵到王林店沽酒,听说宋江、鲁智深抢劫妇女,便一口气往
山寨跑去:

> 〔正宫·端正好〕抖擞着黑精神,扎煞开黄髭髯,则今番
> 不许收拾,俺可也摩拳擦掌,行行里按不住莽撞心头气。

通过人物的语言、行动表现出李逵黑脸汉的肖像,也呈现出他怒气
冲冲奔往山寨的神色。

在细节的描写方面,水浒杂剧也比较出色,作者极其精巧地把
细节描写与特定环境下的人物性格结合起来。如《李逵负荆》中
写李逵去酒馆途中对梁山风景的欣赏,表现了戏剧的自然背景,并
流露出人物内心对这一起义环境的热爱。他看到桃花凋落在水面
上,即信口说:"轻薄桃花逐水流。"这当然不是他会说的,而是知
识分子吴用教给他的。他"绰起这桃瓣儿来"看,"红红的桃花瓣
儿"与他的"好黑指头也"相比,禁不住笑道:"恰便是粉衬的这胭
脂透。"这是多么天真烂漫的精神表现!像这类精雕细琢的细节描
写,使人物形象更加鲜明生动了。

水浒杂剧的创作也有弱点,即其故事情节往往雷同,几乎每一

本中都有一个搽旦,如王腊梅、郭念儿和萧娥,而且她们的思想、性格都相似。这缘于戏剧中生、旦、净、丑固定角色的制约,他们先后因袭、摸拟而形成的。

水浒杂剧在思想、艺术上都达到一定的高度,因此对后代文学有很大影响。童蒙皆知的《水浒传》便是在其基础上创作形成的。水浒杂剧描写梁山泊的环境如:"寨名水浒,泊号梁山,纵横河港一千条,四下方圆八百里,东连大海,西接济阳,南通钜野金乡,北靠青齐兖郓。有七十二道深河港,屯数百只战舰艨艟,三十六座宴楼台,聚几千家军粮马草。"并且有"三十六大伙,七十二小伙,半垓来小偻偻"。可见元剧中的梁山泊已经是兵强马壮、粮食充足、人才济济、地势优越的农民起义的根据地了。这便为后来《水浒传》的描写、创作打下良好的基础。

在人物塑造上,元杂剧也已经初步构成了英雄性格的轮廓。如宋江曾作过"把笔司吏",为人"平日度量宽洪,但有不得已的英雄好汉,见了我时便助他些钱物,因此,天下人都叫我及时雨宋公明"。这个人物已被描写成能明令昭法,有领袖风度的农民起义指挥者。又《李逵负荆》的故事和《水浒传》中"黑旋风乔捉鬼,梁山泊双献头"一回的内容基本一致。《双献功》的情节与《水浒传》中武松杀嫂一回也极其相似。英雄好汉如李逵、燕青等的正义、勇敢和忠诚的性格都基本形成了。可见它们之间的渊源关系。到元末明初,由施耐庵编辑、加工即完成了有划时代意义的著作《水浒传》。这之后,水浒故事被更广泛地采用作戏曲题材,如相传为明初作品《鲁智深喜赏黄花峪》,嘉靖年间有李开先的《宝剑记》、沈璟的《义侠记》、许自昌的《水浒记》等很多。到了清代,随着乱弹、皮黄的产生,演唱水浒英雄的戏更进一步发展,并且有演唱水浒英雄后代的威武斗争,如《庆顶珠》、《艳阳楼》、《白水滩》等,元杂剧中描写水浒英雄的作品影响深远。

八、郑廷玉及其他作家的包公剧

(一)包公杂剧的作者及其剧作

元杂剧中的公案剧很多,但最有代表性的却是描写包公故事的戏剧,因此,通过对描写包公故事戏剧的分析,可以帮助我们了解全部的公案戏。

郑廷玉,彰德人(《录鬼簿》),生平事迹不详。所作杂剧共二十四种,今天保存的有《包龙图智勘后庭花》、《楚昭王疏者下船》、《宋上皇御断金凤钗》、《布袋和尚忍字记》、《看钱奴买冤家债主》、《崔府君断冤家债主》六种。其中四种是公案戏,唯《后庭花》一种写包公故事。《后庭花》是写廉访使赵忠有个侍妾名翠鸾,不见容于他的妻子,他妻子与家生子王庆图谋将她杀害。翠鸾偕母潜逃,竟被乱军冲散。翠鸾投宿客店,店役欲行奸淫,她惊惧而死。适逢举子刘天义也寄宿于此,翠鸾夜间魂灵伴他同寝,各填〔后庭花〕词以为记。不料词为翠鸾母见到,诬告刘天义隐藏其女,经包公勘察,案情大白。郑廷玉十分善于描写守财奴的形象,如《看财奴》、《忍字记》都对富而不仁的员外作了尖锐的刻画。《看钱奴》写周荣祖带妻子上京应试,将财产藏在墙壁中。又穷汉贾仁极其吝啬,经常对东岳神怨恨自己穷困,东岳神令他掘得周荣祖墙壁中的财物,立刻致富。他富贵二十年,仍旧吝啬如故。周荣祖应试落第,财产又遗失,贫不堪言,遂将儿子长寿卖给贾仁。其后贾仁死,长寿与父母相遇,重归团圆。作者写贾仁致富之后,买长寿为儿子,极尽欺诈、诬赖之能事,勾画出守财奴一副丑恶的嘴脸。从郑廷玉的全部作品看,他的杂剧多取材于社会下层人民的生活,暴露出当时社会吏治的黑暗和罪恶,反映了地痞恶棍图财害命的凶残本质,在反映这种社会生活的同时,也杂有神鬼道化的色彩。在艺术上惯于运用朴实、老辣的语言雕塑人物,并经常采用长篇的对话、道白,具有浓厚的舞台戏的意味。

郑廷玉《后庭花》之外,描写包公故事的杂剧还有关汉卿的《包待制三勘蝴蝶梦》、《包待制智斩鲁斋郎》,武汉臣的《包待制智赚生金阁》,李行道的《包待制智赚灰阑记》,曾瑞卿的《王月英元夜留鞋记》和作者不可考的《包待制陈州粜米》、《包待制智赚合同文字》、《神奴儿大闹开封府》、《玎玎珰珰盆儿鬼》九种。这些杂剧的作者,除前文已介绍者之外,李行道绛州人,生平只作《灰阑记》一种(《太和正音谱》),武汉臣济南人,凡作杂剧十三种(《录鬼簿》),曾瑞卿大兴人,是由北方迁到江浙的作家(《录鬼簿》),时代较晚。在现存的一百多种杂剧中,以包公为题材的就有十种,几乎占十分之一。包公杂剧如此多地产生并非偶然,而与元朝城市经济的发达和市民阶层的兴起有密切关系。小生产者的市民,以自己的辛勤劳动获得了仅足以维护自己生活的资料和财富,而统治阶级却利用各种方式对他们的生命财产进行抢劫和掠夺,人民群众在痛苦难忍之时,便幻想廉洁刚正的官吏来为自己雪恨申冤,包公杂剧便应时而产生了。所以,现存的包公杂剧都在不同程度上反映了人民群众被黑暗、罪恶吏治迫害的痛苦。其中成就最高的是《陈州粜米》和《灰阑记》,和其他剧作相比,在反映社会生活方面更具深度和广度。

(二)包公杂剧反映的社会现实

包公杂剧所反映的元代黑暗的社会现实更突出些,从其中我们可以透视元朝那个时代的社会生活。

包公杂剧尖锐地揭露了元统治阶级的凶暴、狠毒,如《陈州粜米》中小衙内、《鲁斋郎》中的鲁斋郎、《生金阁》中的庞衙内、《蝴蝶梦》中的葛彪等，都是"权豪势要之家，累代簪缨之子"，"嫌官小不做，嫌马瘦不骑"（《鲁斋郎》）的统治阶级的人物形象。他们杀戮、抢劫、欺诈毫无忌惮，因为他们与最高统治者沾亲带故，或有其他联系，这就使他们的罪恶行径得到保障。与这些统治者的罪恶行径相关联，当时的官府衙门也极其腐朽、黑暗，如《神奴儿》中所写的官吏连案子也不会审，一切听凭受告状人贿赂的令史来裁判，说什么"今后断事我不嗔，也不管他原告事虚真。笞杖徒流凭你问，只要得的钱两份分"。结果是伪造文书屈打好人，正如他自己所说："官人清似水，外郎白似面，水面打一和，糊涂成一片。""虽则居官，律令不晓。但要白银，官事便了"。《灰阑记》中的海棠，《神奴儿》中的陈氏，都是因为未曾行贿被滥官污吏屈打成招的良民。从《蝴蝶梦》中王氏兄弟的案件，也显示出人民群众的处境，他们说："咱每日一瓢饮一箪食，有几双箸几张匙，若到官司使钞时，则除典当了闲文字。"可见当时打官司不管理的曲直，而在于钱的多少。这便是当时的社会现实，连元世祖也不得不承认滥官污吏从"暗加折耗"和"滥刑虐政"（《元典章》）现象的存在。在这种情况下，人民群众大都负屈含冤而荡产丧命。

包公杂剧也反映了由于统治阶级的残暴压迫、剥削造成的连年饥馑、灾荒，如《合同文字》所写即以逃荒为背景，所谓"辞故里，往他州，只为这田苗不收"。由于灾荒，人民相继逃亡。但是，根据元代的刑律，是禁止灾民逃亡的，纵然逃亡了，也要押解还乡，以防他们"聚众造反"。为了缓解矛盾，元统治者采取了赈灾的方法，《陈州粜米》即有具体的描写。但是，他们却抬高赈粮的价钱，并将粮中掺入泥土和秕糠，又"出的是八升的小斗，入的是加三的大秤"，改变手法欺骗、剥削人民。人民但有不服，他们就以"刁民"的名义将无辜人民打死。这种饥馑、灾荒情况，《元史·食货志》

记载很多。当然,并非平常年月人民的生活就富裕,相反仍然是穷困、贫乏的。如《盆儿鬼》中的杨国用即因为"这般少米无柴怎刮划",才"背乡离井学买卖"的。《后庭花》中的王翠鸾母女被作为礼物送给赵廉访使,由于穷困,她们连生命的权力都丧失了。这一切都揭露了封建社会的罪恶以及处在这种罪恶社会中人民生活的苦难。

　　包公杂剧的作者在不同程度上能以人民群众的道德标准衡量和判断是非,他们对丑恶的现象予以揭露和批判,对勤劳善良的人物则加以赞扬。如《合同文字》中写刘天瑞夫妇的生活,他们自称:"拙妇人女工勤谨,小生呵农业当先。拙妇人趁着灯火邻家宵绩纺,小生呵冒着风霜天气晓耕田。甘受些饥寒苦楚,怎当的进退迍遭。"又如《蝴蝶梦》中写母子、兄弟之间的孝悌关系,都流露了作者的赞叹和喜悦。更重要的是作者对人民反抗精神的歌颂。人民群众的反抗是被逼出来的,正是"柔软莫过溪间水,到了不平地上也高声"(《陈州粜米》)。他们对统治阶级的专横无道提出质问,《蝴蝶梦》中的恶霸葛彪打了王老汉,王氏母子即愤怒地说:"若是俺到官时和你去对情词,使不着国戚皇亲玉叶金枝,便是他龙孙帝子打杀人要吃官司。"《陈州粜米》中的百姓鄙视代表统治者权威的紫金锤说:"难道紫金锤就好活打杀人性命?"发出尖锐的抗议。他们仇恨贪官酷吏的狠毒,盼望自己的冤屈得到申诉,如《灰阑记》中的海棠即说:

　　　〔浪里来煞〕则你那官吏每忒狠毒,将我这百姓每忒凌虐,葫芦提点纸将我罪名招。我这里哭啼啼告天天又高,几时节盼的个清官来到,则我这泼残生怎熬出这死囚牢!

他们虽然经常因为盼不到清官而丧失了生命,但他们的反抗精神却能坚持到最后一息。如《陈州粜米》中的张懒古临死时还说：

> 〔青哥儿〕……我便死在幽冥，决不忘情，待告神灵，拿到
> 阶庭，取下招承，赏俺残生，苦恨才平。若不沙，则我这双儿鹘
> 鸲也似眼中睛应不瞑。

他们这种反抗和希望得不到当时社会的支持，结果仍然被迫害致
死。因此，人民群众希望包公来完成他们在现实中得不到的愿望，
希望包公为他们报仇雪恨，包公这一廉洁刚正的形象便在人民痛
苦的愿望中形成了。

（三）包公的艺术形象

元杂剧中所塑造的包公廉洁刚正的形象是有历史、传说为根
据的，杂剧的作者是在历史、传说的基础上综合、加工、创作而成
的。据《宋史·包拯传》记载："拯立朝刚毅，贵戚宦官为之敛手，
闻者皆惮之。"他"与人不苟合，不伪辞色悦人，平居无私书，故人
亲党皆绝之"。"童稚妇女亦知其名，呼曰包待制。京师为之语
曰：'关节不到，有阎罗、包老。'"他曾说："后世子孙仕宦有犯赃者
不得放归本家，死不得葬大茔中。"他这种廉洁刚正的作风，杜绝贪
污的意愿，是为人民群众所喜爱、称赞的，因此才歌颂他，把解脱贪
官污吏的剥削、迫害的希望寄托于他，希望他能解除自己的苦难，
因之，他即"名塞宇宙，小夫贱隶类能谈之"，成为传说中的人物
了。传说中的包公已经具有神话色彩，再经过元剧作家的创造，原
来传说中的人物便粉墨登场成为舞台上威严耸立的形象了。

杂剧中包公形象的一个鲜明特征，即"专一体察滥官污吏，与
百姓伸冤理枉"（《盆儿鬼》），即便是权豪势要之家、凶恶奸邪之辈
见到他也都"敛手寒心"。在《陈州粜米》中他敢于和刘衙内作对，
把紫金锤交给群众去把"钦命仓官"打死。他敢把杀死权豪葛彪

的王氏孝子的死刑解脱,他还敢谋取最高统治者的批押,杀死皇帝的亲信鲁斋郎。为了替被压迫群众泄冤,他敢于和统治阶级中的显贵正面冲突。他"立心清正,持操坚刚,每皇皇于国家,耻营营于财利,唯与忠孝之人交接,不与谗佞之士往还"(《灰阑记》)。他果敢清正的品德为人民所赞赏,人民以钦敬的心情歌颂他"清耿耿水一似,明朗朗镜不如"(《合同文字》)。同时,他还具有朴素、节俭的生活作风。

杂剧中包公形象另一个特征,即聪明和智慧。这在杂剧的"正名"中表现得很鲜明,现存的包公杂剧有半数都标明"智"字,如《智勘后庭花》、《智斩鲁斋郎》、《智赚生金阁》、《智赚合同文字》、《智赚灰阑记》。即使"正名"不标"智"字,剧作内容对包公的具体描写同样体现了智慧。包公是以智慧和贪官污吏作斗争的。《陈州粜米》中由于他的智慧才查清了案情,巧妙地使赦书失去了作用。《蝴蝶梦》中由于他的智慧才救出了王氏孝子。《留鞋记》中也同样由于他的智慧才判明了疑案。《鲁斋郎》中若不假用"鱼齐即"之名,便不能得到皇帝批准杀死夺人妻女的恶霸。《生金阁》中若不施用计谋,便不能使庞衙内交出宝物并承认了他的罪行。《后庭花》中若不用智慧,便不能从"不见天边雁,相侵井底蛙"的诗句中发现案件的迹象。包公几乎成为智慧的化身,他凭借智慧战胜了敌人。

由于元剧作家的成功创造,使包公这一人物形象长期在舞台上显示着艺术的生命力,直到今天京剧中还有《铡美案》、《赤桑镇》等剧目在舞台上演唱,包公的形象仍然闪烁着眩目的光辉。

九、杂剧南移与郑光祖、乔吉、宫天挺及其剧作

以上所论述的作家,大都是元代初期的人,钟嗣成《录鬼簿》

把他们列在"前辈已死名公才人有所编传奇行于世者"中，他们都是北人，他们的作品多产生于北方，这是杂剧最发达的时期。但是，从元代中叶开始，随着蒙古统治者政治势力向南伸展，杂剧也由北而南，杂剧创作的中心由大都转移到杭州，杂剧作者也一反初期之多为北人，而多为南人或由北来南的久寓南方的人了。如郑光祖、乔吉、宫天挺等都是北籍而寄寓江南者。至杨梓、萧德祥、金仁杰、曾瑞、陆登善、鲍吉甫、范康等则都是浙江人了。这些作家在《录鬼簿》中被列入"已亡名公才人"和"方今才人"两类。元杂剧发展到此时已经趋向富丽典雅，逐渐脱离了一般群众，而令统治阶级发生兴趣，从而产生了许多现实性不强的案头剧。同时，作为以演唱杂剧谋取生活资料的城市艺人，为了钻营逐利随着北方官兵南下也到南方来了。他们与在南方的作家结合，也创作出一些有价值的舞台剧本来。这一时期的代表作家即郑光祖、乔吉和宫天挺。

（一）郑光祖及其剧作

郑光祖，字德辉，平阳襄陵（今山西襄陵县）人。曾任杭州路吏，为人方直，不妄与人交，待人情厚，为他人所不及。死后，火葬于西湖灵芝寺。所作杂剧共十七种（《录鬼簿》），今天保存的有《迷青琐倩女离魂》、《醉思乡王粲登楼》、《㑇梅香骗翰林风月》、《辅成王周公摄政》、《虎牢关三战吕布》五种。他的剧作较多地描写男女对爱情生活的追求，语言典雅，文采华丽，是王实甫剧作风格的发展，《倩女离魂》、《㑇梅香》可以说是在《西厢记》直接影响下产生的。

《倩女离魂》是郑光祖根据唐代陈玄祐的传奇《离魂记》的再创作，但比《离魂记》具有更强烈的反封建意义，它反映了青年男女对荣誉观念的不满和反抗。张夫人为了维护自家"三辈儿不招白衣秀士"的门第尊严，便将女儿倩女与王文举已订好的婚约悔掉，让王文举先进京"但得一官半职，回来成此亲事"。从而把这对美满的情侣拆散了。倩女因此即陷入一筹莫展、终身遗恨的境地。折柳亭送别一折，写她由于被迫害而产生的离愁别恨最为深刻，如她自己所说"离恨天""相思病"都聚齐了。这时她的情感极其复杂，一方面含泪送别，见"这渭城朝雨，洛阳残照"，"恰楚泽深，秦关杳，泰华高"，禁不住"叹人生离多会少"。一方面把"心间事对伊道"，劝"哥哥，你休有上梢没下梢"，"你身去休教心去了"。对这生死之别的刹那时间她是十分珍惜的，但是"全无那子母面情"的张夫人却令"梅香，看车儿，着小姐回去"。她的愁恨和恋情使她懒上车、迟登程，她说：

〔柳叶儿〕……我各刺刺坐车儿懒过溪桥，他吃蹬蹬马蹄儿倦上皇州道。我一望望伤怀抱，他一步步待回镳，早一程程水远山遥。

他们被迫离散了，但是封建家长只能迫使他们形体隔离，却不能切断他们精神上的联系。之后倩女的魂灵即奔向进京应试的王文举，这当然表现了她对王文举爱情的忠诚，同时也有自己的心思，她担心一旦王文举状元及第，被权贵招赘为婿："那相府荣华锦绣堆压，你还想飞入寻常百姓家。"所以她坚决奔向王文举。她与王文举相会时，作者以恬静的景色描写衬托他们炽烈的情感：

〔秃厮儿〕你觑远浦孤鹜落霞，枯藤老树昏鸦。听长笛一声何处发，歌欸乃，橹咿哑。

〔圣药王〕近蓼洼，缆钓槎，有折蒲衰柳老兼葭。傍水凹，折藕芽，见烟笼寒水月笼沙，茅舍两三家。

她见到王文举，便要与王文举同赴京城。尽管王文举说："有玷风化,"她却"凝睇不归家"。已经跳出封建牢笼的倩女"已主定心猿意马",获得自由,当然不愿再回到牢笼中去。倩女爱王文举,因为他"内才外才相称"。当王文举问她,自己落第怎么办? 她则说:"任粗粝淡薄生涯,遮莫戴荆钗、穿布麻。"更显示出她高尚的人品。

倩女的魂灵脱离了封建牢笼之后,她的形体便长期处于病态之中,心神颠倒,精神恍惚,并且"为数归期则那竹院里刻遍琅玕翠"。直到后来王文举状元及第回来,她的魂灵与形体相合,便和王文举结成美满夫妻。戏剧冲突的结尾说明,胜利者不是封建家长及其荣誉观念,而是青年男女对美好婚姻不屈不挠地追求。

从文学题材看,郑光祖是取自陈玄祐的《离魂记》,并保存着许多原有的情节。但是作为戏剧来看,从内容、情节到语言都受王实甫剧作的影响很深。如与《西厢记》内容相同,《倩女离魂》也表现了青年男女对理想爱情生活的追求。对戏剧矛盾、冲突的处理《倩女离魂》也有意识地学习《西厢记》,如"离魂"一折极像《西厢记》中的"惊梦","折柳亭送别"一折又极像《西厢记》中的"长亭送别",并且此折语言上的抒情意味与《西厢记》也极相似。可见郑光祖是在王实甫的直接影响下进行创作的。但是,郑光祖也有不同于《西厢记》的独特创作,即把倩女写成敢于跟王文举私奔的妇女形象。这应该说是莺莺性格的发展,由张倩女进一步发展,便形成为《牡丹亭》中的杜丽娘。《倩女离魂》是元杂剧中有价值的篇章,以至于使作者"名闻天下,声振闺阁。伶伦辈称郑老先生,皆知其为德辉也"(《录鬼簿》)。

此外,表现同样主题的剧作是《㑇梅香》。这部作品无论思想内容和戏剧情节都是对《西厢记》的摹拟。语言晦涩,篇幅冗长,文学价值不高。

除了描写闺阁小姐生活的剧作外，郑光祖还比较成功地创作了反映封建士大夫苦闷的作品，如《王粲登楼》。《王粲登楼》是依据王粲的《登楼赋》所作，内容是写王粲是一个极有才华的人，如刘表所说，他"知天文，晓地理，观气色，辨风云，何所不通，何所不晓!"为当时的文武将相所景仰。但有一项坏习性，即矜骄傲慢看不起别人，他怀抱"一片心扶持社稷，两只手经纶天地"的宏伟志愿，由于他的轻慢、疏狂，以至于"半生流落"，连半点功名都未混到，后来竟将在刘表处获得的荆襄九郡兵马大元帅官职也失掉了。如此更造成他极端的孤立和苦闷。他登溪山风月楼，"望中原，思故里"，百感交集，"气呵，做了江风淅淅，愁呵，做了江声沥沥，泪呵，弹做了江雨霏霏"。他从所有人群中孤立出来，又找不到出路，悲伤、痛苦之极，以至于要坠楼自杀。生活经验历练着他，他有所悔改，后来竟做了天下兵马大元帅。这部剧作的重要意义即对封建士大夫倨傲自大思想作风的批判。

此外，《周公摄政》、《三战吕布》两篇历史剧，内容贫乏，艺术平凡，故从略。

从总体上看，郑光祖剧作的内容多反映闺阁小姐追求理想婚姻生活的愿望，语言华丽典雅，有比较高的成就，"惜乎所作贪于俳谐，未免多于斧凿"（《录鬼簿》），甚至连宾白都用文言典故。前人将他与关汉卿、马致远、白仁甫并列，称关、马、郑、白，其实他的成就不逮诸公远矣。

（二）乔吉及其剧作

乔吉，字梦符，号笙鹤翁，又号惺惺道人，太原人（《录鬼簿》、《尧山堂外纪》），后来由太原迁至杭州，博学多才，擅长词章。他早年生活放荡，曾驰逐于秦楼楚馆之中，交纳歌妓，写了许多与歌妓赠答的散曲。其中最多的是赠李芝仪（又作李楚仪），可见他与李芝仪交往之深。他为人标榜杜牧，要学"文章杜牧风流……老我江湖，少年谈笑，薄幸名留"（〔折桂令〕）。他有如此的生活体验，才能创作出《杜牧之诗酒扬州梦》、《玉箫女两世姻缘》和《李太白匹配金钱记》等士子文人与歌妓恋爱的戏剧。中年之后，他的生活比较严肃，"以威严自饬，人敬畏之"（《录鬼簿》）。他流浪江湖四十年，至正五年（1345）病卒。共作杂剧十一种，今仅存上述三种。

在乔吉现存的三本杂剧中，《两世姻缘》比较有意义。这本戏是写韦皋和名妓韩玉箫爱恋的故事。韦皋和名妓韩玉箫相约白头到老，后来被韩母逼迫离散。韦皋至京师应试状元及第，并奉命征西夏十八年，玉箫与韦皋分别后，染成重病，因病而死，转投生于驸马张延赏家，时亦十八年。巧逢韦皋凯旋归来，张延赏设宴招待，席间见玉箫，二人相认，奏呈朝廷，敕赐二人重结姻缘。此戏的主要内容是写歌妓玉箫的衷情，希望嫁给韦皋以跳出人间苦海。作者描写他们在张延赏家相认时一段情节十分真切自然：

（旦做打认科唱）

〔调笑令〕这生我那里也曾见他，莫不是我眼睛花，手抵着牙儿是记咱。（带云）好作怪也，（唱）不由我心儿里相牵挂，莫不是五百年欢喜冤家。何处绿杨曾系马，莫不是梦儿中云雨巫峡。

（张延赏云）孩儿，好生与你叔父满把一杯。（旦把盏末低首偷叫科云）玉箫！（正旦低应科云）有。（张延赏见科云）你不好生把酒，说些甚的。（正旦慌科唱）

〔小桃红〕玉箫吹彻碧桃花，端的是一刻千金价。（末偷视科）（正旦唱）他背影里斜将眼稍抹，唬的我脸烘霞。（张延赏云）再满斟酒者。（旦把盏科唱）俺主人酒杯嫌杀春风凹。

（末低云）小娘子多大年纪，曾许配与谁？（正旦低唱）俺新年十八，未曾招嫁。（末云）小娘子是他亲生女儿么？（正旦唱）俺主人培养出牡丹芽。

这样的戏剧情节，自然激起了张延赏与韦皋的正面矛盾，激起了轩然大波，展开了剧烈的戏剧冲突。

这本戏的许多情节与《琵琶记》相似，如玉箫患病将亡，自己画像写真，很像《琵琶记》中的赵五娘描容。王小二带丹青画去京城寻找韦皋，后来韩母又持像乞讨等，很像赵五娘乞丐寻夫。这应当是在《琵琶记》成书之前，元朝流行的"赵贞女包土筑坟台"（《金钱记》）的民间戏剧影响的结果。

《金钱记》写韩翃与王府尹的女儿王柳眉的恋爱故事。韩翃是一位有才华又沉湎酒色的封建士大夫。他听说九龙池上杨家设宴会，诸将百官、军民百姓的妻女都去赏杨家一捻红，他也偷去玩赏。在途中遇见了王柳眉，柳眉遗下金钱一枚，被他拾得，作为印记。后来官府对他加官赐赏，经李太白撮合，才与柳眉结为美满夫妻。作品内容意义不大，只是写才子风流。

《扬州梦》是写杜牧与歌妓张好好的热恋过程，杜牧为了娶张好好为夫人，曾长期、热情地等待着，以至于将仕宦之途都鄙弃了。作者笔下杜牧那种酒病诗魔的放荡思想行为，体现了封建社会士大夫阶层堕落的生活侧面。

乔吉的杂剧多数是写封建士大夫与小姐或妓女的恋爱故事。思想性不高，情节比较自然，语言更趋向华赡典丽，与郑光祖相似。其总体风格更近于王实甫的创作。

（三）宫天挺及其剧作

宫天挺，字大用，大名开州人。历任学官，除钓台书院山长，曾为权豪所诬陷，事情辨别清楚后，仍不见用，后来死在常州（《录鬼簿》)。所作杂剧共六种,今天仅存《死生交范张鸡黍》一种。

　　《范张鸡黍》的内容是歌颂中世纪我国封建社会士人们的淳朴友情,同时也揭露了元代官场的黑暗、士大夫阶层的苦闷、无出路等。范巨卿和张元伯是以"信"与"义"为生活信念的廉洁之士,由于当时"豺狼当道",才"托故还乡,不肯求进"。他们的志趣、情操和见解是一致的,这便是他们"信""义"的基础。他们分别时,张元伯曾约范巨卿两年后的九月十五日以鸡黍相待。到了日期范巨卿果然不辞千里跋涉之苦而来。之后,张元伯病卒,托梦给范巨卿,范巨卿立即来探望,见张家正在出殡,众人拽不动张元伯的灵车。范巨卿到后,上了祭,读了祭文,痛哭了一场,伸手拽灵车,灵车才行动,到坟院中下了葬。这种对信、义的坚守,与封建社会人们背信弃义的行为形成鲜明的反差,作者也有意识地以王仲略混赖了朋友孔仲仙的万言长策而得官的不信不义行为来作衬托。在当时的社会里,为官宦不是凭才能,而是凭阿谀、谄佞的本领和裙带关系。如剧作中所表述的"国子监里助教的尚书是他故人,秘书监里著作的参政是他丈人,翰林院应举的是左丞相的舍人"。他们"则《春秋》不知怎的发,《周礼》不知如何论,制诏诰是怎的行文"。这般裙带佞臣"三座衙门把得水泄不通","便有那汉相如献赋难求进,贾长沙痛哭谁偢问,董仲舒对策无公论。便有那公孙弘撞不开昭文馆内虎牢关,司马迁打不破编修院里长蛇阵。"他们都是"欺瞒帝子王孙","害军民聚敛之臣"。这便是当时豺狼当路的现象,范巨卿、张元伯不肯与豺狼为伍,不肯做不信不义的人,所以才回乡隐居,他引孔圣人的话为依据:"邦有道则仕,邦无道则卷而怀之。"这种"卷而怀之"的态度,实际上是对当时无道的社会现实的批判。

　　此剧所批判的现实,自然是元代的社会,所表现的范巨卿与张元伯的思想情绪也是元代士大夫具有的。据历史记载,元代吏治极为混乱,其初仕宦并无俸禄,全靠掠夺维持其豪奢的生活,后来虽然俸禄制度成立,但也是徒有其名。并且仕宦之阶不由科举考试,多由亲族拉拢,因而入仕途的大抵为刀笔之吏。如本剧所揭示:

> 〔南吕·一枝花〕……秦灰犹未冷,汉道复衰绝,满目奸邪,天丧斯文也。今日个秀才每遭逢着末劫,有那等刀笔吏入省登台,屠沽子封侯建节。

这是元代仕宦制度的真实写照。元代文人士子无进身之阶,即使偶尔能做官,也要"为权豪所中,事获辨明,亦不见用"(《录鬼簿》宫天挺传)。这是我国古代文人士子的历史悲剧。作为有气节守信义的文人士子范巨卿和张元伯,他们的思想行为很大程度上体现了宫天挺自己的思想和情操。宫天挺赞扬这两个人物坚守信义和节操,认为应该为人们所传诵,所以杂剧收尾说:"才留的这鸡黍深盟与那后人讲!"

这本杂剧的语言,与马致远、郑光祖相同,往往引经据典。但就《范张鸡黍》的题材而言,他所用的语言与他描写的人物身份是极其符合的,并且具有较强的逻辑说服力。钟嗣成评云:"文章笔力人莫能及,乐章歌曲特余事耳。"(《录鬼簿》)宫天挺的乐章歌曲具有雄健的笔力,何尝不好,怎么能鄙之为余事呢!

元杂剧南下后的作家除上述三人之外,还有秦简夫、萧德祥、杨梓、金仁杰等人。

秦简夫居里不详,曾擅名都下,后居杭州(《录鬼簿》)。共作杂剧五种,今存《孝义士赵礼让肥》、《陶贤母剪发待宾》、《东堂老劝破家子弟》三种。《东堂老》是他的代表作,描写富商赵国器的不肖子扬州奴，终日狎妓饮酒，与无赖者为友。赵国器忧闷得病，便以一部分黄金托孤于东邻老友东堂老。赵国器死后，扬州奴更加放纵，家资因而荡尽。东堂老秘密收买他的财产，当他悔悟之后，又将财产还他，使他重过富裕生活。作者着重描写扬州奴的荒荡、无赖朋友的奸诈，东堂老的忠信等，反映了封建社会的另一个侧面。

萧德祥字天瑞，号复斋，杭州人。以医为业，并能用古文作南曲，街市盛行，可惜未曾见到（《录鬼簿》）。现存杂剧《杨氏女杀狗劝夫》一种，演孙荣虐待弟弟孙华，他妻子杨氏以杀狗之计激发了他的骨肉之情，与弟弟重归于好。此剧可能是根据民间传说创作的，到了元朝末年演变成传奇《杀狗记》了。

杨梓海盐人，至元年间从军征爪哇有功，后任杭州路总管。现存杂剧《霍光鬼谏》、《忠义士豫让吞炭》、《功臣宴敬德不伏老》三种。其中成就较高的是《豫让吞炭》，写豫让为智伯报仇的故事，场面极为壮烈。

金仁杰字志甫，杭州人。现存杂剧《萧何月夜追韩信》一种，此剧影响深远，今天京剧仍在演唱。

元杂剧南移之后，虽然也出现了一些如郑光祖等大作家，但从元剧发展的总趋势看，确是走向衰落了。此时的杂剧在内容上不如元初北方作品那样丰富、深广，艺术上也由原有的群众的俚俗形式，演变为典雅、富丽、文人化的境域了。从白仁甫、马致远到郑光祖、乔梦符清楚地显示出这一发展过程。这一时期的戏剧正酝酿着新的变化、新的文学形式的兴起，那就是传奇戏的正式形成，我国的戏剧文学将进入一个新的历史阶段。

第三节　话本小说

我国的通俗小说,一般地讲是从宋元话本开始的。从宋元开始我国的小说才用通俗的语言、完整的故事、简明的情节表现市井中的人物生活,为通俗小说的正式形成和发展奠定了基础。那么,这种话本小说是怎样产生的呢? 这是我们应当首先探讨的。

一、话本小说的产生

"话",即宋朝人所谓"说话",明朝人所谓"平话""词话",近代人所谓"说书"。话本即说话人的底本,也就是说书人的底本。那么,我国的通俗小说就是产生于说书人的讲故事,产生于群众的艺术创作之中。

根据现有的材料看,"说话"这种形式不始于宋元,而在唐代已经产生了,如元稹在《寄白乐天代书一百韵》诗"翰墨题名尽,光阴听话移"句下自注云:

又尝于新昌宅听说《一枝花》话,自寅至巳,犹未毕词也。

"一枝花"即长安名妓李娃,也即白居易的兄弟白行简《李娃传》传奇所写的李娃。是元稹和白居易在长安新昌里家中听说李娃和郑元和的故事。其后,李商隐《骄儿诗》有云:

或谑张飞胡,或笑邓艾吃。

可见唐时已有说李娃和三国故事的了。但是到现在还未见到流传到今天的唐代话本。

"说话"到宋元时代蓬勃发展起来,当时说话人活动的中心是北宋的汴梁,南宋的临安,元朝的大都。"说话"发展的标志之一,

是说话的内容分门别类了,如耐得翁《都城纪胜》的"瓦舍众伎"篇记载:

> 说话有四家。一者小说:谓之银字儿,如烟粉、灵怪、传奇;说公案,皆是搏刀赶棒及发迹变泰之事;说铁骑儿,谓士马金鼓之事。说经,谓演说佛书;说参请,谓宾主参禅悟道等事。讲史书,讲说前代书史文传、兴废争战之事。最畏小说人,盖小说者能以一朝一代故事,顷刻间提破。合生与起令、随令相似,各占一事。

《梦粱录》的记载,与《都城纪胜》大致相同。当时说话人分四家,即小说、讲经、讲史、合生。其中对后代影响最大的是小说、讲史两类,这两类不同之处,是小说所讲大都短小精练,能将一朝一代故事"顷刻间提破",最受听众欢迎,而讲史所讲是冗长的历史故事,远不如小说精彩,所以"最畏小说人"。苏轼《东坡志林》卷一"途巷小儿听说三国语"条云:

> 王彭尝云:"途巷中小儿薄劣,其家所厌苦,辄与钱,令聚坐听说古话。至说三国事,闻刘玄德败,频蹙眉,有出涕者;闻曹操败,即喜唱快。"以是知君子小人之泽,百世不斩。

此或即小说人"顷刻间提破"的效果。"说话"发展的标志之二,即出现了讲某项内容的专门人物。如孟元老《东京梦华录》卷五"京瓦伎艺"条记载:

> 孙宽、孙十五、曾无党、高恕、李孝详讲史。李慥、杨中立、张十一、徐明、赵世亨、贾九小说。……吴八儿合生。……霍四究说"三分",尹常卖《五代史》。

其中尤可注意者霍四究、尹常卖并非一般讲史,而是以专说"三分"和专说《五代史》擅长。又《梦粱录》卷二十记载当时讲史者云：

> 又有王六大夫，元系御前供话，为幕客请给，讲诸史俱通。于咸淳年间敷演《复华篇》及《中兴名将传》，听者纷纷，盖讲得字真不俗，记问渊源甚广耳。

王六大夫当时也以讲史名世，讲得"字真不俗，记问渊源甚广"，很受群众欢迎。此外，"合生"应是以唱为主的曲艺，操此专业者不多。

由于说话人众多，而且专业化，说话的篇目也随之增多，据《醉翁谈录》中"小说"类就著录一百多种。可惜今天保存下来的话本仅有《京本通俗小说》、《大宋宣和遗事》、《元至治平话五种》、《大唐三藏取经诗话》、《清平山堂话本》、《五代史平话》等。

二、话本小说的内容和成就

宋元话本中最有价值的是"小说"和"讲史"两类，尤其是"小说"的成就更高于讲史。"小说"多取材于现实生活，内容新鲜活泼，形式短小精悍，真实地反映了宋元时代的社会生活面貌，特别是城市人民的日常生活和思想感情，其中描写男女爱情的最多，尤其突出了妇女对封建势力不屈的反抗精神和坚强的斗争意志，《碾玉观音》、《闹樊楼多情周胜仙》两篇所写可为代表。《碾玉观音》中的女主人公璩秀秀是裱褙铺璩公的女儿，被咸安郡王买作"养娘"，爱上了王府中的碾玉工崔宁，趁王府失火之际，二人逃至潭州安家立业。其后因郭排军告密，郡王将秀秀抓回处死。秀秀的鬼魂仍执著地爱着崔宁，和崔宁在建康同居，并巧妙地惩罚了仇人郭排军。作品描写秀秀为争取崔宁的爱情表现的主动而勇敢的精神，如他们逃出王府后一段对话：

> 秀秀道："你记得也不记得？"崔宁叉着手，只应得喏。秀
> 秀道："当日众人都替你喝采：'好对夫妻！'你怎地到（倒）忘
> 了？"崔宁又则应得喏。秀秀道："比似只管等待，何不今夜我
> 和你先做夫妻？不知你意下如何？"崔宁道："岂敢！"秀秀道：
> "你知道不敢，我叫将起来，教坏了你，你却如何将我到家中？
> 我明日府里去说！"崔宁道："告小娘子：要和崔宁做夫妻不
> 妨，只一件，这里住不得了……"

这里表现了她追求爱情的大胆、泼辣。为了爱情而生死不渝，秀秀
的形象栩栩如生。《闹樊楼多情周胜仙》中的主人公周胜仙同样
表现了对爱情大胆、执著地追求。她在金明池畔遇见了青年范二
郎，心中思量："若是我嫁得一个似这般子弟，可知好哩。今日当面
挫（错）过，再来那里去讨？"因此便假借与卖水人吵架，主动向范
二郎介绍自己的身世，表示了对范二郎的爱慕。她父亲嫌范家门
户太低，不准他们成婚。周胜仙始终不屈服，为了范二郎，她曾死
过两次，甚至做鬼也要和范二郎相会，最后又通过五道将军，救范
二郎出监狱。璩秀秀、周胜仙对爱情大胆、勇敢的追求，是她们对
封建势力深重压迫的反抗。

　　"小说"中的公案类揭露了封建官府的腐朽黑暗，批判了堕落
的社会风尚，为民间冤案鸣不平。如《错斩崔宁》写刘贵从丈人家
借得十五贯钱，醉后回家对妾陈二姐戏言将她卖给了他人。陈二
姐半夜逃走。不料醉而未醒的刘贵被小偷谋财害命，案发后，涉嫌
杀人在逃的陈二姐和她在途中结识的崔宁共同被捉拿归案。当地
府尹不勘察案情，不听陈、崔二人的申辩，严刑拷打，二人招供诬
服，被判处死刑。作品揭露封建官府草菅人命说：

> 这段冤枉,细细可以推详出来。谁想问官糊涂,只图了事,不想捶楚之下,何求不得?

并告诫官吏说:

> 做官切不可率意断狱,任情用刑,也要求个公平明允。道不得个死者不可复生,断者不可复续,可胜叹哉!

可见作者之用心良苦。《简帖和尚》写皇甫松被还俗的洪和尚设计欺骗,把妻子休了,洪和尚趁机占有杨氏。最后开封府钱大尹侦悉断明,洪和尚伏法,皇甫松夫妻重圆。其中揭露了洪和尚的阴险、狠毒。《宋四公大闹禁魂张》写赵正、宋四公、侯兴、王秀等一伙侠盗,他们机智、勇敢,惩罚了为富不仁的财主张富,偷走了钱大王的玉带,剪得京师府尹的腰带挞尾和马观察的一半衫襟。他们劫富济贫,专与官府作对,为贫苦人民伸张正义,闹得京师惶惶不安。他们的行为,反映了人民群众的愿望。

这类话本小说,通篇采用通俗的语言,叙述简洁清晰,结构完整,故事性强,情节曲折动人,描写人物重在心理刻画,使人物形象栩栩如生。它们的出现开我国通俗小说之先,为后代通俗小说的发展开辟蹊径。

话本"讲史"类,大都依据史书敷演而成,鲁迅评云:"讲史之体,是叙史实而杂以虚辞","大抵史上大事,即无发挥,一涉细故,便多增饰"(《中国小说史略》)。"讲史"篇幅较长,专讲历代兴亡的历史故事,并往往将历史人物理想化,具有较强的感染力。如《五代史平话》讲述梁、唐、晋、汉、周五代的兴亡,并反映了人民群众在暴政压迫下和长期战争中的苦难。其中比较生动地描写了刘知远、郭威等的发迹,却歪曲了黄巢起义。《大宋宣和遗事》从历代帝王荒淫失政引起,然后叙述北宋政治的演变,王安石变法之祸,梁山泊英雄聚义始末,宋徽宗幸李师师,金兵灭北宋等。特别有感于帝王之荒淫误国,表达了汉族人抗金的爱国情感。其中关于梁山泊宋江等聚义的故事,已经具备了《水浒传》的主要情节,成为《水浒传》的雏型。《元刊至治平话五种》包括《武王伐纣平话》、《七国春秋平话》、《秦并六国平话》、《前汉书平话》和《三国志平话》。《武王伐纣平话》所写从"汤王祝网"和"纣王梦玉女授玉带"始,到"八伯诸侯会孟津"和"武王斩纣王、妲己"止,内容大都依傍正史,并增加了许多荒诞不经的故事,加以神奇的描写,揭露了纣王的荒淫残暴,肯定了武王伐纣的正义性,成为《封神演义》创作的依据。《七国春秋平话》写乐毅伐齐之事。中心人物是孙膑,写他破燕、抗齐诸般事迹,与正史颇多不同,充满了诡异神怪色彩。《秦并六国平话》所写与史实基本相符,很少虚构,揭露了秦始皇兼并的野心。《前汉书平话》续集,写刘邦大杀功臣,死后,吕氏专权乱政,刘泽起兵破吕氏,文帝即位。揭露了刘邦的刻薄无赖。《三国志平话》所写已经具备了《三国演义》中的主要情节和基本倾向,张飞的形象栩栩如生,在这五本平话中成就最高。

综观"讲史"平话,结构松散,故事、情节不连贯,人物形象模糊,语言文白间杂,其文学成就远不及"小说"。虽然如此,它们对后来《三国演义》、《水浒传》、《封神演义》、《列国志传》等书的形成影响很大。至于"小说",在思想内容、创作方法、艺术形式方面都达到比较高的境界,对后来小说的成熟、发展也产生了重要影响。要之,宋元话本小说的产生,为我国通俗小说的发展、昌盛奠定了基础。

第二章　明代戏曲和小说

第一节　时代特点和文学环境

明代自太祖朱元璋洪武元年（1368）建立王朝，至思宗朱由检崇祯十七年（1644）灭亡，共历二百七十七年。

明开国之初，由于元末反元战争之剧烈，社会生产遭到很大的破坏。朱元璋鉴于元亡的经验教训，为巩固自己的统治，实行缓和阶级矛盾的政策，采取恢复经济的措施，如移民垦荒、兴修水利、减免赋税、改革工役制度，遂使明初土地荒芜、人烟灭绝的现象大为改观，农业、手工业、商业都相应得到发展。朱元璋为了巩固其皇权统治，还废除了实行已久的丞相制和中书、门下、尚书三省制度，军政大权由皇帝独揽，还大兴党狱，杀戮功臣，如洪武年间的左丞相胡惟庸狱、大将军蓝玉狱，被株连而死者，数以万计。与这种政治上专制主义相适应，在思想上大力提倡程朱理学，规定"四书""五经"为国子监的功课，并指定为全国府州县学生员必读之书。成祖朱棣更命翰林院学士胡广等编修《五经四书大全》、《性理大全》，颁行天下。又推行以八股文取士制度，考试必须根据朱熹注"四书"和宋儒注"五经"命题作文，不能独抒己见。为了加强对文人士子的控制，他们采取两种对策，一是笼络，如朱元璋于洪武六年（1373）开设文华堂，广揽人才；朱棣招集全国文士两千多编修《永乐大典》。二是高压，朱元璋颁布《大诰》："寰中士大夫不为君用,是自外其教者,诛其身而籍其家。"诗人高启因辞官被腰斩,文士姚润、王谟因被征不来被斩首抄家。他还大兴文字狱,文人士子往往因一句一字之关碍遭杀身之祸。其思想统治之严酷可见一斑。

这种专制主义政治思想统治,对明开国一百多年的文学影响很深。如明贵族朱有燉所作的杂剧,其中表现的度脱、节义、庆贺等内容,便是这种统治思想影响的结果。又如元末明初的作品,荆、刘、拜、杀四部传奇,其中除了《拜月记》之外,其他三部都不同程度地宣扬了封建伦理道德,这也应当是元末理学和明初朱元璋、朱棣倡导理学对人民思想统治的反映。此外,元末明初成书的小说《三国演义》和《水浒传》,它们虽然是在有关话本、杂剧长期流传的基础上写成的,但同时也是罗贯中、施耐庵吸取了元末农民大起义的经验,并根据明代现实斗争生活而创作的不朽作品。

明朝社会经过永乐、洪熙、宣德年间暂时安定繁荣的局面,到正统及其以后的弘治、正德时期,土地兼并又加剧了。这一时期土地兼并加剧的特点是面积大、速度快,兼并形式是建立"皇庄"和"官庄",即皇家的庄田和官家的庄田。同时加重赋税,本来农民垦荒的田不纳税,也要一律征税。又田赋可以折成银子交纳,称"金花银",进一步提高了地主的剥削率。在严重的剥削下,农民破产,生活无着,流亡他乡,最终形成流民起义。同时流民也涌进城市,为城市的工商业提供了劳动力,促进了城市工商业的发展。当时不但有家庭手工业,还出现了手工业工场。这些家庭手工业者和工场主,为了发展生产,扩大经营规模,多雇佣工人,史籍记载当时苏州即有万余名织工、染工在工场主的工场中作工,靠出卖劳动力获取生活资料。《神宗实录》卷三六一记载:"吴民生齿最烦,恒产绝少,家杼轴而户纂组,机户出资,机工出力,相依为命久矣。"

这种雇佣劳动与资本占有者的关系,即资本主义生产关系的萌芽。这是我国封建经济发展过程中出现的新因素,它不但对经济发展有影响,对作为上层建筑的文学也有影响。正德年间统治集团更加腐朽、反动了。武宗朱厚照纵欲淫乐,到处掠夺妇女,以致"市肆萧然,白昼闭户"。同时加强特务统治,成立于洪武年间的锦衣卫、永乐年间的东厂是他主要的统治机构,太监刘瑾是这一机构的主持者,在他们的统治下,天下人都"嚣然丧其乐生之心"。其后嘉靖时期又有严嵩、严世蕃父子专权二十多年。随着社会危机的加深,产生了王守仁哲学。这一哲学的主要目的是挽救封建王朝的危机,巩固其对人民的统治。他提出"心即理"的学说,以反对"性即理"的观点,认为"心外无物,心外无事,心外无理,心外无义,心外无善"(《王文成公全书·文录·与王纯甫二》),一切从精神原则出发,要求人们清除欲望,求于内心,就可以达到"正心诚意"的修养工夫,封建统治也就可以巩固了。这一派哲学在明代影响很大,对文学也产生不少影响。

作为上层建筑的文学,随着社会基础的变化,也出现新的面貌。杂剧作家王九思,他的《杜甫游春》写杜甫于安史之乱后游曲江,见满目萧条,城郭败坏,因而痛骂李林甫"嫉贤妒能,坏了朝纲"。这实际上是对当时执政者的谴责。康海的《中山狼》写墨者东郭先生同情被追逐的狼,把狼救出后,狼却要吃他。这实际上是批判敌我不分、善恶不明的所谓"兼爱",尤其是揭露狼的本性不会改变,在当时是有现实意义的。此外,还有徐渭的《四声猿》,其中的《狂鼓史》写祢衡骂曹,乃是作者通过骂曹痛骂当朝残暴的统治者。《雌木兰》《女状元》是歌颂女子的才能、武艺和智慧。《玉禅师》意义不大。此时传奇也出现新的变化,即逐渐摆脱写才子佳人宣传封建道德和语言的骈俪化,而开始写政治斗争并文笔挥洒自由,《宝剑记》、《鸣凤记》可为代表。《宝剑记》写林冲被逼上梁山的故事,但与《水浒传》绝然不同,即林冲不像一个草泽英雄,而是封建阶级的忠臣孝子,他的作为不是农民起义,而是朝廷内部忠与奸的斗争。这应当是当时政治斗争的投影。《鸣凤记》正面描写忠与奸的斗争,具体写严嵩、严世蕃之专权残暴、杀戮忠臣、奸淫妇女、强占民田等,以夏言、杨继盛为首的忠臣与他们进行坚决的斗争,最后或被杀害,或被放逐。这是当时现实斗争的真实反映。这一时期的重大事件是昆曲的产生,其标准剧本《浣纱记》写越国国君听言纳谏,臣子舍身尽忠,吴王夫差则残暴,臣子谗佞,同样表现忠与奸的斗争。这都是当时的政治环境赋予创作的主题。这一时期的小说《西游记》取材于《大唐三藏取经诗话》,但内容比《取经诗话》扩大了许多倍。其所扩充,必然以当时的现实生活为依据,尤其是孙悟空对各类妖魔和无上尊君的嘲弄、对腐朽官场的揭露,都有其现实意义。

明代末年,社会危机进一步加深。神宗万历之初张居正为相,为巩固封建统治,推行改革措施,如清丈全国土地,改行一条鞭税法,兴修水利等,使社会矛盾得到缓和,经济有所发展,特别是东南一带萌芽的资本主义生产关系渐趋苗壮。但张居正死后,他所推行的改革措施难以为继,其后天子不理朝政,臣僚也无所作为。到万历中期,宫廷之奢侈,朝政之腐败,达到极点,内忧外患,有增无已。朝廷内展开激烈的斗争,他们各自谋取私利,排斥异己。这种斗争进一步发展即成为东林党与宦官魏党之争,这是大地主、宦官与中小地主阶级之争。由于神宗十分荒淫无耻,造成社会淫乱之风,大地主、大官僚、大商人都过着淫乱的生活,使社会道德败坏。由于宦官当权,政治十分混乱、黑暗,他们到处搜刮人民的血汗、造成李自成、张献忠大起义。由于社会矛盾激化,王学左派得到发展,出现了"异端之尤"的李卓吾。他发展了王守仁学说中的有益部分,公开批判道学,批判儒学正统,认为"以孔子之是非为是非,故未尝有是非耳"(《李氏藏书·纪传总目前论》)。提出"六经"和《论语》、《孟子》"岂可为万世之至之论",对儒学经典表示怀疑。他重视通俗文学,把小说、戏曲的价值提高到与秦汉文、六朝诗同等的地位,并都称之为古今之至文。在男女关系上主张"自择佳偶"。他这些思想、观点对当时有深刻的影响。

受时代思潮的影响,这一时期的文学戏曲主要有:《牡丹亭》写杜丽娘与柳梦梅的爱情生活,写情与理的矛盾,他们因梦生情,因情而病,因病而死,死而复生。表现了情战胜了理。小说《金瓶梅》所写从最高统治者、王侯贵族、文武百官,到地主、恶霸、市井无赖的腐朽淫荡生活,正是明末社会面貌的真实写照。"三言""二拍"主要写城市市民的生活,写他们对幸福生活的追求,如《卖油郎独占花魁》、《金玉奴棒打薄情郎》,以及她们在追求过程中所产生的悲剧,《杜十娘怒沉百宝箱》中的杜十娘被遗弃后感叹说:"命之不辰,风尘困瘁,甫得脱离,又遭弃捐!"也写政治斗争,如《沈小霞相会出师表》写沈炼嫉恶如仇,和严嵩父子及其党羽的斗争。这都是取自现实生活。

总之,明代的社会环境,培育了这一时代的戏曲和小说。

第二节　南戏传奇

元朝末年南戏得到进一步发展,逐渐形成新的戏曲形式——传奇。元明之际出现了《琵琶记》和荆、刘、拜、杀四部名作,这些作品由于受程朱理学的影响,内容多宣传封建道德。明代中叶,传奇出现了繁荣的局面,产生了《宝剑记》、《鸣凤记》等作品,内容摆脱对封建道德的宣传，开始写政治斗争；同时形成了两个流派，即以沈璟为代表的讲求格律的吴江派，代表作为《义侠记》，以汤显祖为代表的讲求文采的临川派，代表作为《牡丹亭》。明代末年，继续发展了明中叶写爱情和政治斗争的传统，产生了《玉簪记》、《彩楼记》以及《水浒记》、《清忠谱》等。总之，明代是传奇生机勃勃，大发展的时期。

一、宋元南戏的兴起与发展

(一) 南戏的兴起

南戏究竟什么时期产生的？这是文学史家长期争论的问题。在前面我们已经讲过，随着金人的入侵和宋朝的南迁，北宋杂剧便分化为两种不同风格的南北曲，而南曲即形成为南宋的官本杂剧。但是，南戏并非直接渊源于官本杂剧，因为在官本杂剧之前，南方温州一带已经产生了地方戏曲，这正是南戏的最早形式。明祝允明《猥谈》云："南戏出于宣和之后，南渡之际，谓之温州杂剧。予见旧牒，其时有赵闳夫榜禁，颇述名目，如《赵贞女蔡二郎》等，亦不甚多。"又如《南词叙录》云："南戏始于宋光宗朝，永嘉人所作《赵贞女》、《王魁》二种实首之。……或云宣和间已滥觞，其盛行则自南渡，号曰永嘉杂剧，又曰鹘伶声嗽。其曲则宋人词而益以里巷歌谣，不叶宫调，故士大夫罕有留意者。"明初叶子奇《草木子》也云："俳优戏文，始于《王魁》。"这些记载都说明一个问题，即南戏起源于永嘉(温州的古名)的地方戏，而且以《赵贞女》、《王魁》两个剧目最流行。但在时间上却有较大的出入，一说在北宋宣和年间，一说在南宋光宗朝，相去七八十年，怎样解释呢？我们认为，作为一种民间戏曲，它是在较长的历史过程中发展起来的。就现存《王魁》若干曲文看(《赵贞女》的曲文都已亡佚)，已经不是群众艺人"宋人词而益以里巷歌谣"的最初形式,相反则具有浓厚的文人士大夫气息。《王魁》既是宋光宗时期的作品,上推七八十年在"宣和间已滥觞",到了宋室南迁,则更发展起来,所谓"其盛行则自南渡",正说明了这一不同时期的发展过程。

宋南渡之后,杭州成为其政治、经济和文化中心,这类地方戏也随之向杭州发展。"至戊辰、己巳(宋高宗绍兴十八、十九年)间,《王焕戏文》盛行于都下"(《钱唐遗事》),并且杭州已经成为南戏活动的中心。据元周德清《中原音韵》的"作词起例"云:"南宋都杭,吴兴与切邻(吴兴即今天的湖州),故其戏文如《乐昌分镜》等类,唱念呼吸,皆如约韵(此指梁沈约的四声韵,沈约是吴兴人)。"这说明南戏在杭州盛行的情况。又从现存的《永乐大典》戏文三种看,《张协状元》是南宋"杭州九山书会编",《小孙屠》是元代"古杭书会编撰",《错立身》是元代"古杭才人新编",虽然其中两种编撰在元代,但也可以推想到南宋的情形。这种为群众所好尚的民间戏曲,与南渡时传来的官本杂剧必然发生竞争并交流作用。根据现有材料考察,宋杂剧后面都有"断送"的乐曲,并且《诸宫调西厢记》也有"断送引辞"的乐调,这是北曲固有的,而在南戏中也可以发现。因此,我们认为南戏的兴起,不但与官本杂剧发生了融合、交流作用,而且和与宋室南迁俱来的北曲诸宫调也有密切关系。诸宫调在文学上对南戏兴盛的影响和它对北曲形成的影响一样,都产生了直接巨大的作用。现在从相传是南宋作品的《张协状元》中看看这种影响和交融的痕迹:

> (末白)〔满庭芳〕暂息喧哗,略停笑语,试看别样门庭。教坊格范,绯绿可仝声。酬酢词源浑砌,听谈论四座皆惊。浑不比,乍生后学,谩自逞虚名。《状元张协传》前回曾演,汝辈般成。这番书会要夺魁名。占断东瓯(温州古名)盛事,诸宫调

唱出来因。厮罗响,贤门雅静,仔细说教听。(唱)

〔凤时春〕张协诗书遍历。困故乡功名未遂。欲占春闱登科举。暂别爹娘独自离乡里。

(白)看的世上万般俱下品,思量惟有读书高。若论张协,家住西川成都府,兀谁不识此人,兀谁不敬重此人。真个朝经暮史,昼览夜习,口不绝吟,手不停披。正是:炼药炉中无宿火,读书窗下有残灯。忽一日,堂上启复爹妈,今年大比之年,你儿欲待上朝应举,觅些盘费之资,前路支用。爹娘不听这句话,万事俱休;才听此一句,托地两行泪下。孩儿道,十载学成文武艺,今年货与帝王家。欲改换门闾,报答双亲,何须下泪。(唱)

〔小重山〕前时一梦断人肠,教我暗思量。平日不曾为宦旅,忧患怎生当。

(白)孩儿复爹妈,自古道一更思,二更想,三更是梦,大凡情性不拘,梦幻非实。大底死生由命,富贵在天,何苦忧虑。爹娘见儿苦苦要去,不免与他数两金银以作盘缠;再三叮嘱孩儿道,未晚先投宿,鸡鸣始过关。逢桥须下马,有渡莫争先。孩儿领爹娘慈旨,目即离去。(唱)

〔浪淘沙〕迤逦离乡关,回首望家。白云直下,把泪偷弹。极目荒郊无旅店,只听得流水潺潺。

……

(生上白)讹未。(众喏)(生)劳得谢送道呵。(众)相烦那子弟。(生)后行子弟,饶个烛影摇红断送。(众动乐器)(生踏场数调)(生白)〔望江南〕多忔戏,本事实风骚。使拍超烘非乐事,筑球打弹谩徒劳。没意品笙箫。谙译砌,酢酢仗歌谣。出入须还诗断送,中间惟有笑偏饶。教看众乐淘淘。适

来听得一派乐声,不知谁家调弄?(众)烛影摇红。(生)暂借
轧色。(众)有。(生)罢!学个张状元似像。(众)谢了。
(生)画堂悄最堪宴乐,绣帘垂隔断春风。波艳艳杯行泛绿,
夜深深烛影摇红。(众应)(生唱)〔烛影摇红〕烛影摇红,最宜
浮浪多忆戏。精奇古怪事堪观,编撰于中美。真个梨园体。
论诙谐除师怎比。九山书会,近目翻腾,别是风味。一个若抹
土擦灰,趋枪出没人皆喜。况兼满坐尽明公,曾见从来底。此
段新奇差异。更词源移官换羽。大家雅静,人眼难瞒,与我分
个令利。

从这段曲文中,我们可以看到诸宫调和官本杂剧的形式和规模。
若按一般的称呼,也可以叫它作《诸宫调张协状元》、《断送烛影摇
红》。当然,这只是初期,即南宋时,南北曲融会的情况,到元代统
一中国后,就更进一步汇合了。

(二)南北曲的合流,传奇的形成

　　元朝随着蒙古族的入侵和统一,北曲也以四折的形式向江南
发展,并且因南北社会政治强弱异势,北曲也就盛于南戏,使南宋
时曾经一度兴盛的南戏受到相当大的摧折。《南词叙录》云:"元
初,北方杂剧流入南徼,一时靡然向风,宋词遂绝,而南戏亦衰。顺
帝朝,忽又亲南而疏北,作者蝟兴,语多鄙下,不若北之有名人题咏
也。"这种北曲南下的趋势,从当时作家的籍贯上也可以看出来。
元初剧作家都是北人,中叶以后,则都是杭州人,其中虽然也有北
籍的,但都是久居浙江了。然而南戏并没有消亡,它像一支潜流在
继续发展。如《小孙屠》和《错立身》的产生便是证明。并且《错立
身》中的王金榜数说当时流行的南戏多至二十九种。《青楼集》又
云:"龙楼景、丹墀秀……俱有姿色,专工南戏。"这都说明南戏还
在继续发展。不过从总的趋向看,北曲在当时是占着绝对优势,如

《南词叙录》云:"入元又尚北,如马、贯、王、白、虞、宋诸公,皆北词手。国朝(明)虽尚南,而学者方陋,是以南不逮北。"在这种情况下,许多南人学习北曲,即促使南北曲进一步合流。王沂《伊宾集》中之《和陆友仁尺五城南》诗云:"尺五城南贾客船,吴绫卖尽买茸毡。犹嫌吴女吴音拙,载入都门学管弦。"王沂是元顺帝时人,当时商人已有把少女送到都门(杭州)去学北曲的,也可以想见一般艺人的情况了。又据《乐郊私语》云:"海盐少年多善歌乐府,皆出澉川杨氏。……梓……与贯云石交善。……以故,杨氏家僮千指,无有不善歌南北调者。"杨梓精于南戏海盐腔,贯云石是北曲名家,二人交好,促使南戏重要声腔之一的海盐腔当时与北曲合流了。元杂剧原是一种歌唱成分很重的戏曲,南下到杭州,首先在唱腔上出现了与南戏合流的状态。《录鬼簿》卷下云:"沈和字和甫,杭州人,能词翰,善谈谑,天性风流,兼明音律,以故南北调合腔,自和甫始。"这种"南北调合腔",在我国文学史上有重大意义,因为它促进了戏曲文学的发展。

这种"南北调合腔"的南戏形态究竟如何?沈和所作的《潇湘八景》、《欢喜冤家》"虽极工巧"(《录鬼簿》卷下),但已看不到了。我们只能根据今天仅存的《永乐大典》戏文三种来考察。三种之一《小孙屠》中有这样一段唱词:

　　(旦唱)〔北曲新水令〕却踏过"满庭芳"草,"看花回","怨王孙"不思"折桂",每日"上小楼","沽美酒","销金帐"里共传杯,吃酒沉"醉扶归"。不由我不伤情若萦系。

　　(又唱)〔南曲风入松〕记前日席上泛绿蚁,做夫妻,永同连理。谁知每日贪欢会,醺醺地,不思量归计。你那里谁人共美,教奴自守孤帏。

　　(又唱)〔北曲折桂令〕几回价守定香闺,转无眠,情绪如痴。直哭得绛蜡烟消,银蟾影坠,宝篆香微。才听得促织儿声沉四壁,又听得叫残星报晓邻鸡。只影孤凄,心下伤悲,一弄儿凄凉,总促在愁眉。

(又唱)〔南曲风入松〕我一心指望你攻书,要改换门闾。如今把奴成抛弃,朝朝望,朝朝不至,好教人鸳衾里冷落,须闲了我一个枕头儿。

(又唱)〔北曲水仙子〕好姻缘间阻武陵溪,辜负了花前月下期。彩云易散琉璃脆,亏心底不似你,担阁了少年夫妻。不枉了真心真诚意,不把我却寒知暖妻,不能勾步步相随。

……

《小孙屠》是元末《琵琶记》以前的作品,曲牌是南北曲相间使用,构成一个整体。因此,我们也可以了解,南北曲的曲牌并不是互相排斥,相反则很容易结合起来。

南戏受北曲进一步影响,与北曲进一步合流,便发展成传奇戏。传奇戏并非只属于南戏系统,而是综合了南北曲的优点形成为全国统一性的戏曲。传奇戏的典型创作,一般认为是高则诚的《琵琶记》。从《琵琶记》的内容看,它已经不是南戏那种"南北调合腔"的形式,而进一步汇合为"南曲北调"了。据说明太祖朱元璋极其推崇《琵琶记》,令优人进演,但"寻患其不可入弦索,命教坊奉銮史忠计之。色长刘杲者,遂撰腔以献,南曲北调,可于筝琶被之"(《南词叙录》)。当然,《琵琶记》所体现的南北曲之合流,并不只是由于色长刘杲的参入,高则诚自己也用了很大的精力。虽然《琵琶记》开场即声称"休论插科打诨,也不寻宫数调",但从作品的实际看,他却是十分重视"寻宫数调"的。他的"寻宫数调"不外乎把某些曲牌配属于某一宫调,组成一些套曲。他曾经刻苦地钻研过曲调,以至于"其足按拍处,板皆为穿"(《南词叙录》)。

他所钻研的实际上是北曲,如焦循《剧说》云:"元人乐府有'村里迓鼓'之名,《琵琶记》有此曲。《琵琶》白有'打十三'之说,元人常用之,本宋制。"高则诚是永嘉人,正是温州杂剧的策源地,是南戏的正统。他感到当时南戏不令人满意,才精心研究北曲,并有刘呆为他撰腔,这就促进了南北戏曲进一步合流。

自《琵琶记》之后,南曲在北曲的影响下,更趋向套曲化。《南词叙录》云:"南曲固无宫调,然曲之次第,须用声相邻,以为一套,其间亦自有类辈,不可乱也。如〔黄莺儿〕则继之以〔簇御林〕,〔画眉序〕则继之以〔滴溜子〕之类,自有一定之序。"《南词叙录》是明嘉靖己未(1559)成书的,当时昆曲尚未兴起。可见昆曲之前南戏受北曲影响已转入套曲化,到昆曲起来,便产生南北合套了。

从沈和的"南北合腔",到《琵琶记》的"南曲北调",再到昆曲的"南北合套",标志着我国戏曲南北两派的逐渐大合流,最后形成了全国统一的昆曲。

(三)传奇戏的体例

如上所叙,传奇戏是在南北曲合流中产生的,它的产生是我国戏曲文学的一大进步。至于传奇的名字则很早以前存在着。王国维《宋元戏曲史》云:"传奇之名,实始于唐。唐裴铏作传奇六卷,本小说家言。至宋则以诸宫调为传奇。元人则以杂剧为传奇。至明则以戏曲之长者为传奇,以与北杂剧相别。乾隆间黄文旸编《曲海目》,遂分戏曲为杂剧、传奇二种。盖传奇之名,至明凡四变矣。"这是说唐、宋、元、明四个时期,传奇的名称,即含有四种不同的文学形式。元末明初的传奇是指长篇戏曲而言,这种传奇无论艺术形象和舞台表演都比以前的戏曲更完整,与元杂剧比较,自有其独具的体例。

首先在结构上,由于当时现实生活的丰富和复杂化,即决定着

传奇突破了元杂剧四折的体例，而以长短自由的形式适应现实的
要求。传奇不分折而分出，全剧一般都以长达四十出为通例，如
《琵琶记》为四十二出，《杀狗记》为三十六出，《白兔记》为三十二
出，《幽闺记》为四十出。传奇无"楔子"，而有"家门"。"家门"或
称"开场""开宗"，是全剧的序幕，其作用在介绍全剧的关目情节，
介绍方式是用诗一首或词一阕。如《拜月记》开场云：

〔沁园春〕蒋氏世隆，中都贡士，妹子瑞莲。遇兴福逃生，
结为兄弟。瑞兰王女，失母为随迁。荒村寻妹，频呼小字，音
韵相同事偶然。应声处，佳人才子，旅馆就良缘。岳翁瞥见生
嗔怒，拆散鸳鸯最可怜。叹幽闺寂寞，亭前拜月，几多心事，分
付与婵娟。兄中文科，弟登武举，恩赐尚书赘状元。当此际夫
妻重会，百岁永团圆。

此外还有一阕词，介绍写作宗旨。传奇这种结构形式，一直到昆曲
沿袭不变。

在唱辞上，传奇也突破了元杂剧一人独唱的模式，而是所有角
色都可以唱，其中有独唱、对唱，也有合唱。所用的曲调也比较灵
活，元杂剧是一折一套曲，一套曲只用一个宫调，并且一韵到底。
传奇则每出可以数变宫调，也可以反复换韵。试以《琵琶记》第十
出（陈眉公评本）的宫调和曲牌为例：

〔仙吕入双调〕〔窣地锦裆〕……知〔哭歧婆〕……去〔越
调过曲〕〔水底鱼儿〕……谁〔正宫〕〔北叨叨令〕……洞〔窣地
锦裆〕……时〔哭歧婆〕……里〔仙吕入双调〕〔五供养〕……
鞑〔前腔〕……送〔中吕〕〔山花子〕……穷〔前腔〕……中〔前
腔〕……峒〔前腔〕……攻〔太和佛〕……忡〔舞霓裳〕……用
〔红绣鞋〕……笼〔意不尽〕……从

这种曲调的灵活和多样化,可以更准确地表现人物复杂的思想情绪。

在科白与角色方面,传奇与杂剧也有所不同,"戏文于科处皆作介,盖书坊省文以科字作介字,非科介有异也"(《南词叙录》)。杂剧先白而后唱,传奇则先唱而后白,传奇的定场白又往往数人分咏一阕词或一首诗,如《琵琶记》第七出的开场:

> 〔浣溪沙〕生云:千里莺啼绿映红。丑云:水村山郭酒旗风。净云:行人如在画图中。末云:不暖不寒天气好,或来或往旅人逢。合:此时谁不叹西东。

传奇的角色一般与元杂剧相同,是生、旦、净、末、丑、外、贴等,但角色分担的职务有变化,最主要的是元杂剧中担任主角的末,转为配角,代之者是生。生与旦相配,便成为传奇的中心人物,俗称生旦戏。关于传奇的体例,《曲品》有一段扼要的说明:"杂剧北音,传奇南调。杂剧折惟四,唱止一人;传奇折数多,唱必匀派。杂剧但撮一事颠末,其境促;传奇备述一人始终,其味长。无杂剧则孰开传奇之门,非传奇则难畅杂剧之趣也。"这里不只是讲体例,也谈到内容。不只是一般地讲体例与内容,而且指出其体例与内容和元杂剧的继承、发展的渊源关系。

二、高则诚及其《琵琶记》

(一)作者与题材

《琵琶记》的作者高则诚,名明,则诚是他的字,浙江温州府瑞安县人(王国维《曲录》),生于元大德九年(1305)左右,卒于明洪武元年(1368)以后(钱南扬《琵琶记作者高明传》)。他出身于一个诗文郁盛的家庭环境中,祖父、伯父、弟弟都是诗人。他"少辩慧,善属对"(《坚瓠集》)。他的老师是元代理学家黄溍。黄溍是一个才学渊博有正义感的人(见《元史》卷一八一本传),对高则诚的思想作风影响很大。高则诚即曾说:"人不明一经取第,虽博奚为?"于是发奋读《春秋》,"识圣人大义"(见《宋元学案·万姓统谱》)。他四十岁(元至正四年)左右中乡试,第二年又登进士第。在初任处州录事时,即曾旌表孝女:"具乌头双表之制,旌表其名。"(《宋学士集》)又在其《王节妇诗》中歌颂一个"溪水彼可竭,妾身不改节"的贞妇。并且他自己也"少小慕曾闵"(《诚意伯集》)。追慕古代孝子曾参和闵子骞的行迹。他这些节孝观念与《琵琶记》所表现的"子孝共妻贤"的内容是完全一致的。

高则诚也十分热衷于功名利禄,陈与时赠他的诗即说:"我怀老退居江左,尔爱飞腾近日边"(《瑞安诗徵》)。在他《送苏伯修参政之京兆尹任三首》诗中,勉励苏伯修说:"此行宣室须前席,剩有嘉谟为上陈。"劝他多接近皇帝,上陈好议谋。他的这些思想在《琵琶记》中也有所表现。

但是,高则诚的思想有严守封建伦理道德和追求功名利禄的方面,还有为官清正、爱民的方面。如他在处州任上,即"学道爱人,治教修具","监郡马僧家奴贪残为害,明委曲调护,民赖以安"。任满之后,当地人民为他立碑以纪念之。在杭州任上,"儒生尚其才华,法吏推其练达。而明亦以名节自励,稽典册,定是非,酬应如流"。他性格耿直,"意所不可,辄上政事堂慷慨求去"(以上引文具见赵汸《东山存稿》卷二《送高则诚归永嘉序》)。

元至正八年,方国珍领导农民在浙东起义,高则诚被调任平乱统帅府的都事,率领元兵南征方国珍。但是,他在浙东任上并不得意,因为与统帅朵儿只班"论事不合",而"避不治文书"(赵汸《送高则诚归永嘉序》)。直到至正十二年方国珍被招抚,他才回到了杭州。他在统帅府中的三年生活，使他认识到统治集团内部的奸诈、凶狠和腐朽，思想上发生了很大的转变，灭绝了仕途功名的念头，决心回家重过隐居生活。后来虽然被迫不得已又出来做了几任官，不久就解职不干了。

高则诚大约只做了十年元朝的官，晚年"避世鄞（宁波）之栎社，以词曲自娱。见刘后村有'死后是非谁管得，满村听唱蔡中郎'之句，因编《琵琶记》，用雪伯喈之耻"（明姚福《清溪暇笔》）。《琵琶记》正是此时开始写作的。高则诚把自己一生在坎坷仕途中对现实社会的理想、热衷、冷漠和愤懑集中表现在《琵琶记》这部剧作中。

《琵琶记》采用的故事情节和题材，在高则诚以前即广泛地流行于民间，高则诚即吸取了这些民间素材进行创作。据陆放翁《舍舟步归》四绝之一云："斜阳古道赵家庄，负鼓盲翁正作场。死后是非谁管得，满村听唱蔡中郎。"又《南词叙录》在列举《宋元旧编》的《赵贞女蔡二郎》一剧下注云："即蔡伯喈弃亲背妇，为暴雷震死。里俗妄作也，实为戏文之首。"可见"赵贞女蔡二郎"的故事南宋时已经流传。到了元朝进而作为民间典故在戏曲中被引用，如杂剧《吕洞宾度铁拐李岳》第二折云："你学那守三贞赵贞女，罗裙包土将坟莹建。"这些片断的记载，显示了原来的故事蔡伯喈最后是被暴雷击死的，赵五娘确是一个贞节孝妇。高则诚选取了这个题材，根据自己对社会现实的观点、看法和亲身的生活体验进行创作，把原来的悲剧结局，改编成"有贞有烈赵贞女，全忠全孝蔡伯喈"的大团圆场面。

（二）《琵琶记》的客观意义

高则诚在《琵琶记》开篇即提出自己的创作主张说："……今来古往，其间故事几多般。少甚佳人才子，也有神仙幽怪，琐碎不堪观。正是不关风化体，纵好也徒然。"（〔水调歌头〕）他是主张文学要具有"风以动之，教以化之"的社会作用的，具体地讲，即以忠、孝、节、义等封建伦理来教育人们，并在其创作中努力地实践这一主张。因此，《琵琶记》全书都笼罩着浓厚的封建伦理的说教气氛。但是，作为一个现实主义作家，高则诚受现实生活的影响，对封建社会有清醒的认识，在一定程度上突破了自己的封建思想体系，描绘出真实的社会生活面貌来。加之文学艺术以形象反映生活的特点，使他的作品的客观意义广阔于他的主观意图，或者与他的主观意图相反。从《琵琶记》的总倾向看，作者主观宣传的忠、孝、节、义等封建教义都是比较概念化的，而所描写的社会生活却是活生生的，所描写的人民的灾难、痛苦是生动感人的。

高则诚笔下的蔡伯喈是个十分复杂的人物，作者的主观意图是要把他写成一个完美无缺的封建士大夫，把他犯下的"生不能养，死不能葬，葬不能祭"三不孝的大罪洗掉，改写成他不肯赴选，父亲不从，要辞官，皇帝不从，要辞婚，牛相不从，"这是三不从把他厮禁害，三不孝亦非其罪"的全忠全孝的人物。"孝"在蔡伯喈思想中占有重要地位，他一出场即表现出急切飞黄腾达的愿望，所谓"正骅骝欲骋，鱼龙将化"，但当想到孝敬父母的人伦大事，便立刻打消了自己的愿望："沉吟一和，怎离双亲膝下？且尽心甘旨，功名富贵，付之天也！"（〔瑞鹤仙〕）他对年迈的父母说："亲年老，光阴有几，行孝正当今日。"当他迫不得已去赴试时，又感叹道："天那！我这衷肠，一点孝心对谁语？"总之，他时刻都在宣传《孝经》、《曲礼》，什么"冬温夏清，昏定晨省"，什么"父母在不远游，出不易方，复不过时"等，并且身体力行之。但是，蔡伯喈还有其生动感人之处，那就是他体现了封建社会一般士子遵从礼教、为礼教束缚而不自觉、为仕途羁累而找不到出路的矛盾和痛苦。这明显表现在"官媒议婚""丹陛陈情""再报佳期""强就鸾凤""琴诉荷池""宦邸忧思""中秋赏月"等出之中。当蔡伯喈新婚不久,得中状元,对新妇的情感犹新。官媒来提亲,自然要坚决拒绝:"差迭,须知少年自有人爱了,漫劳你嫦娥提挈,满皇都豪家无数,岂必卑末。"(〔前腔〕)但是,作为一个曾经抱有"骅骝欲骋,鱼龙将化"理想的封建士大夫,对富贵利禄是不能不动心的。所以,当他辞官、辞婚不从之后,又自己埋怨道:"鸾拘凤束,甚日得到家。我也休怨他,这其间只是我不合来长安看花。"(〔三换头〕)后来在"强就鸾凤"时,又自然流露出一种喜悦的心情:"攀桂步蟾宫,岂料丝罗在乔木,喜书中今朝有女如玉,堪观处丝幕牵红,恰正是荷衣穿绿。"(〔画眉序〕)蔡伯喈的内心就是这样矛盾着,作者对他这种矛盾不断加以充实、发展,到定居豪华的相府时,他对牛氏也产生了一定的情意,因此思想感情也随之转变:"旧弦已断,新弦不惯,旧弦再上不能,待撇了新弦难拚。"(〔桂枝香〕)此后,他精神上的矛盾继续深化:"俺这里欢娱夜宿芙蓉帐,他那里寂寞偏嫌更漏长","追省,丹桂曾攀,嫦娥相爱,故人千里谩追情"(〔前腔〕)。

作者对蔡伯喈的心理描写,是相当真实、深刻的,从他对功名利禄的热衷、冷漠、欢愉和愤慨的情绪中也可以看到作者自己的身影,并且就封建社会某一类知识分子说,也是有典型意义的。此即高则诚现实主义创作方法成就的表现。但是,应该指出对蔡伯喈这一形象的描写,也有许多细节上的缺点,如蔡伯喈上表辞婚为什么不提家中已有妻室?辞官回家孝敬双亲既不得从,为什么不派人将双亲迎接到京城来?为什么中了状元,距离京城很近的家乡竟一点不知道?等等。这些细节上的漏洞,无疑削弱了作品的现实主义的艺术表现力。

作者所理想化的,成为其真正说教工具的人物是牛氏。牛氏

受到父亲的严格管教，在她思想言行中体现了封建主义的烙印，对
自然景物的任何变化都无动于衷："休休，妇人家不出闺门，怎去寻
花穿柳。我花貌，谁肯因春消瘦。"（〔祝英台序〕）婚后，她知道了
蔡伯喈家中已有妻室，不但不嫉妒，反而很宽厚："情愿让他，居他
下。"和自己的父亲争论，要随蔡伯喈回家尽媳妇之道，并终于达到
了目的。作者企图以这个人物立所谓"后妃之德"之类封建伦理
规范，但作品的客观效果，却是概念化、缺乏真实的艺术生命力。
对牛丞相这个人物，作者是要把他写成封建王朝中的一个富贵正
直的臣子，但他给人们的直观，这却是一副假相，实际上是一个凶
暴不仁的封建统治者，是赵五娘、蔡伯喈悲剧的制造者。张广才是
个仁义的化身，肯于舍己为人，富有正义感。他对赵五娘屡次帮助
以及对蔡伯喈许久不归的责备，都是真实动人的。但他有些行为
是不真实的，为什么他那样有办法，只要赵五娘有困难，他一出来
就能解决？灾荒年月他也请官粮，好像不太富裕，然而又似乎很有
钱。这些不真实的行动损害了这个人物的艺术效果。

　　高则诚企图把《琵琶记》中的人物，都写成正面形象，把封建
伦理道德写得完美无缺，以至于把封建社会写成升平世界。但是
作品的实际表现，却显示了对每个人物爱憎态度；揭穿了封建伦理
的百孔千疮，不能自圆其说；揭开了封建社会在饥荒岁月里，里正
社长的自私凶恶相。高则诚想把《琵琶记》写成"子孝共妻贤"的
大团圆结局，而作品传授给人们的，这个结局并不团圆。戏剧煞尾
时，赵五娘和牛氏都很欢乐，唯独蔡伯喈则含悲饮恨说："可惜二亲
饥寒死，博得孩儿名利归。"仍然具有悲剧的性质。

　　高则诚按照自己狭隘的观点进行创作，但他丰富的生活经验
修正、突破了这种观点，使他写出真实、生动的社会生活来，他所谓
"论传奇，乐人易，动人难"（〔水调歌头〕）。《琵琶记》之所以动

人,就在于它反映了真实、生动的社会生活。

(三)赵五娘的典型意义

赵五娘是《琵琶记》中的主要人物,是《琵琶记》的艺术生命所在。五六百年来《琵琶记》在群众中产生如此深远的影响,关键在高则诚创造了赵五娘这个典型人物。

赵五娘是封建社会受苦受难又顽强不屈的妇女的典型,她勤劳、善良、淳朴、勇敢,肯于承担一切困难,同时她灵魂深处又具有浓厚的封建伦理观念。要认识这个人物的典型意义,必须和当时的社会环境联系起来考察。赵五娘出现的时代,从她在民间流传时算起,应当是宋朝。当时正是我国封建专制主义极其发展的时期。封建地主阶级为了巩固他们的统治,大力提倡程朱理学,特别强调传统的"三纲五常",主张严格的父权、夫权和君权,要在社会上树立父亲对儿子、丈夫对妻子的封建家族专制的风气,其目的即要巩固皇帝对人民的专制统治。因此,他们不但提倡"忠",而且还不遗余力地宣传"孝"和"节烈"。宋代程颐即曾说:"饿死事小,失节事大。"元代吴澄也曾称赞封建纲纪说:"君为臣纲,其有分者义也;父为子纲,其有亲者仁也;夫为妻纲,其有别者智也。"(《草庐精语》)高则诚是元代理学家黄溍的学生,他的思想自然受其影响。同时,作为一个时代的统治思想,必然对当时人民群众的精神生活发生作用。因此,我们就不难了解赵五娘对公婆那样孝,对丈夫那样尊重的原因了。在饥荒岁月,她典卖了自己的首饰买粮米奉养公婆;当最艰难的时刻,竟肯自己吃糠而供给公婆吃饭;婆婆死后,无钱发葬,自己则"祝发买葬"。这一切,她自然都是根据传统的封建孝道去做的,但是,更主要的是体现了人民养孤抚老的愿望,所以才能产生巨大的感人力量。在"糟糠自厌"一出中,她呕肝沥血地唱道:

　　〔孝顺歌〕呕得我肝肠痛,珠泪垂。喉咙尚兀自牢嘎住。糠那,你遭砻被舂杵,筛你,簸飏你,吃尽控持,好似奴家身狼狈,千辛万苦皆经历。苦人吃着苦味,两苦相逢,可知道欲吞不去。

　　〔前腔〕糠和米本是相依倚,被簸飏作两处飞。一贱与一贵,好似奴家与夫婿,终无见期。丈夫,你便是米呵,米在他方没寻处,奴家恰便似糠呵,怎的把糠来救得人饥馁。好似儿夫出去,怎的教奴供膳得公婆甘旨。

这里,她情感的内容已经冲破了封建孝道的限制,而完全是一个受苦受难者的沉痛自白。她想摆脱苦难的遭遇,希望丈夫能早日回来,但事与愿违,蔡伯喈却杳无音信。她找不到出路,也看不到苦难的尽头,因此思量着:"我生无益,死又值甚的,不如忍饥死了为怨鬼。"但是,"只一件,公婆老年纪,靠奴家相依倚"(〔前腔〕)。又转到博大的正义心方面来,增强了她生活的意志。然而她毕竟不能不担心自己未来的命运,她想:"这糠尚兀自有人吃,奴家的骨头知他埋在何处?"(〔前腔〕)赵五娘经常在生与死的边缘上挣扎,当她走投无路时,便想到活着不如死了好,所以要投井。当她悔悟到赡养公婆的责任时,则又要顽强地生活下去。她的生命正像她自己剪下的头发一样。

　　赵五娘所处的环境是极其艰苦的,但她却能肩负着一切困难。她像封建社会许多妇女一样地尊从丈夫,现实生活教育了她,妇女要依靠丈夫生活,失去丈夫,就等于丧失了自己的生命。特别是像她这样人物,公婆双亡,丈夫又远出不归,自己在社会中是不可能单独生存的。或是流言中伤,或有黑暗势力逼迫。蔡公早意识到这一点,所以临终时留下遗嘱叫她改嫁。但对她这个受"忠臣不事二君,烈女不更二夫"的封建伦理影响很深的人来说,是不可能的。然而她又不肯轻易自杀,结果还是坚持背起琵琶远去寻夫。
这表现了她不屈服于恶劣环境而诚挚地追求生活的顽强意志。

　　赵五娘对蔡伯喈是有感情的,这种感情对她这个受封建家族
制影响的妇女来说,其表现方式不是正面的,而是内在曲折的。
"临妆感叹"一出中,她流露了自己的心情:"朱颜非故,绿云懒去
梳。奈画眉人远,傅粉郎去。镜鸾羞自舞,把归期暗数……"(〔前
腔〕)但是,她把丈夫对自己的感情看作是一种"恩情",为了感恩
知遇,就要对公婆孝敬。所以丈夫不在家,她一方面要尽为妇之
道,一方面要尽为子之道,借以感激丈夫的恩德,这也是对丈夫感
情的表现。从此我们就可以了解"祝发买葬"一出,不但写的是对
公婆的孝,同时也写的是对蔡伯喈的情。原来为结美满夫妻而束
起来的头发,现在却剪下来,卖了钱来葬送公公,就说明了她对公
公的孝包含着对丈夫的情。她是帮助丈夫奉养爹妈的。她剪发时
充满了怨和恨的复杂感情:

　　〔前腔〕思量薄幸人,辜奴此身。欲剪未剪,教我先泪零。
　我当初早披剃入空门,也做个尼姑去,今日免艰辛。咳,只有
　我的头发怎般苦,少甚么佳人的珠围翠拥兰麝熏。呀,似这般
　狼狈呵,我的身死兀自无埋处,说什么剪头发愚妇人。堪怜愚
　妇人,单身又贫。头发,我待不剪你呵,开口告人羞怎忍。我
　待剪你呵,金刀下处应心疼也。却将堆鸦髻、舞鸾鬓,与乌乌
　报答鹤发亲。教人道雾鬓云鬟女,断送霜鬓雪鬓人。

她痛苦、怨恨、咀咒、悲泣,想到了丈夫的负情,想到了做尼姑的清
静,想到了生活的艰难,也想到了自己未来的命运。她不得不剪
发,而又怜惜自己的头发。她对头发说:"是我担阁你度青春",最
后还是"怨只怨结发薄幸人!"

赵五娘是封建社会受苦受难的妇女,她勤劳、善良、诚朴、孝顺,勇于承担一切困难的精神,她被折磨遗弃而不屈服的顽强意志,对封建家族制影响下的媳妇来说,都是有典型意义的。这,我们只要联系与其产生于同时的《王魁负桂英》、《秦香莲》等剧中的女主人公来看,便可以清楚地理解。它们都表现同一类故事内容,创造了同样精神面貌的妇女形象。与宋以前的《孔雀东南飞》、《莺莺传》等作品中所写的人物相比,便显示出鲜明的特色。这完全是时代赋予的。赵五娘确是概括了我国封建社会后期家族制度下媳妇的全部命运,因而长期以来能产生生动、诱人的艺术力量。

(四)《琵琶记》的成就及其在戏曲史上的地位

《琵琶记》的现实主义创作成就是比较高的,这不仅因为它相当真实地反映了现实社会的矛盾和斗争,也因为它的表现形式是根据生活逻辑安排的。比较突出的是结构上的特色,它以对比的方式处理戏剧冲突。把蔡家的穷苦遭遇与牛府的豪华享受相比,把统治阶级与被统治阶级的生活对立起来,错杂相间,互相交辉,以揭示现实社会的矛盾。这,前人已有论述,明吕天成《曲品》卷下云:"其词之高绝处,在布景写情……串插甚合局段,苦乐相错,具见体裁。可师可法,而不可及也。"但是,也有缺点,即从赵五娘与牛氏会面,到以"一门旌奖"为结局,未免有画蛇添足之感。因此,明人有后数出为朱教谕所续的说法。王骥德《曲律》卷三云:"至后八折,真伧父语。或以为朱教谕所续。头巾之笔,当不诬也。"徐复祚《曲论》云:"扫松(即张公遇使)而后,粗鄙不足观。岂强弩之末力耶? 抑真朱教谕所补耶? 真狗尾矣。"这种说法纯属无稽,王世贞即驳斥云:"亦好奇之谈,非实录也。"其实,《琵琶记》最后数出之所以令人有蛇足之感,是由于作者封建伦理世界观的限制,是其封建说教思想对作品现实主义精神的损害。

《琵琶记》的戏曲语言，一般都与作品中人物的思想性格相吻合，是这些人物真情的流露，特别生动感人。徐渭《南词叙录》云："或言《琵琶记》高处，在'庆寿''成婚''弹琴''赏月'诸大套，此犹有规模可寻。惟'食糠''尝药''筑坟''写真'诸作，从人心流出，严沧浪言'水中之月，空中之影'，最不可到。如十八答（不知是何所指——笔者注）句句是常言俗语，扭作曲子，点铁成金，信是妙手。"又王世贞《艺苑卮言》附录卷一云："其体贴人情，委曲必尽，描写物态，仿佛如生，问答之际，了不见扭造。"试举"食糠"中一支曲子为例：

> 〔山坡羊〕乱荒荒，不丰稔的年岁；远迢迢，不回来的夫婿；急煎煎，不耐烦的二亲；软怯怯，不济事的孤身体。苦，衣典尽，寸丝不挂体，几番拼死了奴身己，争奈没主公婆教谁看取。思之，虚飘飘命怎期。难捱，实丕丕灾共危。

赵五娘为环境所迫，生命危在旦夕，还顽强挣扎，她的精神痛苦，通过有感情的曲辞生动逼真地传达出来。当然，《琵琶记》的曲辞并非都如此，也有迂腐、呆板和不新鲜的语调，甚而有的道白与人物性格相矛盾，如蔡伯喈为父母祝寿时，竟说："一则以喜，一则以惧"，这与他受封建伦理教养很深的孝子身份极不相称。

高则诚在《琵琶记》开场说："休论插科打诨，也不寻宫数调。"（〔水调歌头〕）即说明《琵琶记》在韵调方面有缺欠。明臧晋叔《元曲选》序云："高则诚《琵琶》，首为不寻宫数调之说，以掩覆其短。"明沈璟《曲品》下亦云："至于调之不伦，韵之太杂，则彼已自言，不必寻数矣。"但沈璟在同书中又云："妙处全在调中平上去声，用得变化，唱来和谐。"因此，作为文学作品来读，深感其声调铿锵、音节和谐之美。实际上高则诚并非不重视曲调，《剧说》卷二记载:"某寺有高明作曲时所用几案,击拍处,其痕深入寸许。"亦可见他在曲调研究方面用功之深了。

《琵琶记》的成就比较高,因此得到人民的喜爱,并产生许多有关高则诚创作时的传说。据说高则诚创作"时坐高楼,每夜点二枝绛烛于前,冀神助曲成"。又说他"作'吃糠'一出,至'糠和米本是两依一处飞'之句,双烛花交为一"(《剧说》卷二)。从总的方面看,《琵琶记》的成就不如后来的《长生殿》和《桃花扇》,但比明传奇《幽闺记》有过之而无不及,比今天仅存的最早的南戏《永乐大典》戏文三种,更不知提高了多少倍。前人都以《琵琶记》为南戏中兴之祖。其实,《琵琶记》的出现是南北曲进一步汇合,形成所谓"南曲北调"的全国统一的戏曲,把我国戏曲推向历史的新阶段。后代剧作家的创作,多以它为范本,其影响于三百年后产生的《长生殿》、《桃花扇》等剧作中也可以见到它的影迹。

三、元末明初《拜月亭》等四部名作

南戏发展到元末明初,《琵琶记》之外,又出现了四部名作,即《拜月亭》、《白兔记》、《杀狗记》和《荆钗记》,简称荆、刘、拜、杀。这种评定,明代已经确立,王伯良《曲律》卷三即说:"古戏如荆、刘、拜、杀等。"清朱彝尊《静志居诗话》卷四也说:"识曲者以荆、刘、拜、杀为四大家。"可见明清以来人们都对这四部戏曲相提并论,但我们今天看来,其中《拜月亭》成就是最高的。

(一)《拜月亭》

《拜月亭》,一名《幽闺记》,明代何元朗《曲论》、王世贞《艺苑卮言》、王伯良《曲律》等都认为是元施惠所作。但《录鬼簿》施惠名下未尝著录,因此王国维推断不是施惠之作,当出于明代初年曲家之手。我们认为《录鬼簿》未录,可能是遗误,不能因而就推翻明代许多论曲著作的记载。况且徐渭《南词叙录》把它列于"宋元旧篇",那么,说它是元代末年施惠所作可靠性更大。施惠,字君美,杭州人。关于他的生平事迹,我们知道得很少,仅《录鬼簿》记载他"巨目美髯,好谈笑","诗酒之暇,唯以填词和曲为事"。《拜月亭》是他根据关汉卿的《闺怨佳人拜月亭》杂剧再创作的,把原来的四折戏,扩展为四十出的长篇传奇。在许多关目和曲词上都保持关作的痕迹,但并不是生吞活剥,而是融汇无间,对大部分情节和场面都加以充实和扩大。其中特别突出的是有关时代背景的部分,比关作显得丰富而深刻。从第三出到第十出描写陀满海牙之被诛族和他儿子兴福逃入山寨落草为寇的情节,完全是作者自己增加的。这样就揭示出当时的社会冲突不仅是金朝统治者与异族入侵者的冲突,同时揭示出金朝统治集团内部的腐朽和昏庸、聂贾列的奸诈和金主的近谗佞而损忠良及其与人民群众的冲突。这种内忧外患造成整个社会的大变乱。王瑞兰、蒋世隆、陀满兴福等全家都卷入这个动荡时代中去,他们每个人都与这个时代环境紧密联系起来。

这本戏对人物的描写,基本上保持着关剧原来的精神,而着力地突出了王瑞兰和蒋世隆那种同甘共苦、互相依倚的患难夫妻生活,从"旷野奇逢"、"偷儿挡路"、"虎头遇旧"到"招商谐偶"、"抱羔离鸾",都是描写他们这样生活的。正像王瑞兰在"招赘仙郎"时对她父亲所说的,于逃难的旅程中"幸遇秀才蒋世隆,恻隐存心,救提作伴。又被强梁拿缚山寨,几至杀身。幸得寨主是他故人,情深意重,方得释免。若无他救,不知生死何地!"在世隆患重病时,瑞兰又不分昼夜侍奉汤药,感动得世隆道:"娘子,我病体难医难治,你这苦如何存济!"他们的爱情就是建筑在这样互相帮助、感激,共同尊重、爱戴的基础之上。可贵的是,这种精神不仅表现在婚后,也表现在"招商谐偶"的婚前。他们的行为真正体现了青年男女从自由恋爱到结婚的过程,具有新的恋爱观的因素,这在关作中表现得是比较少的。正因为他们坚持着自己忠贞的爱情,从而对瑞兰的父亲王尚书那封建家长式的代表人物更有批判意义。他们批判了王尚书嫌贫爱富、蔑视蒋世隆不知"甚年发迹穷形状"的封建等级观念,批判了封建的包办婚姻制度,也批判了封建伦理的冷酷无情。平日王尚书对待女儿百般疼爱,一旦女儿违背了自己的意愿,就不惜以"意似虺蛇,性似蝎蝥"的手段来对待。王瑞兰和蒋世隆的性格是坚强的,在他们不屈的斗争下获得了重圆。但是,作者在戏曲结尾把这两个经过斗争取得美满生活的人物渲染为节妇义夫,并奉旨招亲,男方辞婚,皇帝下诏嘉奖节妇义夫,提倡"彝伦",和《琵琶记》最后一些情节极其相似。这是关作所没有的,完全是施惠世界观落后方面影响所致。当然,作品的主要内容并不在此,而在于表现一对青年不屈不挠的反封建精神。

《拜月亭》传奇与当时其他戏曲相比,自有其优点和缺点。它发展了关汉卿的剧作,并且在剧情的安排、处理上,一般都适得其当,完整自然,没有强作的痕迹。这在剧作家改编杂剧为传奇,其情节大都冗长的情况下,是难能可贵的。但是,仔细玩味,仍有冗漫之嫌,特别是后六出流入常套,兴味索然。这一点,沈德符已经看出来了,他在《顾曲杂言》中引用别人的话说:"后小半已为俗工删改,非复旧本矣。"因此,它不如关作表现得集中。

在曲词方面,虽然往往袭用关作的原曲词,如第十三出的〔剔银灯〕〔摊破地锦花〕,完全是从关作第一折〔油葫芦〕沿袭来的,但却与自己独有的生动活泼具有抒情特色的曲词结合起来。如十九出描写王瑞兰和蒋世隆二人逃难一段情景:

〔山坡羊〕(生)翠巍巍云山一带,碧澄澄寒波几派,深密密烟林数簇,滴溜溜黄叶都飘败。一两阵风,三五声过雁哀。
(旦)伤心对景愁无奈,回首家乡,珠泪满腮。(合)情怀,急煎
煎闷似海。形骸,骨岩岩瘦如柴。

真是文采斐然,曲尽人情。与关汉卿的戏曲语言相比,具有同样高
的意境。与往往带有迂腐气的《琵琶记》的语言相比,更显示出他
质朴本色的特点。

《拜月亭》传奇对情节的处理,穿插了许多偶然事件。如蒋世
隆与王瑞兰相遇,蒋瑞莲与王夫人相遇,世隆、瑞莲与陀满兴福相
遇,王尚书与妻子女儿相遇等,都是在偶然情况下出现的。作者在
处理这些偶然事件时,并未给人以神奇的感觉,而令人感到是剧情
发展的必然结果,具有生活的逻辑联系。在描写人物方面,有它生
动活泼的一面,也有它不够贴切的一面。如当蒋世隆在酒店里把
王瑞兰灌醉了时,瑞兰竟说:"秀才,我猜着你了……你哄我吃醉
了,要捉那醉鱼。"这与瑞兰闺阁小姐的身份和含蕴的性格是不符
合的。并且其中插科打诨过多,如酒保的起哄,翁太医的开玩笑
等,都削弱了描写生活的严肃性,影响了作品的现实主义成就。

从整体上评价,《拜月亭》确是没有《琵琶记》的价值高、影响
大,但比《白兔记》、《杀狗记》和《荆钗记》,无疑是高出一筹。

(二)《白兔记》、《荆钗记》、《杀狗记》

《白兔记》的作者不详。内容是描写五代汉高祖刘知远和他
的妻子李三娘的故事。这个故事最早见于金人作的《刘知远诸宫
调》和元刊的《五代史平话》。此外,元人刘唐卿还作有《李三娘麻
地捧印》杂剧一种,今已失传。《白兔记》即采取这一题材,并加以
发展。叙述刘知远家境赤贫,雇给李文奎为仆人。李文奎见他相
貌不凡,便将自己的女儿李三娘嫁给他。李文奎死后,其子李洪一
夫妇对待知远、三娘极其暴虐,知远被迫去投军,以武艺高绝,为岳

节度使招赘为婿,三娘在家备受兄嫂凌辱,虽已身孕,也要干推磨、担水等苦役。后来在磨房中生产,以牙咬脐,孩子生下,遂取名咬脐。嫂嫂想把孩子害死,后为邻居救出,远送给知远。十六年后咬脐出外打猎,追射一只白兔,至井边见了三娘,正在悲戚。咬脐问她的身世,知是自己的生母,全家遂得团圆。

这本戏作者的主观意图在劝诫人们"贫者休要相轻弃"。但从总体艺术形象看,其意义在于揭露封建阶级的内部矛盾,通过对李三娘的塑造展示了封建统治阶级欺贫爱富的罪恶。李三娘是戏中最动人的人物,她善良而勤劳,虽然受尽兄嫂各种压迫,仍不肯改嫁富人,而始终忠于刘知远。她这种思想行为,恰巧批判了刘知远的贪图富贵和背恩弃义,批判李洪一夫妻为了金钱,不惜将自己的妹妹置于死地的凶狠贪婪。这是这本戏的价值所在。但此戏也有缺点,即宣传封建迷信思想,把刘知远写成"真命天子",有非凡之相和不平凡的遭际,把这个皇帝神化了,这是作品的糟粕。

《荆钗记》作者是谁?清人高奕、黄文旸都认为《荆钗记》是元人柯丹丘作。王国维则认为是明宁献王所作,因为宁献王的道号叫丹丘先生。两种说法哪个可取,尚难确定,存疑待考。

《荆钗记》古本题作《王十朋荆钗记》,记述温州人王十朋聘钱流行女玉莲,以母亲的荆钗为聘礼,结成贫贱夫妻。此后,十朋应会试,状元及第。丞相万俟欲招赘为婿,被十朋拒绝,遂委他远任广东潮阳佥判。十朋托人捎家信告知玉莲,不幸被图谋夺取玉莲的富豪孙汝权买通带信人,窃改书信,谓已入赘万俟府中。家中见信大惊。孙汝权趁机谋娶玉莲,其继母也逼她改嫁。玉莲誓死不从,夜间遂自投瓯江,被温州太守钱载和所救,钱载和遂认她为义女。十朋母进京寻子,随儿子转至吉安太守任。玉莲与十朋不期共处一地,一天二人同到玄妙观各自为亡夫、亡妻祈求冥福,正巧相见,玉莲以荆钗为证,得重团圆。此戏中心是歌颂王十朋和钱玉莲的坚贞爱情和他们那种贫贱不能移、富贵不能淫和威武不能屈的精神。王十朋是个有气节的读书人,虽然中了状元,却不忘糟糠之妻,坚决抗拒了万俟的逼婚勾当。当他知道玉莲投江的消息后,极为感动,矢志不再娶。钱玉莲是个品格高尚的女子,不贪图富贵,不嫌弃贫贱,对孙汝权几次阴谋骗娶,都予以揭穿,而坚决忠于对王十朋的爱情,危急时甚至投江以示反抗。作品中也刻画了万俟丞相的凶恶嘴脸和孙汝权的卑劣手段,对他们进行了批判和揭露。

戏剧情节曲折,语言通俗。缺点是结构不严密,并宣传了封建节义观念。

《杀狗记》的作者,据朱彝尊《静志居诗话》说是明初人徐畹所作。吴梅则认为曲辞鄙劣,不可能出于有才华的徐畹之手。姑存疑待考。此戏是根据元萧德祥《杨氏女杀狗劝夫》杂剧再创作的。内容写孙华、孙荣兄弟二人在一起生活,孙华终日与酒肉朋友柳龙卿、胡子传等交往,受他们挑拨,因此深恨其弟孙荣,终将孙荣驱逐出门,使他生活在破窑中,之后又屡加陷害。孙华妻子杨月贞苦劝其夫不听,便设一计,杀一只狗放在门外,装成杀死的人。孙华夜间回来,见了大惊,怕蒙杀人嫌疑,与妻商量。杨氏劝他去找柳、胡二人处理,柳、胡都不管。无奈,来到窑中找弟弟孙荣,孙荣慨然允诺,代兄将尸首拖到野外埋掉。孙华深受感动,兄弟二人遂重新和好。此戏的主要思想是宣扬"亲睦为本""孝友为先""妻贤夫祸少"的封建道德,说教气息比较浓。作品歌颂孙荣和杨月贞,批判孙华。它歌颂杨月贞的贤德,当孙荣被逼迫时,她极力劝诫丈夫不要对弟弟如此暴虐。但她对自己穷困的弟弟却不施一点直接的资助。她循规蹈矩地按照封建伦理办事,是个封建伦理的化身。孙荣被迫害,但孙荣自己对这种迫害毫无怨言,而且始终表现着对兄长的尊重,具有某种奴性。这些是作品内容的消极面。作品内容可取之处,在于暴露私有制度下家庭生活的矛盾,即封建社会所提倡的孝友与奸诈罪恶的现实相矛盾;又揭露了酒肉朋友的有利则趋附、有害则远避的恶劣行径。作品的语言较生动、朴实。但从总的方面看,糟粕多于精华,是四大传奇中成就最低的一种。

四、明中期作家及其剧作

传奇发展到明代中叶出现新的变化,即逐渐摆脱了在内容上宣传封建道德、描写才子佳人和形式上骈俪化的影响,而开始描写政治斗争和形式上的挥洒自由。同时,这一时期还出现了两个戏曲流派,即以沈璟为代表的吴江派和以汤显祖为代表的临川派。吴江派在创作上严守声律,一字一韵不苟;临川派则主张意趣神色,抒发真情。两派作风绝然对立。王骥德《曲律》云:"临川之于吴江,故自冰炭。吴江守法,斤斤三尺,不欲令一字乖律,而毫锋殊拙。临川尚趣,直是横行,组织之工,几与天孙争巧,而屈曲聱牙,多令歌者咋舌。"两派主张完全相反,冰炭不能相容。然就文学成就而论,则沈作远不及汤。

(一)李开先《宝剑记》、沈璟《义侠记》

《宝剑记》作者李开先,字伯华,号中麓,山东章丘人,生于弘治十四年(1501),卒于隆庆二年(1568),年六十八。嘉靖八年(1529)中进士,擢太常寺少卿,做官期间,"谢绝请托,不善事新贵人"(《列朝诗集》)。他反对李梦阳、何景明等的复古主张,酷爱自由抒发情感的词曲,尝访康德涵、王敬夫,赋诗度曲极为相得。四十岁罢官还乡,专心致志于戏曲创作活动,"蓄声妓,征歌度曲,为新声小令,挡弹放歌,自谓马东篱、张小山无以过也"。又曾"改定元人传奇乐府数百卷,搜辑市井艳词、诗禅、对类之属"(《列朝诗集》)。并作有戏曲《宝剑记》、《断发记》、《登坛记》、《园林午梦》四种,今仅存《宝剑记》一种。

《宝剑记》是写水浒英雄林冲被逼上梁山的故事。作者摄取了传统的文学题材,在新的现实基础上有所发展,并根据自己的社会经历和思想观点有新的创造,是"有所托焉以发其悲涕慷慨抑郁不平之衷"(雪蓑渔者序)。林冲一出场即与《水浒传》中的描写不同,表现了对黑暗腐朽的政治不能抑制的愤激情绪,弹剑歌辞显示那种激荡情感最为真切,如"五陵游兮,藏入袖;三尺芒兮,破穷寇;倚天兮,撑白昼;沉渊兮,化龙斗"。他不像《水浒传》中那样起初只是安于自己的职守,对统治阶级的迫害逆来顺受,而一开始即"为中华恨五胡,气吞舟性如彪虎,少年豪气,平生不把权臣屈"。他的被刑远戍,并非起因于妻子被侮辱,而是由于上奏书,弹劾权奸,被高俅骗入白虎堂陷害的。这显示了李开先笔下林冲的斗争性和反抗性是比较强的。梁山落草之后,大喊"霜刀磨来杀不平!"表现了他更强烈的反抗斗争精神。

但是,作者也赋予他更多的忠臣孝子思想,林冲又不像一个草泽英雄,而是统治阶级的忠贞臣子,直言敢谏,为了维护朝廷和最高统治者,不惜冒杀身之祸和乱臣贼子作斗争。他所喊出的口号,也不像《水浒传》中所提出来的那样有鲜明的阶级性。最后受招安还是为了忠于朝廷和最高统治者,所以感皇恩不尽。作者取材于《水浒传》中所描述农民起义的一个侧面,实际所写的似乎是封建朝廷内部忠与奸的斗争,与明代其他反映政治斗争的戏曲比较有相似之处。作者写林冲被逼上梁山,说明封建统治阶级对他们自己的官吏也逼迫得不得不反,但不像《水浒传》所写林冲的反抗道路之体现了深刻的历史规律性。林冲是同情人民的,对"致生民苦遭涂炭"的奸臣贼子表示极大的不满,但他的反抗斗争又不像《水浒传》中所写的那样紧密地联系着人民的利益。林冲既反对暴政同情人民,同时也维护封建统治、遵守封建伦理,作者把他作为农民起义英雄来描写,但也渗透了封建社会忠与奸的斗争。

《宝剑记》中还创造了林冲的妻子张贞娘这一形象。这是《水浒传》中没有的。林冲投奔梁山后,高衙内要强娶她,她坚决不从,受尽了各种迫害,"坚贞死不顾",与高衙内展开勇敢的斗争。她虽然有节孝等封建观念,但她坚守贞节,以反对迫害,是有积极意义的。

《宝剑记》着重揭露了封建官府的黑暗,奸臣专权,陷害忠良,在黑暗政治迫害下,林冲家破人亡,母亲被逼自杀,妻子自杀不成而落发为尼。统治阶级的阴毒、刑法的残酷被毫无掩饰地揭示出来。由于他们的恣意妄为,才"连年水稻不收,老幼离乡讨吃",甚至"百姓流离,干戈扰攘",社会危机四伏。揭露了社会动乱的根源。全本戏曲的描写与《鸣凤记》、《精忠记》、《清忠谱》、《一捧雪》很相似,这正是明代具体的现实生活所提供的,是明代社会的真实写照。

《宝剑记》的语言比较生动文雅,塑造人物也栩栩如生,如林冲投奔梁山,即写得很成功。但是写锦儿代张贞娘去嫁高衙内一节,却是多余之笔,除了宣传节孝之外,没有什么意义。结尾对林冲全家受封赐后的歌功颂德,也不免流入俗套。

《义侠记》作者沈璟字伯瑛,号宁庵,又号词隐,江苏吴江人,生于嘉靖三十二年(1553),卒于万历三十八年(1610),年五十三。万历二年(1574)中进士,入仕,历任兵部、礼部、吏部主事、员外郎,万历十四(1586)年被降职,任光禄寺丞。后被朝臣弹劾,辞官回乡隐居,专心研究词曲达二十年之久。他以蒋孝《旧编南九宫

谱》为蓝本,撰写成《南九宫十三调曲谱》,被后来曲家奉为金科玉
律。又作传奇十七种,合称《属玉堂传奇》,今存七种,即《红蕖
记》、《埋剑记》、《双鱼记》、《义侠记》、《桃符记》、《坠钗记》、《博笑
记》,所作大都为改编元人杂剧和前代小说而成。其创作主张首先
在乐调上要"协律",其次是曲辞必须本色。这是他戏曲创作的两
大特点。《义侠记》是他现存剧作中成就较高、影响较大的作品。

《义侠记》取材于《水浒传》中武松的故事。写武松仰慕宋江
之为人,要投奔宋江,途经阳谷县,在景阳冈将猛虎打死,声威传播
四方。同时在这里探望哥哥武大郎和嫂嫂潘金莲,潘金莲淫荡,与
豪富西门庆私通,并用毒药将丈夫药死。武松得知实情,便将西门
庆、潘金莲杀了。武松以罪流配孟州,到孟州后,管营之子施恩为
在快活林开设的酒店,被张团练部下蒋门神强占了去,请求武松为
他报仇。武松打了蒋门神,为施恩夺回酒店。蒋门神求助于张都
监,张都监逮捕了武松,将他再刺配恩州,并企图在刺配途中令公
人把他杀害。到飞云浦武松却杀了四个公人,折回来,乘张都监、
张团练、蒋门神在鸳鸯楼设宴,正等待公人回报杀害武松的消息,
突然间武松出现了,反把他们全都杀光。适逢梁山英雄花和尚、一
丈青等来拯救武松,便一同上了山寨,最后奉敕旨招安。

戏曲的中心人物是武松,写武松的英雄事迹。所谓"义侠"即
写武松的忠义、豪侠精神。这种精神主要是通过五次斗争场面表
现出来,即景阳冈打虎、杀西门庆和潘金莲、醉打蒋门神、大闹飞云
浦、血溅鸳鸯楼。其斗争的意义是反贪官、恶霸,如施恩所说:"你热
心抱不平,到处除民害"(〔扑灯蛾〕),由于他行为的正义性,受到
人们的欢迎。他做事敢做敢当,光明磊落,血溅鸳鸯楼之后,以血
水题写壁上:"杀人者打虎武松也",表现了大无畏的精神。但是,
和李开先笔下的林冲一样,武松反对贪官、恶霸,却不反对封建朝

廷,在忠义思想驱使下投奔了宋江,并终于归顺了朝廷。

此外,沈璟还描写了武松有未婚妻子,在家乡与老母同居,因家中财物被盗贼洗劫一空,无奈扮作道姑去寻找武松,途中借宿在张青、母夜叉店中,母夜叉知道她是武松的妻子,为安全计,让她二人暂住在清真观中,等待探听武松的消息。后来武松与张青、母夜叉相遇,遂得见未婚妻与老母,同上梁山泊,并举行婚礼。这是《水浒传》中所没有的。可能由于这是一本生旦戏,作者凭主观增饰,没有现实意义。对这本戏《曲品》评之云:"激烈悲壮,具英雄气色。"这可能就剧场演唱的评价,若作为案头阅读的文学作品,却不能令人有如此强烈的感受。

(二)王世贞《鸣凤记》、姚茂良《精忠记》

《鸣凤记》相传是王世贞作,《曲品》认为作者姓名不可考,焦循《剧说》云:"相传鸣凤记传奇,弇州门人作,惟法场一折,是弇州自填词。"那么,《鸣凤记》虽不是王世贞独自创作,但与他有密切关系则是无疑的。

王世贞字元美,号凤洲,又号弇州山人,江苏太仓人,生于嘉靖七年(1528),卒于万历十八年(1590),明代著名的文学家。嘉靖二十六年(1547)中进士,曾做刑部主事和刑部尚书等官。他历览群书,博闻强记,诗文名很高,与李攀龙等称明代文坛后七子,主张复古,但反对唐顺之一派的复古理论。所著《艺苑卮言》中有关戏曲理论,不少可取之处。

《鸣凤记》是描写明代社会的现实政治斗争,描写严嵩、严世蕃专权时政治的黑暗残暴,描写忠贞廉洁之士被迫害以及他们的反抗和斗争之作。其中对严氏父子的正面描写不多,而是通过写忠贞廉洁之士的被迫害,把他们凶狠、残暴、阴毒、专横的本性全面地烘托出来。严嵩身为丞相,贪图无厌,只求自己的私利享受,而不顾国家的命运。大学士夏言欲收复北方河套失地,派曾铣领兵前去,他却陷夏言于死罪。倭寇杀入境内,有人来报,他则大怒:"便杀了几个百姓,烧了几间房屋,什么大事!不看我在这里游赏,辄敢大惊小怪!"把自己的玩乐看作比国家的命运和人民的生命财产还重要。在他的统治之下,奸佞当道忠良丧尽,他先后杀害了忠直敢谏之士夏言、杨继盛、郭希颜,远戍了邹应龙、林润、董传策、张翀、吴时来等人。他把持朝政,任意卖官鬻爵,当朝官吏都在他的卵翼之下。无耻之辈,为了升官晋爵都向他们贿赂、献礼、谄媚,赵文华、鄢懋卿就凭这套本领才获得高官厚禄的。他们为了取宠,曲意体贴严氏父子的意图,极尽奉承之能事,甘愿做干儿义子,卑鄙无耻极矣!严氏父子还强占民田,奸淫妇女,无恶不作,百姓有冤无处诉,"林公理冤"一出写江西百姓长期被压迫,一旦有机会都来要求报仇雪冤。可见《鸣凤记》不但反映了忠与奸的斗争,也反映了广大人民被剥削、压迫的痛苦,所谓"剥民脂充私苑,穷奢不恢",人民能无怨愤吗?

《鸣凤记》着重描写了忠耿官吏的反抗斗争,写他们在黑暗政治压迫下坚贞不屈、慷慨就义的精神。如兵部车驾主事杨继盛,由于弹劾严党仇鸾,反而被问罪,贬戍边城。被赦之后,仍不畏惧,进而弹劾严氏父子,自矢:"不斩元凶志不休,不到乌江不尽头。"(〔月云高〕)坚决要与奸臣贼子斗争到底。这种斗争精神体现在作品中每一个忠臣志士身上。作者对这类人物竭诚地歌颂,杨氏为她丈夫所作的祭文,即渗透了他自己的思想感情:

> 两间正气,万古豪杰。忠心慷慨,壮怀激烈。奸回敛手,鬼神号泣。一言犯威,五刑殉裂。关脑比心,严颜稽血。朱槛段笏,张齿颜舌。夫君不愧,含笑永诀。耿耿忠魂,常依北阙。

这是对忠贞廉洁官吏的歌颂,也是对封建统治阶级残暴政治的控诉。

作品结尾是邹应龙、孙丕扬弹劾严氏父子获得成功,严嵩被削职,严世蕃被处斩,严氏全家被贬为奴。这是作者正义的裁判,人民的冤屈得到了伸张。

这部作品所描写的是明代黑暗、腐朽政治的一个缩影,作者对其中一些人物在政治道德方面的揭露和批判,正反映了这一时期人民对官僚地主阶级黑暗政治的愤慨和怨恨,如:

> 〔下山虎〕……严府官家,一自归江右,势恶似鸦,纵使护卫家丁,远方为盗,白占田园无控告,奸淫事知多少,闾巷呻吟儿女号。

《鸣凤记》在思想上有缺点,即宣传忠、孝,标榜君臣、父子、夫妻等封建人伦关系。在艺术上除了塑造了一些比较成功的人物之外,结构未免松散、不集中,语词追求排偶,一定程度影响人物描写的生动性。

《精忠记》作者姚茂良,陕西武康人,他生活的年代,据《曲品》说他所作的《金丸记》"此词出于成化年",说明他生活在明成化年间。他的剧作有《精忠记》、《金丸记》、《双忠记》三种,后两种已散佚,唯《精忠记》完整保存。这本戏取材于岳飞抗金的故事,这一题材其前已有元杂剧孔文卿的《地藏王证东窗事犯》和无名氏的《宋大将岳飞精忠》。《精忠记》是对这一题材的继承和发展。

《精忠记》的中心内容是抒写爱国思想,描写在民族矛盾极端尖锐的情况下,宋王朝中主战与主和、抗敌与通敌、爱国与卖国的斗争,其代表人物即岳飞与秦桧。岳飞是一个爱国抗敌的民族英雄,他带领军队威镇北方、收复中原、杀得敌人弃甲遗兵而逃。"恢复中原,遂我平生",就是他的豪言壮语。但是,正在这样旗开得胜之时,秦桧下了十二道金牌把他调回,反而定他"按兵不举之罪",与妻子同谋,在大理寺将他父子三人缢死。作者从各方面来描写岳飞这一英雄人物,写他受人民爱戴,肩负着人民的期望,"班师"一出,他从朱仙镇被调回,人民十分惋惜:"伏闻将军整兵,志在恢复,我等悬望车马之音,以日为岁。今将军所向,胡疆渐伏,丑虏皆奔,我等以为幸脱左衽。忽闻将军班师,不以中原赤子为念,是岂忍弃垂成之功乎?"这不但写人民对他的期望和爱戴,同时也激发了对调回他的奸臣卖国贼秦桧的仇恨。大理寺少卿周三畏挂冠归隐、岳军副将施全行刺秦桧、岳夫人及女儿等死节,虽然都是为了写奸臣的残暴,但其最终的作用则在于烘托岳飞的精忠,写这些忠臣义士为岳飞的忠勇行为所感动,各自采取应有的态度。

《精忠记》还揭露了奸臣贼子的丑恶本相和封建统治者的腐朽和残暴。岳飞为国家立下汗马功劳及其最后的遭际,就是对这些奸臣卖国贼最深刻的揭露,他说:"金兀朮杀得不见影,膻奴望风皆逃遁。捻指间立见太平,这便是岳飞罪名!"(〔玉交枝〕)当然这种揭露还表现在对秦桧的正面批判上,"诛心"一出通过疯僧的讽刺揶揄对秦桧进行了极其尖锐的批判和揭露,对秦桧迫害岳飞的过程和阴毒手段步步深入地揭示出来,把奸臣贼子的丑恶面貌、反动本质彻底揭穿了。这是一段极其精彩的文字,疯僧也是一个富有正义心的最生动的形象,通过他表达了人民的义愤,表达了人民机智勇敢的斗争精神。

《精忠记》描写岳飞含冤而死,并非表示他屈服于奸臣贼子,而是尊崇圣旨。这正是作品思想的局限性。作品宣扬了忠、孝、节、义等封建观念,以至于岳飞为了尽忠,怕两个儿子为他报仇,曾亲手把他们捆缚起来,甘受敌人宰割,这多么残忍!但是,与此同时,作品又始终表现着一种要求伸冤雪耻的愿望,如施全的行刺,韩世忠的弹劾权奸等,最后岳飞终于升天为神,秦桧、万俟卨被捕入冥间,受到岳飞的审判,发入酆都狱,令其历万劫而不复,冤仇得到昭雪。这虽然属于封建迷信,但却是人民正义感的体现。

《精忠记》以质朴的语言塑造了鲜明生动的人物形象,特别是描写疯僧那种讥讽诙谐的斗争性格,跃然纸上。结构不免有冗漫之嫌,如"争裁"一出似与主题无关,但与明代其他传奇相比,还是比较集中谨严的。因此,无论从思想或艺术方面看,在当时都是一部成就较高的作品。

五、昆曲的产生与魏良辅、梁伯龙的《浣纱记》

昆曲的产生是我国文学史上的一件大事,是戏曲文学的重大发展。它是在原来民间艺术的基础上、在南曲与北曲原有的音乐和曲调的基础上提炼加工而成的。在它形成的过程中,魏良辅和梁伯龙曾倾注了极大的精力从事推敲和研究,它的产生与魏良辅、梁伯龙的创造性劳动是分不开的。

(一)嘉、隆间南曲与北曲在苏、昆地区的变动情况

嘉、隆之间是南曲与北曲在苏、昆一带变动最剧烈的时期,也是南曲最发达的时期。据徐文长《南词叙录》记载嘉靖末年南曲流行的情况云:"今唱家称弋阳腔,则出于江西,两京、湖南、闽、广用之;称余姚腔者,出于会稽,常、润、池、太、扬、徐用之;称海盐腔者,嘉、湖、温、台用之;唯昆腔止行于吴中。"从这段记载中,可以了解南曲鼎盛时期分布地区之情况:弋阳腔流行最广,余姚、海盐二腔次之,昆山腔则仅流行于苏州一隅。民间戏曲的传播流动,一般是以商人经商和军人军事行动为转移,苏、昆一带是茶丝的产区,茶客丝商往来如织,因此其他地方戏曲也随之输入。祝允明《猥

谈》云：“数十年来，所谓南戏盛行，更为无端。……妄名以余姚腔、海盐腔、弋阳腔、昆山腔之类，变易喉舌，趁逐抑扬，杜撰百端，直胡诌耳。”祝允明是吴县人，这说明嘉靖年间苏州、昆山一带除了昆山腔之外，还有外来的余姚腔、海盐腔和弋阳腔。

　　地方戏曲的地方色彩，一般都因地而易，不管在原来地区多么受人欢迎，一旦流传到其他地区，就必然因时间地点条件之不同，不得不“辗转改易”，以适应新的环境和群众的要求，即便是当地的戏曲，也要随观众的趣味和艺术欣赏能力的转移而转变。地方戏曲最重要的特色，就是它敏于吸收新事物，富有显著的变动性。苏州、昆山一带流行的三种戏曲，必然递相变易互相交流，祝允明谴之为“妄名以余姚腔、海盐腔、弋阳腔、昆山腔之类”，其实正是当地群众和艺人所创作的具有苏州、昆山地方色彩的戏曲。

　　北曲是一种高雅的戏曲，为贵族世家所鉴赏，嘉靖、隆庆之间也传入苏州一带，沈德符《顾曲杂言》云：“嘉靖、隆庆间度曲知音者，有松江何元朗，蓄家僮习唱，一时优人俱避舍，以所唱俱北词，尚得金、元遗风。……何又教女鬟数人，俱善北曲，为南教坊顿仁所赏。顿曾随武宗入京，尽传北方遗音，独步东南。”这说明北曲传入江南后多带江南地方色彩，与原来的北曲绝然不同，唯有何元朗家尚得其遗风，别人都不懂，通北曲的顿仁则大为鉴赏。但是随着观众的需要，也不得不在曲调中求变化，因而出现南北音混杂的现象，《顾曲杂言》又云：“今南腔北曲，瓦缶乱鸣，此名‘北南’，非北曲也。……但一启口，便成南腔，正如鹦鹉效人言，非不近似，而禽吭终不脱尽，奈何强名曰‘北’？”说明了南北曲融合的情况。

　　文体的发展规律，总是由简单到复杂，由民间到城市，由普及到提高，戏曲的发展也不例外，它起初在民间演唱，逐渐向商业繁华的城市发展，以争取自己的演唱资格。苏州、昆山在嘉靖、隆庆之间是商业发达地区,因此也就成为北曲和各种南曲汇集的地带了。

(二)魏良辅创立新腔及其合作者

嘉靖、隆庆之间苏州、昆山一带既然是南北曲汇集的地带,必定要发生自然的交流作用,但是主要还在于人们有意识地改易和创造,魏良辅便是创造人之一。沈宠绥《度曲须知》云:"嘉、隆间有豫章良辅者,流寓娄东、鹿城之间,生而审音,愤南曲之讹陋也,尽洗乖声,别开堂奥。"朱彝尊《静志居诗话》亦云:"时邑人魏良辅,能喉转音声,始变弋阳、海盐故调为昆腔。"他二人都认为魏良辅是昆曲的创造者,但对魏氏的籍贯记载却不同,沈宠绥认为是豫章,朱彝尊认为是"邑人",即其同乡浙江嘉兴县,沈以明代人记明代事,自然比朱彝尊以清朝人记明代事为可信。我们可以推论,魏良辅生于豫章,即江西南昌,自然学的是当地流行的弋阳腔;后来流徙到距海盐很近的娄县、鹿城之间,在这里又学会了海盐腔;娄县离昆山更近,可能在这里又钻研了昆山的地方戏。他是一个艺人,以卖艺为生,对艺术事业极其热衷,所以每到一个地区便研究或学习当地的戏曲。到了苏州昆山这一南、北曲汇集的地带,他也曾学习北曲,但未成功,余怀《寄畅园闻歌记》云:"良辅初习北音,绌于北人王友山。退而镂心南曲,足迹不下楼者十年。"魏良辅以南人学北曲,当然不如北人音声自然,所以被绌。"退而镂心南曲",即"变弋阳、海盐故调为昆腔"。当时的弋阳、海盐故调怎样?《寄畅园闻歌记》又云:"当是时,南曲率平直无意致。良辅喋喉押调,度为新声,疾徐高下,清浊之数,一依本宫。取字齿唇间,跌换巧掇,恒以深邈助其凄唳。吴中老曲师如袁髯、尤驼者,皆瞠乎自以为不及也。"可见弋阳、海盐故调是无意致罕宫调的民间戏曲,经过魏良辅的改造,就成为曲情理趣字少音多的曲调了。但是,这并不是魏良辅一人的创造，还有其他艺人的合作。《寄畅园闻歌记》云："而同时娄东人张少泉、海虞人周梦山竞相唱合。"又云："梁溪人潘荆南独精其技。"胡应麟《少室山房笔丛》云："张少泉、季敬坡、戴梅川之属争师事之。"可见张少泉、季敬坡等都是他在曲调方面的合作者。在音乐方面也有他的合作者，《寄畅园闻歌记》又云："合曲必用箫管，而吴人则有张梅谷，善吹洞箫，以箫从曲；毗陵人则有谢林泉，工擪管，以管从曲；皆与良辅游。而梁溪人陈梦萱、顾渭滨、吕起渭辈，并以箫管擅名。"这些乐工名手都给魏良辅以极大的帮助，魏良辅也在与群众艺术家、音乐家结合的情况下，使音乐和曲调统一起来，创立了"流丽悠远，出乎三腔之上"（《南词叙录》）的昆腔。也可见魏良辅"足迹不下楼者十年"，不过是未登台演唱罢了，并不是闭门造车便得到曲调音乐的妙理。

昆曲的创立，使当时称为"时调"的南曲在艺术上提高了一大步，使无宫调罕节奏的村坊小调成为声音委婉节奏缓慢的新腔，正符合了当时一般封建地主和王公大族的胃口，从而得以登大雅之堂。本来嘉靖、隆庆之间在王公大族中风行的是北曲，顾起元《客座赘语》卷九云："南都万历以前，公侯与缙绅及富家凡有谯会、小集……唱大套北曲。"可是新腔兴起之后，遂与北曲展开了竞争，在竞争中也发生了交流作用。叶梦珠《阅世编》卷十云："因考弦索之入江南，由戍卒张野塘始。野塘河北人，以罪谪发苏州太仓卫，素工弦索，既至吴，时为吴人歌北曲，人皆笑之。昆山魏良辅者善南曲，为吴中国工。一日至太仓闻野塘歌，心异之，留听三日夜，大称善，遂与野塘定交。时良辅年五十余，有一女，亦善歌，诸贵争求之，良辅不与，至是竟以妻野塘。"良辅女善歌的必然是南曲，以善歌南曲的女儿，聘与善歌北曲的张野塘，自然促进了南、北曲的结合。又魏良辅发现张野塘能歌北曲，留听三日夜，并和他订交，动机在于吸取北曲的优良成分以弥补新腔不足之处,也好在王公大族之间战胜北曲,结果却促成了南、北曲之合流。

张野塘喜欢唱北曲,并非如魏良辅之出于卖艺利益,而是自己的好尚,认识魏良辅之后,即对北曲的弦索加以改革,《阅世编》卷十云:"野塘既得魏氏,并习南曲,更定弦索音,使与南音相近也。"又云:"并改三弦之式,身稍细而其鼓圆,以文木制之,名曰弦子。时王太仓相公方家居,见而善之,命家僮习焉。"王太仓即王锡爵,他是当朝的礼部尚书兼文渊阁大学士,新腔引起他浓厚的兴趣,可见新腔在王公大族间的地位。《阅世编》卷十又云:"其后有杨六者创为新乐器,名提琴,仅两弦,取生丝张小弓,贯两弦中,相轧成声,与三弦相高下。"从这些记载中,可以看出南曲与北曲合流,首先是曲调的结合,其次是改北方的弦索以配南曲,最后是创制新乐器。北曲的弦索既然改变了,其金、元遗风也随之消失,完全融化为声调流丽的新腔。《南词叙录》云:"今昆山以笛、管、笙、琶按节而唱南曲者……殊为可听,亦吴俗敏妙之事。"《顾曲杂言》亦云:"今吴下皆以三弦合南曲,而又以箫管叶之。"这不但说明南北曲调融化在一起,乐器也融化在一起了。这方面,张野塘的贡献最大,他合南、北曲为一流,并为曲调、音乐开一新生面。

(三)梁伯龙的《浣纱记》及其对昆曲的贡献

昆腔产生之后,首先采用新腔编制戏曲的是梁伯龙。伯龙名辰鱼,江苏昆山人,以例贡为太学生。"好轻侠,善度曲,啭喉发响,声出金石。……生平倜傥好游,足迹遍吴、楚间。"(《列朝诗集》丁集八)王伯稠赠他的诗有云:"斗酒清夜歌,白头拥吴姬。家无儋石储,出外年少随。"(《列朝诗集》丁集八)可见他生活、性格之一斑。他作有传奇《浣纱记》、杂剧《红线女》、《红绡》和散曲集《江东白苎》,但今天保存的仅有《浣纱记》和《江东白苎》。《浣纱记》

是他的精心之作,成于万历五年(1577)之后。朱彝尊《静志居诗话》云:"别本,弋阳子弟可以改调歌之,惟《浣纱》不能。"可见《浣纱记》是标准的昆曲。《静志居诗话》又云:"(魏良辅)始变弋阳、海盐故调为昆腔,伯龙填《浣纱》付之。"这正说明梁伯龙与魏良辅的合作关系。梁伯龙填词时也极尽推敲之能事,明张大复《梅花草堂笔谈》卷十二谓其"又与郑思笠精研音理,唐小虞、陈棋泉五七辈,杂转之"。《静志居诗话》卷十四亦云:"又有陆九畴、郑思笠、包郎郎、戴梅川辈更唱迭和。"可见梁伯龙填《浣纱记》是与陆九畴、郑思笠等合作的,特别是戴梅川乃魏良辅的门生,又与梁伯龙合作,他们的时代应当很接近。梁伯龙,根据《江东白苎》中的作品纪年考订,他的主要活动年代为嘉靖三十二年(1553)到万历三年(1575)间,其他二人也应该同时。魏良辅与梁伯龙在昆曲的创立上都作出重大贡献,魏良辅工曲调,梁伯龙工曲词,二人结合,完成了一种新腔的创立。

新腔创立之后,很快即在王公大族之间压倒了北曲,《客座赘语》云:"万历以前,公侯与缙绅及富家凡有谶会、小集……唱大套北曲……后乃变而尽用南唱。"新腔作为一种新生事物,生命力很强,在人们不断改进加工和推动下,与其他戏曲的竞争中成长壮大起来,在社会上层取北曲的地位而代之,成为他们的艺术好尚。胡应麟《少室山房笔丛》云:"谱传藩邸戚畹金紫熠爚之家,取声必宗梁氏,谓之昆腔。"这里所谓"取声必宗梁氏",即梁氏的《浣纱记》。可见昆腔和《浣纱记》在当时剧坛上的重要地位。

梁伯龙为什么写《浣纱记》? 当时浙江友人问他:"君所编吴为越灭,得无自折便宜乎?"(冯梦龙《古今谭概》"机警部")他的创作意图究竟是什么? 在第一出"家门"里表述云:

　　　　〔红林檎近〕佳客难重遇,胜游不再逢。夜月映台馆,春风叩帘栊。何暇谈名说利，漫自倚翠偎红。请看换羽移宫，兴废酒杯中。骥足悲伏枥，鸿翼困樊笼。试寻往古，伤心全寄词锋。问何人作此？平生慷慨，负薪吴市梁伯龙。

从这段文字中，我们可以看出他是怀着一种政治抱负不得施展的感情写《浣纱记》的。所谓"伤心全寄词锋"，令他伤心的是什么？自然是"悲伏枥"、"困樊笼"、"负薪吴市"了。他愤慨于自己不得志于时，不能像伍子胥、范蠡、文种那样施展自己的才能，为振兴国家贡献自己的力量。因此，他在写这些能臣良将时不同程度地倾注着自己的思想感情。同时，他还借写吴国所以亡和越国所以兴，作为对当朝腐败政治的鉴戒，所谓"请看换羽移宫，兴废酒杯中"。即让人们从这一历史变化中吸取教训。

《浣纱记》写吴、越战争时，越王勾践为吴王夫差战败被困石室养马受辱，而后卧薪尝胆，励精图治，消灭吴国，报仇雪耻的事。主要是写两个诸侯国的斗争，歌颂了越国国君听言纳谏，和舍身尽忠的臣子范蠡、文种的良好君臣关系，批判了吴王夫差排斥忠良伍子胥、接近谗佞伯嚭，贪图奢侈淫逸生活以致杀身亡国的昏君作为。作者的主要思想倾向是同情越国的，有时却也怜惜吴国，吴国将亡时，他通过伍子胥对越国陷害吴国的许多策略予以批判，好像他们之间又有互相倾轧的性质，在倾轧之中最受赞颂的是廉能的忠臣范蠡、文种和伍子胥，最被批判的则是佞臣伯嚭。作者一方面批判了奸臣和暴君，揭示出他们是国亡家破的根源，一方面宣扬了忠心耿耿为封建统治者出谋划策的君臣关系，把这种关系美化为维护封建秩序、巩固国祚的支柱。在这种君臣关系下展开的诸侯之间的兼并战争，被牺牲的不是别人，而是一个农家妇女——西施。

西施是一个美丽而忠于爱情的女子，她不愿做吴王的嫔妃，

"迎施"一出中当范蠡来邀她去以色欲倾陷吴国时,她极为不满:
"嗟薄命,愧无能,念贱妾今还在幼龄,寒微未脱蓬茅性,金屋难相
称。"(〔东瓯令〕)她头脑中很少君臣观念,在范蠡的说教下,才"誓
捐生报主",不得不答应了。但是,她内心始终是痛苦的。"演舞"
"别施"诸出,便突出地表现这种情绪:

> 〔啭林莺〕恹恹弱息似风中柳,问君今向谁投?笑驱驰千
> 里去寻婚媾,向他人强笑堪羞。况参前退后,更勉强应承可
> 丑。路悠悠,摧残异国,骸骨倩谁收?

到吴国之后,她勉强陪吴王朝欢暮乐,以完成自己的使命。但她内
心的痛苦仍然不可掩饰,她所唱的两支〔采莲曲〕就流露了这种心
情。吴国终于灭亡了,她算立了一功。但她功成不受赏,和范蠡泛
舟太湖,江海寄余生去了。梁伯龙笔下西施这个人物的遭遇、痛苦
说明了什么?它说明了封建统治阶级表面上虽然廉洁刚正,实质
上却很腐朽,他们软弱无能,不能克敌制胜,不得不假借一个幼女
来挽救自己的命运,他们为了自己的利益,而拿劳动人民作牺牲
品。这是梁伯龙所不曾想到的,也是他没有认识到的。然而这却
是这本戏的精华所在。

《浣纱记》之写成,为昆曲树立了楷模,昆曲从此更兴盛起来,
同时也使昆曲定型化了。梁伯龙新腔的标准,即用曲情伴音调,以
音调为主,语言则随音调的转移而趋向秾丽纤弱。关于音调方面
的成功处,明徐复祚《曲论》云:"不用春秋以后事,不装八宝,不多
出韵,平仄甚谐,宫调不失。"关于语言方面的特点,明吕天成《曲
品》卷下云:"《浣纱》罗织富丽,局面甚大。"《浣纱记》语言的罗织
富丽、秾艳纤弱,与嘉靖年间的文风有密切关系。当时以李攀龙、
王世贞为首的后七子独主文坛,他们主张复古,标榜模拟,追求藻

饰,因此作诗多艳丽饾钉。梁伯龙在曲调上继承了魏良辅的成就,在语言上受有后七子的影响。王世贞的诗所赞扬的"吴阊白面冶游儿,争唱梁郎雪艳词"(见《静志居诗话》卷十四),即指的是《浣纱记》和《江东白苎》的语言。王世贞身为刑部尚书,又在骈俪派中负盛名,他对梁伯龙作品的称赞,就等于宣扬自己的文学主张。同时由于他的称赞,《浣纱记》更盛行起来。

昆曲之产生《浣纱记》,亦犹南戏之产生《琵琶记》,虽然一个是体制上的改革,一个是声腔上的创立,但都有划时代的意义。

六、汤显祖的《牡丹亭》及其他剧作

(一)汤显祖的生平及思想

汤显祖(1550—1617),字义仍,号若士、海若,江西临川人。他少年好学,苦心钻研,博览群书,二十一岁中举;他意气激昂,风骨遒劲,不肯觍颜事权贵,大学士张居正、宰相张四维、申时行要招致门下,都被他拒绝了。传说张居正曾让他为自己的儿子陪考,并许诺让他高中鼎甲,他自称"吾不敢从处女子失身也"(邹迪光《临川汤先生传》)。张四维、申时行令其子前来拉拢,他也敬谢不敏。由于他性格耿介,得罪了权贵,进士科考试屡次失败,直到万历十一年(1583)才考中。之后,他去了南京,曾做南京太常寺博士达五年之久,后升任南祠郎,在任期间常秉持公理议论天下大事,对少数人独揽大权的政治提出尖锐的批评,如其《论辅臣科臣疏》直接抨击首辅申时行等朝廷大员,并间接批评了褒贬失当的明神宗,引起申时行和神宗的恼怒,遂贬他到广东徐闻县做典史,两年后又迁至浙江遂昌县做知县。任职期间他主要是依照自己的理想来推行安民息讼的政治措施,如缓征赋税,倡导教育,宽待服刑的囚徒,准其除夕、元宵回家和家人团聚和上街观灯,博得人民的爱戴。任遂昌知县五年,表现了汤显祖的政治才能。吏部考功主事顾宪成、右副都御史王汝训等予以荐举,但始终受阻抑。他有感于官场的腐败,便于万历二十六年(1598)毅然辞官,回临川隐居于玉茗堂,专心从事创作。

　　汤显祖辞官回家,过了二十年的闲居生活,境遇十分穷困,但他的创作精力却很充沛,《还魂记》(《牡丹亭》)、《南柯记》、《邯郸记》就是这时完成的。他把自己一生的经历、痛苦、愤慨和不平都熔铸在这几部重要作品里。他在政治上和东林党的观点很接近,东林党的重要人物顾宪成、高攀龙、邹元标、李三才、顾允成等,与他的关系很密切,他们的哲学思想、政治主张都会给他以深刻的影响。在思想上与李卓吾相似,把天下事看成天下人的公事,任何人都不得"窃而私之",主张以"情"来反对宋儒所提倡的束缚人的"理"。在文学上反对前后七子的拟古,而主张抒写性灵,表现作品主题与人物的真情实感,不应过分受曲律的限制。他很重视对通俗文学的研究,对自己家乡的戏曲曾作过一番细致的考查工作,著有《宜黄县戏神清源师庙记》。又曾批点过《异梦记》、《焚香记》、《南北宋志传》、《残唐五代史志传》和董解元《西厢记》等书。他的著作有《玉茗堂全集》和《紫箫记》、《紫钗记》、《还魂记》、《南柯记》、《邯郸记》传奇五种,后四种合称《临川四梦》,也叫《玉茗堂四梦》。其中以《还魂记》即《牡丹亭》成就最高,是他的代表作。

　　(二)《牡丹亭》的题材和创作意图

　　《牡丹亭》是一部浪漫主义杰作,其成就不仅在明代戏曲史上最高,即使在我国整个戏曲史上也可以与其他名作争辉。这是汤显祖倾尽心血之作,他曾"自谓一生'四梦',得意处唯在《牡丹》"(王思任《牡丹亭叙》引)。也说明他自己对这部戏曲评价之高了。

　　《牡丹亭》所描述的是杜丽娘和柳梦梅的爱情故事,对这一故

事,第一出付末开场说:

> 〔蝶恋花〕杜宝黄堂,生丽娘小姐,爱踏春阳,感梦书生折柳,竟为情伤。写真留记,葬梅花道院凄凉。三年上,有梦梅柳子,于此赴高堂。果尔回生定配,赴临安取试,寇起淮扬,正把杜公围困,小姐惊惶,教柳郎行探,反遭疑,激恼平章。风流况,施行正苦,报中状元郎。

对这样一个题材的来源,过去曾引起很多解说和考证。如清袁栋《书隐曲说》和俞樾的《茶香室丛钞》认为这一故事是取自宋郭象的《睽车记》。《曲谈》的作者说它是合《睽车记》和宋周密的《齐东野语》中二事而成。清代焦循《剧说》认为除去上面两者外,"玉茗之《还魂记》亦本《碧桃花》、《倩女离魂》而为之者也"。近人蒋瑞藻在他的《小说考证》中把它归宗于清人褚人穫的《坚瓠集》。周贻白在他的《中国戏剧史》中又说:"如果要找和《牡丹亭》本事最为相近的记载,则莫如陶宗仪《辍耕录》所载'鬼室'一则。"其实,像"还魂"和"鬼妻"这一类传说的产生,是有其共同背景的。那就是在不自由的条件下,人们对婚姻的一种假想。这是在封建社会中比较多见的。关于《牡丹亭》的题材,作者在题词中说:"传杜太守事者,仿佛晋武都守李仲文、广州守冯孝将儿女事,予稍为更而演之。至于杜太守收考柳生,亦如汉睢阳王考谈生也。"可见汤显祖并不否认自己是采取了过去的传说,但他只是"仿佛"地吸取,是曾经"更而演之"的。这就是对原有题材的提炼和加工过程,是和作者自己所处的具体时代相联系的过程,是作者根据自己思想感情的创作。同一种题材被广泛地继承和运用,是我国古代文学一种突出现象,这是为历代文学体裁多样化的特点所规定的。《牡丹亭》正和其他一些故事题材一样,表现了青年男女对自由婚姻的追求,和这种追求在封建社会不得实现的幻想。

关于汤显祖创作《牡丹亭》的动机、意图,也曾经有许多附会之说,人们认为作者"颇多牢骚不平之气,所作传奇,往往托时事以刺贵要"(蒋瑞藻《小说考证》引《山楼丛录》)。因而引起过多的猜测。如明徐树丕等主张《牡丹亭》是讽刺昙阳子的,另外也有说是讽陈眉公或郑洛的。当然,我们认为作家的讽刺常是有所用心的,但是把他的创作意图说成是刺某件事,讽某个人,在客观上就削弱了《牡丹亭》深广的社会意义。一部优秀的文学作品,首先是典型塑造的成功,一个成功的典型必须是从现实生活中概括出来的,那么人们就必然会从其典型人物身上找到酷似某人的特点,其中的某些情节也可以在现实生活中得到印证。汤显祖所同情的人物,一向是封建社会中的被压迫者,他所讽刺的不是与自己最有关系的某个人、某件事,而是现实中普遍存在的现象,所以《牡丹亭》才能深切感人、长久流传了。

又从汤显祖的《牡丹亭》题词中可以看出,他特别用意于表现"情"。这种"情"也就是李卓吾所主张的"自然之性乃自然真道学也,岂讲学者所能学也"(《初潭集》)。这种"情"反映到具体作品中,并不是超越人的阶级、脱离客观景物而存在的。"情"就是人的真正思想感情,它包含对爱情的追求和对自由生活的向往。但在封建社会中,诚挚的爱情被统治关系所代替,真正的美为虚伪的道学所掩盖。既然恋爱和欣赏美都是受拘束的,那么,为了争取这些,就必须向封建礼教进行坚决的斗争。这种斗争即具体地体现在作品中的主要人物杜丽娘的思想、性格中。

(三)《牡丹亭》的思想意义

《牡丹亭》的思想意义,主要是通过作者所创造的一些人物形象体现的,特别是杜丽娘是戏曲的中心,是全本戏曲艺术生命力所在。因此,集中分析杜丽娘这个人物形象,有助于阐释《牡丹亭》的思想意义。

杜丽娘是一个追求自由平等、向往理想生活、反对封建礼教的形象。她的父亲杜宝是"紫袍金带"的南安太守,母亲甄夫人是"魏朝甄皇后的嫡派",而丽娘就是他们唯一的女儿。在她的人生途径上,还不曾经历过任何坎坷,父母把她娇养得犹如"掌上明珠",对她最大的指望是"他日到人家,知书知礼,父母光辉"。她父亲要求她在女红之余读些诗书,其出发点如杜宝所说:"看来古今贤淑多晓诗书,他日嫁一书生,不枉了谈吐相称。"(第三出"训女")并不是要给她以独立的人格,不外乎是培养她成为男子可心的奴隶而已。当她父亲和塾师陈最良为她安排读书的内容时,她父亲说:

> 《易经》以道阴阳,义理深奥,《书》以道政事,与妇女没相干,《春秋》、《礼记》又是孤经。则《诗经》开首便是后妃之德,四个字儿顺口,且是学生家传,习《诗》罢。其余书史尽有,则可惜她是个女儿。(第五出"延师")

很明显,她父亲要用"后妃之德"封建礼教培育她。对这一点杜丽娘并未意识到,她处处标榜"儒门旧家数",正像她对春香讲的那样:"那贤达女,都是些古镜模,你便略知书也做好奴仆。"她对读书的看法,也和春香所说的一样:"女郎行那里应文科判衙,止不过识字儿书涂嫩鸦。"(第七出"闺塾")这是封建社会妇女一贯的命运留给人们的生活认识,也是一个过惯娇生惯养生活的小姐所能有的想法。但是,杜丽娘是有着青年一代爱自由、爱美的心理的,封建礼教对她的制约,使她精神上所受的压抑却是相当沉重的,尊贵小姐的身份,决定她表面上不得不循规蹈矩。可是礼教并不能完全拘束住她的灵魂,在古代优美诗歌的启示下,她有了一种朦胧的觉醒。她开始意识到青春值得珍惜,希望探索到生活的意义。侍女春香也同样是封建统治者刀俎下的鱼肉,因此,她们是彼此关怀并互相支持的。作为替统治者宣传礼教的老师,教给她们一套奴隶道德,要他们安于妇女卑下的社会地位,要她们驯顺地接受封建教义。对于这些,丽娘和春香都进行了反抗。"闺塾"一出就集中地表现这种反抗性格,她们公然说:"昔氏贤文,把人禁煞,恁时节则好教鹦哥唤茶。"(〔绕池游〕)对师父的假道学也极端鄙视,她们说:"年光到处皆堪赏,说与痴翁总不知。"可见她们已经意识到自己和老一代人生活态度的不同。师父叫去取文房四宝,她们拿来的是画眉用的细笔和螺子黛、薛涛笺和鸳鸯砚,作者以一种轻松的笔调对虚伪的道学先生进行了尖锐的嘲谑。

在反封建礼教这一倾向上,杜丽娘和春香是一致的,但不同的身份、教养和性格决定了她们不同的表现方式。如春香在书房听到外面卖花声,不由地说:"小姐,你听一声声卖花,把读书声差!"(〔掉角儿〕)而杜丽娘虽然也向往花园的景致,但当向春香问清之后,却只是说:"原来有这等一个所在!且回衙去。"在这里,人物不满于现实所加给她们的束缚,要求冲出这狭小天地的心理是一致的,但一个是天真奔放的呼喊,一个却是拘谨含蓄的追寻,态度判然不同。

杜丽娘向往美和自由的性格。从"闺塾"一出以后就开始明显化了。她向往那花红柳绿的花园,要窥探一下自己闺房以外的自然世界。她这种要求,是在和自己周围的封建统治势力,以及自己已经初步建立了的礼教观念的斗争下才达到的。到了"游园"的场面,作者以抒情诗的笔法表现出青年女子在春天里那种喜悦、惊奇、迷惘和忧郁的复杂心理状况。杜丽娘正面表达了自己对自然景物的喜爱,她说:"可知我一生儿爱好是天然。"这是一种勇敢坦率的自白,她爱好一切真实的美,反对掩饰一切真实事物的虚伪礼教。所以当她看到园林景物时,禁不住以一种欢腾、新奇的心情来欣赏这和自己的生活毫不相称的春天:

> 〔皂罗袍〕原来姹紫嫣红开遍,似这般都付与断井颓垣,良辰美景奈何天,赏心乐事谁家院?恁般景致,我老爷和奶奶再不提起!朝飞暮卷,云霞翠轩,雨丝风片,烟波画船,锦屏人忒看的这韶光贱!

但是,景物的美丽又何尝能弥补她内心的缺欠?相反在美丽的自然景物的衬托下,更显现出现实的丑恶。她埋怨父母不会欣赏园林风景,慨叹"锦屏人"的庸俗,以致空辜负了这大好时光。她更具体地表现出了对现实的不满,所谓"良辰美景奈何天,赏心乐事谁家院?"这种联想和她的身世结合起来看,是不难理解的。最后在尖锐的矛盾面前,她感到有些茫然了,但这不是逃避,而是表现出一种愤恨,她说:

> 〔隔尾〕观之不足由他缱,便赏遍了十二亭台是枉然,倒不如兴尽回家闲过遣。

杜丽娘这种情感是有它的基础的,即是说她有自己的心事,但作为一个封建社会的贵族妇女,她的时代和身份妨碍她爽直地表达出来。她在无人处曾经暗中沉吟过:

> 昔日韩夫人得遇于郎,张生偶逢崔氏,曾有《题红记》、《崔徽传》二书。此佳人才子,前以密约偷期,后皆得成秦晋。(长叹介)吾生于宦族,长在名门,年已及笄,不得早成佳配。诚为虚度青春,光阴如过隙耳!(泪介)可惜妾身颜色如花,

岂料命如一叶乎?

可见她内心苦闷的深重。父母要把她培养成一个"老成持重"墨守礼教的人,而她所追求的则是从礼教的束缚中解脱出来。在现实生活中她感到最大的苦闷是对自己婚姻前途的忧虑,是恋爱要求不能得到满足。杜丽娘在她的环境中,不幻想封建的"父母之命,媒妁之言"的婚姻方式能为她择配理想的伴侣,而希望通过违背礼教的行为取得爱情。这是多么大胆的叛逆性的要求!这种对自己命运不满情绪的深化,也就更加重了她性格上阴郁的色彩。她说:

> 〔山坡羊〕没乱里春情难遣,蓦地里怀人幽怨,则为俺生小婵娟,拣名门一例一例里神仙眷,甚良缘,把青春抛的远。俺的睡情难见,则索因循腼腆,想幽梦谁边,和春光暗流转,迁延,这衷肠那处言?淹煎,泼残生除问天。

这是对她那有"难言之隐"的心情的突出表达。当时道学家极力鼓吹宋代理学所主张的"必其有以尽夫天理之极,而无一毫人欲之私"(朱熹《大学章句》),企图以封建统治的"天理"来杜绝"人欲"。而杜丽娘偏要放纵自己的欲望,要在生活中找寻感情的寄托,其反封建礼教的意义极其鲜明。

尽管在现实中杜丽娘的希望不能实现,对自由婚姻的要求不能得到满足,但作者却以一种巧妙的、合乎生活逻辑的方法,解决了她所提出的问题,即用一个幸福的梦体现了这种美好的理想。杜丽娘在梦境中和柳梦梅相爱,这是她在现实环境中得不到的,因而她极其珍惜和留恋这个梦。"寻梦"一出就生动、细致地表现了进一步发展的杜丽娘顽强的性格。她执拗地追寻那理想、美丽的梦境,不惜再度触犯封建礼教的禁例和违背母亲的训诫,一个人跑到花园来追寻梦中的景物、回忆梦中的情境。但是，再度去花园只是加重她内心的痛苦而已，她说：

〔懒画眉〕最撩人春色是今年，少甚么低就高来粉画垣，原来春心无处不飞悬，（绊介）哎！睡荼蘼抓住裙衩线，恰便是花似人心好处牵。这一湾流水呵！

〔前腔〕为甚呵，玉真重遡武陵源，也则为水点花飞在眼前，是天公不费买花钱，则咱人心上有题红怨，咳！孤负了春三二月天。

花枝挂住裙子，她想到"花似人心好处牵"，看到"残红满地"和"粉画垣"就联想到《题红记》和《西厢记》的故事，因而感伤自己"孤负了春三二月天"。作者写人物内心的波动和客观的景物密切相衔，达到了卓异的戏剧效果。残酷的现实唤醒了杜丽娘的痴想，于是她忧愁幽思以致害病，并且最后终于在愤愤不平中死去。"写真"一出中的杜丽娘就更加坚强起来了，她把自己的心事告诉春香，而且"写真留记"，表示自己对幸福婚姻的向往。尤其"闹殇"一出，更表现出充沛的人的情感，作者写出来杜丽娘对生命的留恋，她要在"小坟边立断肠碑一统"，要把肖像藏在墓边等待着柳生到来。她对自己的死亡感到愤恨、不甘心。但她斗争的胜利却正是她生命的终结。杜丽娘的死显然是封建礼教摧残和折磨的结果。

杜丽娘死后，作者以浪漫的、丰富的想象，赋予她以充足的生命力，那就是在假设的形式下鬼魂的出现，杜丽娘的鬼魂是艺术中的生活真实。作者写她并不是宣传因果报应等迷信观念，而是作为完整典型的一部分。她和生前的性格是一致的，甚至有所发展。她对待人生抱有积极的态度，对自己的理想更加热爱，对自己的遭遇更加不满，她所表现的反抗性更强烈了。例如，她虽然死掉，见到判官还在追问自己："怎生有此伤感之事?"这是汤显祖所提出的关心妇女命运问题的疑问。同时他更以丰富的人间情感刻画了这个坚贞的灵魂,在"幽媾"、"懒挠"、"冥誓"诸出中,让杜丽娘热烈地向往和追求她的情人。正如谑庵居士所说:

> 杜丽娘隽过言鸟,触似羚羊,月可沉,天可瘦,泉台可暝,獠牙判发可狎而处,而梅、柳二字一灵咬住,必不肯使劫灰烧失。(清晖阁本《牡丹亭》序)

因而当她在梅花庵遇到柳梦梅时,就敢于不顾"男女无媒不交,无币不相见"(《礼记·坊记》)的规则,诚挚率真地表白自己的爱情。杜丽娘并没有丝毫考虑到柳梦梅是一个潦倒的秀才,他们之间的爱情完全是平等的关系,这与以妇女作为附庸的封建夫妇关系绝然不同。不仅如此,杜丽娘还敢于摈弃"父母之命,媒妁之言"的婚姻手续,自己作主答应了柳梦梅提出的婚姻要求。但她并不隐匿自己由于有"聘则为妻,奔则为妾"的传统观念而产生的迟疑。结果,他们共同盟誓,取得了彼此的信任。就是这种坚贞赤诚的"情",使杜丽娘复生了,他们得到了喜剧性的结局。然而,现实生活中却存在着不可调和的矛盾,他们美满婚姻的成就也便要遇到多重的阻碍。表现最尖锐的是最后"圆驾"一出,写杜丽娘的因情而死,因情而生,被视为怪诞不经之事。封建制度的维护者便以此为凭,要拆散他们"自媒自婚"的关系。而杜丽娘就敢于大胆地到最高统治者面前去折证。如:

> 〔黄钟北醉花阴〕平铺着金殿琉璃鸳鸯瓦,响鸣梢半天儿刮剌。(净丑喝介)甚的妇人冲上御道? 拿下。(旦惊介)似这般狰狞汉叫喳喳,在阎浮殿见了些青面獠牙,也不似今番怕。

这时的杜丽娘是更加勇敢坚强了,她父亲逼她离开了柳梦梅,她表示:"叫俺回杜家,赶了柳衙,便作你杜鹃花,也叫不转子规红泪洒。"在她的斗争下终于达成了美满的婚姻。在这样的描写上,作者表现出鲜明的倾向性。杜丽娘这一光辉的形象,就正是作者以现实主义和浪漫主义相结合的手法进行创造的巨大成果。

在争取婚姻自由,反对封建礼教这一主题上,作者也适当地歌颂了柳梦梅。这个穷愁潦倒的书生,依靠老园公培树卖果子养活自己。他也和其他文人一样,殷切地盼望自己满腹经纶策略"有朝货与帝王家",如他追踪高官以"活宝"自献,因考试误期跑去痛哭流涕地"告遗才"。从这些描写中,可以看到一个逼真的软弱书生的形象。但在婚姻问题上,他却不失为一个坚强的斗士。他和杜丽娘初逢是在画像上,然而他的爱情并不是凭空产生的,当他拾到杜丽娘的画像时惊喜欲狂地欣赏赞叹道:

> 小娘子画似崔徽,诗如苏蕙,行书逼真魏夫人,小生虽则典雅,怎到得这小娘子!

可见他爱杜丽娘的不只是美貌,并且对她的文艺才能也表示深深地钦佩。这种真挚的爱慕,恰足以说明他对妇女人格的尊重。他是个"饱学名儒",但作为青年一代对美好事物的向往也是有的,这是作者赋予他的可贵性格。只有具有这样品质的人,才能在爱情上表现出真诚的态度。如杜丽娘要求他掘坟相救时,他毫不迟疑地应承了。这种行为是和假道学的面目无共通之处的。并且掘人家坟如石道姑所说:"大明律,开棺见尸,不分首从皆斩哩!"这是一种冒着生命危险的行为。这正是对美好生活的向往赋予他无限的勇气与力量。又如他不避奔波劳苦,为了解脱杜丽娘的悬念而为她去探寻其父母的消息,同样是他们真诚爱情的具体表现。

　　但是,柳梦梅过于天真地估计了作为高层统治者的岳父,当他找到杜宝衙门前,听说文武官员正在吃"太平宴",他考虑:"则怕进见之时,考一首太平宴诗,或是军中凯歌,或是淮清颂,急切怎好?且在这班房里等着打想一篇,正是有备无患。"他毫没有想到自己"破衣、破帽、破褡裢、破雨伞,手里拿一幅破画儿"的装束,决当不了杜宝"门当户对"的快婿,反被当作"盗墓贼"逮捕起来了。后来杜宝抵死不认亲,激恼了他,到皇帝面前对证,抛开了封建伦理观念,以讥嘲的态度故意冒犯权贵岳父的威严。这正是柳梦梅性格的进一步发展,是其性格所蕴藏着的反抗性的表露。

　　总之,杜丽娘、柳梦梅和春香等人物,敢于和封建礼教相对抗,对自己的命运、对人生抱着积极的不妥协的态度,具有独立的人格,希望以自由美好的生活来代替已被注定了的一切。这是继《西厢记》之后一部杰出的剧作。作者提出了密切关系青年一代教育、婚姻的社会问题,强有力地宣扬了要舒展个性的思想。这主要是由于汤显祖的时代,社会上已经产生了启蒙思想,这种思想影响了作者,也就或多或少地渗透到人物形象之中。因而《牡丹亭》中人物所体现的意识比张生、莺莺更觉醒,他们对封建制度的斗志也更坚强与激烈。这正是当时的社会关系、人们的思想、心理所决定的。

　　《牡丹亭》中对杜宝这个人物的描写是极其曲折复杂的。从作品的主题看,作者是同情杜丽娘争取婚姻自主,歌颂他们对封建礼教的反抗,因而也就批判和仇视作为封建专制制度和道德教义的体现者、维护者的杜宝以及愚顽的陈最良。但作者又通过杜宝体现出另一个富有积极意义的副主题,即借以反映出一种政治理想和为国献身的精神。

　　杜宝是封建统治思想根深蒂固的人物,被封建传统思想有力地支配着,恪守着几千年来古老的礼教。他没有儿子,只有杜丽娘一个女儿,由于存在着宗法制度下男尊女卑的观念,这使他引为终生的遗憾,他说:

〔玉山颓〕吾家杜甫,为漂零老愧妻孥。他还有念老夫诗句男儿,俺则有学母氏画眉娇女。

因此,他把"光宗耀祖"的希望全都寄托在唯一的女儿杜丽娘身上。他指望为女儿招得个"好女婿",来继承他的统治功业。他也要把女儿训冶成封建礼教规范的体现者,对女儿性格的形成他是煞费苦心的,如他知道杜丽娘去游园的消息后,便责备老妻说:"我请陈斋长教书,要他拘束身心,你为母亲的到纵他闲游。"他反对女儿欣赏美和追求理想生活,要她成为墨守礼教的人。其实,甄夫人也是以相同的方式教导女儿的,她训诫女儿说:

〔征胡兵〕女孩儿只合香闺坐,拈花翦朵,问绣窗针指如何,逗工夫一线多,更昼长闲不过,琴书外自好腾那,去花园怎么?

《礼记·内则》有云:"女子十年不出,母教婉娩听从,执麻枲,治丝茧,织纴组紃,学女事以共衣服。"甄氏就是按照这种封建信条对女儿进行教育的。她对女儿的管束比《西厢记》中的崔夫人有过之而无不及,崔母"怕女儿春心荡,怪黄莺儿作对,怨粉蝶儿成双",所以阻止莺莺自由行动。而杜母"怪他裙衩上,花鸟绣双双",为了"拘束身心",不但不许她出"香闺",连衣服上的花样也要加以限制。但在"悼殇"一出里,一双老人为爱女的夭折而伤心痛哭,却又是极真切动人的。他们实际上是扼杀了杜丽娘的青春和生命。

　　婚姻问题上的"门阀"观念,是维持封建制度的有力支柱。当柳梦梅衣衫褴褛来拜见岳父时,杜宝却以事涉怪诞为名抵死不认。后来知道柳梦梅是新科状元时,他还对女儿说:"怕没门当户对?看上柳梦梅甚么来!"可见只本身显贵没有荣耀的家世,在条件上还差着一半。他要挟女儿说:"离异了柳梦梅回去认你。"这意图不是很明显吗? 在主要方面,他是个反面形象,他束缚和摧残杜丽娘的个性,拒绝和破坏杜丽娘的婚姻,他是作为整个封建制度迫害青年一代的执刑人而出现的。

但另一方面,作者又通过杜宝这一人物,正面表达出自己的理想。如"劝农"一出作者凭借百姓的口歌颂清官能吏说:"恭喜本府杜太爷,管治三年,慈祥端正,弊绝风清,凡各村乡约保甲,义仓社学,无不举行,极是地方有福。"作品中极力描写了杜太守的安民息讼,务农宣化。这是一种政治理想的提出,作者自己就曾为这一政治理想的实现付出相当大的力量。他认为国家是天下人的公事,任何人不得"窃而私之"(《玉茗堂尺牍》之二《与顾泾阳》),所以他在任遂昌县令时,布政施令常是"因百姓所欲去留"(《玉茗堂尺牍》之二《答吴四明》)。在对杜宝这个人物的刻画上,无疑渗透着作者自己的生活经验和政治理想。

作者还描写了杜宝在抗敌斗争时所表现出的崇高气节。如正当杜丽娘死时,传来了"朝报",命令杜宝"镇守淮扬,即日起程,不得违误"。这个白发斑斑的老将压抑下失掉爱女的悲痛,把抵御敌人的事放在第一位,匆匆上路。作者用相当多的笔墨描写杜宝的抗金行为,如在"缮备"一出中,写杜宝加筑罗城,动员盐商支援军粮,以积极的措施取得优势。"折寇"一出有这样一段描写:

〔玉桂枝〕问天何意,有三光不辨华夷,把腥膻吹换人间,这望中原做了黄沙片地。(恼介)猛冲冠怒起,猛冲冠怒起,是谁弄的,江山如是?(叹介)中原已矣! 关河困,心事违,也则愿保扬州,济淮水……

这充分表现出一个忠于封建国家的老将对敌人的愤恨和取得胜利的信心。这一果敢、豪迈的形象在精神上可以感召广大群众。清代冰丝馆重刊《牡丹亭》,为了避讳即曾把"虏谍"一出删掉,并节减了"围释"一出,这也能够说明它的思想意义。

杜宝这个人物一方面是个封建家长,另一方面是个能臣,实际上在这一艺术形象中二者是统一的,它正是作者自己思想矛盾的反映。从汤显祖的思想面貌来说,他是背叛了维护封建礼教立场的士大夫,但由于新的社会经济关系还在萌芽状态中,他只能从主张自由的启蒙者的思想出发,批判封建制度和一切依存于它的婚姻、教育等,可是他又企图把复古改制等理想放在改良现有情况的条件下去体现,因此他总是通过他的人物批判些什么,宣扬些什么。如对柳梦梅即曾以犀利的笔嘲笑了他热衷功名的一面,但更多的是正面的肯定和歌颂。杜宝这一人物也体现了这种处理办法,而且更突出的表现出这一特点。

《牡丹亭》里对其他人物的描写也都性格鲜明。像陈最良是一个迂腐、虚伪、庸俗、寒酸的道学先生,作者为突出这些特点,写他"自幼习儒,十二岁进学",曾"观场一十五次",但到末尾却因"考居劣等停廪",成为一个贫病交加的老儒医和塾师。虽然他也感到"儒冠误人",但却没有力量使自己苏醒过来。他向年轻人夸耀说:"你师父靠天也六十来岁,从不晓得伤个春,从不曾游个花院。"他只知道"圣人千言万语,则要人收其放心",连画眉笔都说没有见过,鞋样子还要引经书上的典故。这里都是作者巧妙地选择了具有深长意味的典型细节,精致地描写。这样对假道学面目的幽默揭露,使人不禁为之发笑,因而产生了一种教育效果。这正因为作者是以对虚伪礼教的憎恶作为这喜剧性讽刺的基础的。

此外,作者对贪婪的金王和无耻的叛臣则作了严厉的讽刺和嘲骂,如李全和他妻子的形象是多么丑恶。虽然作者不恰当地利用了历史上农民起义领袖"李全"的名字,但作为一个艺术形象,并不能和一个历史人物等同起来。作者否定他的是背叛国家靦颜事敌的一面,而不再是一个农民起义军。作者写道"汉儿学得胡儿语,又替胡儿骂汉人",这中间含有多么强烈的义愤!汤显祖对于一些反面人物的否定和讽刺,是为了表现他的理想。而且是和他肯定的人物作了突出的对比,所以他的否定和讽刺就更加准确与深刻,成为生动而有诗意的艺术形象了。

(四)《牡丹亭》的艺术成就和影响

《牡丹亭》是通过离魂这种幻想的形式来写杜丽娘和柳梦梅的婚姻的,具有浪漫主义的特点。戏曲情节体现了作者的创作主张,即"凡文以意、趣、神、色为主,四者到时,或有丽词俊音可用,尔时能一一顾九宫四声否?如必按字模声,即有窒滞迸拽之苦,恐不能成句矣!"(《玉茗堂尺牍》之四《答吕姜山》)强调戏曲的文学性,即写意、谐趣、传神、绘色,以反对当时以沈璟为代表的声律派。王骥德也说:"临川尚趣,直是横行,组织之工,几与天孙争巧,而屈曲聱牙,多令歌者齚舌。"(《曲律》卷四《杂论》)实际上,汤显祖并非不通音律,姚士粦《见只编》曾说他"妙于音律",他只是反对以音律害文意,意在扭转当时墨守音律、轻视文学的倾向,企图挽救明代中叶以后被逐渐扼杀着的戏曲文学的生命。《牡丹亭》的创作实践是"掇拾本色,参错丽语,境往神来,巧凑妙合,又视元人别一蹊径"(《曲律》卷四《杂论》)。取得了很高的成就,并另辟一种境界。风格清丽,语汇丰富多彩,对景物和人的内心情感的描写极其精巧细致,并善于把人物的心情与客观景物结合起来描写。在人物塑造上具有浓厚的抒情诗的气息,可以说是一部抒情诗剧。

《牡丹亭》在艺术上取得如此高的成就,和汤显祖的文学造诣有密切关系,他自幼酷爱诗词,又"妙于音律,酷嗜元人院本,自言箧中收藏多世所不常有,已至千种,有《太和正音谱》所不载,比问其各本佳处,一一能口诵之"(王国维《曲录》)。重刻清晖阁本《牡丹亭》凡例中云:"玉茗博极群书,微独经、史、子、集,奥衍闳深,即至梵笈丹经,稗官小说,无不贯穿洞彻。"他正是吸收前人创作精华而形成自己独具的艺术风格。

但是,《牡丹亭》也有缺点,如全剧运用比较多的篇幅写幽冥、鬼魂的场面,而且没有避免一些猥亵、淫秽和追逐噱头的描写。也有卖弄笔墨的毛病,如"道觋"一出,石道姑的说白用《千字文》连缀成章,达一千二百字之多。又如"冥判"中胡判官和鬼卒登场后的唱白与剧情关联很少,有损剧情的发展。

总之,《牡丹亭》的思想内容是深广的,汤显祖通过优美、精巧的艺术手法,表达出一种要求幸福婚姻生活,热爱自由的思想感情,其中的人物——杜丽娘代表着中国十七世纪初叶被封建礼教严峻统治着的青年一代,人物的命运也是和作为封建社会末期的整个明代社会紧密联系的。因为有着这样的认识价值和艺术价值,《牡丹亭》在我国文学史上获得了不朽的生命,形成了包括后来阮大铖、吴炳等在内的玉茗堂派,一直影响到清朝的李渔、洪昇和蒋士铨。

(五)《紫钗记》、《南柯记》、《邯郸记》

《紫钗记》是汤显祖改编《紫箫记》而成的。《紫箫记》是他五本剧作中最早的作品。他改编的缘由,据其《紫钗记》题词说:"往者余与所游谢九芝、吴拾芝、曾粤祥诸君度新词为戏。未成,是非蜂起,讹言四方,诸君子有危心。略取所草,具词梓之,以明与时无与。记初名《紫箫》,实未成。……南都多暇,更为润删讫,名《紫钗》,以中有紫玉钗之事也。"说明《紫箫记》创作之初,时人认为是讥讽宰相,议论蜂起,才完成其半而止,到南京太常博士寺任上,始删削润色,改写成《紫钗记》。

《紫箫记》写到三十四出即中辍,《紫钗记》凡五十三出,取材于唐人蒋防《霍小玉传》传奇而敷演之,写唐代李益流寓长安,于上元节之夜,观灯之际,拾得霍小玉遗落的玉钗,遂持玉钗,托媒求婚。婚成不久,李益要赴洛阳应试,小玉担心李益登科后,移情他人,凄然泪下。李益书写誓词相赠。李益得中状元,授翰林学士。卢太尉要招赘为婿,李益不从,卢太尉迫使他远赴边关,同时派人到小玉处诈传李益已入赘卢府。小玉自李益走后,变卖家财度日,所卖玉钗,却被卢太尉买去。小玉听说后,悔恨落泪。黄衫豪士路见不平,将李挟持到久病在床的小玉身边,使夫妻终得团圆。作品主要是写霍小玉和李益的爱情,但更多的是写霍小玉,写霍小玉慕李益之才,耽李益之情,把全部生命理想都倾注于李益身上。因此,她为李益去应试而忧心落泪,送李益至灞桥,肠断而别,为探寻李益消息需要费用,竟至于把玉钗都卖掉了。她为思念李益,受尽折磨,久病在床,当黄衫客把李益送到她家中时,她由人扶持,抱病相见,长叹数声,悲痛欲绝。这些都是她对李益真挚爱情的表现。

对李益,则除了描写他拒绝入赘卢府之外,着笔不多,只不过是一个文弱书生而已。对黄衫客,虽然也着笔不多,但却生动地描写出他的豪侠行为,寄托了人民群众的希望和幻想。卢太尉是一个封建统治者的形象,作者通过李益、霍小玉的不幸遭际,揭露了他阴险、诡诈的行径,揭露了他的罪恶。对这本戏的人物描写,汤显祖“题词”中说:“霍小玉能作有情痴,黄衫客能作无名豪。余人微各有致。第如李生者,何足道哉!”信然。

《南柯记》取材于唐人李公佐《南柯太守传》传奇。内容叙述淳于梦被免官后,终日无聊,以酒消愁。一日梦中为大槐安国使者迎接而去,被国王招为驸马,出任南柯太守。其妻瑶芳公主娇艳美丽,檀萝国四公子欲夺之,派兵围困其居处瑶台。淳于棼率兵解围,救出公主,公主因事变受惊,发病而卒。淳于棼在南柯二十年,政绩显著,被召还,拜左丞相。淳于棼还朝后,苦于孤独,与国嫂、郡主、皇姑等在宫中花天酒地,淫乱无度。右丞相嫉妒之,君王疑忌之,最后以"非俺族类",被遣送回人间。淳于棼梦醒之后,仔细辨认,所谓大槐安国不过是老槐树下的蚁穴。经老僧契玄点破,才大彻大悟,这一切都是情缘,于是参透情梦,遁入佛门。

作品所写唯南柯一梦,实际上是作者一生仕宦经历的反映。其中描写淳于棼任南柯太守时的政绩,如"征徭薄"、"行乡约"、"多风化"、"平税课"等,应即作者在任遂昌县令时所推行者。又如写淳于棼被逐出国云:"太行之路能推车,若比君心是坦途;黄河之水能覆舟,若比君心是安流。"其中也渗透着作者惹怒神宗,屡被迁谪,最后辞官回乡的感慨。至于最后大悟:"人间君臣眷属,蝼蚁何殊?一切苦乐兴衰,南柯无二。"则正面申明他所写的大槐安国,即是明代现实政治的真实写照。作者寓现实于梦幻,用心良苦。

《邯郸记》取材于唐人沈既济《枕中记》传奇。内容叙述仙人吕洞宾在邯郸道旅店,遇到了卢生。卢生对他叙说自己的抱负:"大丈夫当建功树名,出将入相,列鼎而食,选声而听,使宗族茂盛而家用肥饶,然后可以言得意也。"吕翁听后,即赠他一只瓷枕,他遂沉睡入梦,梦中与崔氏成婚。崔氏以自家无白衣女婿,催促他应试说:"奴家所有金钱,尽你前途贿赂。"卢生进京应试,为试官宇文融所不取,因此遵妻子之嘱,用金钱广施贿赂,得被钦点为状元,入翰林。他初登朝廷,便利用职权为妻子封诰,宇文融予以弹劾,遂被贬为陕州知州,凿石开河有功,宇文融再排挤之,奏令他率军去天山御边,功成回朝,宇文融又诬陷他受吐蕃贿赂而卖国,被发配到崖州。其后,天子发现宇文融对卢生的行迹皆诬奏,遂问罪宇文融,令卢生回朝。卢生回朝做了二十年的宰相,封赵国公。四个儿子都得封官,富贵荣华之极。享年八十有余,临终呈谢恩表末称"人生到此足矣",溘焉而逝。大梦醒后,一切皆空,唯店主煮黄粱饭尚未熟。经吕洞宾点破后,他幡然大悟,随吕洞宾仙游而去。

作品集中描写卢生一生的宦海升沉,写他为了追求"建功树名,出将入相",经受政治上的排挤、打击,特别是宇文融对他的陷害,几番波折,并终于如愿以偿,但不过是一场梦幻而已。最后卢生大悟:"人生眷属,亦犹是耳,岂有真实相乎? 其间宠辱之数,得丧之理,生死之情,尽知之矣!"卢生所悟,即含有汤显祖对自己一生经历的认识,所谓荣华富贵云云,都是幻境,顷刻间即逝,何必追求呢!

《邯郸记》和《南柯记》都是汤显祖辞官还乡后所作,《邯郸记》以道教为归宿,《南柯记》以佛理一以贯之,同悟人生为一梦,这是他晚年将凄凉冷静的心境托之于戏曲而发为感叹!

七、明后期作家及其剧作

(一)孙仁孺《东郭记》、王玉峰《焚香记》

《东郭记》是孙仁孺所作。孙仁孺,别号峨嵋子,又号白雪楼主人,明代戏曲家。生平事迹不详,大约生活在明万历、天启年间。《东郭记》的题材是以《孟子·离娄》下"齐人有一妻一妾"章为主干,并综合《滕文公》下"陈仲子岂不诚廉士哉"和《梁惠王》下"齐人伐燕,取之"诸章的只言片语敷衍而成。主要是嘲笑当时社会极端败坏的道德风尚,和官场的腐朽黑暗。作品重点写了三个人物,即齐人、淳于髡、王驩。他们卑鄙无耻,偷鸡扒狗,装做乞丐,到处钻营,并互相约定:苟富贵勿相忘。他们不择手段地追求富贵利

禄,王骦以纳贿献媚被举为大夫,淳于髡以滑稽博得齐王的宠爱,
齐人也得淳于髡的推荐列为大夫。这些无赖之徒得到官职之后便
互相倾轧,为垄断私利而争斗。王骦为报私仇举荐齐人北去伐燕,
齐人得齐将章子之力而取胜,加封亚卿之职。这些现象都说明封
建官吏制度的腐朽,做官不需要真才实学,只要善于阿谀逢迎、趋
炎附势就行,加官封爵也不依据功劳业绩,只凭朋辈举荐和偶然幸
运即可。全部封建官僚机构充满了这些蝇营狗苟者辈、卑鄙无耻
之徒。作者咒骂道:

　　〔北寄生草〕(一)第一笑,书生辈,那行藏难挂牙,贱王良
惯出奚奴胯,恶蒙逢会反师门下,老冯生喜就趋迎驾,不由其
道一穿窬,非吾徒也真堪骂。

　　(二)第二笑,官人辈,但为宦只顾家,牛羊儿刍牧谁曾
话,老赢每沟壑由他罢,城野间尸骨何须诧,知其罪者复何人,
今之民贼真堪骂。

　　(三)第三笑,朝臣辈,又何曾一个佳,谏垣每数月开谈
怕,相臣每礼币空酬答,诸曹每供御惭无暇,不才早已弃君王,
立朝可耻真堪骂。

　　(四)第四笑,乡间辈,更谁将古道夸,盼东墙处子搂来
嫁,尽邻家鸡鹜偷将腊,便亲兄股臂拳堪压,豺狼禽兽却相当,
由今之俗真堪骂。

齐人的富贵利达是全剧的中心内容,他的发迹过程体现了封建社
会无耻知识分子的共同经历。他投机取巧、招摇撞骗,赚得了一妻
一妾,为了自己的尊严利益,任何卑劣的事都能干。他以乞丐的形
态向墦间乞祭余,餍酒而归,骄傲地对妻子说什么与富贵者来往。
当被妻子揭穿真相之后,又假说"玩世之意"。他受尽了朋友的奚

落,感受到世情的冷暖,但始终不悟。一旦被举荐为大夫,一升再升,显赫起来,从前侮辱过他的旧友王骧也来向他献媚,王公大人请他宴会、赏花等,应接不暇。木匠、泥水匠、裁缝、厨师都来供他使用。高门甲第,衣紫腰金,赫赫然今非昔比,所谓"劝君不必笑齐人,今日齐人意气新"。这些描写多么像《儒林外史》!揭露了当时知识分子卑劣丑恶的灵魂,也揭露了官僚阶级的共同本质:"当今仕途中,那一个不做这花脸勾当乎!"同时也揭露了封建社会"风景不殊,而人情变矣"的人情世态。

《东郭记》没有描写一个正面人物,即便如隐者陈仲子也不完全是正面形象。他讥讽别人贪不义之财,而自己却吃了赃官王骧送给他哥哥田戴的鹅肉,被别人耻笑后,不得不呕吐出来。这正是对他的批判。在作者看来,封建社会似乎没有值得肯定的,所以他让齐人最后带领妻子隐居起来,表现了对这个社会毫无留恋之意。

《东郭记》是一本讽刺喜剧,戏剧情节比较严密,全剧以齐人的活动为中心线索,中间穿插着淳于髡、王骧、陈仲子等人的事件,波澜起伏,有戏剧性。曲辞有的比较清新自然,有的则采用古文,陈腐枯涩。剧情极具讽刺意义,但有些则近于调笑,如齐人做官之后重新表演一番旧时乞求的情景,完全是取笑逗趣,毫无意义。

《焚香记》作者王玉峰,江苏松江人,约生活在万历年间,生平事迹不详。《焚香记》是写王魁与敫桂英的故事。这一题材最早见于《南词叙录》宋元旧篇,题《王魁负桂英》。又明梅鼎祚《青泥莲花记》所引《异闻集》也记载着这段故事,叙述王魁及第后负桂英,为桂英鬼魂所勾。可见最初王魁和桂英的婚姻是以悲剧结束的,王魁是一个负心汉。但是,王玉峰的《焚香记》却改悲剧为喜剧,王魁演变成忠于爱情的正面人物,造成他们悲欢离合的不是王魁的负心,而是地主富豪金垒的欺骗掠夺和谢妈妈的嫌贫爱富、唯利是图。

　　作品集中歌颂了王魁和桂英坚贞不移的爱情,描写他们在任何情况下都不动摇,并提出了自己的生活理想,为追求自己的理想生活而至死不屈。桂英出身于诗礼名门之家,父母双亡,不得已卖身在谢家当娼妓,让她送往迎来,她誓死不从,并对假母谢妈妈说:"若教桂英朝欢暮乐,送旧迎新,必不相从,若求门对户当,齐眉举案,这个只凭公公妈妈做主。"她和王魁成婚不久,王魁进京应试,金垒用金钱诱惑谢妈妈逼迫她为自己做妾,她坚决拒绝说:"若还苦逼分鸳侣,宁死在黄泉做怨鬼。"虽然受到谢妈妈的毒打,但始终不屈。她有一个坚定的信念,即"黄河清有期",王魁终将回来,美好的生活终将如愿以偿。金垒用套写家信的欺骗手段,诈称王魁中状元后停妻再娶。她一方面骂王魁负心,一方面仍不屈于金垒和谢妈妈的逼嫁,到海神庙对海神诉说情由,并请求代她报仇。桂英就是这样一个坚贞勇敢的人物,对地主阶级的迫害表示极大的愤怒,对王魁的爱情则无限忠诚。通过桂英遭受封建恶势力步步紧逼的迫害,要动摇她生活的信心,摧残她的人格和意志,她始终不向恶势力低头,显示出这部戏的戏剧冲突,已经不是敫桂英的钟情与王魁忘恩负义的冲突,而是和封建恶势力的冲突,因而其社会意义更广阔了。

　　王魁是落第的封建士大夫,因为功名未遂,流寓莱阳,结识了桂英,而情意相投。但因贫穷,受尽了谢妈妈的凌辱,曾和桂英到海神庙焚香盟誓:"各守坚心,但愿白头似新。"中状元后,韩丞相要招他为婿,他坚决不从,始终不忘桂英。作者极力把他写成一个重恩义的人物。他与桂英都热望功名富贵,信赖星相占卜等迷信思想,崇尚一妇不更二夫的节烈观念,作者描写了他们坚贞爱情的思想基础。但是,在展示他们坚持坚贞的爱情,而与封建恶势力斗争时,情节过于冗长,戏剧冲突不集中。

这本戏影响于后代者,今天的越剧《情探》和川剧《焚香记》都采取同一题材加以改编,但都以王魁负心,桂英变成厉鬼,活捉王魁结束,把喜剧又复原为悲剧。

(二) 高濂《玉簪记》、许自昌《水浒记》、无名氏《彩楼记》

《玉簪记》作者高濂,字深甫,号瑞南,浙江钱塘人,约生活在万历年间,作传奇《玉簪记》、《节孝记》两种,《雅尚斋诗草》初二集、《芳芷栖词》二卷。

《玉簪记》演述的故事本于《古今女史》,后来也是园藏元明杂剧中有《张于湖误宿女贞观》,也写这个故事,高濂即据此改编成《玉簪记》。内容是描写陈妙常与潘必正相爱以及如何冲破宗教的藩篱而求得理想婚姻的。

陈妙常原是开封丞的女儿,因避靖康之难到女贞观出家。出家之后,她一方面是"芳心冰洁","怪胭脂把人耽误",好像绝了尘俗之念,一方面却"身如黄叶舞,逐流波,老去流年竟如何?"为自己的前途担忧。可见她内心是矛盾的,她并没有忘情于现实生活,而是考虑如何生活。但她这种心理活动是内在的,随着现实生活的影响,这种内心的活动便激烈起来。她见到潘必正,请潘必正清谈,并安慰他不要以落第为念,表现了爱慕之情,但表面却极其严肃不露声色。"寄弄"一出,当潘必正真正以言相挑时,她立刻恼怒,潘必正走时,她又以善语安慰,她表面是"肯把心肠铁样坚",而内心则"岂无春意恋尘凡"。她要直接表达自己的感情,但她的思想水平限制了她,她陷入极端矛盾痛苦之中。她说:"我也心里聪明,脸儿假狠,口儿里装做硬,待要应承,这羞惭怎应他那一声。我见了他假惺惺,别了他常挂心。"(〔朝元歌〕)她就是这样矛盾着的人物。促成她思想矛盾的原因,主观上是她娇羞和好面子,客观上是封建宗教戒律的压力,她还没有足够的勇气冲破宗教的戒律。"词媾"一出,她内心的火焰燃烧起来了,她写了一首词,表达自己的情感要求,被潘必正窃去,回报之以真情实意,她又暴怒起来。她这种内心矛盾正反映了她对理想生活的追求与宗教戒律的矛盾。最后她终于突破了宗教戒律,与潘必正结合了。从此她坚强起来,"追别"一出,最突出地表现出她大胆勇敢的反抗精神,她不顾观主的阻拦,亲自雇船渡江追赶潘必正。这是一出十分精彩的场面,陈妙常来到江边,要和潘必正话别,忽然看到观主在江楼上,她不得已躲在别人的竹院里,忍心地看着潘必正的船先走,自己才雇船去赶。凑巧艄公从中作梗,反复拖延时间,陈妙常的急躁心情毕现,然后上船去追赶。千里秋江,船驶如飞,人物形象活生生地跳动着。

陈妙常向往现实生活,对生活的善恶有明确的选择,她坚决拒绝了建康太守张于湖对她的调戏,无情地回击了溧阳无赖王公子的诈骗,而选择了潘必正,在黑暗势力面前威武不屈。

潘必正是个封建士大夫形象,由于应试落第,愧见父母,暂居于姑姑住持的女贞观中。这个人物形象的意义,在于他破坏了宗教的清规,对陈妙常表现出真挚的情感,面对姑姑的压力,始终不动摇。

这本戏还表现了某种保卫国家的思想,如"破虏"一出,描写征讨侵边金人的豪情壮志:"亲征战,亲征战,不降胡誓不生还!"

《玉簪记》对文学境界的描写比较好,如艄公所唱的一支吴歌:

> 风打船头雨欲来,漫天雪浪,那行叫我把船开。白云阵阵催黄叶,唯有江上芙蓉独自开。

把秋天的江景，如晴天、雪浪、白云、黄叶、风雨欲来的景象全部描绘出来。

《玉簪记》的缺点是语言典雅，枯涩无味，如祁彪佳所说："摘其字句，可以唾玉生香，而意不能贯词。"（《远山堂曲品·能品》）关目显得冗长，剧情不集中，如潘必正应试后诸出的描写，与主题无关，乃拖沓之笔。

《玉簪记》受《西厢记》的影响很深，像陈妙常的矛盾性格、题诗传情、以琴挑情以及最后的"追别"极像"长亭送别"，都显示出作者有意识地学习《西厢记》。《玉簪记》对后世也有一定影响，今天的川剧《秋江》和其他剧种的《琴挑》，都是《玉簪记》中的精彩出目。

《水浒记》作者许自昌，字玄祐，江苏吴县人。陈眉公在给他作的《梅花墅记》中说："吾友秘书许玄祐所居"，可见他与陈眉公同时，都是万历年间人。他的作品有《水浒记》、《橘浦记》、《报主记》三种，而以《水浒记》成就最高。

《水浒记》完全是根据《水浒传》创作而成的。作者综合了《水浒传》中"智取生辰纲""坐楼杀惜""宋江吟反诗""劫法场""梁山落草"等许多情节，从宋江、晁盖各抒己志，写到宋江上梁山为止，在主要关目上和《水浒传》是一致的。明显地写出了封建社会官逼民反的历史事实，揭示出农民起义的社会根源，正因为"奸臣弄主权，墨吏酿民怨"，才引起"田横倡义咸思变，陈涉凭陵遂揭竿"（"论心"）的后果，正是蔡京父子及其他封建官僚的奢侈腐败、对人民的压迫剥削，使人民不得不起来反抗：

　　〔北刮地风〕说起那权臣忒煞也势甚骄，惯纵着心腹贪饕。那生辰纲载珍和宝，逐件件是民间剥下脂膏。只见那搜刮价把财耗，又见那输运价把民力扰。那着处儿贾怨深激变嚣,俺呵满拚碎涂肝脑,入虎穴把虎子掏,料不为蝇头激动得英豪。

因为统治阶级的残酷压迫和剥削,广大人民才"要把江翻海倒,岂止为利蝇头相溷扰"("谋成")。这说明了起义暴发的原因,也说明起义的正义性,不是为了个人的蝇头私利,而是为了"锄强诛暴""扶危济困"("聚义")。

《水浒记》对宋江这一人物形象有新的创造,他一出现即与《水浒传》中那样安于刀笔吏的职守不同,而是愤世嫉俗,心怀壮志,他对妻子说:"你道我宋江果是做押司么?"他"心悬念,待扫清海甸"("论心"),他是一个"不为一家愁绝,止因万姓心伤"("约婚")的英雄。在他走向起义的途程中,和《水浒传》中描写的一样充满了曲折和矛盾,浔阳楼吟反诗是他思想矛盾最激烈的时刻,也是最激动人心的地方,从此他真正要造反起义了。他饮酒、赏景,胸怀激烈:

〔雁来红〕我雄心耗,恨怎消,醉颜酡,气更豪,倘从牖下徒然老,腐朽同枯草。说什么雕鹗乘秋奋九霄,胸襟傲,托凌云彩毫,写生平摅怀抱。

他的豪情壮志刹时间都集中于笔端,写出那首有名的反诗来。他被捕受审,却以装疯作傻对封建社会进行揭露,对封建官僚予以抨击,骂他们是"牛马冠裳"。而审判他的蔡九知府却说当时是"民安市井,武偃疆场",一片升平景象。表现了两种绝然对立的立场和观点。

《水浒记》中还创造了一个宋江妻子的形象,这是《水浒传》中所没有的。她是封建社会有政治见解的女子,关心国家社会,对自己的生活不太顾及。她憎恨当朝那些"只管肥家润身,不顾民害"（"论心"）的腰金衣紫的官僚，劝宋江："暂艰贞蒙难，待他年纵横江海效齐桓"（"论心"）。她对张三郎的利诱表现了坚贞不屈的精神。此外剧中的刘唐比《水浒传》中的刘唐反抗性更强烈。

《水浒记》采用的语言，都是骈词俪藻，描写人物难于性格化，往往一个市井中人也操四六文道白，与人物的身份大相悖谬。

此外，作者所创作的《橘浦记》，演述柳毅和龙女的恋爱故事，取材于唐李朝威的《柳毅传》传奇。元尚仲贤有《柳毅传书》杂剧，应是此戏创作的借鉴。至清初李笠翁作《蜃中楼》，是这一题材的发展。

《彩楼记》不署作者姓字，具体年代不能确定，不过从它所采用的滚调来看，它属于弋阳腔系统，万历刻本《新选南北乐府时调青昆》选有《彩楼记》，那么，《彩楼记》在万历年间已经用青阳调、昆腔演出，以时代论，这应该就是由弋阳腔转化过来的，《彩楼记》的产生当在万历中叶。《彩楼记》所演述的是一个传统的戏曲题材，早在元朝王实甫就取这一题材写成杂剧《破窑记》，明中叶又出现了传奇《破窑记》。《彩楼记》可能是根据传奇《破窑记》改编的，把原有的二十九出，压缩为二十出，显得更精炼集中了。

《彩楼记》写宋朝丞相刘懋坚决不肯把自己的千金小姐嫁给生活贫苦、困于场屋的潦倒书生。他认为婚姻大事要"门户相当"，不然就"玷辱门墙"。但是他的女儿刘千金却要嫁给贫困的书生吕蒙正，她认为"从来将相本无种"（"谭府迎婿"），吕蒙正则认为"朱门生饿殍，宰相出寒门"。他们即抱着这种共同的信念和封建门阀婚姻关系作斗争。这是这部戏曲的基本冲突，也是它揭示的现实矛盾的主要方面。作品还表现出浪漫主义精神，即刘千

金和吕蒙正被驱逐,迁入寒窑,在饥寒交迫的情况下始终不屈服,
并且以气节相激励,刘千金以"负其能而不谄于上"("祭灶")的
"君子"之行勉励吕蒙正,吕蒙正则"宁可饿死,不吃嗟来食"("辨
踪泼粥"),刘千金是"人贫到底志量坚",诚所谓富贵不能淫,贫贱
不能移。"辨踪泼粥"一出是戏中最精彩、最富喜剧性的场面,篇
幅占全剧的五分之一,歌颂了吕蒙正和刘千金的坚贞爱情,描写了
他们细腻的内心活动,嘲笑了吕蒙正的迂酸弱点,充分展开了他们
的性格。吕蒙正是以穷秀才的身份和刘千金成婚的,他一方面很
高兴获得刘千金的爱情,一方面担心在恶劣的环境下刘千金对自
己的爱是否会坚持下去,因此当他雪地归来后,看到雪地上的脚
印,便怀疑是岳家把妻子接走了。但他进门一看,出乎意料之外,
妻子正睡觉。他疑惑了,开始怀疑妻子的节操问题。这里作者
一步步地揭示人物的内心世界。吕蒙正始终表现出对刘千金的
感情,他一边心里嘀咕,一边感到抱愧。刘千金醒来之后,不知
道为什么她丈夫如此神态不正常,她猜测、疑忌、探索,但吕蒙正
总不给她发问的机会。刘千金在矛盾中识破了吕蒙正内心的谜
底,但不向他说明,而故意要"气他一气",使矛盾进一步发展。
作者极力描写她对丈夫的爱,取粥来受丈夫一番奚落,跟着就是
冷言冷语对自己的讥讽、质问,后来不得不说出脚迹的来历:"我
在此饥寒无所倚,冲寒蓦见梅香至",未说完,吕蒙正立刻讥讽
道:"饥寒无所倚,就去那个?"听到梅香的名,即说:"说得半日,
没得推了,推在梅香身上去了。"又跟上一句:"再一会连院子都
来了。"这种处理矛盾的手法简洁明快,语言也运用得十分准确、
巧妙。在吕蒙正眼中那些看不见的"家私",那当做铺盖的一堆
乱草,那漫天大雪,那羊肠路和鸟道林,那大小不齐、疏密相间的
脚迹,引起他多少不相干的神思! 当他发现自己错误的猜疑后,

又想尽办法引逗妻子乐,恳求妻子宽恕自己。但妻子却板起面孔不理,他特意说些呆话,卖弄些傻气,进一步引逗。作者驱使自己笔下的人物在其环境中恣意行动,直到揭示其性格至淋漓尽致的境地而止。

《彩楼记》也表现了一定的理想,但其理想却很迂腐,什么功名利禄、升官晋爵等,其浓烈的程度甚至使人误会是他们反抗斗争的基础。其中虽然描写了他们反封建斗争,但在某些方面又淡化了这一主题,如刘懋说他把吕蒙正赶出相府,意在督促他上进;刘千金抛彩球给吕蒙正,因为吕蒙正应了自己梦中的乌龙,将来必为卿相。结尾吕蒙正中状元后去见刘懋,竟然对自己曾受过的待遇没有什么表示,也与生活逻辑不符合。

第三节　杂剧的衰落

元代杂剧随着蒙古统治者政治势力的南下,也流传到南方来,之后便逐渐走向典丽化,成为文人的案头读物,缺乏丰富的生活内容。到明代初年更进入宫廷,引起帝王的爱好。一些贵族文人为迎合统治阶级的脾胃便大量创作,促成了杂剧表面的繁荣,其实是正走向衰亡。它已经远离了人民,成为贵族文人的娱乐品,完全表现了贵族阶级的爱好和趣味。如当时的宁献王朱权和他在《太和正音谱》中所列的王子一、刘东生、谷子敬、汤舜民、杨景言、杨文奎、贾仲明等,都属于这一类剧作家。值得一提的是周宪王朱有燉,他是贵族集团中的重要作家,所作杂剧三十余种,总称《诚斋乐府》,内容同样很贫乏,大抵是牡丹、释道、节义、游宴等统治阶级生活的写照。但也有一些反映妓女生活的剧作,如《香囊记》《烟花梦》《曲江池》等,对被压迫妓女的痛苦、要求和反抗,寄予深切的同情。其剧作中提到几十种杂剧的名目,有重要的史料价值,使我们了解明代初年杂剧盛行的情况。朱有燉精通音律,所以他所作杂剧都音调和谐,明沈德符称赞他"调入弦索,稳协流丽,犹有金元风范"(《顾曲杂言》),他确是保持着元杂剧之遗风。但他也突破了元杂剧一人独唱的形式,而有复唱与合唱,又改一剧四折为五折,显然是吸收了许多南曲的因素。可以看出,杂剧到了他在形式上开始发生变化。朱有燉之后,杂剧表面繁荣的局面也消失了。至弘治、正德和嘉靖初年,康海、王九思出现,他们以具有深刻现实意义的作品打破了沉寂六七十年的剧坛,为杂剧文学放射出一线灿烂的光辉。

一、康海、王九思及其剧作

康海、王九思是同乡又是朋友,都以北人作北曲,因此能得北曲之本色与古朴,以擅长北曲名世。他们创作的散曲、散套较多,杂剧仅康海的《中山狼》和王九思的《曲江春》两本而已。

康海字德涵,号对山,陕西武功人,生于成化十一年(1475),卒于嘉靖十九年(1540),共活了六十六岁。弘治十五年中状元,授翰林院修撰,与刘瑾交好,刘瑾败,他因之削职为民。他的《中山狼》杂剧就是写他经历过的生活中的两种人,一个是以墨者自居、讲求兼爱的知识分子东郭先生,一个是作为社会中一种类型人的形象凶狠贪婪、忘恩负义的中山狼。东郭先生为拯救被赵简子追赶的中山狼,曾冒着生命危险把狼藏起来。狼被救出之后,却要吃他。他无奈何求救一老丈,老丈设计把狼捆缚起来,让他杀掉,他却说:"虽然是他负了俺,俺却不忍杀了他也。"作者对东郭先生那种敌我不分、善恶不明、毫无原则的人道主义和无边际的兼爱作了深刻地批判。同时也揭露了社会上羊狠狼贪一类人物的凶恶面貌,他们往往利用好心肠人的所谓"仁心"来逞凶作恶,以至于把恩人吃掉来满足自己贪得无厌的私欲。作品中还描写了老杏、老牛两个形象,他们都以自己的血汗担负着主人全家的生活,到年老却被主人不顾恩义地砍伐、杀掉,也揭露了当时社会的剥削本质。作者主观上是批判那些忘恩负义之辈,这特别表现在老丈对忘恩负义之人的咒骂语词中,但作品的艺术形象所揭示的却更丰富。作者最后写道:

> 〔太平令〕怪不得那私恩小惠,却教人便叫唱扬疾,若没有个天公算计,险些儿被么麽得意。俺只索含悲忍气,从今后见机莫痴。呀,把这负心的中山狼做傍州例。

的确,《中山狼》杂剧所表述的内容对人们有深刻的启示,人们可以从中吸取教训,从中认识敌人的狡猾贪狠,对敌人不能有任何慈悲,对敌人的宽厚,就是对自己的残忍。这是《中山狼》杂剧的深刻意义。

王九思字敬夫,号渼陂,陕西鄠县人,弘治九年举进士,授翰林院检讨。刘瑾败,他因为是刘瑾政派而受迫害,褫官被贬,愤懑不平,《曲江春》杂剧之作,就是他的不平之鸣。作品写杜甫蹭蹬潦倒不得志,玄宗幸蜀之后,他游曲江,见江山易主,景物依旧,无限感慨,又承岑参邀请去游渼陂庄,遂有归隐之意。其境遇之穷困竟至典朝衣沽酒。杜甫的遭际、愤慨,实际上是作者自况。他揭露当时政治的黑暗和自己不平之遇说:

> 〔调笑令〕……三三两两厮搬弄,管什么皂白青红,把一个商伯夷生扭做虞四凶,兀的不笑杀了懵懂,怨杀了天公!

同时还集中抨击了李林甫,骂他是"奸邪小人","嫉贤妒能",结果把朝纲弄得不可收拾。这当然也是对明代时政的指责。

康海、王九思的戏曲成就,明人何良俊评云:"康对山词迭宕,然不及王蕴藉。"(《曲论》)王世贞亦云:"敬夫与康德涵,俱以词曲名一世,其秀丽雄爽,康大不如也。"(《艺苑卮言》)他们的着眼点全在曲词,若就文学作品反映生活的广阔及其现实意义而论,则王九思的成就不及康海远矣。然而从艺术特点看,他们确是有迭宕和蕴藉、古朴和秀丽的区别。

二、徐渭及其剧作

康海、王九思之后,杂剧又衰落下来,演唱者极少,而熟谙者更稀,到万历年间已成绝响。据沈德符说:嘉靖、隆庆间,度曲知音者有松江何元朗,"所唱俱北词,尚得金元遗风"(《顾曲杂言》)。又有南教坊顿仁"尽传北方遗音,独步东南"(《顾曲杂言》)。还有张野塘以"北曲擅场"和马四娘带其家女郎演化西厢等。但是,他们大都流落、死亡或秘不传授,以致"北词几废"。北剧衰亡的原因,在于它已成为文人案头之作,不能上演,脱离了群众,又兼体制过严,腔调古奥,不能反映火热的现实生活,不得不为新兴的以优美的昆腔演唱能反映现实生活的传奇所压倒。但是,杂剧并不甘于死亡,它内部正酝酿着变化,它突破了自己许多局限,吸收了南曲的许多优点,以适应现实的要求。这种变化在曲调方面始于王骥德,吕天成谓王骥德"自尔作祖,一变剧坛"(《曲律》卷四)。王骥德完全用南曲作杂剧,确是一项创造。在其他方面也有变化,如打破了杂剧的成规定律,可以南北合套,像叶宪祖的《团花扇》;突破杂剧每本四折的体制,每本可以一二折至六七折不拘,像徐渭的《四声猿》等;"楔子"的功用也不作为故事情节的补充,而犹如传奇中的"家门",用以概括全剧的剧情,像汪道昆的《大雅堂》。经过演变后的杂剧,确是呈现出一个新面貌,使南北曲更趋向合流，把即将衰亡的杂剧挽救回来，并向前推进，使这种文学体裁还能发挥一定的社会功能。这一时期的代表作家是徐渭。

徐渭字文长，号青藤，又号天池，浙江山阴人，生于正德十六年（1521），卒于万历二十一年（1593），活了七十二岁。他工诗文、善书画，性格狂傲，行为偏激，壮年在浙江总督胡宗宪幕下做书记，但不以总督为尊，戴敝乌巾，穿褴褛衫，直闯入门，奋袖纵谈。胡宗宪被杀，他怕被牵累而逃遁。后因杀害妻子下狱，承同乡张允忭救出，回乡后与世绝交，以卖诗文糊口，困顿老死。所作杂剧四种，名《四声猿》，又有曲学著作一种，即《南词叙录》，对戏曲理论研究有参考价值。

《四声猿》即《狂鼓史》、《玉禅师》、《雌木兰》、《女状元》。

《狂鼓史》写祢衡骂曹的故事。从曹操逼献帝迁都杀死伏后，直骂到筑铜雀台分香卖履，把他的罪恶一层层地揭示出来，慷慨激昂，痛快淋漓。祢衡那种凛冽的性格表现得十分突出，如：

> 〔葫芦草混〕你害生灵呵，有百万来的还添上七八。杀公卿呵，那里查借厫仓的大斗来斛芝麻。恶心肝生就在刀枪上挂，狠规模描不出丹青的画，狡机关我也拈不尽仓猝里骂。……

祢衡对曹操的辱骂，实际上是作者对当朝显贵权奸的辱骂。作者在处理这个题材时，把它放在冥府里，最后让祢衡升天，曹操入狱，更显示出其鲜明的思想倾向。全剧仅一折，而戏剧冲突表现得特别尖锐和集中。这出戏对后代的影响，有昆曲《骂曹》和京剧《击鼓骂曹》。

《玉禅师》写玉通和尚因未去参见新任府尹柳宣教，为柳宣教所忌恨,便派妓女红莲去诱惑他破了戒。他悔恨之极,要报仇,遂托生为柳宣教的女儿,也做娼妓,以破坏他的家风。后来又为月明和尚点化,出家成了正果。这本戏是糅和元杂剧《月明和尚度柳翠》和张邦畿《侍儿小名录》中之红莲故事而成。其中有意义的是揭露府尹的凶恶面貌和卑劣企图,其他便没有什么价值。结构前后分两折,前一折写和尚被妓女破戒,后一折写和尚度妓女,重点突出月明和尚向柳翠说法一段哑剧,这段描写很有意义,可以使我们看到明代哑剧的表演样式。

《雌木兰》写木兰从军,《女状元》写黄崇嘏状元及第。两本戏的共同思想倾向是歌颂女子的非凡才能、武艺、智慧和力量。她们虽是女流,却能干一番有益国家的大事,像花木兰之为国立功,黄崇嘏之善理朝政,都为女流吐气。这种对女子的赞扬在男尊女卑的封建社会是有积极意义的。但是,这两本戏都有浓厚的才子佳人气味,现实性不强。

徐渭的《四声猿》,以《狂鼓史》成就最高,其他三本虽然也反映了一定的现实生活,但不深刻。在艺术上,结构都很完整,题材处理也集中,曲词奔放,幻想离奇,诙谐成趣。用曲或南,如《女状元》;或北,如《雌木兰》,挥洒自由。但情节处理不够自然合理,许多关节令人有捏合之感。前人对他的剧作评价很高,如王骥德颂扬为“天地间一种奇绝文字”(《曲律》卷四),陈栋评其曲词“如怒龙挟雨,腾跃霄汉。千古来不可无一,不能有二”(《关泷舆中偶忆编》)。这都是过誉之词,不足凭信。

《四声猿》对后代的影响,有洪昇的《四婵娟》出现,又桂馥的《后四声猿》则是对它的摹拟之作。

三、徐复祚、陈与郊等及其剧作

徐复祚字阳初，号暮竹，江苏常熟人，约生活在万历年间。他学问渊博，工词曲，有《红梨记》、《霄光剑》两本传奇和《一文钱》一本杂剧传世。但其传奇所描写的不如杂剧的意义深刻。《一文钱》是嘲讽守财奴卢至的贪婪、吝啬，他"富比王公，财如山积"，却不肯满足家中人的吃穿，使"妻儿老小日日冻馁"。他对自己也十分刻薄，饿了不舍得买吃的，却用捡来的一文钱买几粒芝麻充饥。他的思想行为如此的可笑、可悲。他曾说："孔方是我命根。"他的生活目的就是为了钱。家里人忍受不了他的盘剥，起来反抗，骂他是"悭鬼"，并且不承认自己是"悭鬼的妻室"和"悭鬼的掌家"，把他赶了出去，又由西天帝释把他的财产散发给贫苦的人民。这就更深刻地显示了作品的思想意义。但作者对作品所显示的客观内容作了错误的解释，认为卢至之贪婪是阿罗汉贪心未净，被降至下方，最后又被点化出家。这就减弱了作品的真实性。作者在描写卢至之吝啬时，运用了夸张的手法，具有鲜明的讽刺意味。

陈与郊字广野，浙江海宁人，万历间进士。他作有杂剧三种，即《昭君出塞》、《文姬入塞》和《义犬记》，而以《出塞》、《入塞》两姊妹篇最好。《出塞》不写昭君死，写她出玉门关即止。《入塞》也不写其他情节，只写文姬别子一场，至玉门关而止。都采取她们故事中的关键部分，仅以一折戏，表现得十分集中简洁，没有一笔冗杂的叙述。两本戏都反映了因统治者的昏庸无能，边关失和，给妇女造成的悲剧。其中描写了两个女子的高尚民族气节和强烈的家国观念。王昭君辞别汉宫阙时，不愿将"征袍生改汉宫妆"，并且"伤心怀汉壤"，但她不得不遵命牺牲自己远离故国。她的愁、恨、悲伤和痛苦集中地表现在这一刹那。她在痛苦之极，咒骂当时的文武百官，他们无力抵御敌人，反以一个女子来换得自己的安乐："保亲的像李左车，送女的似萧丞相。"这就不仅表现了民族气节，也揭露了当朝的官僚们在敌人面前的奴颜卑膝。

蔡文姬是在战乱中落于左贤王帐下的，曹操因为她是绝代儒宗蔡中郎之女，便以重金赎她回国。她一方面很高兴，一方面又很痛苦，由于她舍不得抛下生于异乡的儿子。全本戏都是写她母子生离死别的情景：

> 〔青衲袄〕我待把孽根儿抛弃者，泪珠儿揾住些，争奈母子心肠自盘蓝。也知道生得胡儿羞汉妾，话到舌尖儿又待说又软怯，待要歇怎忍歇。一寸柔肠便一寸铁，也痛的似痴绝。
>
> ……
>
> 〔旦小旦作哭介〕天那！
>
> 〔尾声〕一声痛哭咽喉绝，蘸霜毫把中情曲写，便是那十八拍胡笳还无一半也。

通过蔡文姬与儿子生离死别的描写，揭露了造成这一悲剧的社会根源，即混乱的军阀战争和统治阶级对妇女的掠夺。

这两本戏的曲词特色都淳朴自然、悲壮凄楚，最足以表现这两个人物深沉悲痛的情感，使她们一举一动都真切动人。

在创作上，陈与郊显然受前人马致远《汉宫秋》和蔡琰《悲愤诗》的影响，并吸取了他们的创作经验。尽管总体上看这两篇作品还不如《汉宫秋》和《悲愤诗》成就高，但在表现生活的简括集中方面却为前者所不及。由于这两本戏在创作上有简括集中的特点，今天舞台上取法之有《昭君出塞》、《文姬归汉》剧目的演出。

此外,王衡有《郁轮袍》、《真傀儡》、《没奈何》之作。《郁轮袍》最好,写王维不满现实而归隐的事。抨击了科举制度的腐败、官场的黑暗,批判了功名利禄观念,有现实意义。汪道昆有《洛水悲》、《高唐梦》、《远山戏》、《五湖游》四种,主要写风韵之情。孟称舜有《死里逃生》和《桃花人面》,前者批判和尚的丑行,后者主抒情。再有许潮、叶宪祖、沈自征、茅维诸人之作,成就都不如以上诸家,故从略。

第四节　小　说

明代小说在宋元话本的基础上发展起来,形成极其繁荣的局面。其题材包括历史演义、英雄传奇、神魔故事、人情世态和市民生活等,创作过程由集体编撰到个人著述,既有长篇,也有短制,内容由演述历史,到面向现实人生。《三国演义》、《水浒传》、《西游记》、《金瓶梅》等,即具体地体现了这种演变。

一、罗贯中及其《三国演义》

(一)《三国演义》作者及其创作

《三国演义》是我国文学史上最早的长篇历史演义小说,它的出现揭开了我国长篇章回小说的序幕。作者罗贯中,名本,字贯中。贾仲明《录鬼簿续编》说他:"太原人,号湖海散人,与人寡合。乐府、隐语,极为清新。与余为忘年交,时遭多故,各天一方,至正甲辰复会,别来又六十余年,竟不知所终。"他大约生活在元顺帝脱欢帖木尔和明太祖朱元璋统治的时代,"时遭多故"正是这个时代的特点。明朝人说他曾"有志图王"，又和农民起义军张士诚有关系，也可见他的人生抱负和思想倾向了。可能他晚年去做"湖海散人"，专心致志于小说、词曲的创作吧。

罗贯中是一位卓越的通俗小说家，他的小说除《三国志通俗演义》之外，还有《隋唐志传》、《残唐五代史演义》、《三遂平妖传》等。他兼作词曲，所作杂剧今天知道的有《赵太祖龙虎风云会》、《三平章死哭蜚虎子》、《忠正孝子连环谏》三种，曲词"极为清新"。

《三国演义》是他最成功的作品。这部书在史料方面是根据晋陈寿《三国志》和刘宋裴松之《三国志注》，并参考《后汉书》、《晋书》、《世说新语》、《太平广记》等史传、佚闻创作成功的，在思想倾向上，主要是在民间戏曲、平话的基础上加工、丰富、提高的。《三国演义》成书之前，三国故事已经广泛地在民间艺术中扮演流传，早在唐末李商隐《骄儿诗》就记载当时儿童观看参军戏的表演："或谑张飞胡，或笑邓艾吃。"可见张飞、邓艾已具有鲜明的形象。到了北宋时期，三国故事则发展成说话人的专题，并出现了"说三分"的专家霍四究（《东京梦华录》）。而且影戏也表演三国故事了，"或采其说，加缘饰，作影人"（《事物纪原》）。至于思想倾向，据苏东坡《志林》记载："王彭尝云：'途巷中小儿薄劣，其家所厌苦，辄与钱，令聚坐听说古话。至说三国事，闻刘玄德败，频蹙眉，有出涕者；闻曹操败，即喜唱快。'以是知君子小人之泽，百世不斩。"尊刘抑曹的倾向已经形成。元代三国故事流传更加广阔，现存七百三十多种元剧的剧目中，三国戏约占四十种之多。平话则有元至治新安虞氏刊本《全相三国志平话》，其内容始于桃园结义，终于孔明病殁，主要写蜀国的事例。文笔粗俗，词不达意，错字连篇，文学价值不高，但在小说发展史上却有重要地位。《三国演义》的基本轮廓已经具备了。三国故事就是如此经过民间艺人不断加工、丰富起来的,罗贯中就在这样深厚的群众艺术的基础上创作了《三国演义》。

罗贯中采取了戏曲、平话中的许多情节和思想倾向,但汰除了其中的鄙谬的文辞、荒诞的渲染,又考校国史,搜罗佚闻,扩大了三国故事的社会内容,把三国时代纷乱的历史按年代、事件、人物,有层次地组织起来,反映了一个时代的全部面貌,表现了卓越的艺术天才。

罗贯中对《三国演义》创作的功绩不容抹杀,他把原来的民间艺术创作不知提高了多少倍!五百多年来流传的《三国演义》,为群众喜爱的《三国演义》,都是罗贯中的本子。其后虽然出现了几十种《三国演义》的刻本,也都是在罗本的基础上刊行的。即使像清朝毛宗岗对《三国演义》进行了一番增删和修饰,与今天保存最早的接近罗贯中原本的弘治甲寅刻本《三国志通俗演义》比较,除了一些史实的重要辨证外,也不过如鲁迅所指出的:"一者整顿回目,二者修正文辞,三者削除论赞,四者增删琐事,五者改换诗文。"(《中国小说史略》)基本上保存了罗本的原貌。毛本后来的广泛流传,也应当看作是罗贯中创作的影响。

罗贯中写《三国演义》,"盖欲读诵者人人得而知之,若诗所谓里巷歌谣之义也"(弘治本庸愚子序文)。事实证明,《三国演义》对群众产生深远的影响,群众热爱《三国演义》,通过阅读《三国演义》,熟识了历史,培育了自己的是非、爱憎观念。

(二)《三国演义》的倾向性

《三国演义》描写的是从东汉灵帝刘宏中平元年(184),到晋武帝司马炎太康元年(280)凡九十七年的历史。作者根据历史创作,在基本史实方面与历史是一致的,但个别细节、故事又与史实不符合,这是由艺术创作的特点决定的。艺术创作要求通过其特殊的功能反映和概括生活,把社会、历史生活集中起来加以提炼,使它更具典型性,更带普遍意义。所以,《三国演义》虽然取材于历史,但经过艺术创作却表现出比史传更鲜明的倾向性,更强烈的爱憎感情,它揭示了三国时代历史现象的本质、社会矛盾的特点和规律。

《三国演义》反映了一个错综复杂地矛盾着的时代。从阶级关系来说,它反映作为封建社会基本矛盾的封建统治阶级和广大人民的矛盾,同时更主要地反映了封建统治集团之间的矛盾,以及这些矛盾之间的互相渗透和转化。作者并没有把历史现象简单化,而是准确地概括出经过迂回曲折的矛盾而导致统一的历史发展趋势。

《三国演义》开篇即揭露了封建社会的基本矛盾——封建统治阶级和广大人民的矛盾,揭露了封建统治阶级的腐败、昏庸、贪佞造成的社会的总危机。在他们的统治下,人民生活无着,生灵涂炭,如云:“是年蝗虫忽起,食尽禾稻。关东一境……人民相食。”(十二回)又云:“是岁大荒,百姓皆食枣菜,饿殍遍野。”(十三回)这类描写何止一处!“以致天下人心思乱,盗贼蜂起”(一回)。暴发了以张角为首的轰轰烈烈的农民起义。伴随着农民起义出现的则是军阀割据、群雄逐鹿,以及他们对广大农民的杀戮与镇压。董卓就曾引兵出城,见“村民社赛,男女皆集”,便“命军士围住,尽皆杀之,掠妇女财物,装载车上,悬头千余颗于车下,连轸还都,扬言杀贼大胜而回”(四回)。他将“北地招安降卒数百人”,“或断其手足,或凿其眼睛,或割其舌,或以大锅煮之。哀号之声震天”(八回)。揭露了封建统治者之凶残和广大人民的悲惨遭遇。这虽然不是《三国演义》主要的思想倾向，却是封建社会最基本最本质的现象。

《三国演义》的倾向性最突出地表现在三分鼎立之势的形成，也即是"尊刘抑曹"、"帝蜀寇魏"，对东吴则肯定其联蜀反魏和保持中立的立场，批判其联魏反蜀和对蜀采取旁观的态度。作品虽然写的是魏、蜀、吴三个政治集团的斗争，但从斗争的对立面看，主要是魏与蜀。魏与蜀代表两个绝然不同的政治势力，在政策路线上也鲜明的对立着，刘备曾说："操以急，吾以宽，操以暴，吾以仁，操以谲，吾以忠，每与操相反，事乃可成。"（六十回）就是对曹、刘政策路线的概括说明。作者明显的于刘备集团中渗透了自己的经历和爱好，寄托了自己的理想和抱负，把曹操集团作为残暴的代表，体现了对封建社会凶恶、诡诈势力的批判。

《三国演义》反映了长期混乱社会中人民希望统一的愿望。所谓"天下大势，分久必合，合久必分"。这虽然是错误地以循环论解释历史变化，但也说明作者对纷乱的社会历史发展规律的积极探索精神。作者分析历史之"治""乱"现象说："自高祖斩蛇起义，诛无道秦，是由乱而入治也；至哀、平之世二百年，太平日久，王莽篡逆，又由治而入乱；光武中兴，重整基业，复由乱而入治；至今二百年，民安已久，故干戈又复四起；此正由治入乱之时，未可猝定也。"但是，人民都想"斡旋天地，补缀乾坤"（三十七回），刘备到处寻访贤者，"求安邦定国之策"，正反映了这种要求，反映了广大人民久乱思治的思想情绪。所以，刘备集团不仅寄托了作者的理想和抱负，也表达了广大人民的政治希望。人民希望实行仁政，并把这种希望寄托于圣君贤相，希望圣君贤相以仁政、美政反对封建统治阶级如曹操等推行的暴政、恶政。他们反对压迫、剥削，可是拥护仁义之君。这是历史事实。所以,《三国演义》中的许多英雄人物如刘备、关羽、张飞、诸葛亮等,虽然都属于统治阶级,他们的作为却是广大人民现实斗争要求的反映。

《三国演义》的中心内容是歌颂英雄人物,歌颂这些人物的勇敢、谋略和智慧,描写他们出现于汉末政治黑暗、农民起义蜂涌、社会矛盾极其尖锐、广大人民要求变革现实的历史潮流中。这些人物尽管名义上或者帝室之胄,或是将门之后,实际上都出身微贱。他们都有雄心壮志,都企图完成一番宏伟的事业。刘备幼年曾立在房前一株冠如车盖的大树下,戏曰:"我为天子当乘此车盖!"(一回)曹操幼年曾被人称赞之曰:"天下将乱,非命世之才不能济。能安之者,其在君乎?"(一回)我们不禁联想起古代许多英雄豪杰的行迹,刘邦尝于咸阳看见秦始皇,喟然太息:"大丈夫当如此也!"(《史记·高祖本纪》)项羽见到秦始皇则说:"彼可取而代之!"(《史记·项羽本纪》)陈涉初起事号召群众:"王侯将相宁有种乎?"(《史记·陈涉世家》)曹操当关羽温酒斩华雄时,反驳袁术以贵贱论赏说:"得功者赏,何计贵贱乎?"(五回)这种豪迈的英雄气概,在我国历史上有深远影响,它激励着人们改变现实的心愿和要求。《三国演义》歌颂的英雄人物不仅限于西蜀一方,对吴、魏两方的一些英雄将相也各予以不同的赞扬,如对孙权、周瑜、鲁肃、陆逊和张辽、徐晃、邓艾、司马懿等的才智、仁勇的描写。作者这样描写并不抹杀"尊刘抑曹"的倾向性,恰巧说明在动乱的历史时代中,社会斗争经验培育了他们,使他们应时运而形成群雄逐鹿的政治局面。

《三国演义》歌颂英雄人物的同时,表现了浓厚的正统观念。这种历史观念,当然属于封建主义范畴,属于封建主义思想体系。但是,我们不应当只看表面现象,而要看这种思想形式所体现的具体内容。很明显《三国演义》所拥护的不是昏庸的桓帝和灵帝，也不是"汉室宗亲"刘表和刘璋，而是织草鞋出身的"皇叔"刘备，推车出身的关羽，卖肉出身的张飞、村野耕夫诸葛亮等，赞美他们正直、仁爱的性格，宽厚爱民的政治措施。他们以正统自居，这是历代统治王朝惯用的巩固自己政权的手段。历代王朝都以自己为正统来号召群众，以求定一尊于天下。为了达到这一目的，往往从历史上加以论证，三国之后，长期以来帝魏寇蜀和帝蜀寇魏的争论，便是这一问题的反映。

《三国演义》的作者当然不能摆脱这类传统观念，问题在于他在传统观念之中有改变现实的要求，即藉旧的思想形式来赞美新的斗争，藉理想人物来鞭挞现实，批判黑暗政治。

《三国演义》用很多笔墨描写"义"、歌颂"义"。"桃园结义"自然是歌颂"义"的集中表现，但还不止于此，《三国演义》把"义"扩大到刘备整个政治集团，在某种意义上讲，"义"成为这个集团的组织原则。这种"义"的特点即"情同手足，恩若兄弟"，是人与人之间倾诚知己、平等相待的关系。其内容即"同心协力，救困扶危，上报国家，下安黎庶"（一回）。人们是为这一共同目的所组织起来的。这种结义方式在当时农民和城市市民中流传极为广泛，通过文学作品反映出来的有《大宋宣和遗事》、《三国志平话》话本和《刘关张桃园三结义》杂剧等。罗贯中摄取了民间创作题材，概括了生活的真实，反映了农民和小手工业者理想的君臣关系和他们纯朴的民主思想。他们有共同的结义目的，当其中有人违背了这一目的，就会受到人们的批判。关羽被东吴杀后，刘备、张飞舍伐魏的国仇，改报东吴的私仇，赵云、孔明、秦宓极力劝谏。赵云说："汉贼之仇，公也；兄弟之仇，私也。愿以天下为重。"孔明说："陛下初登宝位，若欲讨汉贼，以伸大义于天下，方可亲统六师。"

秦宓说："陛下舍万乘之躯，而徇小义，古人所不取也。"（八十一回）刘备终不采纳，而一意孤行，结果惨败。显然，作者怀着沉痛的心情对舍公就私者予以深刻的批判。

《三国演义》是一部伟大的历史悲剧，它描写了三国时代将近一个世纪政治、军事斗争，通过许多正面英雄人物寄托了广大人民的希望和理想。结果这班英雄人物关羽、张飞、刘备、孔明都相继死亡了，人民的理想也因之破灭。作者对这般人物的死寄予极大悲悼和哀伤，终究也不能挽回这一历史的命运。人民希望行仁政的西蜀统一中国，现实与他们的希望相反，统一中国的恰恰是行暴政的西晋司马炎，广大人民又归于残暴的统治之下，这是历史必然的要求与这个要求实际上不可能实现之间的悲剧。

（三）《三国演义》中的重要人物

《三国演义》中的许多人物几百年来在人民群众中产生深远影响，他们性格的某些特征已经在群众生活土壤中扎根。人民习惯称粗莽者为张飞，称智勇双全者为黄忠，称富有智慧者为诸葛亮，称奸诈者为曹操，称昏庸无能者为阿斗，称浑身是胆者为赵子龙……这都说明《三国演义》中许多人物的高度概括性和充分典型化。

《三国演义》中被人们谈论最多的莫过于刘备、关羽、张飞三人，"桃园三结义"是人们最喜闻乐道的故事，也是《三国演义》一书的起点。但是，他们的思想性格却有很大的不同。

刘备是西蜀的领袖，被称为天下枭雄，足智多谋，人们把他与《水浒传》中的宋江相比。其实，我们若不从字面上看，而从作品艺术形象表现看，他虽有一定的智谋，但才略并不高，而比较平庸，如其说像《水浒传》中的宋江，倒不如说与《西游记》中的玄奘更接近。这可能是出乎作者主观意料之外的,但作品的客观表现确是如此。他比较宽仁爱民,有悲天悯人的心肠,是一位仁义之君,"携民渡江"一回集中描写这一方面。刘备自新野败退,曹兵追急,诸葛亮劝他弃樊城而去,他则说:"奈百姓相随许久,安忍弃之?"众百姓也齐声大呼:"我等虽死,亦愿随使君!"于是扶老携幼,号泣而行,将男带女,哭声连天。刘备望见大恸:"为吾一人而使百姓遭此大难,吾何生哉!"但是怎样挽救人民的苦难? 他却毫无办法,只能节节败退。他很重义气,陶谦因年迈,再三要把徐州让给他,他坚决不受,唯恐"天下将以备为无义人矣!"(十一回)博望坡火烧曹军之后,料定曹军必来报仇,诸葛亮劝他趁刘表病危,取荆州安身,他则说:"吾宁死,不忍作负义之事。"(四十回)他入西川,庞统劝他杀刘璋而代之,他认为此乃"上天不容,下民弃怨"(六十回)。这些正当他处于势孤力弱、却又没有办法和策略应付危难困境时的表现,更显示出他笃守仁义的精神。他深通军事,但却打了一辈子败仗。猇亭一战,被陆逊火烧营寨七百里,大伤元气。刘备就是这样一位既重恩信又极平庸的仁义之君。他一生的事业,完全赖于诸葛亮的辅助,不然则将一事无成。

关羽这个人物,程昱评论说:"傲上而不忍下,欺强而不凌弱;恩怨分明,信义素著。"这是对他思想性格准确的概括。他一出现就自我介绍说:"因本处势豪,倚势凌人,被吾杀了,逃难江湖,五六年矣!"(一回)就显示出他性格的光彩。他毫无奴颜媚骨,气节高尚,即使在兵败穷途时,也傲骨磷磷,坚贞不屈。人们经常责备他曾投降曹操,其实,他是为了不负兄弟之盟,不负皇叔之托,不负共扶汉室之誓,才这样做的,他确是身在曹营心在汉,当他听到刘备的消息后,便不顾曹操对他多厚的礼遇,挂印封金而去,这恰恰表现了他的大义。联系到他败走麦城时的情况,孙权令诸葛瑾劝其投降,他则说:"玉可碎而不可改其白,竹可焚而不可毁其节。"(七十六回)也可以见其高尚的气节。

关羽讲信义、明恩怨,受人之恩必报的观念,属于封建主义思想体系,但比封建社会那般忘恩负义者的行为,总是好的。所以,作者对他的恩义行为热烈地赞扬,甚至对他在华容道把曹操放了,也没有微辞,并且令人感到乃是他思想性格发展的必然结果。作者把这个英雄人物理想化了,鲁迅说:"唯于关羽,特多好语,义勇之概,时时如见矣。"(《中国小说史略》)作品中几个场面,如"温酒斩华雄"、"诛文丑斩颜良"、"挂印封金"、"过关斩将"、"单刀会"、"刮骨疗毒"等,描写了这一人物的英勇气概,其威武形象栩栩如生。作为一部现实主义作品,《三国演义》不但对关羽予以热烈的歌颂,而且对他也有所批判,批判他思想行为的某些缺点。他高傲而不甘居人下,刚愎自用。刘备领益州牧,封马超为征西将军,他立刻令关平送信去云:"知马超武艺过人,要入川来与之比试高低。"(六十五回)又当刘备进汉中王位,封黄忠为"五虎大将",他大怒曰:"黄忠何等人,敢与吾同列,大丈夫终不与老卒为伍!"(七十三回)作者未正面表态,只是客观地叙述,而严峻的批判精神即寓其中。此即《三国演义》现实主义的艺术威力。

张飞是李逵类型的人物,是农民和手工业者的典型。他粗爽、朴直而勇敢,在他身上嗅不到一点点虚伪和诡诈的气味,一切都是那样纯真和朴实。他有强烈的疾恶如仇的精神,但并非由于对问题自觉的认识,而完全是出于农民本能的直觉。如他想杀押解卢植的军人,想杀董卓,怒鞭督邮,都出于一种正义感,好像与封建社会一切不平的现象势不两立,看他怒鞭督邮一段的神态:

　　却说张飞饮了数杯酒,乘马从馆驿前过,见五六十个老人，皆在门前痛哭。飞问其故，众老人答曰："督邮逼勒县吏，欲害刘公；我等皆来苦告，不得放入，反遭把门人赶打！"张飞大怒，睁圆环眼，咬碎钢牙，滚鞍下马，径入馆驿，把门人那里阻挡得住，直奔后堂，见督邮正坐厅上，将县吏绑倒在地。飞大喝："害民贼！认得我么？"督邮未及开言，早被张飞揪住头发，扯出馆驿，直到县前马桩上缚住；攀下柳条，去督邮两腿上着力鞭打，一连打折柳条十数枝。

这种行为正反映了被压迫人民反抗的火焰。可是，张飞的反抗斗争往往表现出盲目性，不分析具体情况，一味横冲直闯，对待自己部下也极粗暴。如在徐州时，他不顾后果抢了吕布的马，引起了吕布围攻小沛，使兄弟三人无立锥之地。他为兄长报仇，喝令部下三天内制白旗白甲，三军挂孝伐吴。有要求宽限者，他则"叱武士缚于树上，各鞭背五十"。结果反被两员将领害了自己性命。这种盲目性，缘于农民和手工业者个体生产方式，限制了他的认识，不可能有明确的斗争目标。不过，无论如何张飞是个可爱的人物，他的粗莽往往表现了他的纯真。刘备不辞劳苦地三请孔明，他却说："量此村夫，何足为大贤？今番不须哥哥去；他如不来，我只用一条麻绳缚将来！"（三十八回）他也善用计谋策略，那恰足以表现他的朴实。新野败后，曹兵追急，刘备等踉跄而逃，他见桥东有一带树木，立生一计："教所从二十余骑，都砍下树枝，拴在马尾上，在树林内往来驰骋，冲起尘土，以为疑兵。"（四十一回）真是快人快事，果然生效，吓退敌兵。有名的大闹长坂桥成为千古流传的佳话，是对张飞这个人物的真实写照。

诸葛亮和曹操是《三国演义》中着笔最多、描写最成功、最中心的两个人物。《三国演义》中所写两个政治集团——魏与蜀——的斗争，主要是通过诸葛亮和曹操体现的。而诸葛亮则是更核心的人物,全部《三国演义》所写的政治斗争都贯彻着诸葛亮的政治路线。虽然诸葛亮三十七回才出现,一百零四回即死去,但在他出现之前对他已经有所烘托。司马徽说刘备"左右不得其人","关、张、赵云,皆万人敌,惜无善用之人"(三十五回)。便引出徐庶,徐庶被曹操诈以母亲书信相召,远去许昌,即另荐贤者。这都是对诸葛亮出现的烘托。诸葛亮死后,传兵法给姜维,姜维"深得孔明之法",九伐中原。写姜维也是写诸葛亮。诸葛亮是贯穿全书的人物,说《三国演义》的核心是写诸葛亮,并不为过。

诸葛亮是一个卓越的政治家和军事家。他自比管仲、乐毅,深通经济、韬略,能"运筹帷幄之中,决胜千里之外",虽隐居山林,对天下大势却了若指掌,隆中决策,奠定了三分鼎立之势,明确了自己一生的政治路线。

诸葛亮具有丰富的政治斗争和军事斗争经验,并具有超人的聪明和才智,头脑冷静,善于观察、分析问题。每次作战,他都根据对敌我双方力量的分析制定自己的战略计划。隆中决策一段精辟的议论不必说,赤壁之战以前,过江说服孙权抗曹,纵谈时势,分析情况,提出孙、刘联合共同抗曹的主张,唇枪舌剑,气势磅礴,显示了高度的雄辩才能。他极其反对那些高谈阔论不务实际的人物,"舌战群儒"一节集中批判了那些满腹经纶而无一实策的人物:

> 寻章摘句,世之腐儒也,何能兴邦立事?且古耕莘伊尹,钓渭子牙,张良陈平之流,邓禹耿弇之辈,皆有匡扶宇宙之才,未审其生平治何经典——岂亦效书生区区于笔砚之间,数黑论黄,舞文弄墨而已乎?

他在施政方面也表现了非凡的政绩,他立法有度,信赏必罚,所治之区,风化肃然,民乐为之用。入蜀之后,针对刘璋的暗弱,定出施政方针:"威之以法,法行则知恩;限之以爵,爵加则知荣。恩荣并济,上下有节。为治之道,于斯著矣。"(六十五回)使西蜀人民忻乐太平,路不拾遗,夜不闭户。在军事上,他水战、陆战都很擅长,特别惯用火攻,如火烧博望坡、火烧新野、火烧赤壁等,都以火攻战胜了敌人。他始终根据具体的对象确定战术,如对西南的孟获采取攻心,对陕甘的司马懿则采用攻城,向来不用永久不变的战略战术。

诸葛亮这一形象的总特点,即长于实事求是地分析问题、应付问题、利用矛盾、解决矛盾。司马懿称其"一生唯谨慎",就是说他不做未经过分析的冒险工作,不做没有把握的事。诸葛亮这个典型概括了我国人民长期的丰富斗争经验,概括了我国人民的才情和智慧。在他身上虽然沾染了不少神仙巫术色彩,以至于"多智而近妖"(《中国小说史略》),但这个人物最生动最深刻的艺术表现却不是神仙境界中的魔术师,而是现实生活的人,是一个实践家。

与刘备这一宽仁爱民的仁义之君相反,曹操则是一个诡诈、多疑、机变、凶狠的封建统治者。他是一个政治野心家和阴谋家,有无穷的贪欲和权势欲。与董卓之一味凶暴、袁绍袁术之"虚有其表"不同,而是雄才大略,有封建统治者的政治才干,他集中了历代统治者统治经验之大成,是这个阶级的权术、欺诈、残忍最深刻最丰富的典型。

作为一个被批判的反面人物,曹操在《三国演义》中不是一开始就形成的,而是在他"移驾幸许都",挟天子以令诸侯之后。到三分鼎立之时,随着"尊刘抑曹"倾向的明确化,他的反面人物形象更鲜明了。在此之前,他还主要是一个被赞扬的人物,如他刺董卓,并发檄文号召天下十七镇诸侯共讨董卓,以及发兵攻打挟持献帝、荼毒百姓的李催、郭汜等,无疑都是正义行为。但是,当他掌握

政权之后，却蹈袭了以前统治者的覆辙，因此受到尖锐、深刻的
批判。

　　曹操的人生哲学是"宁教我负天下人，休教天下人负我"（四
回）。他的一生作为都贯彻着这一原则。他幼年时因为要摆脱叔
父的管束，诈称有病，在父亲面前出卖了叔父。他杀董卓未成功，
逃难至吕伯奢家，吕伯奢待他很好，他却心怀疑忌，将吕伯奢全家
杀光。他与袁术作战，军粮将尽，为了稳定军心，却杀仓官王垕，并
说："吾亦知汝无罪，但不杀汝，兵必变矣。"（十七回）他就是这样
一个视人命如草芥的极端利己主义者，为了一己之私，不惜杀尽天
下人。

　　他诡诈、机变，使人莫测高深。官渡之战时，与袁绍相持日久，
粮食已竭，正当紧急之间，袁绍谋士许攸投诚而来，欲献策共破袁
绍。曹操"大喜，不及穿履，跣足出迎。遥见许攸，抚掌大笑，携手
共入，操先拜于地。"许攸扶起问丞相曰："何谦恭如此？"他则说：
"公乃操故友，岂敢以名爵相上下乎！"这种卑躬屈膝的神态，也许
会令人相信他真是诚恳待人。但当共议破袁绍时，他便露出自己
的本相：

> 攸曰："公今军粮尚有几何？"操曰："可支一年。"攸笑曰：
> "恐未必。"操曰："有半年耳。"攸拂袖而起，趋步出帐曰："吾
> 以诚相投，而公见欺如是，岂吾所望哉！"操挽留曰："子远勿
> 嗔，尚容实诉；军中粮实可支三月耳。"攸笑曰："世人皆言孟
> 德奸雄，今果然也。"操亦笑曰："岂不闻'兵不厌诈'！"遂附耳
> 低言曰："军中止有此月之粮。"

对他追一句，答一句，一句真话没有，最后才说出"止有此月之
粮"，可以相信了吧！其实还是诈，许攸大声曰："休瞒我，粮已尽

矣!"曹操愕然:"何以知之?"许攸拿出被袁绍兵截获的他的告急信,他才恳求相助。这对曹操狡猾、奸诈的性格刻画得何其尖锐和深刻!

曹操的欺骗、诡诈手段随时施展。他下令军队凡经过之处不得践踏麦田,违者处斩,自己的马踏坏了庄稼,却以"断发"代首。他镇压了耿纪主持的讨伐自己的暴动,又欲灭其余党,便用立红旗、白旗的骗术,屈杀了许多好人。作为一个统治阶级的典型,它最深的意义还不在此,而在于他的骗术最怕人们揭穿,怕别人窥见自己内心的秘密。杨修戳穿了他在梦中杀死近侍说:"丞相非在梦中,君乃在梦中耳!"(七十二回)又点破了他传"鸡肋"令的用意,他便将杨修杀死。这就更深刻地揭示了他性格的阴毒本质。

曹操这个典型概括了封建统治者一切本质的特征,他的典型化的深度,在于他概括了长期封建社会中广大人民对封建统治者的认识,反映了广大人民对这个暴君的憎恶、鞭斥和批判!作者塑造曹操这个人物,与塑造其他正面人物都具有理想化的倾向不同,而完全是按照生活本来的面貌进行刻画,没有什么夸张,显示出高度的现实主义艺术光芒!

《三国演义》还创造了其他一些人物,像周瑜的足智多谋,鲁肃的忠厚诚朴等。他们虽然也有缺点,像周瑜的心胸狭窄、嫉贤妒能,但从总的倾向看,作者对他们是赞颂的,周瑜不愧是三国时代的英雄。

(四)《三国演义》的艺术成就及其历史意义

《三国演义》的艺术成就是很高的,它最突出的特点是生动、深刻地揭示了封建社会各个政治集团之间的矛盾和冲突,描写了这些矛盾冲突的尖锐性和紧张性。《三国演义》取材于历史,因此不像《红楼梦》那样多成功的生活细节的描写,而是集中写一个时

代的政治斗争。虽然其中也写了一些筵会、婚姻等日常生活，但莫
不与政治有关。《三国演义》中的一切事件、人物、情节都卷入政
治斗争的漩涡，表现一个巨大的社会历史冲突，其声势波澜壮阔，
动人心弦，震人魂魄。如著名的"孟德献刀"一段描写，曹操携刀
入董卓卧室：

> 卓肥大不耐久坐，遂倒身而卧，转面向内。操又思曰："此
> 贼当休矣！"急掣宝刀在手。恰待要刺，不想董卓仰面看衣镜
> 中，照见曹操在背后拔刀，急回身问曰："孟德何为？"时吕布
> 已牵马至阁下，操惶遽，乃持刀跪下曰："操有宝刀一口，献上
> 恩相。"

寥寥数行书，描绘出一个极其紧张惊险的场面。"群英会蒋干中
计"一段，写蒋干奉曹操之命，来说周瑜投降。周瑜预知蒋干来意，
便召集江左英杰与蒋干相见，用先发制人的手段挟持蒋干：

> 瑜告众官曰："此吾同窗契友也。虽从江北到此，却不是
> 曹家说客，公等勿疑。"遂解佩剑付太史慈曰："公可佩我剑作
> 监酒；今日宴饮，但叙朋友交情；如有提起曹操与东吴军旅之
> 事者，即斩之！"太史慈应诺，按剑坐于席上。蒋干惊愕，不敢
> 多言。……瑜佯醉大笑曰："想周瑜与子翼同学业时，不曾望
> 有今日。"干曰："以吾兄高才，实不为过。"瑜执干手曰："大丈
> 夫处世，遇知己之主，外托君臣之义，内结骨肉之恩，言必行，
> 计必从，祸福共之。假使苏秦、张仪、陆贾、郦生复生，口似悬
> 河，舌如利刃，安能动我心哉！"言罢大笑，蒋干面如土色。

同样描写出一幅动人心弦的惊险场面。《三国演义》提炼、强化矛
盾冲突，总是一个连着一个，如关羽"过五关斩六将"，曹操败走华
容道，孔明七擒孟获、六出祁山，都波澜壮阔，起伏升降，最终汇成

一股巨大的潮流,展示了广阔的社会生活面。

《三国演义》中的矛盾冲突,都是通过各类人物表现的,在尖锐、复杂的矛盾冲突中涌现了众多人物。据统计《三国演义》共描写了四百多个人物,几乎和《红楼梦》相等,其描写人物的方法可分以下几个方面:

首先是善于通过揭示人物的内心矛盾来表现人物,表现人物的精神面貌。如孙权,当曹操发檄文要进取江东时,引起东吴和、战两派的斗争,他自己内心也陷入激烈的矛盾之中,究竟是和,还是战? 只是"沉吟不语"、"低头不语",其剧烈的矛盾心情是可以想见的。"须臾,权起更衣,鲁肃随于权后,权知肃意,乃执肃手而言曰:'卿欲如何?'肃曰:'恰才众人所言,深误将军。'"即以可战不可降的道理劝孙权,孙权才长叹曰:"诸人议论,大失孤望。子敬开说大计,正与孤见相同。"但是孙权的战策并未决定,孔明恰来以言相激,他"勃然变色,拂衣而起,退入后堂"。经鲁肃劝解,又"回嗔作喜",出来再与孔明叙话,听了孔明的言论,高兴地说:"吾意已决,更无他疑。即日商议起兵,共灭曹操。"但是,经过主降派张昭等的一番议论,他又狐疑了,因此叫鲁肃"且暂退,容我三思",并"寝食不安,犹豫未决"。最后周瑜来了,力排众议,分析敌情,愿与曹操"决一血战,万死不辞"。他才坚定下来,下了决心,遂拔所佩剑砍面前奏案一角曰:"诸官将有再言降曹者,与此案同!"这段描写篇幅不长,却深刻细微地揭露了孙权在国难当头时犹豫不决的矛盾心境,揭露了他迂回曲折的精神世界,使他的思想形象生动逼真地跃然纸上。

其次是善于抓住人物的某些特征来描写人物,把人物的特征集中突出出来,使人物的精神状态毕现。如关羽的忠义、张飞的粗莽、刘备的仁厚、孔明的智慧等,即使像阿斗在《三国演义》中不是

主要人物,也勾勒出他区别于其他亡国之君的特点。如他投降西
晋后:

> 亲诣司马昭府下拜谢。昭设宴款待,先以魏乐舞戏于前,
> 蜀官感伤,独后主有喜色。昭令蜀人扮蜀乐于前,蜀官尽皆坠
> 泪,后主喜笑自若。酒至半酣,昭谓贾充曰:"人之无情,乃至
> 于此! 虽使诸葛孔明在,亦不能辅之久全,何况姜维乎?"乃问
> 后主曰:"颇思蜀否?"后主曰:"此间乐,不思蜀也。"须臾,后
> 主起身更衣,郤正跟至厢下曰:"陛下如何答应不思蜀也? 倘
> 彼再问,可泣而答曰:'先人坟墓,远在蜀地,乃心西悲,无日不
> 思。晋公必放陛下归蜀矣。'"后主牢记入席,酒将微醉,昭又
> 问曰:"颇思蜀否?"后主如郤正之言以对,欲哭无泪,遂闭其
> 目。昭曰:"何乃似郤正语耶?"后主开目惊视曰:"诚如尊
> 命。"昭及左右皆笑之。(一一九回)

作者未用多少雕饰的笔墨,而阿斗那副昏庸无耻的痴呆相则毕现。

其三是善于通过渲染环境来表现人物,写环境也即写人。"三
顾茅庐"一节表现最突出。诸葛亮居住的卧龙冈,秋天山林秀雅、
潭水澄清、猿鹤相亲、松篁交翠,冬天则"朔风凛凛,瑞雪霏霏"。
诸葛亮厅堂的对联书写着"淡泊以明志,宁静以致远"。诸葛亮其
人未见,而其高洁、恬淡的形象已经出现了。又刘备去邀请诸葛
亮,初见一个容貌轩昂、丰姿俊爽之人,疑是诸葛亮,问之,则诸葛
亮之友崔州平。又见两个白面长须、清奇古貌之饮者,疑其中必有
诸葛亮,问之,则也是诸葛亮之友石广元和孟公威。趋至堂上,见
一少年拥炉抱膝,道貌岸然,又疑是诸葛亮,问之,乃诸葛亮之弟诸
葛均。路上遇见一个煖帽遮头、狐裘蔽体之人,心想"此真卧龙
矣!"滚鞍下马问之,则是诸葛亮的岳父黄承彦。诸葛亮其人未出

现,他的思想、性格、志趣、爱好却全部被烘托出来了,他的高洁不凡令人仰慕,以至越想见到他,越不可能,更显现其人品之高。《三国演义》特别着力于对人物出场时环境气氛的描写,此外,像司马懿的出场、曹操的出场等,都是先声夺人。

《三国演义》描写人物的总特点,即在于能揭示人物的精神面貌,能用简单几笔勾勒出人物的神态,状貌传神。

《三国演义》所写的历史事实,犹如鲁迅所说"事状无楚汉之简,又无春秋列国之繁,故尤宜于讲说"(《中国小说史略》)。作者能够把"宜于讲说"的历史题材条理化,线索分明。作品所写的是三个统治集团的斗争,因此即分三个大线索,体现三个线索的中心人物,前半部是诸葛亮、曹操和周瑜,后半部则是诸葛亮、司马懿和陆逊。三个线索发展的顶端即赤壁之战。赤壁之战是《三国演义》内容的高潮,也是对魏、蜀、吴政治斗争最集中、最精彩的描写。毛宗岗本从四十三回到五十回都是描写这场尖锐斗争的。这一节描写了吴、蜀联合抗魏的主要线索,同时也穿插了吴、蜀矛盾的次要线索。其初,魏要发兵进取东吴,吴国将相战、和两派难决,诸葛亮舌战群儒,战败了东吴的投降派,使孙权、周瑜都决意抗魏。接着,周瑜在三江口偷看曹操水寨,设计先除掉曹操水军都督蔡瑁、张允,蒋干盗书就中了他的计,曹操误把蔡瑁、张允斩首。情节进一步发展,诸葛亮草船借箭,黄盖用苦肉计,阚泽献诈降书,一系列对付曹操的欺骗战术。这还不彻底,又有庞统巧授连环计,使曹操用铁环把江面的船都锁起来。巨大矛盾即将暴发,紧急时刻,周瑜病倒了,诚乃"曹操之福,江东之祸也"。孰料诸葛亮知其病源,乃"万事俱备,只欠东风"。欲借东风来助火焚烧曹船,周瑜听后病也好了,在紧要关头,还写了一段曹操夜晚观赏长江、横槊赋诗的场面,表现他踌躇满志、骄横自纵、势在必胜的神态。

在主要线索之间,还交织着次要线索。战争策略虽然主要是周瑜所谋划,却都超不出诸葛亮的神机妙算,往往在关键时刻又决定于诸葛亮的计谋。周瑜怀恨在心,认为"久必为江东之患",屡次欲谋杀之而未得逞。其间又写曹操自以为得志,夜间见皎月初升,照耀江水,如万道金蛇,翻波戏浪,不禁大笑,又见黄盖果然带十二只船来,以为真降。两条线索便是如此参差错落、时紧时弛,交织在一起,最后形成一场巨大的波澜——火烧赤壁。

《三国演义》的情节即是如此错综曲折而又有条不紊,简洁明快而又丰富多彩,显现一种艺术美。

《三国演义》是用通俗的文言文写成的,"文不甚深,言不甚俗",正是它的语言特点。作者罗贯中把所采集的三国史料原文加以提炼、通俗化,并简洁、健康和纯朴,富有表现力。衡量一部文学作品语言成就的高低,不在于文言或白话,而在于其概括社会生活的深度和广度,在于其表现生活的能力。《三国演义》之后产生了不少历史通俗演义,大都用白话文写成,但不如《三国演义》之受群众欢迎,原因自然是多方面的,语言之芜杂不能不是一个重要因素。

《三国演义》的写成是我国小说发展过程中的一件大事。在它之前虽然也出现了一些说话人用的底本——话本,但其社会功能不在于让人们阅读,而是作为讲唱时的依据,严格讲还不能算作小说。真正意义的通俗小说应该从《三国演义》开始。《水浒传》一般认为是与《三国演义》同时之作,事实上比《三国演义》晚出,这从其中许多人物在精神面貌上对《三国演义》有所借鉴可以为证。如吴用之于诸葛亮,朱全之于关羽,李逵之于张飞,吴用又称吴加亮,朱全又称美髯公,甚而刘、关、张桃园结义型的兄弟关系,也明显地给《水浒传》中的英雄以影响。《三国演义》的出现,标志着我国通俗小说的正式形成,从它开始出现了大批长篇巨著,许多作者摹拟他写历史通俗演义,以致有二十四史通俗演义的产生。

《三国演义》的重要意义,还在于它普及了历史,把封建社会统治阶级所垄断的"官书""正史",普及到群众中去。虽然其中所写不完全符合历史事实,并曾遭到清人章实斋的指责:"七分实事,三分虚构,以致观者往往为所惑乱。"(《丙辰劄记》)其实这三分虚构正是作者的创造,是作者根据社会现实斗争的虚构,从文艺反映生活的角度着眼,在某种意义上它比原来的历史更真实,褒贬的尺度更严格,更有批判力,所谓"有什佰千万于春秋之所谓'华衮''斧钺'者"(《小说小话》)。因此,人民群众不仅通过它丰富了历史知识,更重要的是提高了自己辨别是非的能力。

《三国演义》是一部兵书,其中也包含着丰富的政治斗争经验,许多战略战术都符合战争发展的规律。《三国演义》也是一部充满智慧的书,其中大部分有关政治斗争,实质上都在斗智。历代人民从其中吸收了无穷的经验和智慧作为自己行动的指南,张献忠、李自成及近代张格尔、洪秀全"攻城略地,伏险设防,渐有机智","皆以《三国演义》中战案为玉帐唯一之秘本"(《燕下乡脞录》卷十)。历代人民也从其中吸收了丰富的营养以充实自己的日常生活,《三国演义》是人民群众生活的教科书。

《三国演义》也有不可抹杀的缺点,即其对农民起义的敌视,诬蔑农民起义为"盗贼"。对作品中所描写的社会现象,往往用阴阳五行、方术符谶等迷信观念加以解释。每当战争冲突不能解决时,便借助神力。这些现象的出现,与作者取材的历史时代密切相关,汉末至三国正是神仙方术特别发达的时期,谶纬之说极其流行,对农民起义的诬蔑,历代史书都如此。显然,作者取材时承袭了这些落后的思想观念,削弱了作品的社会意义和艺术成就。

无论如何,《三国演义》的成就是很高的,明高儒《百川书志》有一段公允的评语:"据正史,采小说,证文辞,通好尚;非俗非虚,易观易入;非史氏苍古之文,去瞽传诙谐之气;陈叙百年,该括万事。"它确是一部具有深刻历史内容的长篇巨制。

二、施耐庵及其《水浒传》

(一)《水浒传》作者及其创作

在《三国演义》稍后,我国文学史上另一部伟大小说《水浒传》产生了。《水浒传》的作者是谁? 历来有很多说法,明高儒《百川书志》说:"忠义水浒传一百卷,钱塘施耐庵的本,罗贯中编次。"这是关于《水浒传》作者的最早记载(嘉靖十九年),因而也最可取。稍后的郎瑛《七修类稿》(嘉靖四十五年)也说:"三国、宋江二书,乃杭人罗贯中所编。予意旧必有本,故曰编。宋江又曰钱塘施耐庵的本。"所谓"的本",应即"真本"的意思。第一条材料说明《水浒传》是施耐庵的真本,罗贯中编次。第二条材料也说是罗贯中编,但又说"予意旧必有本","旧本"是什么? 当即他自己所提到的"施耐庵的本"。又据百回本和百二十回本都题作"施耐庵集撰,罗贯中纂修",则可以肯定《水浒传》的主要作者是施耐庵,罗贯中参加了编纂工作。

与我国历史上某些重要作家的不幸遭遇相同,施耐庵的生平资料大都湮没了,我们知道得很少。据说他生于元成宗元贞二年(1296),卒于明洪武三年(1370),原名耳,字耐庵,祖籍姑苏,三十五岁中进士,在钱塘做过两年官,因"不合当道权贵",弃官退居故乡,从事创作,后又迁居苏北兴化。清人朱骏声在其《如话诗钞》中抄录了他两首诗,题为《成水浒传题后》,原文如下:

> 太平天子当中坐,清慎官员四海分。但见肥羊守父老,不

闻嘶马动将军。叨承礼乐为家世，欲以讴歌寄快文。不学东
南无讳日，却吟西北有浮云。

　　　大抵人生土一丘，百年若个得齐头。扶犁安稳尊于辇，负
曝奇温胜似裘。子建高才空号虎，庄生放达以为牛。夜寒薄
醉摇柔翰，语不惊人也便休。

这两首通俗的七律，其格调与《水浒传》中诗歌的格调是一致的。
第一首表叙他对太平盛世的歌颂，第二首抒发他安贫乐道和完成
《水浒传》之后的心绪。这是今天我们仅见的关于施耐庵的一点
材料。

　　施耐庵撰写《水浒传》是在群众创作的基础上进行的。《水浒
传》成书之前，宋江等的故事已经民间或城市广泛流传，周密《癸
辛杂识续集》记载龚圣与所作宋江三十六人像赞序云："宋江事见
于街谈巷语，不足采著，虽有高如、李嵩辈传写，士大夫亦不见黜。
余年少时壮其人，欲存之画赞。"周密是宋末人，高如、李嵩应当和
他同时，高、李传写，龚圣与作画赞，可见南宋时水浒故事流传的情
况。成书于元的《大宋宣和遗事》话本，是专写水浒故事的，内容
从杨志等押运花石纲起，到征方腊止，杂采《资治通鉴》、《云麓漫
钞》、《宋会要》等书而成。文字粗糙，然水浒故事的初步规模已经
具备。同时，元代以描写水浒故事为题材的杂剧也大量产生，创造
了不少栩栩如生的英雄形象。广大群众和艺人在"街谈""巷语"
"传写""讲唱""表演"中，通过自己的认识和爱好进行不断的创
造。施耐庵即在群众不断创造的基础上加工完成这部巨著的。施
耐庵对这些民间艺术不是简单地整理和编排，而是经过自己天才
的再创造，把原来的故事、题材、典型更提高更理想化了，其中表现
出自己鲜明的个性，特别是后半部流露的对农民起义失败的悲愤
痛苦情绪，显示出这不是一个简单的集合体，而是作者呕心沥血的

成就。

施耐庵之写《水浒传》,并非无目的,而是像司马迁之写《史记》,韩非之写《说难》、《孤愤》,皆"发愤之所作也"(李贽《忠义水浒传叙》)。他目睹元代朝廷的黑暗、统治者的昏庸、政治的腐败、社会的不平,即借《水浒传》以泄胸中之愤。他虽取材自宋代历史,但在处理这些题材,却以他所处的时代生活为根据,融合着他自己的那个时代社会生活,是他那个时代社会斗争的反映。

《水浒传》的版本很多,主要有三种,即郭武定的百回本,杨定见的百二十回本和金圣叹的七十回本。金圣叹本虽然保持了《水浒传》的精华,艺术价值较高,但故事未发展到高潮即结束,毕竟有不完整之嫌。杨定见本最完备,包括受招安后征"四寇",但战争情节重复,关目冗长,艺术技巧拙劣,令人生厌。郭武定本保持了受招安后的悲剧结局,却无田虎、王庆故事过多的枝蔓情节,是最好的本子。

(二)《水浒传》的历史真实性

《水浒传》是一部具有高度历史真实性的作品。这并不因为它是当时历史事件的真实记录,而是由于其艺术形象所反映的丰富社会生活,是它那个具体历史时代人民生活的真实记录。它反映了北宋末年一次巨大的农民革命斗争,反映了这伙农民从起义、建立政权、到攻城略地与官军英勇作战、最后被招安、走向彻底失败的全部历史过程。

宋江等的起义,历史上虽有记载,但《水浒传》作者站在比历史更高的角度来概括这段历史,它所概括的社会内容,不仅在北宋末年,对整个中世纪的社会生活来说,都是高度真实的。宋江等起义的历史背景,可以用方腊起义的原因加以说明,是由于封建剥削的严重,官吏的贪佞,徽宗大兴艮岳,立花石纲之役所引起的。方

勺《泊宅编》记载云:

> 腊有漆园,造作局屡酷取之,腊怨而未敢发。会花石纲之
> 扰,遂因民不忍,阴取贫乏游手之徒,赈恤结纳之。众心既归,
> 乃椎牛酾酒,召诸恶少之尤者百余人会。饮酒数行,腊起曰:
> "天下国家,本同一理。今有子弟耕织终岁劳苦,少有粟帛,父
> 兄悉取而靡荡之;稍不如意,则鞭笞酷虐,至血弗恤。于汝安
> 乎?"皆曰:"不能!"腊曰:"靡荡之余,又悉举而奉之仇雠。仇
> 雠赖我之资,益以富贵,反见侵侮,则使子弟应之。子弟力弗
> 能支,则谴责天所不至。然岁奉仇雠之物,初不以侵侮废也!
> 于汝甘乎?"皆曰:"安有此理!"腊涕泣曰:"今赋役繁重,官吏
> 侵渔农桑,不足以供应。……且声色、狗马、土木、祷祠、甲兵、
> 花石靡费之外,岁赂西北二国银绢,以百万计,皆吾东南赤子
> 膏血也。二国得此,益轻中国,岁岁侵扰不已。朝廷奉之不敢
> 废,宰相以为安边之长策也。独吾民终岁勤勤,妻子冻馁,求
> 一日饱食不可得。诸君以为何如?"皆愤愤曰:"唯命。"腊曰:
> "……诸君若能仗义而起,四方必闻风响应,旬日之间,万众可
> 集。……不然,徒死于贪吏耳! 诸君其筹之。"皆曰:"善。"遂
> 布署其众千余人,以诛朱缅为名,见官吏公使人皆杀之。民方
> 苦于侵渔,果所在响应,数日有众十万,遂连陷郡县。……

这是写方腊起义的原因,也可看作是宋江等英雄人物起义的社会
背景,《水浒传》中许多英雄人物所体现的基本精神——官逼民
反,是与这一段历史现象完全符合的。《水浒传》中许多英雄都经
过不同的遭遇、不同的道路,被迫背叛了朝廷,走向了革命。像鲁
智深的反恶霸,林冲的受凌辱,宋江的被迫害,武松报杀兄之仇,晁
盖、吴用因劫取不义之财,以及浔阳江上的张横、张顺,揭阳岭上的

李俊、李立，梁山泊边的阮氏兄弟，登州的解珍、解宝，江州的戴宗、李逵等等，都由于政治、经济、吏治的压迫、剥削、残害而不得不反。《水浒传》揭示了他们叛逆的思想、行为的社会根源，描写了农民反抗斗争的狂波巨澜，并终于汇成一股洪流涌上梁山泊，"兀的要和大宋皇帝做个对头"（三十九回），概括了这一历史发展的潮流。

水浒英雄的反抗斗争，是逐渐成长壮大起来的。开始或流落江湖，或进行个人反抗，或打家劫舍，或剪径为生，后来才参加起义活动，占据山头或水泊进行抢劫地主富户的斗争。这正是农民起义的初级形式。最后他们汇集在晁盖、宋江的领导下，进行有组织有纪律有统一指挥的反抗斗争。《宋史》中有关宋江等起义的记载，没有如此大的规模，如《徽宗纪》、《张叔夜传》、《曾蕴传》、《侯蒙传》及《宋会要》等，记载宋江"以三十六人横行齐魏，官军数万无敢抗者，其才必过人"（《侯蒙传》）。可见，其规模远远不能与我国历史上历次巨大的农民起义运动相比，也不能与同时的方腊起义的规模相比。显然作者是吸收了历代群众斗争的经验，根据自己对社会生活的理解，把宋江等农民起义斗争更集中更典型化了。《水浒传》描写晁盖、宋江建立政权之后，将革命步步向前推进，从最初的打祝家庄、曾头市等地主恶霸起，到攻青州、大名，至进逼东京，以至三败高俅、两赢童贯，从游击战，发展到阵地战，描写了这一次起义的成长和壮大过程。

宋江等农民起义的政治纲领是什么？历史上并没有记载，施耐庵根据当时社会斗争的要求，提出了"替天行道，保境安民"（七十一回）。其内容如宋江所说："盖为朝廷不明，纵容奸臣当道，谗佞专权，布满滥官污吏，陷害天下百姓。"（六十四回）但是，他们的实际行动却比他们的政治纲领广阔得多。他们见到"若是上任官员，箱里搜出金银来时，全家不留"。"若有钱粮广积，害民大户，便引人去,公然搬取上山"。"有那欺压良善、暴富小人,积攒得些家私,不论远近,令人便去尽数收拾上山"(七十一回)。可见,他们除了反对滥官污吏之外,还反对地主富豪,反对剥削阶级对人民的压迫、剥削等。他们建立了自己的政权和根据地,政策修明,军纪严整,"所过州县,分毫不扰。乡村百姓,扶老挈幼,烧香罗拜迎接"。攻打城镇所获粮米,"计点在城百姓被火烧之家,给散粮米救济"(五十八回)。随时考虑到人民的利益,因此博得广大人民的拥护。王定六的父亲赞叹说:"宋江这伙,端的仁义,只是救贫济老……若待他来这里,百姓都快活,不吃这伙滥官污吏薅恼!"(六十五回)结果和王定六一起投奔了梁山。

《水浒传》不仅反对"贪官污吏"、"奸臣宦官",从他们整体的社会斗争看,主要的是反对地主阶级的压迫和剥削,他们打击了封建统治者的黑暗统治和残酷剥削,摧毁了封建的传统秩序。他们的作为反映了长期被压迫被剥削的农民阶级反抗地主阶级的强烈要求。但是,他们还没有明确彻底的革命理想,只能提出朦胧的乌托邦社会,像阮小五所说:"不怕天,不怕地,不怕官司,论秤分金银,异样穿绸锦,成瓮吃酒,大块吃肉","百姓都快活"(十五回)的社会,以及作者在七十一回赞文中描写的社会:

> 八方共域,异姓一家。天地显罡煞之精,人境合杰灵之美。千里面朝夕相见,一寸心死生可同。相貌语言,南北东西虽各别;心情肝胆,忠诚信义并无差。其人则有帝子神孙,富豪将吏,并三教九流,乃至猎户渔人,屠儿刽子,都一般儿哥弟称呼,不分贵贱;且又有同胞手足,捉对夫妻,与叔侄郎舅,以及跟随主仆,争斗冤仇,皆一样的酒筵欢乐,无问亲疏。或精灵,或粗卤,或村朴,或风流,何尝相碍,果然识性同居;或笔舌,或刀枪,或奔驰,或偷骗,各有偏长,真是随才器使。……

休言啸聚山林，真可图王霸业。

这种乌托邦社会理想，是农民在反压迫反剥削斗争中的一种憧憬，是他们根据自己的生活实践提出来的，这是一种历史现象，在我国历史上历次农民起义中是不乏其例的，《水浒传》所描写的正反映了我国农民起义的真实情况。

《水浒传》中英雄人物的起义斗争，最终受招安，失败了。这是由农民起义的历史原因和农民阶级本身的弱点决定的。宋江等的起义虽然反对恶霸地主、贪官污吏，但并不想推翻宋王朝政权，相反对宋朝皇帝及某些清官廉吏还存在幻想，这是因为农民长期被束缚在封建经济基础之上，他们的思想不可能超出封建主义范畴，他们反对权奸，但希望做宋朝的臣民。加之剥削阶级对他们的诱骗，高俅、童贯等施行的诡计，自然地使他们接受招安。这是宋江等起义失败的历史原因和阶级根源。

水浒英雄之受招安，是宋江所坚持的，也是作者所赞扬的，但招安之后作者的心情是悲伤痛苦的，笔调是沉郁的。他虽然按照人物的忠义精神，描写他们征方腊一个个英勇就义了，但他对此的批判却是极其深刻的。宋江最后中奸计喝了药酒，还怕自己死后李逵再反，便将李逵叫来商议："我听得朝廷差人赍药酒来，赐与我吃。如死，却是怎的好？"李逵大叫："哥哥，反了罢！"宋江道："兄弟，军马尽都没了，兄弟们又各分散，如何反得成？"李逵道："我镇江有三千军马，哥哥这里楚州军马，尽点起来，并这百姓……杀将去。只是再上梁山泊倒快活！强似在这奸臣们手下受气。"第二天宋江送李逵回润州，李逵还问："哥哥！几时起义兵？我那里也起军来接应。"宋江才将已把药酒也给李逵喝了的事讲了出来，并说："宁可朝廷负我，我忠心不负朝廷。"这段描写十分沉痛，令人不忍卒读。作者虽集中写他们对宋室的忠诚，写他们"忠心不负朝廷",作品的艺术表现却是"朝廷负了他们",戳穿了招安的骗局,彻底否定了招安。

《水浒传》反映了北宋末年以宋江等英雄人物为主的农民大起义,反映了他们的思想和愿望;描写了他们的起义行动从开始、发展到高潮,并最后失败的悲剧;揭示了他们起义的社会原因、巨大的社会作用,终于由于各因素的影响,走向土崩瓦解的历史规律性。

(三)宋江和李逵

宋江和李逵是《水浒传》中两个最中心的人物。他们的感情最好、最诚挚,同时互相间矛盾也最多,从而他们彼此最了解、最信任、最淳朴相爱。他们都是农民起义的英雄,为共同的斗争目标——"劫富济贫""除暴安良"联系在一起。但是,李逵对农民起义事业最忠诚、立场最坚定、思想最彻底;宋江则在领导起义、发展起义的同时,往往表现出动摇性和妥协性;这是他们的分歧,也是他们矛盾之所在。

宋江出身于封建家庭,是封建社会的正派人物,他"于家大孝,仗义疏财"。即所谓"孝义黑三郎"。同时,他又是"济人贫苦,赒人之急,扶人之困"的"及时雨"(十八回)。他拥护封建制度,对封建秩序从来不曾怀疑,安于刀笔小吏,同时,他又"舍着条性命",把"犯了弥天之罪"的"心腹弟兄"晁盖放走了。他就是这样矛盾着的人物,这种矛盾是当时复杂的社会矛盾在他思想、性格上的反映。随着社会矛盾的发展,他思想、性格的矛盾或紧或弛,起伏升沉。

晁盖等反叛朝廷的斗争,给予他思想以很大影响,打破了他内心的平静,使他更关心现实了。他见到刘唐,惊骇道:"早是没做公的看见,险些儿惹出事来!"拒绝了梁山的财礼,小心翼翼地把刘唐送走,又思忖道:"那晁盖倒去落了草!直如此大弄!"其中包含着他对晁盖等的责难,和对他们行动的惊叹!招文袋事件发生了,他被迫杀了阎婆惜,引起思想又一次波动,心底产生了叛逆的契机。这时他不仅为救别人犯了刑律,而是自己也犯了刑律。他愤懑、苦闷、沉郁而浪迹江湖,他对武松说:"我自百无一能,虽有忠心,不能得进步。"(三十二回)他有要"做得大事业","不枉了为人一世"的雄心壮志,但实际上不过是个刀笔吏,而且目前流落到有家难奔、有国难投的境遇,他内心的波动更激烈起来。青风山被燕顺误陷,清风寨受刘高折磨,青州道为黄信监押,在现实斗争形势发展的推动下,他进一步走向叛逆道路。他指挥着青风山人马进攻清风寨,从而产生了投奔梁山的愿望。但是,由于他父亲的来信,使他曾为现实生活冲洗过的伦理观念又出现了,中途返回家来。此后他的经历更为艰苦,直至被监押起来,刺配江州。他的遭遇如此悲惨,他的封建伦理观念却那样浓重,对国家法令维谨维慎不敢越雷池一步,刘唐要给他开枷,他也不准,晁盖请他上梁山,他则说是"上逆天理,下违父教"的"不忠不孝"的行径。封建伦理是一千多年传统的陈腐观念,要冲破这种观念,还要经过艰苦的斗争。揭阳岭遇李俊,揭阳镇遭穆弘,他慨叹说:"早知如此的苦,权且在梁山泊也罢!"(三十七回)在苦难中又产生了对梁山泊的向往。之后,又遇到张横、张顺和李逵,李逵那博大、爽朗、淳真的性格对他有极大的吸引力,他赞叹道:"壮哉!真好汉也!"他的思想矛盾更加剧烈了。他想到这些江湖好汉对自己的爱戴和尊重,看到自己目前的境遇,壮志不得伸展,他痛苦、愤懑,思想斗争更激烈起来,到"浔阳楼"上,见江山如画,触景伤怀:

> 思想道:"我生在山东,长在郓城,学吏出身,结识了多少江湖好汉,虽留得一个虚名,目今三旬之上,名不成,功又不

就,倒被文了双颊,配来在这里! 我家乡中老父和兄弟如何得相见!"不觉酒涌上来,潸然泪下;临风触目,感恨伤怀。

他对江饮酒,百感交集,长久蕴藏在内心的革命火焰乘兴暴发了。〔西江月〕词便表现出他当时的革命精神:

> 自幼曾攻经史,长成亦有权谋。恰如猛虎卧荒丘,潜伏爪牙忍受。不幸刺文双颊,那堪配在江州! 他年若得报冤仇,血染浔阳江口!

他喜笑、欢乐、兴奋狂荡、手舞足蹈,吟咏出那动人心魄的"反诗"来:

> 心在山东身在吴,飘蓬江海漫嗟吁。他时若遂凌云志,敢笑黄巢不丈夫!

他那种栩栩如生的神态,逼真地呈现出来。他胜利了,他要求革命的思想战胜了封建伦理观念。作为革命者的宋江是从此开始的。黑暗的现实刺激了他,教育了他,他觉悟了,揭起了革命的义旗,以一个革命领导者出现,"劫法场"、"英雄小聚义"、"智取无为军"即生动地表现了一个领导者的形象。最后"不由宋江不上梁山泊"(四十一回)造反了。

宋江思想性格的发展,是和现实斗争和起义形势的发展紧密联系着的。腐朽政治的迫害,起义形势的推动,使他在前进。他本身的矛盾是现实生活和起义形势的矛盾诸因素促成的。作者在处理宋江走向叛逆道路时,特别拉长了他的历程,意在充分展现他的性格、他的威望、他受江湖好汉的爱戴和广大群众的拥护,意在显示他的出现是起义形势的要求,是历史发展的要求。

宋江上梁山,对农民起义组织和发展起了重大作用,在他领导下,为梁山泊制定了方针政策,团结着全部梁山英雄,树立了"替天行道"的杏黄旗,扩大了起义根据地,巩固了起义政权,指挥起义队伍攻打地主恶霸,攻州略府,和官军做个死对头。这都表现了宋江作为农民起义领袖的才略。他的基本思想是"存忠义于心,著功勋于国","替天行道,保境安民"(七十一回)。这种思想正反映了当时天下无道、国危民困、奸臣误国的现实,他要拨乱反正,改变这种现实,因此博得广大人民的拥护和起义兄弟的衷心折服。但是,宋江一生都处在矛盾之中,这不仅表现在他上梁山之前,也表现在他上梁山之后。他既然上了梁山,立场应当更坚定了,实际则不然,浓厚的封建伦理观念钳制着他,他经常身在山林心怀魏阙,整天哼着"臣罪当诛兮,天子圣明"的调调,一有机会便想受招安。当然,受招安的思想不是他上梁山之后才产生的,早在杀阎婆惜时,他对武松就流露过,而上梁山后表现得更突出了。为此,曾引起起义队伍内部多次的斗争,随着起义力量的壮大和发展,这种斗争更剧烈了,如"英雄排座次"、"扯诏谤徽宗"诸回的描写。因为起义形势越发展,起义的前途问题越突出出来,究竟受招安,还是夺取大宋政权?这是急待解决的。尤其是在两赢童贯三败高俅之后,起义运动发展到高潮,前途是什么?要求解决更迫切,斗争也就激烈了。结果在宋江主持下选择了受招安的道路,这是宋江思想逻辑发展的必然。

宋江被招安之后,奉命征辽、征方腊,真正"去边上一刀一枪",但并未"博得个封妻荫子,久后青史上留得个好名"(三十二回)。他悔悟了,感到自己之被欺骗,内心有一种难言之隐,慨叹说:"非是宋某怨望朝廷,功勋至此,又成虚度。"(八十九回)他悲伤、痛苦、迷惘了。鲁智深要去五台山参禅,他初闻愕然,已而愿与"同去参礼,求问前程"(八十九回)。他对自己的未来已失去了信心,喜好议论些"古今兴亡得失的事"(九十回),经常处于徘徊、犹疑、苦恼、失望之中。他回想往日为吏、得罪,于千刀万刃之间被救,投奔梁山,又想今天真正为国家"臣子",为天子出力,立下汗马功劳,抚今追昔,潸然涕下。这种情绪弥漫着他被招安后的全部活动。一百十回燕青射雁,他即联想到兄弟们未来的命运,无限感慨:"忽然失却双飞伴,月冷风清也断肠。""拣尽芦花无处宿,叹何时玉关重见!嘹呖忧愁鸣咽,恨江渚难留恋。"咏雁实际是咏自己,借咏雁抒情。情感何其凄凉、悲戚!整回像一段散文诗,可与"吟反诗"一回媲美。他已意识到自己的失策,是否要再反呢?他有这个愿望,"神聚蓼儿洼"便是有力的证明。但是,现实条件的束缚,历史的制约,"如何反得成"(百二十回)!终于牺牲在敌人魔掌之下。

宋江的悲剧,是一个历史悲剧,作者通过他考察和分析了封建社会的历史,解剖了封建社会的矛盾。他的悲剧意义在于:揭示了封建社会矛盾的不可调和,戳穿了剥削阶级的凶恶本质,表明了对封建统治不应妥协,受招安就是自杀,还说明了农民起义本身的局限性,没有先进阶级的领导是不能成功的。

和宋江的动摇妥协相反,李逵对起义事业最忠诚最坚决,他是劳动人民的典型,充分体现了劳动人民的意志和精神。他的品德,戴宗曾简单地概括为"第一,耿直,分毫不肯苟取于人。第二,不会阿谄于人,虽死其忠不改。第三,并无淫欲邪心,贪财背义;敢勇当先"(五十三回)。耿、忠、义是他性格的基本特征。他有一种与生俱来的忠心,忠于梁山事业,忠于农民阶级。他坚决反对招安,为此与宋江进行过长期的斗争。他不只一次地叫宋江做"大宋皇帝",夺取赵家天下,他说:"哥哥便做皇帝,教卢员外做丞相,我们都做大官,杀去东京,夺了鸟位,却不强似在这里鸟乱。"(六十七回)气愤时大叫:"招安,招安! 招甚鸟安!"(七十一回)激动得把桌子也踢翻了。听到徽宗遣人送来招安诏书时,立刻暴怒,"就萧让手里夺过诏书,扯得粉碎,便来揪住陈太尉,拽拳便打",喝道:"你莫要来恼犯黑爹爹,好歹把你那写诏的官员,尽都杀了。"(七十五回)其精神和气魄多么激动人心! 至死,其反志未灭,忠心不改。

李逵最耿直,绝不苟取于人,对封建社会一切剥削、压迫等不平现象极端仇恨。他"性如烈火",似乎要烧灭封建社会一切的腐朽和罪恶,削平天下一切之不平。他"敢勇当先",冲锋陷阵,有强烈的反抗精神,如劫法场一段描写:

> 又见十字路口茶坊楼上一个虎形黑大汉,脱得赤条条的,两只手握两把板斧,大吼一声,却似半天起个霹雳,从半空中跳将下来,手起斧落,早砍翻了两个行刑的刽子,便望监斩官马前砍将来。……

他这种虎虎如生的神态,有把全部滥官、衙役、刽子手都杀光的气势。三打祝家庄时,他不但杀了祝龙、祝彪,而且杀尽了扈家庄的所有人马,口称"杀得快活"。又迫不及待地杀了地主曹太公和恶霸殷天赐等。这种急骤的反抗精神,正反映了长期被压迫被剥削的广大农民的意志和要求。在封建社会中,农民阶级千余年来处于被奴役被蹂躏的地位,他们久被压抑的反抗情绪,一旦暴发出来,便如星火燎原之势,李逵性格的特点即体现了这种情势。

李逵蔑视封建秩序、蔑视官府、蔑视皇帝,他的存在是封建社会心腹之患。他一下山,弟兄们都为他担心,料他"必然有失"、"必有冲撞"(四十二回),他是不为任何封建法令条例束缚的人,他说:"条例,条例,若还依得,天下不乱了。"(五十二回)"乔坐衙"

一回写他在寿张县惊走了知县，自己穿上了绿袍公服，换上朝靴，戴上幞头，拿着槐简，叫典吏人等都来参见，并令人装做告状的，他来审案。么喝叱咤，任情取闹，拿封建官府刑法、典吏、祇候开了一次玩笑，以封建秩序来凑趣逗乐，这显示他的革命精神再深刻不过了。

李逵最重义气，他的义不是一般的个人恩义，而是特别宽厚，他与宋江的关系突出地表现这一点。他尊重宋江，因为宋江"替天行道"、"除暴安良"，一旦发现宋江的行动违背这一目的，他的态度立刻就变了。他误信宋江抢了刘太公的女儿，马上到山寨去找宋江，口里说："我闲常把你做好汉，你原来却是畜生！"喝令宋江把人送出去，否则要把他杀了。他的义就是如此宽厚和无私。当他捉住冒他的名字剪径的李鬼时，本想将其杀掉，听李鬼说家中有老母无人赡养，不但放了他，而且给了他十两银子。他对一切事件都想得很简单，处理得也很简单，全凭自己的直觉。当觉悟到自己错怪了宋江，马上负荆去请罪；发现李鬼欺骗了他，立刻把李鬼杀掉。简单利落，毫无挂碍。

李逵也有缺点，即他反抗斗争的盲目性，在与敌人冲撞时，从来不考虑策略，总是横冲直撞，如入无人之境。三打祝家庄时，扈成已经投降了，他又把扈家全都杀光。宋江责备他，他却说："你便忘记了，我须不忘记！那厮前日教那个鸟婆娘赶着哥哥要杀，你今却又做人情！你又不曾和他妹妹成亲，便又思量阿舅丈人！"（五十回）他不但不承认错误，反而根据自己的经验指出错误在宋江，因为从他的生活经验推测，宋江是要娶扈三娘的。他的阶级地位决定他，与其听道理，不如看事实，与其相信策略，不如服从自己的经验。他的缺点正是他的阶级属性使然。

李逵和宋江都是农民起义的英雄，但他们的经历和信念有很大的区别。宋江以封建阶级出身参加起义，思想曲折复杂，矛盾重重，立场不坚定。李逵是农民中人物，起义是他自己的事业，因此意志最坚决、要求更强烈。他和宋江的感情最深，是由共同的起义事业联系起来的，他和宋江的矛盾最多，是由在共同的起义道路上，思想立场的纯正与复杂、坚定与动摇等情况造成的。

（四）其他英雄人物

《水浒传》中塑造了众多人物：帝子神孙、富豪将吏、猎户渔人、屠儿刽子等，他们都有鲜明、突出的性格。作者从不同的角度对他们进行描写。与把宋江和李逵两个绝然不同的形象作为对比相同，作者好像有意识地也把鲁智深、林冲作为对比的典型来塑造。

鲁智深是渭州经略府一个提辖，他的性格有鲜明的倾向性，即扶危济困、凌强助弱，对被欺侮者无限同情，对压迫者极端仇恨。他一生的行动都体现了这一倾向。他为救金老的女儿打死了镇关西，为救宋太公的女儿打了周通，在瓦官寺打死了恶霸邱小乙和崔道成，在野猪林拯救了林冲。对任何凶恶的敌人，他都毫不畏惧，即使像高俅之类，也不放在眼里。他对林冲说："你却怕他本官太尉，洒家怕他甚鸟！俺若撞见那撮鸟时，且教他吃洒家三百禅杖了去！"他听到金老女儿被欺骗的消息，气愤得"晚饭也不吃"（三回）。他饿急了来到瓦官寺，端起老和尚煮好的粥要吃，听老和尚说三日不曾吃饭，他不忍心，"便撇了不吃"（六回）。他具有坚强的反抗性格，对封建社会一切压迫、剥削现象表现极大的愤慨，从来不屈服。他打杀了镇关西，被迫逃往五台山做和尚，但并不遵守寺庙的清规戒律，而特别施展了自己的个性，打破了那些封建秩序。他的起义立场是坚定的，反对接受招安，他气愤地对宋江说："便拜辞了，明日一个个各去寻趁吧！"（七回）宁肯散伙，也不受招安。他是一个下层人民的典型,具有纯朴的被压迫者的感情,为了拯救被侮辱被损害者,勇往直前,置生死于度外。

和鲁智深不同,林冲是个社会上层的人物,迫不得已才上梁山。他参加起义的过程不像鲁智深那样简捷了当,而是迂回曲折、矛盾痛苦的。他身为东京八十万禁军教头,家庭生活比较美满、富裕,安分守己,奉公守法,是封建社会典型的"好人"。但即使如此,在当时也不能免于被侮辱被迫害。林冲的不幸遭际是由高衙内对其妻子凌辱开始的,其后是被高俅骗入白虎堂,犯了擅入节堂的大罪,刺配沧州。路途中差解董超、薛霸受高俅的指使图谋将其杀害,他受尽了百般折磨。到沧州被派遣看守草料场,流氓恶棍陆谦、富安又追踪而至。他身后始终伴随着一个凶恶可怕的阴影,步步紧逼地迫害他。面对这种现实,他最初是屈辱忍受、唯唯诺诺,认出仗势欺人的是高衙内,虽然"怒气未消",但"先自手软了",因为自己"不合吃着他的请受"(七回)。他沉郁、苦闷,内心激起极大的波澜:"男子汉空有一身本事,不遇明主,屈沉在小人之下,受这般腌臜的气?"(七回)以后,在现实的迫害下,他有时敢于拿着尖刀到处寻找敌人,有时又特别消沉,忍受着一切磨难,有时又金刚怒目地注视着迫害者,在最后关头才把敌人手刃了。在苦难的人生路途上,他每前进一步,思想性格上都显示出深刻的变化。最终无路可走,激动地说:"谁想今日被高俅这贼坑陷了我这一场,文了面,直断送在这里,闪得我有家难奔,有国难投,受此寂寞!"(十一回)心底燃烧起革命的火焰。随即在粉壁上题诗八句,其中有云:"身世悲浮梗,功名类转蓬。他年若得志,威镇泰山东!"抒发了自己革命的雄心壮志,并终于上了梁山。他上梁山火拼了王伦,对农民起义事业起了推动作用。当统治者下"诏书"时,他告诉宋江:"中间未必是好事"(七十五回)。由于他长期的被迫害,对统治阶级的本质有清醒的认识,没有任何幻想。

武松是另一类英雄人物,他勇敢、刚烈、强硬、不屈,是个"斩头沥血""仗义的烈汉"(二十七回)。他性格的鲜明倾向,是"生平只是打天下硬汉,不明道德的人"(二十九回),"路见不平,真乃拔刀相助","便死也不怕"(三十回)。他的出现始于打虎,人们一谈到武松,便与打虎联系起来,这是因为这一事件充分展现了武松的英勇性格。但是,武松性格的鲜明倾向性,更突出地表现在杀西门庆、打蒋门神、大闹飞云浦、血溅鸳鸯楼等几处反霸斗争中。武松杀西门庆,表面上是为哥哥报仇,是个人冤仇,实质上则是一场现实斗争,是被迫害者反迫害的斗争。他杀西门庆完全是出于不得已,到官府去告,"县吏都是与西门庆有首尾的"(二十六回),拒不接纳词讼,他无奈何才动手的。这更说明他行动的正义性。他醉打蒋门神,虽然是帮助地方小恶霸施恩,但他所打者则是串通张团练、张都监的"倚势豪强"的大恶霸,是由于路见不平,仍然是一场反霸斗争。武松反霸斗争的特点,是其坚定性和彻底性。在杀西门庆同时,也杀了潘金莲,并收拾了王婆;在打蒋门神同时,又把蒋门神的妾扔到酒缸中;大闹飞云浦时,先杀了一个公人,另一人吐露了张团练图谋陷害实情者,他也不饶,一并杀了;血溅鸳鸯楼时,他不但杀了张团练、张都监、蒋门神,也杀了后槽、丫环等全家十余口,口称"我方才心满意足"(三十一回)。这种反抗斗争的坚定性和彻底性,是广大被压迫人民要求报复的急切情绪的反映。武松的反抗斗争不像鲁智深、李逵那样鲁莽,也不像林冲那样曲折寡断,而是有安排有步骤,有始有终,洒脱利落,毫不拘泥,并不推诿责任,敢做敢当,光明磊落,慷慨无私。他是条硬汉,任何情况下都不低头屈服、不悲观失望,这一点和林冲比起来表现更突出。如牢营里差拨向他们索取贿赂,林冲恳求原谅,哀戚之容可掬。他则怒道："半文也没！我精拳头有一双相送！金银有些，留了自买酒吃！看你怎地奈何我！"（二十八回）当然，与其他英雄人物比，武松的思想品质比较复杂些，他有浓厚的封建恩义观念，知恩报恩，甚至别人请他吃几次酒，他也想报答，结果受张都监的骗，几乎丧了性命。这是他性格的弱点，但并不影响他起义英雄的形象。

石秀是水浒英雄中上梁山较晚的一个，他机智勇敢地献身于农民起义斗争。在上梁山之前，就烧了祝家店，上梁山之初，承担了攻打祝家庄的细作任务，机警、伶俐、沉着地以卖柴者的身份打入敌人阵营，博得钟离老人的信任，探听得盘陀路的机密，为农民大军解了围，为农民起义事业作出一定的贡献。但是，石秀的智、勇精神更突出地表现在劫法场一回。他被派遣去北京打听卢俊义的消息，凑巧卢俊义即将被处斩，时在午时三刻，紧急关头，他出现了：

> 楼上石秀只就一声和里，掣出腰刀在手，应声大叫："梁山泊好汉全伙在此！"……楼上跳将下来，手举钢刀，杀人似砍瓜切菜，走不迭的，杀翻十数个。一只手拖住卢俊义，投南便走。（六十二回）

这是多么勇敢、洒脱的英雄行为！可以和李逵劫法场前后媲美。但是，石秀并未走脱，因为道路不熟，结果被捕，在敌监押之下同样表现了英勇顽强的精神，他正面指斥梁中书："你这败坏国家害百姓的贼，你这与奴才做奴才的奴才！我听着哥哥的将令，早晚便引军来打你城子，踏为平地，把你砍为三截！先教老爷来和你们说知！"结果"厅上众人都唬呆了"（六十二回）！但是，石秀也有缺点，即施计引导杨雄杀潘巧云，虽然海和尚和潘巧云的作为不令人同情，可是对一个卑污的妇女也不应该如此狠毒。这不能不说是他英雄性格的缺憾。

阮氏三雄是水浒中下层人民的典型,他们的思想品德体现了下层人民的特点,即"义胆包身,武艺出众,敢赴汤蹈火,同死同生"(十四回)。他们积世累代以打鱼为生,过着被压迫被剥削的生活,对统治阶级充满着憎恶和不满:"如今那官司一处处动掸便害百姓,但一声下乡村来,倒先把好百姓家养的猪羊鸡鹅尽都吃了,又要盘缠打发他。"(十四回)感叹自己生活的贫困:"人生一世,草生一秋,我们只管营生?"从而向往梁山英雄:"学得他们过一日也好!"当吴用约他同去劫取梁中书不义之财时,他们痛快地说:"一世的指望,今日还了愿心!"他们反抗的情绪像一把烈火,一旦有人逗引,便爆发起来。他们参加了两次出色的起义斗争,即智取生辰纲和反何涛,充分表现了他们机警、伶俐、神出鬼没的战术和义胆包身、武艺卓绝、敢于赴汤蹈火的精神。他们用水、火、陆战打败了敌人,把敌人消灭得片甲不留,并捉到何涛,当面骂道:"你这厮是济州一个诈害百姓的蠢虫!我本待把你碎尸万段,却要你回去对那济州府管事的贼说:'俺这石碣村阮氏三雄、东溪村天王晁盖,都不是好撩拨的!我也不来你城里借粮,他也休要来我这村中讨死!倘或正眼儿觑着,休道你是一个小州尹,也莫说蔡太师差干人来要拿我们——便是蔡京亲自来时,我也搠他三二十个透明的窟窿!'"他们那种坚决勇敢、蔑视敌人的精神栩栩如生。他们是手足兄弟,生活环境相同,有共同的思想要求,但性格也有差别:阮小二沉着稳重,阮小五精明洒脱,阮小七则爽快泼辣,反抗性更强烈,因此也更可爱。

《水浒传》中的英雄人物形象都具有丰富的社会内容,他们的反抗和斗争并非属于个人的,而是广大被压迫人民起义要求、愿望的反映。他们是人民群众的起义英雄,充分、深刻地表现了人民的英雄主义。

(五)《水浒传》的艺术成就和影响

《水浒传》的艺术成就是很高的,它表现了巨大的艺术概括力:概括了现实生活中的矛盾和斗争,创造了有鲜明倾向性的典型人物,描写了丰富而单纯的环境和情节,提炼了简洁有雕塑力的语言,安排了足以表现这一火热斗争生活的宏伟结构,通过这般创造,揭示了我国中世纪社会发展的规律和特点。

塑造人物,是《水浒传》描写的中心。作者塑造人物,总是根据他们各自所属的阶级、职业、集团和个人经历之不同而赋予不同的特点。例如同是被压迫阶级,李逵与鲁智深的性格有极相似之处,同时也有很大的区别。李逵出身于雇农,后来当过小牢子,性格上深刻体现了农民的粗朴、爽直和忠耿,有一种与生俱来的反抗愿望,对封建社会一切黑暗、腐朽的现象表现出势不两立的精神,横冲直闯,毫无挂碍。鲁智深在不同程度上也有上述特点,但由于他提辖官的职业和浪迹江湖的生活经历,使他的性格带有侠义武士的色彩,不像李逵那样粗莽,而是粗中有细。他打死了镇关西,看势头不好,便说:"你诈死!洒家和你慢慢理会!"(三回)即溜走了。又如杨志和林冲都出身于军官,性格也有很大差别。杨志毕竟是"三代将门之后,五侯杨令公之孙"(十二回),对封建统治阶级抱有极大幻想,企图为其效劳,经过许多生活曲折,才上了梁山。林冲是八十万禁军教头,为人纯朴忠直,对封建阶级有依赖性,以唯唯诺诺应之,对农民起义缺乏认识,但不像杨志那样敌视起义。他上梁山的经过也是曲折的,但比杨志则简截得多。他们的思想行为都鲜明地体现了各自的阶级地位、家庭教养和社会经历的烙印。他们都通过不同的生活道路完成了自己的性格发展史。

《水浒传》的作者不仅创造了性格鲜明的人物,同时也提炼了丰富而单纯的情节和环境,把情节和环境典型化了,与人物性格形成辩证的统一体。如鲁智深拳打镇关西,三拳有三种不同的打法,第一拳"正打在鼻子上,打得鲜血迸流,鼻子歪在半边"。第二拳打在眼眶眉梢,"打得眼棱缝裂,乌珠迸出"。第三拳"太阳上正着,却似做了一个全堂水陆道场"。这场斗争的原型可能是复杂的,鲁智深也不一定三拳打死人,《水浒传》作者却把它集中典型化了,使这段情节简括、单纯而明朗,足以深化鲁智深疾恶如仇的英雄性格。又如李逵回家接母亲一段,他风餐露宿,急急忙忙,投村奔店,急忙中出现以下一幅情景:

> 约行十数里,天色渐渐微明,去那露草之中,赶出一只白兔来,望前路去了。李逵赶了一直,笑道:"那畜生倒引了我一程路!"

寥寥数笔,恰巧表现了李逵的淳朴与天真。其他像武松打虎、石秀杀裴如海等的情节描写都各具特点。

《水浒传》作者在勾勒环境方面也有其特殊成就,从大的方面讲,一部《水浒传》所写的是封建社会阶级斗争尖锐的环境,最高统治者腐朽无能,奸臣专权,残酷压迫剥削人民,辽金的威胁,广大人民在内忧外患下爆发了大起义。从小的方面讲,起义的每一个英雄都有自己的环境,那些最重要的人物不必说,即使地位、作用小一些的,如吴用之有知识和在地主家坐馆的环境;卢俊义之为地主和"作事谨慎,非理不为,非财不取"的生活态度;朱仝之都头职业和在衙役中的社会交往等,把环境都性格化了。作者还以自然环境烘托人物,如林冲风雪山神庙一段,写林冲被刺配到沧州,看守草料场,北风凛冽,大雪纷飞,他畏畏缩缩,住着一座草屋,以酒取暖。这段景物描写最足以表现林冲这一落魄的英雄性格,性格与环境交融,形成一幅诗的境界。

《水浒传》的语言也独具特色,它经过长期的在群众生活中锤炼的过程,具有群众语言的特点,即简洁、洗炼、富有节奏感,采用了群众语言中的"炼话",显得刚健清新、简短明快。如李逵乔坐衙,判案:"这个打了人的是好汉,先放了他去。这个不长进的,怎地吃人打了? 与我枷号在衙门前示众。"(七十四回)简洁明快,洒脱利落,恰足以表现其为人。又如武松上景阳冈来,见阳谷县的告示,才知道端的有虎,然而他想:"我回去时须吃人耻笑,不是好汉,难以转去。""回头看这日色时,渐渐地坠下去了"。他自语道:"那得什么大虫! 人自怕了,不敢上山。"用简洁爽利的语言描写出武松是条不能回头的好汉。

《水浒传》的结构是根据现实生活组织起来的,是根据人物的活动组织起来的。全部《水浒传》是由一个人物接着一个人物勾联起来,它是有机体,同时各个人物或各个故事之间又有相对独立性。作者在安排这一结构时,表现了卓越的才能。天都外臣叙云:"纪载有章,繁简有则。发凡起例,不杂易于。如良史善绘,浓淡远近,点染尽工,又如百尺之锦,玄黄经纬,一丝不纰。"即全面地概括出《水浒传》结构组织的特色。

《水浒传》在艺术描写上也有缺点,即受招安后许多故事情节重复,艺术技巧在某些方面拙劣,丑化了一些农民起义领袖。这是由作者思想的落后方面促成的。

《水浒传》成书之后,对我们民族的精神思想和反抗意志产生深远的影响,长期以来广大人民以《水浒传》为精神食粮,丰富自己的思想感情,培育了自己的性格。他们往往"转相慕效,纠伙结盟"(《大清仁宗皇帝圣训》卷十六"文教"一)。学习他们的思想品格,讲述他们的英雄事迹,"草野中全以《水浒传》为师,故满口英雄好汉"(醒醉生《庄谐选录》卷二)。天长日久,耳濡目染,自己的思想行动随之潜移默化,自觉或不自觉地按照水浒英雄的活动行事。明人李龙湖常在他的侍者僧常志面前"称说水浒诸人为豪杰,且以鲁智深为真修行,而笑不吃狗肉诸长老为迂腐,一一作实法会,初尚恂恂不觉;久之,与其侪伍有小忿,遂欲放火烧屋。龙湖闻之大骇,微数之;即叹曰:'李老子不如五台山智证长老远矣。智证长老能容鲁智深,老子独不能容我乎?'时时欲学智深行径"(袁中道《游居柿录》卷九)。封建统治阶级本来企图以《水浒传》为"不规者"戒,可是"见而知戒者百无一二,而见学择者十有五六"(《翼化堂条约》)。多数像僧常志那样产生叛逆思想。

《水浒传》对人民群众最大的教育作用,是启发他们的阶级觉悟,鼓舞他们的斗争意志。据余治《得一录》卷一记载,陈元龙摆擂台,欲杀尽梁山好汉,结果为梁山英雄所败,群众"无人不笑陈元龙之败绩,而快梁山之得胜者"。即如打祝家庄和蔡家庄的战争,群众也都"籍籍称宋江等神勇,且并不闻为祝、蔡等庄一声惋惜"(《翼化堂条约》),以致引起封建统治阶级的深忧:"观场万众,不尽有识,必有闻之而动心起念者矣。"(余治《得一录》卷十一)实际上《水浒传》是"启闾巷党援之习,开山林哨聚之端"(清龚炜《巢林笔谈》卷一),引导人民觉悟并走向反抗斗争的道路。

《水浒传》对后代人民起义斗争的重大影响,连内容反动的《荡寇志》的作者在其序言中也承认:"近世以来,盗贼蜂起。……非由于拜盟结党之徒,托诸水浒一百八人以酿成之耶?"他们以水浒英雄相标榜,称自己的领袖为"宋大哥"或"小宋公明",以"替天行道"为号召(李自成"自号奉天倡义大元帅,号罗汝才代天抚民威德大将军",实际内容即"替天行道")。并且学习《水浒传》中的战略战术,张献忠起义"其埋伏攻袭咸效之"(明刘銮《五石瓠》),

把《水浒传》看作起义斗争必备的秘笈。

《水浒传》对后代文学的影响也很大，各种文体都从不同的角度取材《水浒传》进行创作。小说如《水浒后传》、《后水浒传》是《水浒传》的续作，《杨家府演义》、《大宋中兴通俗演义》是承《水浒传》传奇精神之作，《金瓶梅》是从《水浒传》中潘金莲一事扩展而成。戏曲如李开先《宝剑记》、陈与郊《灵宝记》、沈璟《义侠记》等等都取材于《水浒传》。其他以水浒英雄故事为内容的各类讲唱文学更不计其数。《水浒传》对我们民族精神的影响至深且远。

三、吴承恩及其《西游记》

（一）作者、题材与主题

《西游记》是我国古代文学中流行最广、最为群众喜闻乐道的小说之一。作者吴承恩（1500？—1582？）字汝忠，号射阳山人，江苏淮安县人。幼年即以文才闻于乡里。但却"屡困场屋"，四十三岁才中贡生。五十四岁因母老家贫，屈就长兴县丞，因"不谐于长官"（吴国荣《射阳先生存稿跋》），拂袖而去。后来便回归故乡，从事创作，《西游记》大约就是他晚年回故乡后写的。据《淮安府志》记载：他"性敏而多慧，博极群书，为诗文下笔立成，清雅流丽，有秦少游之风。复善谐剧，所著杂记数种，名震一时"。他又极喜好神怪故事，"在童子社学时，每偷市野言稗史，惧为父诃夺，私求隐处读之。比长好益甚，闻益奇。迨子既壮，旁求曲致，几贮满胸中矣"（《禹鼎志序》）。这种卓异的文学修养和艺术爱好，是形成《西游记》独特风格的重要因素。

吴承恩一生家境贫寒、穷愁潦倒，从而对现实生活的认识就比较深刻，他揭露当时败坏的社会风习：缙绅之"曲而踞、俯而趋，应声如霆，一语一偻"；丈夫之"笑语相媚，妒异党同，避忌逢迎，恩爱尔汝";读书人之"手谈眼语,诗张万端,蝇营鼠窥,射利如蚳"(《贺学博未斋陶师膺奖序》)。他同情被压迫人民,对"心为乎小民,而力抗夫强家"(引文出处同上)的掌政教官吏极力赞扬。从此,我们可以了解《西游记》中对封建社会丑恶现象的讥笑、对被压迫者反抗斗争的歌颂,乃作者思想认识促成的。

《西游记》所写的是玄奘取经的故事。历史上玄奘是个勇敢、坚强、有作为的人物,他冒着无数的危难艰险,取得佛教经典六百余部回国,并加以翻译,对中印文化交流作出了重大贡献。他的学生慧立给他写的一部《大唐慈恩寺三藏法师传》,便是他这段生活的实录。

此事作为一件奇闻在群众中广泛流传,引起人们的敬佩和赞叹,因此就按照自己对生活的理解、对事物的爱憎进行创作,使这个故事离史实越来越远,而与人民生活、现实斗争更接近起来。今天所见到的最早的民间创作,是宋元间的话本《大唐三藏取经诗话》。此书凡十七节,第一节缺,内容与《三藏法师传》大不相同,其中出现了猴行者帮助玄奘取经,并成为故事的中心人物,也出现了深沙神,即后来的沙僧。此外,《永乐大典》中所收的《西游记》还保存了"魏徵斩龙"一段遗文,和今天《西游记》中所记载的基本相同。亦可见吴承恩之前已经有关于《西游记》的古本存在,可惜现今已经亡佚。

取经故事不但作为讲唱文学的题材,同时也成为舞台表演的资料。金院本有《唐三藏》剧目,元杂剧有吴昌龄的《唐三藏西天取经》,其中已经有了收孙悟空、沙僧、猪八戒等情节。到明代出现了杨志和编的《西游记》,凡四十一回,主要故事梗概和思想倾向与吴承恩之作相同,是吴承恩创作的直接根据。鲁迅《中国小说史略》云:"似取经故事,自唐末以来至宋元,乃渐渐演成神异,且能有条贯,小说家因亦得取为记传也。"

吴承恩即取民间创作为题材,又根据杨志和所编著,并渗透了自己的思想观点和生活经验进行创作。"其所取材,颇极广泛……讽刺揶揄则取当时世态,加以铺张描写,几乎改观"(《中国小说史略》)。把这部作品的思想、艺术价值极大的提高了。

《西游记》的主题是什么? 我认为其主题前七回和后来的八十一难是不统一的,前七回表现了封建社会人民群众反抗封建统治阶级的斗争,后来的八十一难则表现了他们克服困难的坚强毅力和征服自然的英雄气概。

很显然,《西游记》前七回描写了两个世界,一个是魔的世界,一个是神的世界,神要降伏魔,魔则坚决反抗,因此展开了激烈的斗争。这个斗争的形式虽然是神与魔,但其内容却渗透着广大人民反抗封建统治阶级的现实因素。神的世界,神的统治机构,正是现实社会封建统治制度和结构的影像,魔的世界如花果山水帘洞的平等自在生活,则是封建社会人民群众生活理想的反映,他们的反抗斗争,也类乎封建社会农民的"造反"。他们与天兵天将决斗,打入天宫,闹得最高统治者的宝座摇摇欲坠,不得不施行欺骗手段来招安,经过几次招安,几次反叛,最后在凶恶的封建势力压迫之下失败了。这多么像我国历史上农民起义的过程,使人们感到作者好像有意识地在写农民群众的起义斗争。

后来八十一难描写的虽然也是神与魔的斗争,但是斗争的性质却改变了。这些妖魔已经不再像以前那样是被压迫者的要求、志愿的体现者,而是变化莫测的自然现象的幻化,成为某种困难的象征。孙悟空则成为克服这许多困难、征服这些万恶自然现象的伟大精神力量,他排除困难为被压迫者出力等,是八十一难中最感人的所在。当然,孙悟空在与妖魔的斗争时,往往借助诸天佛神的力量,好像孙悟空又站在神的方面,对神佛有一定的信任,摆脱不了神权思想的束缚,这是他的局限性。

《西游记》中宣传了不少道家和佛家的道理和落后的宗教思想。但是,《西游记》毕竟不是宗教教科书,而是一部有丰富生活根据的小说,它所表现的具体生活内容,往往给予宗教不同程度的批判。特别是对道教,揭露了它欺骗人民、残害人民的暴行,它以妖术诱惑国王吃小孩的心肝(七十八回),并以妖术迫害僧人。对佛教的戒律也表示不满,猪八戒对观世音即说:"依着官法打杀,依着佛法饿杀。"对佛教的六道轮回,也给予一定程度的揭露。这,也是《西游记》重要内容之一部分。

《西游记》是一部充满矛盾的作品,不仅主题如此,其他内容和情节也如此。我们不应该简单化对待,而要作具体细致的分析。

(二)孙悟空及其他人物形象

孙悟空是《西游记》艺术生命的核心,假若说全部《西游记》都是集中描写孙悟空都不为过。孙悟空是怎样一个人物呢?他是现实生活中概括出来的,经过群众理想化了的英雄形象,反映了广大人民的斗争要求和生活理想。他有一种不可驯服的野性、坚强不屈的意志、克服一切的毅力和乐观主义精神。大闹天宫是他性格最光辉的表现。他闹了东海和冥司,偷了王母娘娘的蟠桃、御酒和金丹,闹了蟠桃会,打败了天兵天将,这还不行,还要夺取玉皇大帝的宝位,他说:"他虽年幼修长,也不应久居在此。常言道'皇帝轮流做,明年到我家。'只教他搬出去,将天宫让与我,便罢了;若不让,定要搅攘,永不清平!"(七回)他这种不推翻最高统治者决不罢休的精神,表现了多么威武的英雄主义气概!但是不幸的很,和历史上历次农民起义相同,他最终还是失败了,被如来压在五行山下。其后唐僧去西天取经由此经过,才把他救出来。他听观音的话,戴上紧箍咒,做了唐僧的徒弟。从此,孙悟空在精神上便蒙上一层悲剧色彩。

但是,孙悟空的顽强意志毫无减损,他叱咤风云、气吞山河的气概也并未削弱,对封建统治阶级始终采取轻蔑的态度。弥勒误走黄眉童儿,去人间为害,他嘲笑弥勒道:"好个笑和尚!你走了这童儿,教他诳称佛祖,陷害老孙,未免有个家法不严之过!"(六十六回)又当他去灵山请如来为他除掉狮驼山三个妖魔时,如来说认识他们,他立刻问道:"那妖精与你有亲哩。""亲是父党?母党?"如来向他解释后,他则说:"若这般比论,你还是妖精的外甥哩。"(七十七回)对这些无上尊君,他都给以无情、大胆的嘲弄!

孙悟空具有伟大的气魄,他蔑视一切权威和封建势力。在他看来太上老君不过是个"纵放家属为邪"的"老官儿"(三十五回),北海龙王不过是个"带角的蚯蚓,有鳞的泥鳅!"(四十六回)他并不把国王放在眼里,他救了乌鸡国王之后,让国王替他挑行李担子,并问道:"陛下,着你那般打扮,挑着担子,跟我们走走,可亏你吗?"(三十九回)让皇帝这样做,他认为是应该的,也是公平的,皇帝没有什么了不起,也要劳动,他"若肯要做皇帝,天下万国九州皇帝,都做遍了"(四十回)。

孙悟空毫无奴颜婢膝,在任何尊贵者面前从来不下跪,请求别人援助也理直气壮,从无哀怜之情。他是个顶天立地的英雄,自己不但不为诸天佛神所屈服,而且还驱使龙王、雷公、风伯等来为自己效劳。他说:"玉帝认得我,天王随得我;二十八宿惧我,九曜星官怕我;府县城隍跪我,东岳天齐怖我;十代阎君曾与我为仆从,五路猖神曾与我当后生。"(五十六回)"三界五司,十方诸宰",无不在他驱使之下,他勇力足以"踢天弄井,搅海翻江,担山赶月,换斗移星"(四十六回)。

孙悟空有克服困难的坚强毅力,对克服任何困难都抱有极大的信心,绝少悲观失望,总是勇往直前,永不退缩。他秉持着坚定的信念,即"功到自然成","有何难哉!"(四十三回)所以在取经的路途中遇到的许多困难,都经过他的努力得到解决。在克服困难时刻,他有明确的目的,即为民除害,"专秉忠良之心,与人间极不平之事,济困扶危,恤孤念寡"(四十四回)。若有请求他除害,他总是一口承应,欣然从之。他到了驼罗庄,李姓老者求他拿怪,他唱个大喏:"承照顾了!"猪八戒责怪他惹祸,他则说:"贤弟,你不知。我唱个喏,就是下了个定钱,他再不去请别人了。"(六十七回)他就是这样不顾生命危险、肯于搭救别人的"有仁有义"(三十回)之士。在车迟国,他铲除了三个妖魔,拯救了数百名和尚于苦难之中;在比丘国,降服了鹿精,救出了一千一百一十一个小孩的生命;在驼罗庄,消灭了吃人的蛇精,保证了五百多户人家的安全。这,都充分地表现了他思想行为的人民英雄主义精神。

孙悟空的七十二般变化,十万八千里的筋斗云,也是他形象的重要特点,是极其动人的所在。它反映了人民群众美丽的幻想,反映了他们想以机警伶俐的变化适应现实斗争的需要。这是我国中世纪人民基于现实生活生发出来的真诚愿望。

孙悟空是我们民族的英雄形象,他那坚强的意志、丰富的智慧、充沛的毅力和仁义的胸怀,都体现了我们伟大民族的精神。

保护玄奘取经的另一个重要人物是猪八戒。猪八戒基本上是个正面人物,而且是个农民形象。他在高老庄高太公家做女婿,"一进门时,倒也勤谨:耕地耙地,不用牛具,收割田禾,不用刀杖"(十八回)。他使用的一把九齿钉耙,即是一件农具。孙悟空嘲笑他:"你这把可是与高老家做长工筑地种菜的?"(十九回)陈家庄的妖怪也说他"想是雇在那里种园,把他钉耙拐将来也。"(四十九回)他自己也说："我老猪还是长工!"(三十九回)从他的思想性格看,也是个农民。他比较喜好劳动,力大能干,过荆棘岭时,努力用耙开路,过七绝山稀柿胡同时,也不怕脏臭地拱出一条路来,打牛魔王时特别出力。他比较淳朴爽直,是个"直肠痴汉"(二十回),经常弄小机谋,也往往表现了他粗爽。这些都应当是农民的品质。但是,猪八戒是个复杂的人物,他身上沾染了许多剥削阶级的东西,有不少市侩作风。他贪财好色,好吃懒惰,私有观念很重,玩弄手腕,投机取巧,扯谎骗人,取经的信念不坚定,一遇困难即想"散伙"等。作者对他思想作风上这些落后因素,作了无情地嘲笑和讥讽。猪八戒思想作风上有这些阴暗面,不足为奇,正是封建社会复杂的阶级关系在他身上的反映。

唐僧是个慈善的和尚,有"慈恤万民"的菩萨心肠。但是,他软弱怕事,看见妖魔即吓得滚下马来。他慈善,但不分善恶,一视同仁,因此经常陷入重重困难之中。路途中与孙悟空发生无数的矛盾和斗争,念紧箍咒、驱逐孙悟空等,这恰巧批判了他不明事理、不杀不盗戒律的虚伪,而赞扬了孙悟空是非分明、机警智慧、忠于理想的可贵品质。

沙僧虽然是唐僧取经的师徒四众之一,但性格不鲜明,只能算作《西游记》中全部人物故事的陪衬而已。

《西游记》中创造的人物不少,但真正能给人以深刻印象的只有唐僧师徒四人,而称得起有性格的只是孙悟空、猪八戒、唐僧三人。

(三)《西游记》的艺术成就和影响

《西游记》在艺术上有特异的成就。作者驱使着特异的想像力,创造了奇特的神话世界、奇特的环境和性格,以丰富的幻想奔驰于天地之间,幻想出天宫、地府、龙宫和变化莫测的自然现象等,把整个自然界和社会幻化了。在幻化了的自然界和社会中渗透着现实社会的矛盾和斗争。

《西游记》在特异环境下创造的人物，都不是一般状态下的形象性格，而是奇特、瑰丽的。像孙悟空、猪八戒这类形象，不是生活中常见的，但他们的独特性格却是人们所熟悉的。其他许多妖魔形象也都和他们各自的环境、性情、爱好是统一的，他们都是现实社会中某类的人，是对生活中人的概括。正如鲁迅所说："使神魔皆有人情，精魅亦通世故，而玩世不恭之意寓焉。"(《中国小说史略》)所以，《西游记》中的众多妖魔形象，不是作者纯主观的想像，而是现实生活的复制。

《西游记》独具的格调，即幽默诙谐，全部作品充满了喜悦、乐观精神，对封建统治者玉皇大帝、太上老君等给以嘲弄，对封建社会一切庸俗丑恶的现象则给以讥讽，即鲁迅所谓"讽刺揶揄"(《中国小说史略》)者。如孙悟空和猪八戒在驼罗庄破除大蟒精，他二人追蟒精到洞口一段描写：

> 八戒未曾防备，被他一尾巴打了一跌，莫能挣挫得起，睡在地下忍疼。行者见窟中无物，塞着棒，跑过来叫赶妖怪。那八戒听得吆喝，自己害羞，忍着疼，爬起来，使钯乱扑。行者见了，笑道："妖怪走了，你还扑甚的了？"八戒道："老猪在此'打草惊蛇'哩！"

这是对现实社会"打草惊蛇"者的嘲讽。《西游记》诙谐幽默格调的生命力，就在于它嘲笑讥讽了生活中的人情世态以及统治阶级的尊严等，有深厚的生活基础。

《西游记》是采用群众的语言创作的，生动活泼、简洁有力、文野并用、俚趣横生，用来描写人物性格、表现现实生活，能逼真地再现人物的神态和现实生活中的矛盾斗争。如孙悟空在平顶山莲花洞被两个妖魔捉住,放在宝葫芦中要把他镕化。他却变了个蟭蟟虫飞出来,又变成一个小妖倚海龙,站在两个妖魔旁边,侍奉他们,接着有这样一段描写:

> 那老魔拿了壶,满满的斟了一杯酒,近前双手递与二魔道:"贤弟,我与你递个钟儿。"二魔道:"兄长,我们已吃了这半会酒,又递甚钟?"老魔道:"你拿住唐僧、八戒、沙僧犹可;又索了孙行者,装了者行孙,如此功劳,该与你多递几钟。"二魔见哥哥恭敬,怎敢不接,但一只手托着葫芦,一只手不敢去接,却把葫芦递与倚海龙,双手去接杯,不知那倚海龙是孙行者变的。你看他端葫芦,殷勤奉侍。二魔接酒吃了,也要回奉一杯。老魔道:"不消回酒,我这里陪你一杯罢。"两个只管谦逊。行者顶着葫芦,眼不转睛,看他两个左右传杯,全无计较,他就把个葫芦摁入衣袖,拔根毫毛,变个假葫芦,一样无二,捧在手中,那魔递了一回酒,也不看真假,一把接过宝贝,各上席,安然坐下,依然叙饮。孙大圣撤身走过,得了宝贝,心中暗喜道:"饶这魔头有手段,毕竟葫芦还姓孙!"(三十四回)

这里集中地表现了孙悟空的机警、伶俐,嘲笑了两个妖魔的愚蠢和自鸣得意。语言简洁准确,幽默而富有俚趣。

《西游记》全书由三大部分构成,第一部分一至七回,写孙悟空的出现,大闹天宫和被招降的故事。第二部分八至十二回,写魏徵斩龙、唐太宗入冥、刘全进瓜和玄奘应诏取经的故事。第三部分十三至一百回,写孙悟空和玄奘取经经历八十一难的故事。这三部分总体上是统一的,各部分之间,又包括许多小故事,各自有独立的结构。《西游记》便是由这许多故事连环结构而成的作品。

作为结构的中心人物是孙悟空,通过孙悟空把《西游记》全部结构连贯起来,孙悟空是《西游记》结构的基干。当然《西游记》结构也有缺点,即松弛不紧严,而且许多故事情节重复,尤其后来的八十一难,除了某些感人的章节外,不少故事都雷同,看了之后很难留下什么印象。

《西游记》的创作方法是浪漫主义的,作者是按照生活本来的面貌描写现实的,他笔下的人物和故事情节都是以现实生活为依据的。但是,他把这些人物性格、故事情节理想化了,把现实矛盾斗争理想化了,使他所塑造的人物和所描写的现实斗争更高更有概括性。《西游记》浪漫主义的基本特点,是作者笔下人物的英雄主义精神和对理想的热望和坚持。

《西游记》中也混杂着不少封建糟粕,如宣传因果报应、成仙得道、佛法无边等。刘全冒死进瓜,换得死去的妻子再生;孙悟空那样的本事,却逃不出如来的手掌。这应当都是作者落后思想意识的反映。

《西游记》是一部杰出的通俗小说,在群众生活中有着长期、深远的影响,特别是对儿童的教育很大,从某些方面讲它对儿童性格的形成起了重要作用。群众热爱孙悟空,称他为"美猴王",他的反抗斗争行为在群众精神世界中留下了鲜明的迹象,鼓舞群众顽强不屈的精神和克服一切困难的勇气。

《西游记》的题材也给后代文学创作以很大影响,许多通俗文学作家竞相采用同一题材进行创作,先后出现的续作主要者有《后西游记》、《续西游记》和董说的《西游补》以及《封神演义》等,但其现实意义和艺术成就远不如《西游记》。此外,还有《东游记》、《南游记》、《北游记》等,便是神魔小说发展的末流了。

四、《杨家将传》、《封神演义》

（一）《杨家将传》

《杨家将传》是继《水浒传》之后出现的一部较好的英雄志传。其作者据三台馆本《全像两宋南北志传》序文，是熊大木。熊大木是罗贯中之后出现的一位著名通俗小说家，字鳌峰，号钟谷，福建建阳人，生活在嘉靖、万历年间，是书坊主人，极其重视稗官野史。他曾编纂有《西汉志传》、《东汉志传》、《唐书志传》、《大宋演义中兴英烈传》、《两宋南北志传》等，《杨家将传》是他《两宋南北志传》中之《北宋志传》，内容集中描写杨家将故事。

杨家将故事是我国古代文学中的重要题材，早在宋朝即有民间艺人演唱，罗烨《醉翁谈录》记载话本中有《杨令公》、《五郎为僧》等目录。到了元代，元杂剧中则有《谢金吾诈拆清风府》、《昊天塔孟良盗骨》、《杨六郎调兵破天阵》、《焦光赞活捉萧天佑》等剧本存在。熊大木的《北宋志传》（玉茗堂批点本题《杨家将传》）即在这一传统的群众艺术基础上综合、加工、创作成的。

《杨家将传》凡五十回，其叙云：“起宋太祖再下河东，至宋仁宗止，收集杨府等传，并参入史鉴年月编定，盖取其揭始要终之意。”时间是按照史书年月编纂的，内容则是以杨家的英雄事迹贯彻始终。它描写了杨业全家保卫祖国领土完整抗击辽国入侵的英雄业绩，赞扬了杨家世代英勇抗敌的精神和爱国思想。在这一主题中，还贯穿着宋王朝内部忠与奸的斗争，并且最后忠贞战胜了奸邪。

《杨家将传》重点描写了杨家祖孙三代的代表人物，即杨业、杨延昭和杨宗保。杨业原是汉王手下驻守应州的一员将领，以“忠信”素著，“父子英雄”闻名于天下，由于宋朝的进攻，汉王刘钧听信谗言,他才被迫投降宋朝。他为臣忠贞,常思报效国家,治军严明,不论亲疏,犯罪者即依法处之,七郎以违反军令被杖责四十棍。他为官清廉,不无故受爵,曾亲自上表请求辞去对他儿子的封赐。幽州之役,他带领杨家军与敌人死战,挽救了昏庸皇帝宋太宗的命运,使国家免于受辱。而后屡战辽兵,皆获大捷,"威名已振,辽将已皆胆落",号"杨无敌"。最后在奸臣潘仁美的陷害下,与敌人作战陷入重围,被迫撞李陵碑而死。为了国家,身经百战,在敌人面前英勇不屈,并以自己的策略和英雄气概战胜敌人,为国家立下了不朽的功勋。

杨延昭是杨业事业的直接继承者,他发扬了父亲的爱国精神,不计个人得失,把国家利益放在首位,击败辽兵之后,宋真宗封他为高州节度使,他坚决请辞,而自愿做一个卑小的佳山寨巡检。他的理由是:

> 一者闻彼处有几员好将,臣欲招来用之。二者佳山为三关重要之地,与幽州隔界,欲往把守,使番人不敢南下。

他时刻为国家安危着想,不为个人私利牵累,宁肯辞掉节度使清闲之职,而去把守三关紧要之地,这是何等光辉的爱国行为!他对将士十分爱戴,恒以诚信待之,因此将士多愿为其所用,孟良、焦赞都是他忠信勇敢的将领。他有智谋、精韬略,对孟良三纵三擒,收焦赞不费干戈,勇敢善战,大破辽兵,使敌人闻风丧胆,以至于见到六郎的假相即拆营退兵。

杨宗保是个小英雄,有一种迫不及待的为国立功的心愿,但都因为年少被阻拦。大破天门阵是他爱国抗敌精神的集中表现,他能识破萧太后的天门阵,在众将领和穆桂英的协同下,一个个地击破敌人的阵势,最后使敌人全军瓦解。

　　除了此三人之外，《杨家将传》还写了一郎、二郎、三郎在幽州大战中为国牺牲。四郎被俘，不得已做了萧太后的驸马，后来宋军在飞虎谷被困时，他救了宋军，破了辽兵。五郎虽落发为僧，但每当军事危急之时，总是出山与敌决战。八姐、九妹和女英雄穆桂英在大破天门阵和十二寡妇征西中都显示出了英雄气概，尤其是穆桂英那种英勇威武的精神，生动感人。在我国古代文学中塑造如此多的女英雄形象，这是《杨家将传》的一大贡献。总之，《杨家将传》描写了杨氏全家的爱国抗敌精神，表现了人民英雄主义。

　　《杨家将传》还塑造了两个绿林英雄形象——焦赞和孟良。他们都是为杨延昭的诚信所感动参加保卫祖国事业的。焦赞是李逵型的人物，他粗朴、爽直、纯真，杨延昭说他"心性太急"，一出去便生事，正说明他性格特点，带有与封建社会秩序的抵触情绪。他具有勇敢的反抗精神，不顾生命危险，杀死了奸臣谢金吾全家，与敌人作战则横冲直闯，如入无人之境。他是劳动人民的形象，在他身上体现了劳动人民仇恨奸邪、英勇抗击民族敌人的顽强意志。孟良是一个勇敢、忠直的人物。"性虽粗，志如金石"，刚强不屈，对敌作战冲锋陷阵，对杨家则无限忠信。他曾深入敌人营垒，盗出杨业的遗骨，比武艺，一箭射杀辽将谢留，表现了高度的武术才能和对敌人的蔑视。此外，对宋朝一员名将呼延赞也写得比较好。

　　《杨家将传》在描写杨家抗敌斗争过程中，还写了封建朝廷中通敌卖国的奸臣潘仁美、王钦若等对这些英雄的迫害，而以八王、寇准为主的忠直之臣则坚决支持和维护杨家的抗敌爱国事业。描写出动荡时代的历史事实。

　　《杨家将传》是用通俗的文言写的，虽然其中也杂有白话，但从整体上看，风格还是统一的，即通俗、质朴而具有表现力。全书共五十回，前四十五回是作品的精华所在，后五回则是强弩之末，社会意义不大,并保留了更多的封建糟粕。其中宣传了不少封建迷信思想,如擎天圣母授兵书杨宗保,杨五郎斧劈萧天佑一团火光,萧天佑不知去向等,都具有浓厚的巫术色彩。

《杨家将传》所创造的英雄人物,对后代人民的精神生活有很大影响,广大人民之喜爱谈论杨家将的故事不减谈论"三国"和"水浒"。在人民喜爱的基础上,以杨家将故事为题材的各种文体便产生了,弹词、鼓书及其他民间艺术形式几乎都有对这一故事的演唱。今天戏曲如《穆桂英挂帅》、《大破天门阵》、《孟良盗骨》等,都是对这一题材的继承和发展。

(二)《封神演义》

《封神演义》一百回大约成书于明隆庆、万历年间,关于它的作者,根据今天保存最早的日本内阁文库藏明万历年间苏州舒载阳刻本,题为"钟山逸叟许仲琳编辑",可能是许仲琳。但它的作者绝对不止一人,应当像《水浒传》、《西游记》一样,由许多群众艺术家集体创作,许仲琳则是在群众创作的基础上的最后加工者。许仲琳是怎样一个人呢?没有史料可考。据梁章钜《浪迹续谈》卷六说,作者的创作意图是"欲与西游记、水浒传鼎立而三"。从作品内容看,它确与《西游记》有渊源关系,形式是"讲史",实质则是"灵怪",武王伐纣所经历的艰难困苦,与《西游记》中的八十一难很相近,哪吒的性格与孙悟空也很相似。但是,它的真正成就,"较水浒固失之架空,方西游又逊其雄肆"(鲁迅《中国小说史略》),无论思想内容和艺术描写较之二书都大有逊色。

《封神演义》的故事远在汉、唐即很流行,鲁迅《中国小说史略》云:"《史记·封禅书》云:'八神将,太公以来作之。'《六韬》、《金匮》中亦间记太公神术;妲己为狐精,则见于唐李瀚《蒙求》注,是商周神异之谈,由来旧矣。然'封神'亦明代巷语,见《真武传》,

不必定本于《尚书》。"到了元代则有平话《武王伐纣书》出现,凡三卷,写商、周斗争的历史,也间杂神怪成分,其规模与《封神演义》很接近,是《封神演义》成书的重要凭藉。

　　《封神演义》写的是武王伐纣的故事,主要是写以有道伐无道,以仁德之臣伐暴虐之君。作者站在正义立场上,对纣王的凶狠、残暴、荒淫、无耻进行了深刻的批判!这是作品中最有价值的部分。纣王是被作为最暴虐的封建昏君写的,在他身上体现了历代统治者最凶恶的本质、最狠毒的统治手段。他近女色,废朝纲,听信谗言,损害忠良,"造炮烙,惨杀忠谏,治虿盆,荼毒宫人,造鹿台聚天下之财,为酒池、肉林,内官丧命,甚至敲骨看髓,剖腹验胎"(九十七回)。这种残酷、狠毒的行为,在封建统治者中很有典型性,像《史记》中写吕后,为了争宠,把戚夫人的双眼剜去,四肢砍掉,扔到厕所里,称为"人彘",其残忍、狠毒与纣王是一致的。在纣王残暴的统治下,社会危机四伏,四方诸侯皆有不臣之心,相继起义反抗,人民的苦难加深了,"万民惊恐,日夜不安,男女慌慌,军民嗟怨,家家闭户,逃奔四方"(十八回)。比干所作的《鹿台赋》揭露当时社会矛盾之尖锐情况云:

　　　　游宴者恣情欢乐,供力者劳瘁艰辛!涂壁脂泥,俱是万民之膏血;华堂采色,尽收百姓之精神。绮罗锦席,空尽织女机杼;丝竹管弦,变作野夫啼哭。真是天下奉一人,须信独夫残万姓。(二十五回)

面对这一残虐万姓的暴君,有两种态度,一种是文死谏武死战的忠臣,像杜元铣、梅伯、商容、胶鬲、微子、箕子、比干、闻仲等,他们都具有浓厚的封建君臣观念,但都反对纣王的暴虐,大骂"昏君无道,杀戮谏臣,此国家大患"(十七回)。揭露纣王的凶恶本质,这是有意义的。一种是揭竿而起，"吊民伐罪"，像四方诸侯、武王和姜子牙等，他们的行动是对这个暴君最有力地批判。武王率兵攻入朝歌，姜子牙宣布纣王的十大罪状，是对这个暴君的总讨伐。

《封神演义》体现了两种历史观念，一种是"君叫臣死，臣不敢不死"的封建君臣观念，一种是"天下者非一人之天下，乃天下人之天下"的民主思想，武王、姜子牙之"吊民伐罪"正体现了这一思想，武王伐纣的胜利，正是这种进步民主思想的胜利。

《封神演义》创造了不少人物形象，其中最生动最有反抗精神的是哪吒。他是孙悟空类型的人物，具有坚强勇敢和蔑视权威的英雄气魄。"哪吒闹海"一节是他形象性格最诱惑人的所在，他打死了水晶宫中的夜叉李艮，又抽了龙王三太子的筋，要"做一条龙筋绦与俺父亲束甲"（十二回）。在他看来东海龙王不过是个"老泥鳅"，揭了他的鳞，迫使他伏首听命。哪吒还反对封建伦理观念，他的父亲李靖本来是无情义的，后来又焚了他的庙宇，激起了他的愤怒，他坚决报仇，杀得李靖走投无路。通过他的行动，批判了"天下无有不是的父母"（十四回）和"父子有亲"的封建伦理。哪吒是一个叛逆性格，但是由于历史条件的限制，他的反抗斗争不能得到彻底的胜利，最后和孙悟空头上被套上紧箍咒一样，他被燃灯道人赐与李靖的玲珑塔压服了，驯顺地跟随姜子牙去伐纣。

黄飞虎是封建统治者忠臣的形象，他是商朝的勋戚，享国恩二百余年，对纣王的暴虐行为不满，但对其意旨不敢有任何违忤。他的妻子、妹妹被残酷地治死，也不敢反抗，三个儿子在他面前痛哭不止，才引起他内心"如火燎一般"，激起了炽烈的矛盾，又在黄明、周纪、龙环、吴谦四将的刺激下，才动了反叛的念头，反出五关，归于西岐。这个人物之所以动人，就在于他如何通过自我思想斗争，冲破了封建君臣思想的束缚，走向反叛的道路。他的反叛过程很像《杨家将传》中杨令公叛北汉归宋的过程。其意义在于反映了在封建制度下，"文死谏、武死战"的忠臣也被逼迫造反，则当时统治者之残暴可想而知了。这是对封建暴君更深层次的批判。

姜子牙是武王伐纣的军师，有智勇韬略，深谋远虑，伐纣的事业主要是由他领导取得胜利的。但作者把他的行动、策略神秘化、宗教化，削弱了他行为的正义性。武王是一个平庸君王的形象，没有什么才能，只是封建道德的化身，他一生的事业都是姜子牙创立的，他本身毫无作为。

《封神演义》中表现出不少封建糟粕，宣扬了不少封建思想和宗教观念。如"君君、臣臣、父父、子子"和"君叫臣死，臣不敢不死"的思想贯穿全书。又如宣传道教的威力和宿命论等，说什么"成汤气数已尽，周室天命当兴"，好像他们的言行即体现了天命。宣传道法无边，实质上是宣传封建统治权力之不可制服。这些都是麻醉人民的精神武器。

《封神演义》描写了不少战争场面，也写了不少神怪妖魔参与其斗争，但是这些形象缺乏现实生活基础，因此没有什么意义。

《封神演义》中存在着民主和封建两种思想的矛盾，这种现象不是由某一个作者的思想的渗透和影响，而是作品在长期流传过程中参加编撰者的不同思想观点造成的。这正反映了封建社会思想斗争的复杂性。

五、《金瓶梅》

《金瓶梅》的产生，为我国古代小说的编撰和创作开辟了新的蹊径。在撰写方面，它与以前的长篇小说都是在群众艺人创作的基础上，最后由某一作者编撰成书不同，而是由一个作家独立创作的。在表现内容方面，它与以前的小说多写英雄传奇、神怪故事不同,而是描写广阔的现实社会、家庭日常生活和世俗人情等。它的出现,标志着我国古代小说创作进入了一个新的历史时期。

(一)《金瓶梅》的成书与作者

《金瓶梅》成书于何时?据万历二十四年(1596)袁宏道给董其昌的信中有这样一段话:"《金瓶梅》从何得来?⋯⋯后段在何处?抄竟当于何处倒换?幸一的示。"说明万历年间《金瓶梅》已经有抄本流传,袁宏道向董其昌借阅传抄。又袁宏道的弟弟袁中道在其《游居柿录》中回忆董其昌也曾对他说:"近有一小说,名《金瓶梅》。"其后,沈德符的《万历野获编》记述云:"袁中郎《觞政》以《金瓶梅》配《水浒传》为外典,予恨未得见。(万历)丙午(1606)遇中郎京邸,问曾有全帙否?曰:第睹数卷,甚奇快。今惟麻城刘廷白承禧家有全本。⋯⋯又三年,小修上公车,已携有此书,因与借抄挈归。吴友冯犹龙见之惊喜,怂恿书坊以重价购得。马仲良时榷吴关,亦劝应梓人之求,可以疗饥。⋯⋯未几时,吴中悬之国门矣。"这都说明《金瓶梅》成书于万历前期,其先都是抄录,其后才刊刻行世。

《金瓶梅》作者是谁?据《金瓶梅词话》卷首欣欣子序云:"窃谓兰陵笑笑生作《金瓶梅传》,寄意于时俗,盖有谓也。"兰陵即今天山东峄县,又江苏武进县,也称兰陵,何者为是,难于确定。但作品中更多地采用山东的方言、习俗,则作者是山东峄县的可能性大。至于笑笑生,显然是化名,究竟是谁?或谓"嘉靖间大名士",或谓"绍兴老儒",或谓"金吾戚里门客",或谓王世贞、李开先等,不可确考。

《金瓶梅》的版本有两个系统,一个是万历四十五年(1617)有东吴弄珠客序的《金瓶梅词话》系统,另一个是崇祯年间《新刻绣像批评金瓶梅》、又称《原本金瓶梅》系统。两种版本的不同处,在回目方面,前者多参差不齐,后者对仗工整;在回目前的入话韵文方面,前者多是词,后者多是诗。说明词话本更接近原作。又清康熙年间,徐州人张竹坡以崇祯本为底本,改正个别文字,并取法金圣叹评点《水浒传》而评点《金瓶梅》,成《张竹坡批评金瓶梅第一奇书》。这部书是从《水浒传》中"武松杀嫂"一节发展而成的,把原来的三回书,扩大为一百回,变成以描写西门庆罪恶的一生及其家庭的兴衰史为中心,来揭露当时社会的黑暗、腐朽和凶险。

(二)《金瓶梅》所暴露的社会现实

《金瓶梅》是一部暴露性的小说。其写作意图,据弄珠客《金瓶梅序》云:"盖为世戒,非为世劝也。"作品卷首之《四贪词》,即对贪图酒、色、财、气者的告诫。然其实际描写的现实生活面却更加广阔。作者假托宋代,实写明朝。全书的内容是写市井恶棍西门庆游手好闲,终日与一些帮闲者辈在一起淫乐。自己已有一妻二妾,见了潘金莲仍图谋通奸,毒害了她的丈夫武大;武松报仇,错杀了李外传,被刺配去孟州,他便趁机娶了潘金莲。之后他又奸骗了有夫之妇李瓶儿,并收了潘金莲的婢女春梅。《金瓶梅》即这三个妇女名字的合称。他又攀附权贵,贿赂蔡京,谋得山东理刑副千户之职,成为"西门大官人"。从此更勾结官府,贪赃枉法,霸占妇女,淫逸无度。他与李瓶儿因为淫逸过度,相继死去。死后,他的正妻吴月娘因潘金莲、春梅和女婿陈经济通奸,把她们卖了,结果潘金莲被武松杀死,春梅做了周守备的妾,以淫乱被杀。这时天下大乱,金兵南侵,月娘带儿子孝哥逃往济南,经普净和尚点破,知孝哥是西门庆托生,便令其出家。作品以西门庆的家庭为描写中心,这个家庭上通文武百官,下连贩夫走卒,是这个社会矛盾的缩影,通过它暴露了明代社会政治的黑暗、经济的腐朽、道德风尚的堕落和伦理关系的败坏等,犹如鲁迅所说:"著此一家,即骂尽诸色。"

（《中国小说史略》）

西门庆是作品的核心人物，他是个豪商、赃官、恶霸的典型，剥削、欺诈、贪婪、狠毒，为了满足自己的私欲，不惜牺牲一切人的利益。明代社会一切黑暗、腐败、罪恶的现象，都通过他与各类人的关系显现出来。所谓"酒、色、财、气"四贪，他更贪财与色。在他看来钱能通神，有了钱就有了一切，因此他通过各种渠道敛取钱财，如开设典当铺、生药铺、缎子铺、绒线铺等，以奸巧的手段牟取暴利。又骗娶孟玉楼、李瓶儿，趁机获得两份重要财产。女婿陈经济避难带着箱笼细软投奔他家，并送他白银五百两，他"都收拾月娘上房来"（十七回）。苗青杀主，罪该论死，他受贿一千七百两，使其得到解脱。盐商王四峰被监押在狱中，许以二千两，请求他向蔡太师说情释放。此外，在各处放高利贷等。总之，他巧夺豪取，聚敛钱财。他临死时向妻子吴月娘说明他的家产及外人的借贷的数字多达白银九万多两。诚可谓贪之极矣。

西门庆一方面想方设法敛取钱财，另一方面追求穷奢极欲的生活。随着钱财的增多，他的淫逸生活更加糜烂。他有六房妻妾，纵淫无度，又奸污丫环春梅、如意儿，霸占仆妇宋惠莲，嫖玩妓女，包占王六儿，以至于私通贵家大户的林太太。凡可以满足自己的兽欲者，他绝不放过，一切人伦道德都丧尽了。他曾经说："咱闻那佛祖西天，也止不过黄金铺地；阴司十殿，也要楮镪营求。咱只消尽这家私，广为善事，就使强奸了嫦娥，和奸了织女，拐了许飞琼，盗了西王母的女儿，也不减我泼天富贵。"（五十七回）金钱万能，色欲横流，"财"与"色"在西门庆这个恶棍身上是交互作用。

此外，西门庆有了钱，还用来贿通权要，贪赃枉法，无恶不作。有钱和求官是相辅相成的。小说中所谓"功名全仗邓通成"，邓通为汉文帝吮痈得宠，文帝赐以蜀严道铜山，可以自己铸钱，因之邓氏钱满天下。西门庆想求官,并未采取"吮痈"的方式,而是径直用钱,即邓通。他以贵重的礼物贿赂蔡太师,希望有所选拔,第三十回写他派遣来保、吴主管献礼之事如:

> 来保、吴主管各抬献礼物。但见黄烘烘金壶玉盏,白晃晃减鞡仙人;锦绣蟒衣,五彩夺目;南京纻缎,金碧交辉;汤羊美酒,尽贴封皮;异果时新,高堆盘盒;如何不喜! ……太师又向来保说道:"累次承你主人费心,无物可伸,如何是好? 你主人身上可有甚官役?"来保道:"小的主人一介乡民,有何官役?"太师道:"既无官役,昨日朝廷钦赐了我几张空名告身札付,我安你主人在你那山东提刑所,做个理刑副千户,顶补千户贺金的员缺……

一边交钱,一边许官,光天化日之下,买卖交易,毫无掩饰。西门庆就是在这种情况下不断提升官职的。

西门庆有钱有势,更贪赃枉法,心狠手辣,无恶不作。苗青杀主一案,他受贿让其回家,又侵夺其主人家产,霸占主人的妻妾,罪孽深重。山东监察御史曾孝序上奏弹劾,其同伙夏提刑急切地问他如何对策? 他从容回答:"常言兵来将挡,水来土掩,事到其间,道在人为,少不得你我打点礼物,早差人上东京,央及老爷那里去。"果然老爷蔡京、翟谦竟把揭发他罪行的参本压下,撤了御史曾孝序的职,让蔡京儿子的妇兄宋盘接任。如此则西门庆安然无恙地免于刑法的制裁。他心狠手辣,无恶不作,为了满足自己的私欲,任何伤天害理的事都能干出来。他图谋奸淫潘金莲,便毒杀了武大郎,他勾引李瓶儿,气死了其丈夫花子虚,李瓶儿又招赘蒋竹山为婿,他憎恨之余,即痛打蒋竹山,并致之死地而后快。他霸占了宋惠莲,又陷害了她丈夫来旺,令其横遭充军之罪,迫使惠莲自

缢。惠莲的父亲宋仁喊冤,他毒打宋仁二十大板,宋仁痛极生病身
亡。他的所作所为,宋惠莲尖锐地指斥说:"你原来是个弄人的刽
子手;把人活埋了! 害死人,还要看出殡的!"(二十六回)深刻地
揭露出西门庆阴险、狠毒的本质。

西门庆的一生是罪恶的一生,他的发家史是一部罪恶的历史,
他上通朝臣权要,钻刺买官,下结地痞无赖,称霸四方,他的所作所
为暴露了明代社会政治的黑暗腐朽、人伦道德的堕落沦丧,而这正
是我国封建社会发展到末期的特点,西门庆这一恶棍形象的意义
正在于体现了这些特点。总之,《金瓶梅》以西门庆为中心描写了
明代丑恶、腐朽的社会生活史。

(三)《金瓶梅》的艺术成就

《金瓶梅》在我国长篇小说发展过程中是最早取材于现实生
活的作品,它不同于《三国演义》、《水浒传》等之写朴刀杆棒、发迹
变泰之事,也不同于《西游记》之写神魔故事,而是朴朴实实地描
写家庭日常生活和世态人情。这一描写题材为后代小说创作开拓
了新的蹊径。与题材之新颖相适应,在艺术描写上也呈现出与以
前的作品鲜明不同的特点来,其中最突出的是人物形象的塑造和
生活情节的描绘。

《金瓶梅》塑造了众多的人物形象,上自王公臣僚,下至市井
细民,三教九流,不仅生动鲜明,亦且有丰富的内涵。西门庆已如
上叙。潘金莲、李瓶儿也是两个极成功的形象。如作品所写,潘金
莲年幼丧父,家境贫寒,九岁被卖给王招宣府,后又以三十两银子
卖给张大户为使女,她喜好打扮,会弹琵琶、月琴,不爱劳动。十八
岁被年过六十的张大户"收用",张大户的大夫人嫉妒之,把她白
白地嫁给矮丑的武大。这就是潘金莲被侮辱被损害的过程,也是
她性格形成的社会环境。张竹坡在《金瓶梅》读法中说:

吾不知作者之心,有何千万愤懑而于潘金莲发之,不但杀之割之,而并其出身之处,教习之人,皆欲致之死地而方畅也。何则?王招宣府内,固金莲旧时卖入学歌学舞之处也。今看其一腔机诈,丧廉寡耻……吾知其二三岁时,未必便如此淫荡也。使当日王招宣家,男敦礼义,女尚贞廉,淫声不出于口,淫色不见于目,金莲虽淫荡,亦必化为贞女。奈何堂堂招宣,不为天子招服远人,宣扬威德,而一裁缝家九岁女孩至其家,即费许多闲情教其描眉画眼,弄粉涂朱,且教其做张做致,乔模乔样,其待小使女如此,则其仪型妻子可知矣。

张竹坡认为潘金莲之所以"如此淫荡"、乖巧狡猾,并非偶然,而是由于她在一个"一腔机诈,丧廉寡耻"的环境中被"教习"而形成的。张竹坡的认识,是从《金瓶梅》具体的描写中得出来的。实际上潘金莲的精明乖巧、刁钻刻薄、凶狠毒辣、谄媚恭顺、嫉妒自私等等,莫不与她和各类人物所处的具体环境联系看,在各类具体复杂的环境中形成并表现出来。她是一个极端利己主义者和享乐主义者,为了一己之私欲,利用各种手段勾引武松,奸合西门庆,以至于胆大包天,谋害了武大。后来被西门庆娶到家中,更放纵淫荡,争宠斗俏,害死无辜,终于走向毁灭。她的生活经历和悲惨结局,都是罪恶的封建社会环境促成的,所以潘金莲这一人物形象形成于罪恶的封建社会,同时又反映了封建社会的罪恶。

李瓶儿是西门庆第六房妾,她与潘金莲有相近之处,即贪淫,也有不同的地方,即不像潘金莲那样狠毒,而比较柔顺、怯懦。她的贪淫达到狂热的程度,如她与西门庆之间,其初是她先勾引了西门庆,当花子虚在外宿娼时,她即爬墙过去与西门庆幽会。把花子虚气死后不久,借请蒋竹山看病的机会,又勾引了蒋竹山,并很快拜堂成亲。后来她以蒋竹山不能满足自己的性要求,便把蒋竹山驱逐出门。又托人去找西门庆，要求西门庆娶她。可谓淫荡极矣！
她嫁到西门庆家中之后，在西门庆降服之下，变得柔顺，在潘金莲
的打击之下，变得怯懦了，对仆婢们也和颜悦色，博得仁义人之名。
或谓作者描写李瓶儿的性格前后不统一，其初气死花子虚，逼走蒋
竹山，何其凶恶！而嫁给西门庆之后，则变得柔顺、善良又能忍耐。
其实这正是生活的真实，李瓶儿的性格是在特定环境中形成的，随
着其所处的具体环境的发展变化，李瓶儿的性格也在发展变化，这
是符合生活逻辑的。

　　对李瓶儿的描写，作者于笔墨之间流露了同情，如玳安曾说：
"若说起六娘的性格儿，一家子都不如他，又谦让，又和气，见了人
只是一面儿笑。自来也不曾呵俺每一呵，并没失口骂俺每一句'奴
才'。……这一家子，那个不借他银使，只有借出来，没有个还进去
的。还也罢，不还也罢。"（六十四回）这种仁厚的性格，博得仆婢
的好感，西门庆也说她"好性儿"，她死后为之悲痛号哭，并为之大
出丧。这些描写应该都含有作者的怜悯之情。但从总的倾向看，
作者对李瓶儿是批判的，批判她贪淫至于狂热程度，正如张竹坡所
说："亦去金莲不远。……但瓶儿弱而金莲狠，故写瓶儿之淫，略较
金莲可些，而亦早自丧命于试药之时。甚言女人贪色，不害人即自
害也。吁，可畏哉！"他指出李瓶儿与潘金莲都贪淫而性格不同，然
皆以贪淫丧命，亦所以为世戒也。道出了作者的写作意旨。

　　其他各种类型、各种身份的人物，在作者笔下也多性格鲜明，
各具特色，千姿百态，具有丰富的内涵。

　　《金瓶梅》中描写了许多生活情节，整部《金瓶梅》可以说是由
无数生活情节交织构成的，这些情节真实而意义深刻，并韵味无
穷。如写西门庆宴请蔡御史，畅饮一日之后，于掌灯时分，让蔡御
史后边更衣，于是至翡翠轩，关上角门，并令董娇儿、韩金钏儿盛妆

打扮,立于阶下:

> 蔡御史看见,欲进不能,欲退不舍。便说道:"四泉,你如此这等爱厚?恐使不得。"西门庆笑道:"与昔日东山之游,又何异乎?"蔡御史道:"恐我不如安石之才,而君有王右军之高致矣。"于是月下与二妓携手,恍若刘阮之入天台。(四十九回)

他一边说"恐使不得",一边携着两个妓女的手,恍然犹如刘阮之上天台。于朴实的叙述中,而情伪毕露。又如写韩道国对人夸耀自己为人端正及如何受西门庆重用:

> 与我恩主西门大官人做伙计,三七分钱。掌巨万之财,督数处之铺,甚蒙敬重。……他府上大小买卖,出入资本,那些儿不是学生算账!言听计从,祸福共知。……就是背地他房中话儿,也常和学生计较。学生先一个行止端正,立心不苟。……不是我自己夸奖,大官人正喜我这一件儿。(三十三回)

他得意洋洋"刚说到热闹处,忽见一人慌慌张张走向前……拉到僻静处告他说:'你家中如此这般,大嫂和二哥被街坊众人撮弄了,拴到铺里,明早要解县见官去。'"原来他妻子与他弟弟通奸,被人捉住,拴在铺里要解县见官。可笑的是他听后大惊失色,立刻就走,人们问道:"韩老兄,你话还未尽,如何就去了?"他则举手答道:"大官人有要紧事,寻我商议,不及奉陪。"在紧急时刻,仍不忘炫耀自己。所谓"行止端庄,立心不苟",原来如此!全是一副假相,无耻之极矣!文笔于委婉的叙述中寓以辛辣的讽刺。《金瓶梅》中的情节描写大都如此。诚如鲁迅所说:"凡所形容,或条畅,或曲折,或刻露而尽相,或幽伏而含讥"(《中国小说史略》)者也。

《金瓶梅》在语言方面的特点,即多采用日常生活中的口语,简洁明快,生动传神。如潘金莲发现西门庆与来旺媳妇宋惠莲有奸情时大发雷霆一段描写:

> 妇人(潘金莲)道:"怪奴才!可可儿的想起一件事来,我要说,又忘了。"因令春梅:"你取那只鞋来与他瞧。""你认的这鞋是谁的鞋?"西门庆道:"我不知是谁的鞋。"妇人道:"你看他还打张鸡儿哩!瞒着我,黄猫黑尾,你干的好茧儿!来旺儿媳妇子的一只臭蹄子,宝上珠也一般,收藏在藏春坞雪洞儿里拜帖匣子内,搅着些字纸和香儿一处放着。甚么罕稀物件,也不当家化化的!怪不的那贼淫妇死了,堕阿鼻地狱!"……

潘金莲从家中得到来旺媳妇一只鞋,证明西门庆与其有奸情,因而大发作。语言生动明快,传达出她那种泼辣嫉妒的神态和西门庆窘迫的处境。

《金瓶梅》在思想内容和艺术描写上确有与其他文学作品不同的成就,但也有其不容忽视的缺点。即作者对所描写的社会现象缺乏鲜明的爱憎感情,对被剥削被压迫者很少表示同情,对压迫者凌辱者也很少表示憎恨,而且对受苦难的劳动人民,特别是横被作践的妇女,时常加以嘲弄。对所描写的生活侧面缺乏提炼和典型化,主要是客观地暴露,甚至对所写的丑恶现象抱着欣赏的态度。这表现了作者的思想庸俗和低级趣味。但是,这部作品在通过对一个家庭的描写反映封建社会的生活面上,对《红楼梦》影响很大,同时这类题材在我国小说史上也是一项开拓。

六、"三言"与"二拍"

我国的短篇通俗小说到了明代得到很大发展,这表现为它的作者已经不是民间艺人,而是有文化修养的专业作家,它的创作对象已经不是听众而是读者,其数量之多是空前的,其反映社会生活面之深广也不是以前作品所能比拟的。冯梦龙编辑的"三言",即《喻世明言》、《警世通言》、《醒世恒言》;凌濛初编辑的"二拍",即《初刻拍案惊奇》、《二刻拍案惊奇》可为代表。

(一)冯梦龙与"三言"

冯梦龙(1574—1645),字犹龙,又字子龙,号墨憨斋主人,长洲(今江苏苏州市)人。崇祯七年(1634)曾做福建寿宁县知县。明朝灭亡前,他编了一本《甲申纪事》,对农民起义军表示不满,也编了一本《中兴伟略》,对清兵表现了仇恨。清顺治二年(1645)死去。他是明朝继罗贯中、熊大木之后的一位通俗小说家,将毕生的精力从事于通俗文学的编写或刊行工作。曾改编过《平妖传》、《新列国志》等长篇小说,刊行过《挂枝儿》、《山歌》等民歌集,编撰了《喻世明言》、《警世通言》、《醒世恒言》短篇小说集。他把通俗文学提高到与《孝经》、《论语》同等的地位,把封建文人所不齿的小说和他们尊奉的经典并列,在当时确不失为具有进步意义的观点。

《喻世明言》(又称《古今小说》)、《警世通言》、《醒世恒言》三书各四十卷,每卷一篇,共收短篇小说一百二十篇。其故事有的取自历史文言小说,有的则在宋元话本的基础上修润而成,有的是编者自己创作的。其中刊行最早的是《古今小说》,稍后是《警世通言》,最晚刊行的是《醒世恒言》。

这三部作品主要是描写城市市民的生活面貌。其内容可归纳为以下三个方面,即描写市民的爱情理想和生活愿望,朋友之间的真诚友爱和小商人的经历以及思想观念,封建官僚、地主、恶霸的凶恶本相和无耻行为。其中以描写男女爱情的篇章最多,成就也最高。这类作品强调男女之间的真挚感情，主张男女双方应互相尊重，痛斥薄幸负心的行为。如《杜十娘怒沉百宝箱》、《卖油郎独占花魁》等是最有代表性的作品。

《杜十娘怒沉百宝箱》是明代短篇小说中思想艺术成就最高的作品。它取材于宋幼清《九籥集》里的《杜十娘传》，叙述北京教坊院妓女杜十娘不满于自己的卖笑生涯，希望从良。恰好李布政之子李甲在京城做太学生，来院游玩，二人相见，感情很深，十娘愿以终身相托，但李甲害怕父亲，不敢应允。不久，李甲钱已用尽，遭鸨母冷淡。鸨母迫使十娘将他驱逐出门，十娘不肯。鸨母知李甲没钱，故意要他出三百两银子，方可把十娘领去。十娘便将自己私蓄的一百五十两给李甲，李甲又设法借得一百五十两，凑齐后交与鸨母，十娘方得出院。临走时众姊妹把十娘装有价值万金的珠宝箱送给她。二人商议暂去苏、杭寄居，所乏资费，皆十娘从箱中取出，李甲深为感激。不料在渡江途中遇见浮浪子弟孙富。孙富见十娘美丽，想占为己有，趁机与李甲攀话，从中离间，并愿以千金收买十娘。李甲见钱动心，回舟与十娘商议。十娘气愤之极，假意应允愿跟孙富，并叫将千金送来。之后，十娘打开描金百宝箱，把无数珠宝投入江中，然后沉江自尽。杜十娘是一个被侮辱、被损害的妓女，一生受尽了冷遇：封建阶级的蔑视，王孙公子的玩弄，金钱的诱骗等。她想摆脱这一切，希望过真正人的生活，结果又受李甲的欺骗，终于葬送在封建制度之下。她的悲剧是有时代特征的，它反映了那个时代严格的阶级界限，卑俗的社会舆论，浮浪子弟的背信弃义等。她临死时说："命之不辰，风尘困瘁，甫得脱离，又遭弃捐！"就是对那个时代的控诉。作品突出了十娘爱憎分明、坚决勇敢的性格。写她的善良和钟情，对李甲爱抚之至，用力帮助李甲，在鸨母面前表示要嫁李甲，感情十分诚笃。当李甲与孙富密谋回来时,怀抱郁郁,她尚不知其原因,即"抱持公子于怀间,软言抚慰",这种柔情蜜意,更显示出李甲的忘恩负义。当李甲告诉她内情时,与常人之为之恼怒、痛哭不同,她立刻"放开双手,冷笑一声……"这种表现是她受到始料不及的打击后在精神上的异常反应,是她对李甲之为人有更清醒的认识,对她所处的社会有更清醒的认识。她的头脑更冷静了,她对人生不再抱任何幻想。李甲与孙富约定人钱交易之日,她凌晨起身,精心梳妆打扮,光彩照人。"微窥公子,欣欣似有喜色"。这是对李甲的深刻讽刺,另一方面也显示出杜十娘高尚、坚贞的情操。李甲是个官僚子弟,他性情柔懦而无主见,贪婪自私,为了金钱而忘恩负义。作者对他丑恶的灵魂和卑劣的行为给以有力的批判。

《卖油郎独占花魁》叙写宋朝汴梁女子莘瑶琴,当金兵入侵时,逃难途中与父母失散,被坏人掠持到杭州,沦为妓女,因为才貌双全,被称为"花魁娘子"。又当时汴梁的青年名秦重,也由于金兵入侵,于慌乱中与父母失散,流落到杭州,以卖油为业,故称为"卖油郎"。秦重于卖油时偶然间见到花魁娘子,为其美貌所倾倒,极爱慕之。花魁是杭州的名妓,身价高贵,秦重辛苦卖油一年多,积攒了十两银子,拿着去见花魁。花魁起初不屑于接待,因为秦重是卖油的,但在交往中,秦重对她的尊重、体贴,感动了她,在她遭受王孙公子作践之后,更体会到秦重真情的可贵,便拿出大笔私房银子赎身,嫁给秦重,成为美满夫妻。作品的思想主旨是在表现一个以肩挑油担谋生的社会下层青年,如何能和日夜与王孙公子、富商豪门子弟交往,过惯了豪华生活的妓女成婚,所谓"独占花魁"呢?答案是秦重依凭对花魁的尊重、关怀和爱戴,把花魁当作与自己平等的人格看待。秦重是一个忠厚志诚的青年,他对花魁的追求,并非如一般嫖客之为了戏弄和色欲,而是一个青年男子对

年轻女子真诚爱恋的追求,他的情感纯净而无任何秽思邪念。如
他初次带着银子去见花魁时,花魁不愿接待,迫于假母之命,才勉
强相见,吃醉酒后,卧床即眠。秦重如何对待呢?作者写道:

> 秦重看美娘时,面对着床,睡得正熟,把锦被压在身上。
> 秦重想,酒醉之人,必然怕冷,又不敢惊醒她。忽见栏杆上又
> 放着一床大红绉丝的锦被,轻轻地取下,盖在美娘身上,又把
> 银灯挑得亮亮的,取了这壶热茶,脱鞋上床,捱在美娘身边。
> 左手抱着茶壶在怀,右手搭在美娘身上,眼也不敢闭一闭。

秦重对花魁的态度非同一般,而是一种怜花惜玉的爱,正是这种爱
深深感动了花魁,第二天她“千万孤老都不想,倒把秦重整整地想
了一日”。秦重即凭这种真诚的爱征服了花魁。花魁是个单纯、善
良的女子,不幸沦落为妓女,初入妓院时,她不肯接客,假母用酒把
她灌醉了,破了她的身子,她寻死觅活仍不肯接客,刘四妈劝说:
“假如你执意不肯接客,做娘的没奈何,寻个肯出钱的主儿,卖你去
做妾。”她没奈何才干这类卖笑生涯,受尽王孙公子、达官贵客的作
践。她幻想跳出苦海,寻找个“衣冠子弟,情愿委身事之”。当她
遭受吴八公子的残暴蹂躏之后,才认识到所谓衣冠子弟,不过是衣
冠禽兽。生活实践教育了她,这时她更认识到秦重对她的尊重、爱
情的可贵,决心嫁给秦重,结成美满夫妻。作品通过花魁的不幸遭
际,揭露了封建社会的罪恶,通过花魁的最后归宿,说明了娼妓应
该选择的生活之路。

又《金玉奴棒打薄情郎》叙写南宋临安一个乞丐名金老大,从
祖上开始,做了七八代丐头,积累了许多钱财。有个女儿名金玉
奴,由邻翁作伐,招穷秀才莫稽为婿。金玉奴恨自家门风不好,劝
丈夫刻苦读书,改变家风。在她的帮助下,莫稽才学日进,乡试中

举,会试又中进士,赴吏部应选,得授无为军司户。莫稽后悔做了丐头女婿,在携金玉奴上任时,狠心将她推入江中。金玉奴落水未死,为淮西转运使许德厚救起,并收为义女。许德厚为金玉奴招赘莫稽。莫稽不知许女即金玉奴,于新婚之夜,被老妪、丫环用棒子打了一场,责罚他薄情。最后经许德厚夫妻劝解,才重归于好。作品的中心人物是莫稽,他是个穷秀才,贪婪自私,品质恶劣。在穷途没路时,入赘丐头家中,当他及第为官后,却将糟糠之妻推入江中。作品对他的丑恶面目的揭露是有力的。在揭露莫稽的同时,现实地写出了金玉奴的悲剧,控诉了封建等级制度的罪恶!

其次一类是描写小商人的经历,他们的道德观念、社会心理等,《蒋兴哥重会珍珠衫》、《施润泽滩阙遇友》可为代表。

《蒋兴哥重会珍珠衫》是写蒋兴哥与王三巧夫妻二人悲欢离合的故事。蒋兴哥外出经商,经久不归,其妻王三巧在家,结识新欢,把蒋兴哥送她的珍珠衫转送给新人。偶然间在经商过程中新人与蒋兴哥相遇,蒋兴哥看破他们的私情,便回家把妻子休了。之后,妻子改嫁一个官吏。其时蒋兴哥犯误伤人命案,正值这个官吏负责审讯,王三巧求其搭救,得到这个官吏的帮助,蒋兴哥得无罪释放,并与王三巧复婚,即"重会珍珠衫"。作者对王三巧的行为并无微词,而流露了同情,如写王三巧一人在家陷入孤独寂寞之中,日夜盼望丈夫归来,终不见回,苦于寂寞而与客商陈某同居。蒋兴哥也不责怪妻子,而自我悔恨:"当初夫妻何等恩爱,只为我贪着蝇头微利,撇她少年守寡,弄出这场丑来,如今悔之何及!"实质上作者是借蒋兴哥的行径批判所谓"商人重利轻别离"也。

又《施润泽滩阙遇友》是描写两个小手工业者互相友爱的故事。盛泽镇的施润泽是一个仅有一张轴机的手工业者,在不到十年的时间,竟成为有三四十张轴机的机户。这自然由于他善于经营,也缘于他与他人相处重信义,得到朋友的帮助。他拾金不昧,把拾得的重金归还给以"蚕桑为业"的失主朱恩。后来他遇难,朱恩盛情报答,使他避免了一场横祸,又在桑叶奇缺之时,给他以帮助,他的蚕桑事业大获其利。作品的中心是歌颂信义和友谊,说明经商固然依靠善于经营,也要凭信义。正是凭信义经营,盛泽镇的丝织业才昌盛繁荣:

> 镇上居民稠广,土俗淳朴,俱以蚕桑为业。男女勤谨,络纬机杼之声,通宵彻夜。那市上两岸绸丝牙行,约有千百余家,远近村坊织成绸匹,俱到此上市。四方商贾来收买的,蜂攒蚁集,挨挤不开,路途无伫足之隙;乃出产锦绣之乡,积聚绫罗之地。

这说明经营工商业也不能背信弃义、抛弃传统道德。

其三是描写封建官僚、地主、恶霸的倒行逆施、凶恶本性和清官廉吏、下层人民的反抗斗争。《沈小霞相会出师表》、《灌园叟晚逢仙女》可为这一类的代表。

《沈小霞相会出师表》是写明嘉靖年间沈炼一家与权奸严嵩父子斗争的故事。事载《明史·沈炼传》和江盈科的《沈小霞妾》。此作具体地写严嵩、严世蕃父子专权,而正直的官吏沈炼素爱诸葛亮的《出师表》,深受其忠义精神所感染,对严党的凶暴统治极为不满,曾当面加以指责。结果严党把他贬为庶民,并派党羽杨顺、路楷诬陷他通敌卖国,将他下狱处死,又把他的两个儿子害死。他的长子沈小霞被判充军,为其世伯冯主事所救,才得不死。后来兵部给事吴时来奏杨顺、路楷罪状,御史邹应龙劾奏严氏父子误国殃民,严党败,沈炼得以平反。沈小霞到处寻找母亲,因见贾石家中挂有父亲手笔的《出师表》,遂访得母亲的消息,全家始得团圆。

作品写明代忠臣义士沈炼、沈小霞、贾石等反抗权奸严嵩、严世蕃
等的斗争，在一定程度上反映了当时广大人民对奸臣的憎恶与仇
恨，要求铲除奸臣保护忠良的愿望。篇名为《沈小霞相会出师
表》，但中心人物却不是沈小霞，前半部是沈炼，后半部是闻淑女。
沈炼是个忠义耿介之士，他的主要思想即《出师表》中所谓"鞠躬
尽瘁，死而后已"。因此对严世蕃等奸臣贼子表现了疾恶如仇的精
神和势不两立的决心。他敢于当面辱骂和上表劾奏、揭露这些统
治者的凶残本性。当他被贬为庶民在保安州居住时，仍然反对权
奸不息。贾石是个下层人民的形象，同样对权奸怀着无限仇恨，对
沈炼表现了崇高的敬意，当沈炼被杀，他竟敢将沈炼的尸首盗窃出
来。后半部创造了闻淑女这个少妇形象。她是沈小霞的妾，勇敢、
机智、泼辣，她设计让沈小霞逃跑，然后在公堂上顿足大哭，控诉两
个公人害了自己的丈夫，这样掩护了沈小霞。语言精炼，刻画出一
些重要人物的性格特征，使人物生动形象。

《灌园叟晚逢仙女》写秋先老人爱花，辛勤种植无数奇花异草
于园中，宦家子弟、恶霸地主张委见而欲霸占之，并且"一发连身归
在我家"，即连秋先一起霸占为奴。为此他想尽办法诬陷秋先。秋
先濒临绝境时，得到司花女和全村人民的帮助，惩罚了张委，得以
报仇雪恨，并因花成道升仙。作品以秋先老人爱花喻人们对美好
生活的追求，通过张委的霸道行径，揭露恶霸、地主的诡诈、残忍的
本质，并寄托了作者扶善惩恶的理念。

"三言"在艺术上继承和发展了宋元话本的特点，即主要是描
写城市下层人物的形象，故事性强，情节曲折动人，语言生动活泼
而群众化。这些都为通俗小说的发展作出一定的贡献。

（二）凌濛初与"二拍"

凌濛初（1580—1644），字玄房，号初成，别号即空观主人，浙江

乌程(今吴兴)人。屡次应试未中,四十七岁因科举失意,浪迹南京,乃借古今奇异动人之事,加以想象,创作小说,以"聊舒胸中垒块"。此即《拍案惊奇》创作的缘起。他把魏晋以来以志怪为内容的小说,转变为描写现实日常生活。如《初刻拍案惊奇·序》说:"今之人,但知耳目之外,牛鬼蛇神之为奇,而不知耳目之内,日用起居,其为谲诡幻怪非可以常理测者固多也。"使小说更接近现实生活。当时冯梦龙编辑的"三言""行世颇捷",成为畅销书,于是商人鼓励他提供"秘本图书而衡之"(《拍案惊奇·序》)。凌濛初也曾称道过《喻言》,可见他的"二拍"也是在"三言"的影响下产生的。不同的是冯梦龙侧重于编辑,他则多为自己创作。

"二拍"(即初刻和二刻)共收小说七十八篇,反映的社会内容与"三言"大体相近,其中有突出特色的是描写商人的活动。如《转运汉巧遇洞庭红》写破产商人文若虚经商屡遭失败,百无聊赖,便跟随一伙久惯漂洋出海的商人去航海。由于他运气不佳,出海时什么也不敢带,只用一两银子买了一筐"洞庭红"橘子,以备在船上解渴,也分送给众人。未料到到了吉零国,竟被该国人以一两银子一个的价钱将橘子全部买光,共赚得银子八百两。这个"倒运汉"回国时不敢将银子作生意,偶然间在无人岛上发现一个像床大的乌龟壳,即拖到船上,也算到国外一番。到福建,波斯胡商竟视这个大乌龟壳为奇珍异宝,用五万银子买去。文若虚立刻发了大财。其所描写反映了明代中叶海外贸易的盛况、福建等地商业的情景、海外国家的风土人情,也反映了商人想发横财的幻想和海外冒险的愿望。

又《迭居奇程客得助》是写徽州一个商人名程宰,因为经商失败,流落到关外,为他人管账。后来海神指点他如何囤积居奇、投机倒把,得海神之助,成为巨富。其中反映当时徽州商人的情况,徽州人历来以善于经商著称,亦如作品中所说:"以商贾为第一等生业,科第反在次着。"又说:"徽州因是专重那做商的,所以凡是商人归家,外而宗族朋友,内而妻妾家属,只看你所得归来的利息为重轻,得利多的,尽皆爱敬趋奉;得利少的,尽皆轻薄鄙笑。"这些描写为我们提供了当时徽州重要的民情风俗资料。

对贪官污吏、豪强恶霸的批判也是"二拍"中突出的内容,所占篇目也较多。如《青楼市探人踪,红花场假鬼闹》即是有代表性的一篇,内容写四川新都一个杨姓乡宦,"家富心贪,凶暴残忍,居家为一乡之害"。在云南任兵备金事,极其贪酷,眼里只认银子不认人。为贪图张廪生五百两银子的贿赂,准了张廪生独占其父亲遗产的诉状,未及结案,因为他贪婪之名声大,被指令原籍退休了。他回乡里后,更加称霸,横行无忌。张廪生进京考试,带领四个仆人途经成都,顺便到杨金宪家索取先前行贿之物。他不但不归还,而且声言"一不作,二不休!"便叫几十个干仆,约会庄上一伙强人,于晚间将张廪生及其四个仆人,全都杀了,并就在他种有红花的地上掘土掩埋。他心狠手毒,什么坏事都干得出来,他见侄儿有"好一分家当",便将小侄害死,劫持为己有。他的所作所为,谢廉使曾说:"缙绅中有此!不但衣冠中禽兽,乃禽兽中豺狼也。"他不但禽兽之不如,直是豺狼。即揭露了杨金宪的凶恶本质。又如《迟取卷毛烈赖原钱》写地主毛烈,贪财夺田,他吞没了陈祈典当良田的三千两银子,并不退还债券,等于把价值万两银子的良田都掠为己有。陈祈盛怒之下,到县衙控告。县官受毛烈贿赂,便颠倒是非,杖打了陈祈。陈祈无奈,到东岳大王处告状。东岳判官用"业镜"照见他们的真相,对案情作出公正判决。陈祈兴奋地说:"东岳真个有灵,阴间真个无私,一些也瞒不得。大不似阳世间官府没清头没天理的。"作者正面表示:"阴司比阳世间公道,使不得奸诈,分毫不差池。"显然,作者是借阴司的公道批判阳世间吏治的黑暗腐败。

描写青年男女要求婚姻自由,表现他们的坚贞爱情,也是"二拍"内容的一个方面。如《李将军错认舅,刘氏女诡从夫》即写刘翠翠和金定感人至深的爱情作品。元至元年间,淮南刘氏女名翠翠,聪明异常,在学堂读书,与赋性俊雅的同学金定相亲相爱,暗中以婚姻自许。但金定家境贫穷,翠翠父母不太满意,及见翠翠心意坚决,也就同意了。婚后美满生活不到一年,张士诚起兵,天下大乱,部下李将军将翠翠劫走。金定痛哭欲绝,政局稍趋稳定,便到处寻访翠翠。到了湖州,探听到李将军住处,便以哥哥的名义求见翠翠。二人相见,凄楚之情可以想象,然彼此心照,不敢明言。李将军因留金定做记室。金定趁机作诗令侍儿向翠翠通信息,翠翠见诗泣不成声,也作诗回赠,其中有云:"肠虽已断情难断,生不相从死相从。"金定见后,感切伤心,染成重病,当翠翠来探望之际,他头枕翠翠膝上,奄然而逝。金定死后,翠翠哭得几番死去,精神恍惚,也酿成大病,病危时刻含泪对李将军说:"妾自十七岁上抛家相从,已得八载。流离他乡,眼前并无亲人,止有一个哥哥,今又死了。妾病若毕竟不起,切记我言,可将我尸骨埋在哥哥傍边,庶几黄泉之下,兄妹相依,免做了他乡孤鬼,便是将军不忘贱妾之大恩也。"说罢大哭。不多时即气绝。李将军终于将她葬在金定冢旁。这是描写刘翠翠和金定生死不渝的爱情,其特点是他们的感情是自幼在共同学习的环境中培养起来的,而非一见钟情;他们的感情是建立在爱好一致、精神契合的基础之上的,而不以门当户对为标准;正因为如此,他们的爱情经过元末社会大动乱,才能生死不渝。至于作品结尾的描写,则未免画蛇添足了。又《宣徽院仕女鞦韆会,清安寺夫妇笑啼缘》歌颂了速哥失里和拜住的爱情。速哥失里不以拜住贫贱而易其志,坚贞的爱情使速哥失里死而复活,生死不渝。同时批判了世态的炎凉。

从总体上看,"二拍"在思想内容上比起"三言"来,封建说教的气味更浓些,在艺术描写上缺少新意,缺少激情,更少曲折生动的故事情节和动人心弦的人物形象。因此,无论思想和艺术都不如"三言"成就高。

第三章　清代戏曲和小说

第一节　时代特点和文学环境

　　清代的文学，这里主要是指顺治元年（1644）至道光二十年（1840）这一历史阶段，道光二十年鸦片战争以后，史称近代，不在论述之内。这一历史阶段，从文学发展过程看，可分前后两期，即顺治、康熙时期和雍正、乾隆到嘉庆、道光时期。

　　顺治、康熙时期，是满族统治者镇压农民起义和国内反满斗争取得了暂时稳定、封建政权向上发展的时期。这一时期由于清兵入侵，数十年来的民族战争，使农村破产、城市变成废墟，一片荒凉景象。清统治者为了巩固自己的统治，实行了一些改革措施，即把明代各地藩王所占田地划归农民垦种，并以"三年免科"等办法招来流民复归田地耕作。又蠲免租税，废除明末三饷等加派。康熙时这种对田粮赋役的蠲免更多。这些政策促进了农业生产的恢复。但是，清兵入侵之后，清贵族为迅速获得土地，以加强其经济实力，又实行"圈地"政策，即用政治势力强占土地。这种土地占有形式，有似于明代的"皇庄"，是明代封建土地关系的发展。清统治者对工商业采取抑制政策，即"重农抑商"，对手工业原料和商品都课以重税，税目繁多，到处都有，阻碍了工商业的发展。

　　清代的统治机构全部是沿袭明朝封建专制主义制度，并有所发展，中央集权进一步加强。如其军事、政治、财政都统一于"军机处"，"军机处"则由皇帝直接掌握。彻底废除了丞相制的残余，皇帝的命令不再受任何阻碍，为所欲为，一切都"朝纲独揽"了。清代的政权中充满了民族统治色彩，六部、都察院设满汉正副职，但并非满汉联合专政，而是以满洲贵族为主体，主要决策权掌握在满洲贵族手中。昭梿《啸亭杂录》云："满臣权重，汉六部九卿奉行文书而已。满人謷欻，无敢违者。"清政权中任用汉人，一者为了麻醉汉族人民，二者说明其对汉族地主的依赖性。清统治者对汉族人民的反抗采取欺骗与镇压两种手段：他们既减免租税，又镇压抗租的农民。既提倡科举或"博学鸿词科"考试，又大兴文字狱。特别是为了镇压抗清斗争，在全国进行了无数次的屠城灭邑的大屠杀。在清统治者残酷的镇压下，大规模的抗清斗争转为秘密结社活动，如天地会、哥老会等，这一转变标志着反清运动的深入和发展。

　　政治斗争的激烈，相应地思想斗争也激化了。当时左派王学已经衰落，清统治者特别扶植理学，尊程、朱为正统。他们尤其称道元代理学，因为元代理学中有对民族敌人妥协的思想。同时还宣传宋代理学中的忠君思想，用以统治人民。和这种思想对立，出现了黄宗羲、顾炎武、王夫之等人，他们提出了反民族统治的理论和反专制主义的民主思想，如黄宗羲说："为天下之大害者，君而已矣。"（《明夷待访录·原君》）顾炎武说："保天下者，匹夫之贱，与有责焉耳矣。"（《日知录》卷十三）王夫之说："天下之大防二：夷狄华夏也，君子小人也。"（《读通鉴论》卷七《论东晋哀帝》）这些思想对当时反抗清统治的活动产生很大影响，对文学也有很大影响。

　　在以上社会环境中，戏曲小说在明代基础上有进一步发展。戏曲如以写政治斗争为内容的李玉《清忠谱》、孔尚任《桃花扇》是承王世贞《鸣凤记》发展来的，以写爱情为内容的李渔《笠翁十种曲》、洪昇《长生殿》是承汤显祖《牡丹亭》发展来的。小说短篇的如《聊斋志异》是承唐宋传奇、元明话本发展来的,以谈鬼说狐的形式,揭露封建吏治的腐朽和科举制度的不公正,表达人们对爱情的追求。长篇的如《水浒后传》、《说岳全传》、《隋唐演义》是承《水浒传》发展来的。《水浒后传》是以宋与金、辽的和战为背景展开农民起义军与封建阶级、卖国奸臣的斗争。《说岳全传》作者以《水浒传》续书自居,其中的人物大都是《水浒传》中英雄的后代。《隋唐演义》写隋末农民起义。这三部作品题材相同,情节相似,可见其受《水浒传》影响之深。

雍正、乾隆时期,是清王朝所谓盛世,嘉庆、道光则由盛而转衰了。这个时期的前半段是社会经济由恢复进入繁荣,社会也表现出太平景象。当时耕地面积逐渐扩大,人口大量增加,农产品也日渐丰富。手工业有很大发展,特别是纺织业、陶瓷业都比明代有所发展,质量和数量也比明代高。如乾隆时广西、云南、贵州的金、锡、铅、铁、水银、丹砂等矿,山西、四川、广东的金、锡、铁矿。而且云南蒙自一县就有矿工数万人,这些矿工都是雇佣劳动者。这说明清代初年被抑止的资本主义生产关系的萌芽,这时又自发地在发展。随着农业、手工业的发展,商业也繁荣起来,当时东南方的南京、扬州、湖北的武昌、湖南的岳州,都是极其繁华的城市。随着经济的发展,文化也达到鼎盛时期。乾隆年间开设"四库全书馆",广求天下遗书,编辑《四库全书》。其目的在借此以消灭反清文献并转移人们现实斗争的视线,但客观上对我国文化的保存和发展作出了重要贡献。在清统治者开设"博学鸿词科"考试和"四库全书馆"的诱导下,文人士子的民族意识淡化了,杭世骏在乾隆初年即说:"自吾来京都,遍交贤豪长者,得以纵览天下之士。大都缔章绘句,顺以取宠者,趾相错矣。其肯措意当世之务,从容而度康济之略者,盖百不得一焉。"(《道古堂文集·送江岷山知晋洲

序》)本来黄宗羲、顾炎武、王夫之提倡的"经世致用"的反清的学
说,此时却成为文人士子与现实保持距离,钻故纸堆,进行整理、考
订古代文献方向去了,并形成为乾嘉学派。

　　乾隆时期是清王朝经济、文化发展的极盛期,同时阶级矛盾也
日益激化。封建地主扩大兼并,土地高度集中,皇家、贵族、官僚都
聚集了巨额财富,大商号、当铺、银号、票号以至一般土豪劣绅,也
聚集了无穷的财富。他们的生活极端腐朽、糜乱,对农民的压轧就
极其残酷。《红楼梦》乌进孝向贾府交地租的单子就是生动的证
明。由于官僚地主的剥削和压榨,清初以来有地的农民,到此时
"田之归于富户者,大约十之五、六"(《清经世文编·户政编》)。
大批农民沦为佃户,一遇旱涝年月,便卖儿鬻女。这种情况《红楼
梦》中乌进孝向贾府进地租时也说:"这一二年旱涝不定,庄上的
米都不能按数交的。"贾府的丫环都是买来的。由于剥削压迫加
深,农民纷纷起义反抗,《红楼梦》中也提到甄士隐田庄上"鼠盗蜂
起,无非抢田夺地"的事。又嘉庆元年爆发了白莲教起义,嘉庆十
八年爆发了天理教起义。这都是各族人民反抗封建剥削和民族压
迫的斗争,给予清朝统治者以沉重的打击。

　　在这一时期产生的戏曲作品,主要是两种,即花部和雅部,花
部是地方戏,雅部是昆曲。当时在北京的花部分两派:一派是"徽
调",它吸收了南方地方戏的许多特点;一派是"秦腔",它吸收了
北方地方戏的许多特点。这两派进一步汇合,便成为以西皮(秦
腔)和二簧(徽调)为基调的京戏。但是花部剧本留存下来的很
少,今天保存的主要是雅部剧本,即蒋士铨《藏园九种曲》。另外
杨潮观杂剧三十二种,不知用什么调演唱。蒋士铨的戏曲是继承
汤显祖的传统而创作的,他特别推崇汤显祖,其代表作《临川梦》
便是写汤显祖的一生遭际,写汤显祖由"谱梦""改梦"到"续梦"的

过程,最后归结为人生如梦。对汤显祖充满了仰慕之心。这一时期的小说《儒林外史》在结构上承袭着《水浒传》的由众多故事连环成长篇,以批判当时科举制度的腐朽,揭示士子文人精神灵魂的丑恶。《红楼梦》是承袭着《金瓶梅》以家庭生活为中心描写社会各种腐败现象的方法,通过对贾府的盛衰过程的描写,反映了封建社会必然灭亡的命运。《镜花缘》则继承并发展了《红楼梦》对女子的尊重、赞扬精神,描写了众多女子的聪明、智慧、文才、武略等,以批判封建社会男尊女卑的思想。这些作品都直接或间接地取材于时代社会,是当时的时代环境培育了它们,同时这些作品又反映了那个时代。

第二节 清代初年的传奇

清代初年的传奇是继承明代两个流派发展而来:一个以写政治斗争为内容的作家如李玉、孔尚任,是承李开先《宝剑记》、王世贞《鸣凤记》这一系统发展来的。一个以写男女爱情为内容的作家如李渔、洪昇是承汤显祖《牡丹亭》另一系统发展来的。

一、李玉及其《清忠谱》、《一捧雪》、《占花魁》

(一)作者及其时代

李玉字玄玉,号苏门啸侣,江苏吴县人。吴伟业称其为"好奇学古士也",而且很有才学,"其才足以上下千载,其学足以囊括艺林",但屡试不中,到晚年才考中举人。他很有气节,"甲申以后,绝意仕进",从事戏曲创作,"以十郎之才调,效耆卿之填词,所著传奇数十种"(以上引文皆见《北词广正谱》序)。此外,他对北曲也有精深的研究,著有《北词广正谱》。

李玉是一个职业剧作家,所著传奇三十多种(各家记载不同,《曲录》记录三十三种,《新传奇品》记录三十二种,《剧说》记录二十九种),今天保存的仅《一捧雪》、《人兽关》、《永团圆》、《占花魁》、《清忠谱》、《眉山秀》、《太平钱》、《麒麟阁》、《千钟禄》、《牛头山》、《两须眉》、《万里缘》、《意中人》和见于《曲海总目提要》的《万民安》等共十四种。从现存的作品看,他的剧作大部分与他所处的时代紧密联系着。李玉生活在明末政治十分黑暗的时代,当时皇帝昏庸、贵族宦官专权跋扈,他们不做一点对社会、人民有益的事,反而变本加厉地加派赋税、巧立名目对人民进行公开的掠夺和剥削,加强了残暴的"厂""卫"特务机构,使人民陷入更悲惨的境地。同时,社会上的中小地主和城市里的中等阶层的生命财产也受到严重的损害,从而引起他们的反抗和不满,东林党反对魏忠贤的斗争即属于这类性质。李玉的生平材料今天知道的很少,只是焦循《剧说》谓其"系申相国家人",他出身的社会地位不高,从他的剧作所表现的思想倾向看,应当属于这一阶层。他处在如此黑暗的时代,对封建阶级的反动统治极端不满,便以戏剧的艺术形式"即当场之歌呼笑骂,以寓显微阐幽之旨"(《北词广正谱》序),对封建统治者进行反抗和斗争。

(二)《清忠谱》

《清忠谱》是李玉的代表作,它反映了明朝末年主张廉洁的政治集团东林党与凶狠残暴的统治者魏党的斗争,从这一斗争所牵涉的范围看,它并不限于统治阶级内部,而是广泛地反映了人民群众与统治阶级的斗争,以及这一斗争的尖锐性和紧张性。

作品集中揭露了当时特务政治的罪恶,它摧残一切忠直有正义感的人们,用尽最歹毒的刑法,如铁脑箍、阎王闩、红绣鞋、锡汤笼等残害人民,维护自己的反动统治。作为这种特务政治的中心人物魏忠贤虽未出场,但他的气焰已经毕现,一些无耻官僚政客都趋附之做干儿义子,到处为他建"生祠",供养长生神像。因此,便"急催粮","征祠饷,恰便似皇朝赋税国库钱粮",这种严重的剥削,使"县主饿成干瘰瘝,农民冻似落汤鸡"。然而人们敢怒而不敢言,许多无辜者牺牲在他的屠刀之下,他的暴虐统治使现实社会成为阴森恐怖的人间地狱。

一些正直忠贞之士如魏廓园、周顺昌等面对这种严峻形势,虽然生命危殆,但始终不屈服。特别是周顺昌,他大胆无畏、疾恶如仇,敢于和敌人作正面斗争,在他身上概括了当时一些受迫害受排挤的东林士子的思想、品质和观点。魏廓园被捕,同年好友都畏祸深藏,他却不以生死介意,到江岸送别。又当魏忠贤"生祠"建成后,其像入祠那一天,那些无耻官吏都顶礼揖拜,他则面对泥像痛骂一场,以泄胸中之愤道:

〔小梁州〕他逞着产禄凶残胜赵高,比璜瑗倍肆贪饕。他待学守澄全诲悠咆哮,凶谋狡,件件犯科条。

把魏忠贤的罪状一件件从头数起,最后诅咒道:

〔快活三〕俺待学阳球伏阙号,效张钧请剑枭,恨不把奸皮冒鼓任人敲,倩祢衡挝出渔阳调。

最后,他终于被特务逮捕入京,魏忠贤亲自勘察,受尽了一切严刑峻法,他大骂不止。被敌人将门牙敲掉,他又含血喷之,顽强不屈。他这种反抗精神,连狱卒也赞扬是"一条硬汉",可亲可敬。他被囊首而死,也毫无惧色,而从容就义。周顺昌就是这样一个有血气的人物,他鲜明的政治态度和坚定的立场是贯彻始终的,其可贵之处也就在这里。但他思想上有浓厚的忠、孝、节、义观念,他与魏党的斗争,也都是从这些观念出发的,他以这些观念作为自己行为的准则,并以此来教育自己的子女。这些观念,也即东林士子思想上的缺点。

《清忠谱》描写了以颜佩韦等五义士为首的反权奸、特务统治的群众斗争。这种斗争集中表现在"义愤""闹诏""毁祠"诸出中,他们完全同情、支持周顺昌,听到周顺昌被逮捕,即聚众请愿,没有结果,又捣毁西察院。颜佩韦是一个"一生落拓、半世粗豪","自守着孩提真性"、"偏厌那学究斯文","路见不平即便拔刀相助"的下层人民的典型,曾因听李海泉说岳传,听到童贯杀害忠良,一时怒起,便打翻了书案。大家要去请求释放周顺昌,他却说:"求他什么!他若放了周乡宦罢了,若弗肯放,我们苏州人,一窝蜂,待我们几个领了头,做出一件烈烈轰轰惊天动地的事来。众兄弟不可缩头缩脑,大家并力同心便好!"他反魏忠贤特务统治是最坚决的,他思想中没有什么个人观念,一切都是那样公正无私,那样朴直淳真,在正义面前可以肝胆相照。唯其如此,才敢于和一切奸、邪、凶、狠的罪恶势力作斗争,至于誓死不屈。"戮义"一出,临刑之前,他还说:"我颜佩韦打死校尉,万民称快,死也瞑目了。"他也有孝义观念,但与周顺昌所有的不同,而带有下层人民质朴的泥土气息。

颜佩韦等五义士终于牺牲了,他们的反抗精神一直为人民所称颂,今天苏州还流传着不少关于他们的传说,并保存着他们的墓地。

《清忠谱》的全部描写几乎都是以明末的历史事实为根据的,从魏党专权、东林党被迫害、崇祯掌政、魏党失败到东林党又被任用为止。但是,我们不应该只根据史实来评价这部作品,因为它通过形象所反映的比这段史实更广阔、更有概括意义。

(三)《一捧雪》、《占花魁》及其他

李玉的剧作,历来以"一、人、永、占"最负盛名,但以我们今天

的观点来评价，《永团圆》和《人兽关》没有什么意义，《一捧雪》、《占花魁》则相当成功。

《一捧雪》的题材与《清忠谱》相近，是描写严世蕃凶恶残暴，为了掠夺一个玉杯（一捧雪）逼得莫怀古家破人亡妻离子散的故事。作品中塑造了一个统治阶级爪牙的形象汤勤，他原是一个生活无着的流浪者，为莫怀古所周济收养，后来莫怀古带他到京城去，因为他识古玩会裱画，就把他介绍给严世蕃。从此他即忘恩负义，告诉严世蕃莫家有九世传家宝"一捧雪"，引起严世蕃的贪欲，设计掠夺，便造成莫家的悲剧。在严世蕃迫害莫怀古的过程中，汤勤起了十分重要的帮凶作用，他透露了莫家有玉杯的消息，他先知道莫怀古所献玉杯是假的，他建议去搜莫杯古的旅邸；他劝严世蕃不要调兵向江南追赶莫怀古，而要向蓟州去追赶；他首先识破戚继光执刑下的莫怀古的头是假的……他奸险、诡诈、阴毒、凶狠，他要把莫氏全家诛尽杀绝。其目的就是为了表示对严世蕃的忠诚，博得个"严爷许多宠爱"，图得个"半世富贵"和千年万代"子子孙孙都受用"。作者对这样一个作恶多端、忘恩负义的统治阶级爪牙，作了无情地鞭挞和批判，特别在"豪宴"一出中还演了一折《中山狼》杂剧，以寓讥讽。

在这种黑暗势力迫害下，牺牲的不是莫怀古及其子女，而是两个下层人物，即家奴莫诚和姬妾雪艳娘。作者对莫怀古等的遭际，如离散、流徙、逃亡等表示深切的同情，但更歌颂、赞扬莫诚和雪艳娘。作者是把莫诚作为与忘恩负义的汤勤的对立形象来描写的，写他对主子的忠义，要终身报答主子豢养之恩，最后竟代主子而死。这不能不说是作者思想的局限，但是他明显地站在被压迫者一方，与压迫者尖锐对立着，想尽办法使玉杯不落入敌人之手。"搜邸"一出中，他见到严世蕃来势汹汹，预感到事故不妙，便机智伶俐地暗中把玉杯带了出去，让敌人空翻一场。他又保护主人逃出虎口，远奔戚总兵。这些都应该肯定。

雪艳娘是一个最坚决勇敢和最有反抗性的妇女形象，在这一形象中作者也渲染了一些其对主子（即丈夫）忠诚的色彩，但更主要的是表现她对敌人的坚贞不屈和疾恶如仇的精神。由于莫怀古的案件牵涉到戚继光，她担心戚继光遭连累被诛，便以假情将终身许配给汤勤，救了戚继光。可是她并未忘记报仇，汤勤去娶她，她严辞逼问道："你和我老爷钱塘寄食，京国携行，汲引相府荣华，忘却故人情谊，献玉杯更穷真假，陷杀命复勘头颅，于理何辞，于心何忍！"愤恨之极，拔刀将敌人刺死，为了不受敌人玷污，也随之自刎。雪艳娘就是这样勇敢贞烈的人物，她的倔强和反抗精神博得人们的敬仰，今天舞台上演出的"刺汤"也集中地表现她这种精神。

《占花魁》是根据《醒世恒言》中《卖油郎独占花魁》小说再创作的。作者处理这一题材时，对它做了较大的加工，把秦重改为将门之后，把王美娘改为内监莘善的侄女，他们都因为靖康之难逃到杭州，秦重无计为生，以卖油为业，王美娘被恶棍骗去卖作妓女。这就使两个人的命运和当时时代联系起来了，让人们了解"离乱时势不知辱没多少夫人小姐"。王美娘被骗卖作妓女，挨鸨母的毒打，受达官贵人的玩弄，最后由于得罪了万俟公子，被叫去百般凌辱，结果赤身裸体被推入雪中。这就是封建社会对这个妙龄少女的迫害，对这个纯真无辜者的摧残。但是，王美娘对这种恶劣处境是坚贞不屈的，当鸨母以狠毒的手段逼迫她接待嫖客时，她表示："就打死了，我决不从你的！"无奈何要触阶而死，以示反抗。后来在别人劝解下才不得不暂时顺从。同时，她又产生弃贱从良的想法，只要能找到一个终身伴侣，过真正人的生活，即使忍饥寒受冻馁也不怕，这便是她的理想生活。她选择秦重就是从这个理想出发的。

　　秦重是一个质朴、淳厚、多情的人物,在他身上嗅不到一丝世俗的气息。他对王美娘的追慕完全基于一种发自内心的尊重,毫无亵思邪念。为了和美娘接近,他带着一年间积累的十二两银子去见美娘,凑巧美娘沉醉呕吐,便殷勤地侍奉了一夜,不以为遗憾,反以为荣幸。美娘被推入雪中,他把她救了出来,又照顾备至。美娘要以终身相托,他却感到愕然。他就是如此淳朴、天真。他虽然是将门之后,但作者显然是按照下层社会人民的思想品质描写他的,他的精神气质体现了许多下层社会人民的特点。

　　此外,《人兽关》是写桂薪忘了报施济之恩,他的妻子被惩罚,转生为施家狗的故事。《永团圆》是写蔡文英与江兰芳已订婚约、江兰芳父亲嫌蔡文英贫穷,令其退婚,乃于官府,终得团圆的故事。《眉山秀》写苏东坡与苏小妹的故事。其他《万里缘》、《麒麟阁》、《千钟禄》等,意义不大,不便备述。

　　(四)李玉剧作的特点、成就和影响

　　李玉的戏剧创作有其个性和特点,他以自己优异的成就闪耀于当时剧坛。

　　李玉剧作中的人物,一般都具有鲜明的政治态度和强烈的爱憎感情。这不仅表现于周顺昌、莫怀古等封建士大夫形象中,也表现在颜佩韦、莫诚这些社会下层人物态度上。他们对面临的现实政治问题不是漠不关心,而是密切地注视着,有着明确的观点、见解和立场。与此相关,李玉的剧作大都与一定的时代生活保持着深刻的联系。他笔下的人物总是带有他那个时代的气息,《清忠谱》、《一捧雪》、《牛头山》、《眉山秀》、《麒麟阁》等政治、历史剧所表现的自然很明显,即便《占花魁》一类爱情剧中的人物如花魁、秦重,也莫不带有时代的政治气息。通过戏曲创作表现一定时代的政治斗争和历史生活,是李玉剧作的重要特点。

李玉善于处理戏剧的矛盾和冲突,通过尖锐的戏剧冲突揭示人物性格。《一捧雪》中"伪献"一出,莫诚领主人之命,赶造假玉杯,造成后送给汤勤,二人对话如下:

> (付净)来到这样快?!(末)俺爷恐严爷性急,星夜着人取来的。(付净)爷正在这里想,来得凑巧。(末递杯介)烦汤官人传进。(付净接杯介)(末)请汤官人仔细简点一简点,也脱了我送来的干系。(付净)莫大叔这等小心周到?!(开匣看杯介)这杯委实无赛。……

莫诚小心谨慎,汤勤频频追问,使戏剧冲突更加尖锐紧张,而剧情也就在这种尖锐紧张气氛中发展,增强了艺术效果。又如《清忠谱》中"毁祠"一出,也写出了广阔紧张的冲突场面,表现了群众的反抗情绪和意志。

李玉剧作的语言也有特点,即其曲词清新流畅而毫无雕饰,《新传奇品》赞赏之如"康衢走马,操纵自如",确是恰当的评论。如《千钟禄》中"惨睹"一出写亡国之痛云:

> 〔倾杯玉芙蓉〕收拾起大地山河一担装,四大皆空相。历尽了渺渺程途,漠漠平林垒垒高山,滚滚长江。但见那寒云惨露和愁织,受不尽苦雨凄风带怨长!这雄壮,看江山无恙,谁识我一瓢一笠到襄阳!

国亡家破之恨,王朝兴衰之感,如万壑波涛,一泻千里,慷慨悲壮,字字血泪。这显然是作者经过明亡之后的作品。在宾白方面,虽然和其他戏剧家之作比较起来,显得特别多,但并无冗长之感,而是简洁洗练富有表现力,这也说明他的创作是为了舞台表演,而不是案头读物。

　　李玉剧作的结构一般都细致精密,于平易中变化无穷。但他并不为形式所拘泥,而是从内容出发,自二十几出可以写到六十余出,挥洒自如,自然浑成。

　　李玉的戏剧也有不容忽视的缺点,即他热烈地宣传忠、孝、节、义等封建伦理道德,企图用这些伦理道德来齐家治国,《精忠谱》、《一捧雪》中有明显的表现,《永团圆》也宣传了一女不嫁二夫的节烈观。在创作观点上,李玉注意了文学要反映现实,表现时代与社会,但他对现实题材的处理,如何使它比现实生活更高更典型却认识不足,往往把事件的真相赤裸裸地暴露出来,缺乏艺术感染力。像周顺昌被敲掉牙、被囊首,莫诚的头被拿到公堂上受审判,何其悲惨!不能给观众和读者以美感。和《桃花扇》相比,孔尚任处理史可法的死,改动了史实中的悲惨结局,让他忍恨沉江,又增加了衣冠冢,就使这一英雄人物更美、更崇高、更有典型性。这便显现出他们美学观点高低的差异。

　　当然,李玉剧作的成就还是比较高的,他继承了前代许多剧作的成就而有所发展,如在取材和表现方法上受《鸣凤记》、《浣纱记》的影响很深,但又有不少提高。他的剧作已经不像《鸣凤记》、《浣纱记》那样只写出鲜明的人物形象,而且塑造了一定的人物性格,在处理生活题材上也比它们简括、集中。李玉也有意识地向《拜月亭》、《牡丹亭》学习,这在《占花魁》中表现得特别突出,《占花魁》开场六出关于时代背景的描写和王美娘经过离乱又团圆的情节,很明显是吸收了《拜月亭》的创作经验。曲辞的清丽、性格化,又保持鲜明的《牡丹亭》的痕迹。"惊变"一出,小姐莘瑶琴(王美娘)在家国危难之际,唱了一支曲子,以表露自己的情思:

　　〔大圣乐〕春光一片无边,蝶粉蜂黄情致妍,可人天气无聊景,描象管染鸾笺。怎比得飘飘花片飞来韵,输却了呖呖莺声溜的圆。屏际炉烟袅袅也，听萧萧风敲翠竹悠然。

这种风韵、情思多么像杜丽娘！有人把李玉归为玉茗堂派，不是没有原因的。

李玉的剧作对后代也产生不少影响，吴伟业即是其中重要一家，他为《清忠谱》作序，对李玉的剧作倍加赞赏，并且也继承了李玉的创作精神，写政治历史剧，以寄托自己的愤慨、不平和亡国之恨。《桃花扇》是接续《清忠谱》一段史实之后，写明末弘光南渡佚史的，从总的倾向上也可以看出它们之间的联系。何况剧中弘光丧魂落魄的遭遇，又是直接吸取了《占花魁》中"渡江"一出中赵康王的情节。《长生殿》中的"骂贼""惊变"，也是采取《清忠谱》中的"骂像"和《占花魁》中的"惊变"的描写。但是，后来居上，孔尚任和洪昇吸收了李玉剧作中的有益成分，更加以提高，其创作成就远非李玉可比。

二、尤侗及其剧作

尤侗、李渔和洪昇的剧作，从创作方法、思想倾向和艺术风格上看，都有相近之处。他们是承明末汤显祖的戏曲传统发展而来，所谓玉茗堂派。他们的剧作基本上是现实主义的，但却具有浓厚的浪漫主义色彩。其中反映了现实生活的矛盾和斗争，反映了黑暗现实给人们造成的痛苦，同时也通过丰富的想象来处理现实矛盾，或征服现实，表现了各自的生活理想。

尤侗字同人，又字展成，号悔庵，又号西堂，江苏长洲人，生于明万历四十六年（1618），卒于清康熙四十三年（1704），共活了八十七岁。他以诗文著名，才调纵横，文笔雄健是其特点。其初沦落不第，愤世嫉俗，作戏曲以寓其牢骚不平之意。后来为清统治者所鉴赏，举博学鸿词科，授翰林院检讨，又修明史三年，终以年老辞官家居。他的剧作有传奇《钧天乐》一部,杂剧《读离骚》、《吊琵琶》、《桃花源》、《黑白卫》、《清平调》五部,都是优秀作品。

《钧天乐》是描写沈白和他的好友杨云一生坎坷不遇、愁苦不堪的潦倒景象,刻画了他们对科举的热衷执著,揭露了封建社会科场的黑暗。戏剧开场"立意"即明确地申述主题说:

> 〔蝶恋花〕偌大乾坤无处住,笑矣悲哉不合时宜肚,漫欲寄愁天上去,游仙一曲谁人顾?黄阁功名白玉赋,煞鼓收场总是无凭据,妄听妄言君莫怒,长安旧例原如故。

沈白就是这一主题集中体现者,他身怀奇才,秉赋极高,但"生于乱世,豺狼当道","钱神有力,文鬼无权",终于久困场屋,而不得申,因此和杨云常歌呼痛哭,愤世嫉俗,喜笑怒骂,以泻胸中之不平。"场规"一出,着重揭露科场的黑暗与腐败,贾斯文、程不识、魏无知都是浪荡无知的歹徒,因为主考官是他父亲的门生、或有钱贿赂,各个中了状元、探花和榜眼。沈白、杨云才学兼备,结果却落第。沈白的未婚妻魏寒簧为此气愤而死。由这类科场出身的无知歹徒组成的官府,当然是最昏庸残暴的。魏无知做了扶风太守便想尽办法榨取民脂民膏,并将这种办法名之为"做官经"。人民在忍无可忍的情况下,纷纷起来反抗。"贼难"一出便写一位名叫马踏天的农民英雄,号召并领导农民起义。他原是"关中百姓,只为年运饥荒,朝纲紊坏,卖官鬻爵,厚敛淫刑,民不聊生,人心思乱",他才"聚徒亡命,行掠乡村",他们的口号是"替天行道,伐暴安民"。作品描写了起义军所向无敌,势如破竹,"文官尽献城,武将争迎驾"。

沈白对农民的痛苦遭遇是同情的,但对农民起义却是憎恶的,农民起义军逮捕了他,让他归降做参谋,他则说:"我沈白头可断,岂肯降乎!"他思想上这种矛盾,正是作者思想上矛盾的流露。

沈白忧国忧民,念王室艰难,生民涂炭,造万言书伏阙直谏,从人民的苦难出发,指责赋役苛重,朝官昏庸,一直批评到最高统治者:

〔入破一〕……见灾异日月交蚀,雨血风霾,地震山崩,川竭不时雷,禾稼秋蝗,李梅冬实。

〔破二〕年荒岁饥,亡命皆为贼,四郊多垒,乡村逃窜城门闭,官军会剿,望风奔走真如儿戏,粮饷频催,金钱虚费。

〔滚三〕小民穷困因赋役,郡县多贪吏,严刑酷罚求财贿,封书币,私馈铨司朝贵,行取台垣日,上衙门而已,建言谁看,摇尾乞怜,衣冠扫地。

〔歇拍〕宰相伴食,郎官索米,臣但见那公卿辈,工拜跪,足痴肥,唾面拂须便是好官长伎,更堪悲,水火玄黄,党人牛李。

〔中滚五〕宦官宫妾皆奴婢,洒扫无他伎,若盗事权,假狐威,指禁掖,扰纶扉,外戚之家能蛊惑,蓄祸机,书戒牝鸡,诗讥艳妻。

〔煞尾〕端拱深居,未悉安危计,奈朝内无忠义、肆奸欺、蔽聪明、长乱离,臣言不早,陛下悔之晚矣! 日凌夷,荆棘铜驼,真堪泣涕。

但是,他的忠言并未被采纳,反被锦衣卫乱棒打了出来。他的痛苦因此更深,"哭庙"一出是他愤懑不平发展之极致,也是全剧的高潮。他来到项羽庙前,陈述自己一生之不遇,止不住抱神像大哭:"以大王之英雄,不能取天下,以沈白之文章,不成进士,古今不平孰甚于此!"英雄落魄,抱千古之恨。最后,他把自己的诗稿焚化,作祭文，为诗文一哭，又念灰烬乃笔精墨妙，不宜为人间尘埃玷污，便筑诗文冢，以保持诗文之永远纯洁。

沈白是作者自己的影子，他的穷困、不遇、愤慨和痛哭，都注入了作者的思想、感情和生活的血泪。"哭"，是他发泄愤懑不平的主要方式，他为天地而哭，为民生而哭，为亡妻而哭，为前途而哭，为诗文而哭，总之，以哭来控诉那个罪恶的社会。

此剧的后半部写文昌帝君考选真才，沈白、杨云都以优等及第，赐天宴，奏钧天乐来庆祝。之后，都授修文郎到人间去勘察，对历史上许多不平的事件从头做了审判，以泄胸中之愤。又在西王母的帮助下，和魏寒簧结成夫妻。不得意于人间，乃得申素志于天上，作者之心可谓痛矣。然而正如作者自己所说："黄阁功名白玉赋，檀鼓收场总是无凭据。"希望变成了失望。后半部更多的表现了作者的理想，有积极意义。

尤侗生活在一个文网严密的时代，和当时一般戏曲小说家一样，以子虚乌有作为对封建社会罪恶揭露的掩护，他也以"莫须有想当然，子虚子墨同列传，游戏文成聊寓言"作结。

尤侗的杂剧创作也是相当成功的，特别是《读离骚》成就最高。这部剧作的全部情节都是有根据的，第一折采自《天问》、《卜居》，第二折采自《九歌》，第三折采自《渔父》，第四折采自《招魂》、《神女》、《高唐》三篇赋。描写屈原被放逐到江南之后，眷怀故国，忧愁幽思，行吟泽畔，劳苦倦极而呼苍天，对苍天发出许多不平的质问和责难，得不到解答，进而谩怨苍天："今日里尽随人号叫，只是装聋哑，早难道飞梦落谁家。"

他到处寻找对人间是非混淆、本末倒置的现象和自己不幸遭遇的解释，他问天不应，又去问卜，问卜不灵，则作《九歌》祀神以解闷。渔父劝他随波逐流，不要过于耿介，他严辞拒绝："安能以皓皓之白,而蒙世俗之尘埃乎!"他就是如此高洁不群,不肯与污浊的现实屈服。但是,"君暗臣聋,何去何从?"他的出路是什么呢?

　　(么)半生琐尾悲,一死鸿毛重。入夜悠悠,去国匆匆。
不惜身亡,摩顶放踵,但惜人亡,崩榱折栋。

他所怜惜的不是自己的生命,而是国家的危亡,为了国家,自己甘心"摩顶放踵"。这便是他的伟大之处。最终以投江结束自己的生命。他的死是与黑暗社会之不妥协,是与那个丑恶社会的彻底决裂。第四折写宋玉招魂,龙舟竞渡,主要是吊屈原,乃全剧之主旨。吊屈原,亦作者自吊也。

　　《吊琵琶》内容是写昭君出塞的故事,前三折完全是根据马致远的《汉宫秋》杂剧创作的,不同的是这本戏明确地批判了汉元帝:"陛下,你堂堂天子不能庇一妇人,今日作儿女子涕泣何益!"更多地咒骂了当朝文武百官。第四折写蔡文姬在胡地之哀伤,和昭君有同命运之感,以胡笳十八拍吊青冢,忧愤悲切,备极动人。这本戏与《读离骚》是姊妹篇,无论内容与情节都有许多相似之处。它也描写昭君的愤慨不平及其沉江,描写蔡琰吊昭君等,在思想倾向上与《读离骚》完全一致。全剧以琵琶为线索,取琵琶写怨的意思,表现了鲜明的民族意识。

　　《桃花源》是写陶渊明不肯为五斗米折腰,赋《归去来》,饮酒赏菊,后入武陵源成仙的故事。《黑白卫》写侠客聂隐娘的剑术可以"替天行道,为国安民","上可以报君父之仇,下可以诛臣子之恶,明可以雪士民之愤,幽可以驱鬼神之邪"。但作品所表现的却不明显,而是在宣传佛法无边,带有民间宗教的色彩。《清平调》写李太白受唐玄宗和杨贵妃的赏识,中状元,大宴曲江池的事。李太白并未中过科第,作者如此处理正如杜濬题词中所说,是为自己

"解嘲而释憾"。

尤侗的剧作,除《钧天乐》之外,大都采取历史上的文学题材,把原来的诗、赋、曲及故事加以融化敷演为戏剧。内容多表现知识阶层对黑暗社会的愤懑和不平,有一定程度的民族意识。他晚年曾得到清统治者的赞赏,拔擢为文学侍从之臣,但他的思想深处并不拥护朝廷的统治。

尤侗戏剧的语言鲜明、生动,有元人本色,如《吊琵琶》昭君投交河前一段唱辞云:

> 〔拙鲁速〕朱鸢城,路迢迢,白狼河,浪滔滔,风儿条条,雨儿潇潇,淅沥沥沙儿似雪落,冷清清月儿似霜飘。雁声儿哀叫,笳声儿悲啸,断送人儿在这遭。

运笔刚健遒劲,生动活泼。戏剧结构也简洁洗练,《清平调》写李白状元及第,奉旨游街,气宇傲岸,藐视权贵,回府后醉倒高卧,叫高力士脱靴,高力士因他称名道姓而不理云:

> (丑)好恼好恼,怎么只管叫咱名字。(生作申足介)力士,力士,你替俺脱却靴儿好去睡。(丑扶诨下)

寥寥几笔结束全剧,言简而意赅,李白的狂放性格极其鲜明。所以吴梅评云:"曲至西堂,又别具一变相。其运笔之奥而劲也,其使事之典而巧也,下语艳媚,而油油然动人也。……如《读离骚》之结局,以宋玉招魂;《吊琵琶》之结局,以文姬上冢。已超轶前人矣。"(《中国戏曲概论》)确是看到尤侗剧作的艺术特点。

三、李渔及其《笠翁十种曲》

李渔字笠翁,本为浙江兰溪人,后移家杭州,故又称钱塘人。生于明万历三十九年(1611),约卒于清康熙十九年(1680),共活了六十多岁。他"本宦家书史,幼时聪慧,能撰歌词小说"(《曲海总目提要》卷二十一)。又"擅诗古文词","率意构思,不必尽准于古"(《兰溪县志》卷五),可见他在诗文方面也主张创新。他曾补博士弟子员,未中过举,好像也未做过什么官,一生过着游荡江湖的生涯。尝买姬妾,教习戏文,随处扮演,以为生活之资,名声是不大好听的。他的著作有《一家言》十六卷(包括《闲情偶寄》六卷),又有小说《十二楼》、《无声戏》等。他的剧作各种曲目记载不同,高奕《新传奇品》著录有《奈何天》、《比目鱼》、《蜃中楼》、《风筝误》、《慎鸾交》、《凰求凤》、《巧团圆》、《玉搔头》、《怜香伴》九种。黄文旸《曲海总目》多《意中缘》一种,共十种。后来由芥子园合刻,称《笠翁十种曲》,比较流行,也最可靠。后来《曲海总目》还记载着五种,即《偷甲记》、《四元记》、《双锤记》、《鱼篮记》、《万全记》,真伪待考,又极罕见,因此,这里论述者仅限于前十种。

在李渔的剧作中,《比目鱼》是思想内容比较丰富的一本,描写一个知识阶层人物谭楚玉与戏曲演员刘藐姑的恋爱故事。谭楚玉为了接近刘藐姑,情愿抛弃儒业去做优伶,和刘藐姑演生旦戏。刘藐姑也热爱谭楚玉,结成生死之交。作者成功地创造了刘藐姑这个人物,她虽生于梨园之中,却不愿做卖笑生涯。她的生活目的与其生母刘绛仙不同:刘绛仙认为人生不过是逢场作戏,一切都为了金钱;她的态度却极严肃认真,认为做人要真诚,不要使心术、逞姿色,以骗取钱财,希望找一个理想的伴侣,做个会女工针黹的普通妇女。但是,刘藐姑所处的社会地位却不允她如此。她的痛苦、悲剧也就出在这里。不久,地主钱万贯便倚仗财势要娶她做妾,她母亲贪图钱财,也迫使她嫁给钱万贯,而藐姑却始终不屈。"挥金""利逼""偕亡"诸出就集中地表现她们的冲突,这是全剧的高潮。刘绛仙逼藐姑嫁钱万贯,藐姑说已许婚谭楚玉,并指"那些看戏的"为证人，表示"不敢把戏场上的婚姻当做假事，这个丈夫是一定要嫁的"，她表现出一种顽强的反抗精神。但是，藐姑也认识到自己力量的孤弱，终难逃出魔掌，她宁愿葬身鱼腹，也不愿被人污辱。在一次江边演戏，她演《荆钗记》中钱玉莲"抱石投江"一出时，便以钱玉莲的遭遇痛苦自比：

> 〔梧叶儿〕遭折挫、受禁持，不由人不泪垂。无由洗恨无由远耻，事到临危，拼死在黄泉作怨鬼。

> 〔五更转〕心痛苦，难分诉，我那夫呀，一从往帝都，终朝望你谐夫妇，谁想今朝拆散中途。我母亲信谗言，将奴误，娘呵，你一心贪恋贪恋他豪富，把礼义纲常全然不顾。

接着是指桑骂槐地把钱万贯咒骂了一顿，以泄胸中之愤，最后投江而死。谭楚玉也投江以殉。藐姑性格的刚烈勇敢在这里表现得更突出饱满，她以死宣判了封建社会的罪恶。这是这本戏思想意义最深刻的地方。自此以后，从"神护"到结束的后半部便趋向尾声。剧中写他们为平浪侯所救，变成比目鱼，为隐者的鱼网打出，又恢复人形。后经隐者和平浪侯的帮助，二人得以团圆，以此寄托人民的愿望。

另外一本思想内容比较好的戏是《蜃中楼》。它是根据《柳毅传书》和《张生煮海》两个故事融合而成的。写柳毅、张羽和龙女舜华、琼莲的曲折姻缘。舜华、琼莲与柳毅、张羽私订婚约，龙王大怒，从中百般阻挠和迫害，造成他们极大的痛苦。作者是依照现实生活中封建家长式的人物创造龙王的。他凶恶、残暴、冷酷和无情。舜华、琼莲是两个有反抗性的人物，她们对家长的迫害坚强不屈，舜华为了忠实于柳毅，在她被逼嫁给另一龙子时，宁肯"降志辱身，甘为奴婢"，也不愿和那个龙子同居。最后她们在东华上仙的帮助下成为美满夫妻。

而《意中缘》则是一篇富有喜剧性的作品，写杭州女子杨云友想嫁给画家董其昌，不料被一个荒淫和尚冒名骗去，经历无数艰难才得回来。之后，她就再不敢轻信媒人了，当真正董其昌的媒人到来时，她竟加以拒绝。她要亲自择婿，但选择的却是女扮男装的林天素。林则正是为了给董其昌做媒的。这本戏在一定程度上暴露了封建社会的黑暗，描写了杨云友这个要按照自己的愿望选择伴侣的妇女形象。情节曲折离奇，引人入胜。

其他剧作大都现实意义不强，如《奈何天》写阙里侯富而貌丑，以欺骗的方法娶得三个妻子，但都因为他貌丑而不和他同居。后来阙里侯被封为尚义君，经天帝改变了他的形骸，才与三个妻子和好。作者明显地在宣传红颜必然薄命的错误思想。《风筝误》写韩世勋因为拾得一个风筝，题和诗，而与詹淑娟结成婚姻的故事。《怜香伴》写石坚的妻子崔云笺和曹家的女子曹语花相慕怜，各赋诗相约来生结成夫妻，最后语花亦嫁石坚。又如《凰求凤》、《慎鸾交》、《巧团圆》、《玉搔头》，或写女子追求男子，或写男女悲欢离合的奇遇，没有什么意义。

前人对李渔的剧作评价很高，但是，以我们今天的标准看，他的好作品并不多，而且即便是好作品也优缺点互见。他的创作反映了一定的社会现实，而且是通过描写男女婚姻关系得到了反映。其中往往以封建伦理观念分析观察社会，对所描写的妇女都渲染着不同程度的节烈观念，甚至像刘藐姑这样有反抗性的人物也不能免。

李渔主张剧作要脱窠臼，出新意，反对拼凑因袭，所谓“文章变，耳目新，要窃附雅人高韵，怕的是抄袭从来旧套文”（《比目鱼》中之“村卺”一出）。他的创作实践也体现了这种精神，令人有脱俗新奇之感。但是,往往因为"考古商今,到处搜奇迹"(《比目鱼》),就显得有些标新立异,缺乏深厚的生活内容,又不免流入才子佳人的俗套。

李渔的剧作都是喜剧,具有讥讽诙谐的风趣,常常通过诙谐讥讽的口吻抨击当时的社会。如《蜃中楼》之"结蜃"一出,鱼鳖虾蟹奉命结蜃楼,大家都不愿出力。鳖缩回了头,听说蜃楼结成之后,又伸了出来。大家质问他不是已经死了吗?它回答说:

> 列位不要见笑,出征的时节,缩进头去;报功的时节,伸出头来:是我们做将军的常事,不足为奇。

但是,这种讽谐的风趣,有时又落入低级、庸俗,秽言亵语几乎每一本戏中都有。喜剧的意义因之大为减色。

但是,李渔的剧作确实有其独具的特点,他的剧作大都针线细密,结构紧严,几条线索穿插在一起,互相勾连,又各自发展,有条不紊,波澜起伏,有开有煞,毫无破绽。在语言方面,特别注意口语的运用,不但曲文平易浅显,宾白也极简明洗练,有时用长篇的宾白表现人物,口吻逼真。吴梅说他"科白排场之工,为当世词人所共认"(《顾曲麈谈》下)是有根据的。

李渔虽然在戏曲创作上成就不高,但在舞台表演上和戏曲理论上却有一些贡献。他在《闲情偶寄》中的《词曲部》和《演习部》对中国戏曲作了系统的理论研究,其中许多好的见解,我们今天仍然可以作为参考。

四、吴伟业及其剧作

吴伟业的剧作是直接继承明末李玉、朱素臣、朱佐朝的传统而创作的。其总的特点是与一定时代的政治斗争紧密联系着,并深刻地反映着那个时代，因此，现实主义精神表现得极其鲜明。但是，与李玉和朱素臣、朱佐朝兄弟二人也有所不同，吴伟业之作通过描写时代的政治斗争，更多地寄托着自己的兴亡之恨和家国观念。

吴伟业字骏公，号梅村，江苏太仓人，明万历三十七年（1609）生，清康熙十年（1671）卒，活了六十三岁。明亡，他深居简出，息交绝游，屡次被召，皆辞不受。后来为父母劝导，才赴京受秘书院侍讲国子监祭酒，在任四年，又辞官归里。他的剧作有《秣陵春》传奇一部，《通天台》、《临春阁》杂剧两本，都表现了强烈的家国观念和亡国之恨。

《秣陵春》是写南唐学士徐铉的儿子徐适和将军黄济的女儿黄展娘错综复杂、离奇怪诞的婚姻故事。徐适是北宋末年人，和金兵作战而死亡。作者为了使剧情更集中，便把他改写成徐铉之子。他们都是南唐臣子的后代，对南唐后主及其宠妃保仪表现了无限的追念和哀悼，寄托了深沉的国亡家破之感。

作为徐、黄爱情的中心线索是南唐遗物宜官宝镜和于阗玉杯，通过二人在两件宝物中现影显形，互相追慕起来。展娘魂离身躯千里去找徐适，徐适则宁肯不做状元而远寻展娘，他们如此倾心爱慕，以至于任何力量都不能阻拦。最后是已升仙界的李后主和保仪促成了他们的婚姻。

围绕着描写他们的爱情婚姻，展开了广阔的生活面。当代的流氓恶棍真琦、孤独荣等，逢迎谀佞，专横欺诈。真琦要夺取展娘不成，当朝廷刷选宫女时，他暗中向太监使机谋，使展娘竞选。孤独荣喜爱徐适所藏的法帖，借去之后，抵赖不还。通过对这类人物的描写批判了当时的社会。作品中还描写了李后主的乐工曹善才，善弹琵琶，以李后主的词连缀弹唱，又得前朝宫中旧物烧槽琵琶,携归入山修道,以全其志。

剧作中所写,凡是正面人物都是前朝后裔,而反面人物都是当代臣僚。作者借对这些人物的描写以追念故国和批判现实。冒辟疆评云:"字字皆鲛人之珠,先生寄托遥深。"(《同人集》)此剧的中心意旨就在于此。

然全篇结构冗杂,头绪纷繁,情节之间必然联系不紧密。总之,吴伟业传奇创作的成就不如他的杂剧高。

《临春阁》是作者根据《隋书》中《谯国夫人传》和《陈书》中《张贵妃传》创作的。主要写隋兵进逼江南,陈后主出降,张贵妃、孔贵妃都自缢而死,陈朝灭亡之事。作者显然是借历史题材来写现实。作品的中心人物是谯国夫人,她勇敢而有才干,身任岭南节度使,因见国亡而不能救,羞于再立三军之上,便下令解散诸军,自己入山修道。而"军士得令,满营大哭",不肯离散,结果拥戴她的儿子做了主帅。她因此慨叹道:"咳!我六州节度使,还家去做个老妪,岂不可叹!"作品中的重要思想是反对女色亡国论,把几个女子都写成有才华的文武将相。陈亡之后,官员们都说是女宠乱朝,对两个贵妃加以贬责。作者却借谯国夫人之口说:"都是这班人把江山坏了,借题目说这样话儿!"这种进步的历史观念,直接影响了洪昇,他在《长生殿》中也为杨贵妃翻案。

《通天台》是作者根据《陈书》中《沈炯传》再创作的。写梁代尚书左丞沈炯,亡国之后,痛苦至极,出长安城散心,偶见汉武帝通天台遗迹,不禁触景伤情,痛哭起来。全剧共两出,前一出全写沈炯的哭诉,后一出写汉武帝出现来宣慰他,并送他回江南,令宫女丽娟清歌饯别。沈炯这个人物是作者自己思想感情的寄托者,他哭诉道:

　　〔寄生草〕日气寒宫瓦,江声怨野沙。则为俺春秋高迈遭

欺诈,害了他青年儿女担惊怕,还靠着西天活佛慈悲化,可怜
俺病维摩谁点赵州茶,眼看他啄皇孙砍做了浔阳鲊。

自己"无国无家,欲归何处"? 前途茫然。这正反映了明亡之后,
广大人民的普遍心理。

吴伟业的剧作大都取材于历史事件,对历史事件往往作出新
的评价,评价历史实际上是评价当代。

吴伟业的剧作情感深沉、格调悲壮、寄托遥深、曲文典雅,但关
目呆板,不能演唱。

五、洪昇及其《长生殿》

我国古代戏曲发展到 17 世纪,无独有偶产生了两部伟大作
品,即洪昇的《长生殿》和孔尚任的《桃花扇》。这两部作品不但同
时出现在一个世纪,而且产生的具体年代也完全一致。洪昇生活
在 1645 年至 1704 年之间,孔尚任则生活在 1648 年至 1718 年之
际,洪比孔大四岁,孔比洪多活了十余年,时间相差不多。就创作
构思说,洪昇呕尽了十二年的心血,孔尚任则竭尽了十四年的精
力,都是经过了长期的酝酿琢磨过程才完成的。由于产生的时代
环境相同,因此具有一定历史时代特色的主题思想和戏剧情节也
多相似之处。它们都以历史悲剧的形式,通过对男女爱情的描写,
反映了 17 世纪末期的社会生活,创造了动人的妇女形象、英勇果
敢的爱国英雄和刚强不屈的艺人性格,表现了强烈的民族意识,流
露了国破家亡的悲悼情绪。许多出中的情节也多有相同或互相媲
美之处,如《长生殿》中的"冥追""骂贼""献饭"之于《桃花扇》中
的"入道""骂筵""誓师",以及作为《长生殿》中心线索的金钗钿
盒之于《桃花扇》中的桃花扇等。这两部作品确是我国古代戏曲
产生于清代的双璧,历来有"南洪北孔"(《词余丛话》)之称,他们

各以其卓异的成就南北交辉。但是,洪昇和孔尚任具体的生活经历毕竟不同,思想观点不同,作品的取材不同,对生活的批判评价不同,因此这两部作品从思想内容到艺术形式又各具特色,进一步研究每一部作品的具体成就和特色便是很必要的了。

（一）洪昇的生平及创作

洪昇字昉思,钱塘人(见赵执信《饴山全集》中的《怀旧》诗序)。他的曾祖父洪瞻祖做过巡抚南赣官右都御史(见陆繁弨《善卷堂四六》洪贞孙哀词注),可见他是名族世家的子弟。他父亲的生平事迹不详,到他这一代家道衰落,以至于连日常生活都成了问题。

洪昇生于一个灾难深重的时代,他的一生深深地烙有时代灾难的印记。他出生于顺治二年(1645),正是明鲁王朱以海被逐至浙江,在绍兴建立政权的一年,清兵曾屡次去骚扰,人们被迫到处逃难,洪昇的母亲即在逃难中生洪昇的。洪昇在《燕京客舍生日作》诗中追述说:"一夜荒山几度奔,哀猿乱啼月未午。""野火炎炎照大旄,溪风飒飒喧金鼓。"他就在烽火狼烟、夜猿哀啼的环境中问世了。同诗还记述他母亲告诉他出生时的状况,是在一个田妇家里,以"板扉作床席作门",自己则"欲衣无裳食无乳"。这在他幼小的心灵中埋下了悲剧的种子。他回忆起当时的遭际,不禁感慨道:"我思此语真痛伤,身滞他乡悲屺岵。"

洪昇二十五岁来到北京(《燕京客舍生日作》有云:"倏忽今年二十五"),但他的遭遇并未有所改变,生活十分贫困,因衣食无着经常与妻子抱头痛哭。他的朋友吴雯在其《莲洋集》中之《贻洪昉思》诗记述他的生活情况说:"长安薪米等珠桂,有时烟火寒朝昏。拔钗沽酒相慰劳,肥羊谁肯遗鸥蹲。呜呼贤豪有困厄,牛衣肿目垂涕痕。"在极其艰苦的环境下,夫妻毫不尤怨,互相慰藉,相依为命。

后来,新的事故又袭击着他,他父亲不知为什么被诬充军,即所谓
"遭患难"(赵执信《饴山全集》语)、"遭家难"(《香祖笔记》)等。
为了侍奉父亲北上,他从北京赶回杭州,在《南归》诗中沉痛地陈
述道:"祸酷疑天远,心剸觉命微。长途四千里,一步一沾衣。"又
在《除夕泊舟北郭》诗中表露了自己离开杭州随父北上的迷茫悲
惨心情。不久,"前难旋释"(《饴山全集》),他父亲可能并未获罪,
他又回北京居住了。在北京以卖文为生,诗名很高。他的老师是
王士禛,但他对诗的看法与王士禛却有距离,而比较接近他的好友
赵执信。

洪昇三十多岁时才基本上完成了这部包蕴着血和泪并反映那
个时代生活的剧作《长生殿》。在创作过程中,赵执信"实助成之"
(《饴山全集》)。其后,经过不断加工、修改,到四十四岁又"重取
而更定之"(《长生殿》徐麟序文),才真正完成。

《长生殿》完成之后,很受群众欢迎。当时的名剧团"内聚班"
已经能演唱,宫廷贵族也很欣赏,艺人因而获得优厚的酬金。他们
为了感谢洪昇,便于康熙二十八年秋天设宴为洪昇祝寿,并演唱
《长生殿》。当时统治者认为在"国丧日",即在佟皇后丧期"非时
演唱"(《饴山全集》),"以为有心讽刺"(《两般秋雨庵随笔》),是
"大不敬",参加宴会的五十多文人都犯了法。其中有名的是查嗣
琏和赵执信,查嗣琏后来改名慎行应考去了,赵执信由于坚决不
屈,被撤掉"赞善"的官职,弄得终生沦落,即如人们所谓"可怜一
曲长生殿,断送功名到白头"。洪昇在这一年"亦被逐归"(《饴山
全集》),在北京二十多年的苦难生活,现在为时势所迫又重回到
江南。这时的事迹,我们不太了解,好像常往来于江浙之间,赵执
信曾两度看见他,情好如故。以后,又过了十几年,洪昇六十岁了,
康熙四十三年(1704)六月初一,朋友招他在江上饮酒,醉后失足,

落水而死。他便如此像李白一样结束了自己的生命。

洪昇的妻子是黄机的孙女、他的表妹黄兰次。她精通音律,爱好诗文,与洪昇志同道合,在艰苦环境下,很能体恤丈夫。吴雯在赠洪昇的诗中曾说:"林风怜道韫,安稳事黔娄。"在另一首诗中又说:"对坐孺人理典册,题诗羞道哀王孙。"他们的环境这样坏,而他们的情感却如此的好,在痛苦之余,他们只有彼此之间寻求生活的乐趣和慰藉。洪昇就是从自己的生活经验出发创作他的杂剧《四婵娟》的。他借写谢道韫咏雪、卫夫人簪花、李清照斗茗、管夫人画竹的故事,以夸耀自己的幸福家庭。

洪昇生活在一个灾难深重的时代里,自己的遭遇如此可悲,因此,他对现实生活的认识比较深刻,满腔愤懑,"故常不满人,亦不满于人"(赵执信《谈龙录》),并敢于"狂言骂五侯"(吴雯《怀昉思》诗)。他如此孤傲,毫无趋炎附势之作风,在北京时深居简出、闭门读书。吴雯的诗曾说:"洪子读书处,静依秋树根。车马何曾到幽巷,肮脏亦不登朱门。"但他却与陈其年、毛奇龄、王士禛、吴天章、吴舒凫、朱彝尊、赵执信等交往很深。他时常"白眼踞坐,指古说今"(徐麟《长生殿》序文),朋友们倾心折服。这种精神明显地表现在他的创作中,特别表现在《长生殿》这部巨著里。

洪昇的作品,除了《稗畦集》、《稗畦续集》和《啸月楼集》所收录的诗文外,共创作戏剧九种,即《回文锦》、《回龙院》、《锦绣图》、《闹高唐》、《节孝坊》、《天涯泪》、《青衫湿》、《四婵娟》、《长生殿》。今天保存的只有《四婵娟》和《长生殿》。

《长生殿》是洪昇综合了历代所有关于唐天宝时期的史、传、传奇、小说的材料撰写而成的。其中主要的为白居易《长恨歌》、陈鸿《长恨传》、乐史《杨太真外传》,白朴《梧桐雨》和王伯成《李太白贬夜郎》杂剧,屠隆《彩毫记》和吴世美《惊鸿记》传奇等。在撰写过程中,曾三易其稿。据作者在例言中所说:最先感李白之得遇玄宗,谱其事作《沉香亭》;后去李白事,入李泌辅肃宗中兴事,名之为《舞霓裳》;更删杨妃秽事,增其归蓬莱,玄宗游月宫等事,专写两人生死之深情,遂作《长生殿》。洪昇反复修改、加工的过程,实际上是不断探求历史生活真实的过程,正如他自己所说:"情在写真"。结果由专写李白之得宠发展成以描写李、杨的爱情为主进而反映了整个天宝之乱的历史悲剧,显示了作者的创作天才和对社会生活的洞察力。

(二)《长生殿》的主题和思想

《长生殿》这部历史悲剧的主题是什么?作者在第一出"传概"中的〔满江红〕曲子流露了一点信息:

> 今古情场,问谁个真心到底?但果有精诚不散,终成连理。万里何愁南共北,两心那论生和死。笑人间儿女怅缘悭,无情耳。感金石,回天地,昭白日,垂青史。看臣忠子孝总由情至。先圣不曾删郑卫,吾侪取义翻宫徵,借太真外传谱新词,情而已。

从这支曲子中可以看出,作者意在写情,在写"但果有精诚不散,终成连理"的男女间的恋情。但是,并不限于此,还有所谓"臣忠子孝"等等。不过,主要确是在写爱情,"先圣不曾删郑卫,吾侪取义翻宫徵。"就进一步说明了这一点。那么,《长生殿》的主题无疑是在写唐明皇和杨贵妃的爱情了。可是,一个作家不会为了写情而写情,而必然地抒发他一定的理想和抱负。而洪昇在《长生殿》中所写的情是为了什么呢?他在自序中说:"然而乐极哀来,垂戒来世,意即寓焉。且古今来逞侈心而穷人欲,祸败随之。"可见他是有所寄托和讽喻的,他是根据自己对社会生活的观察和认识,通过对李、杨爱情的描写反映了唐代天宝时期的兴衰历史的。

那么，《长生殿》的重要思想，就是表现国破家亡之隐痛，这种难言之隐的情感弥漫着全部作品，并且明显地流露于马嵬坡之变以后，像"弹词""私祭"两出便是鲜明的例子。"弹词"中李龟年上场诗即说："留得白头遗老在，谱将残恨说兴亡。"接着就弹唱了〔南吕一枝花〕〔梁州第七〕〔转调货郎儿〕〔二转〕〔九转〕和〔煞尾〕等曲子，都抒发了亡国之痛，如〔转调货郎儿〕：

> 唱不尽兴亡梦幻，弹不尽悲伤感叹，大古里凄凉满眼对江山。我只待拨繁弦传幽怨，翻别调写愁烦，慢慢的把天宝当年遗事弹。

"弹词"和"私祭"两出，主要是通过写变乱后李暮和李龟年会面、李龟年和永新念奴晤见而流露出亡国之痛的。情词激荡动人，比杜甫《江南逢李龟年》诗："正是江南好风景，落花时节又逢君。"更忧愤深广。《长生殿》的后半部突出地表现了一种怨和恨，正如汪熷的序文云："青天恨满，已无寻乐之区。碧海泪深，孰是寄愁之所？"尽管促成各个人物愁恨的具体条件不同，各个人物表现的愁恨内容有区别，但是，归根结蒂都与安史之乱密切联系着，因此这种愁恨实际上是一种兴亡之恨、亡国之恨。

《长生殿》所表现的这种浓厚的兴亡之恨并不是偶然的，而有它的社会历史根源，其历史根源即清朝初年汉族人民所遭受的厄运。当时许多明末遗老在满族统治者残酷统治之下，敢怒而不敢言，往往将自己内心的隐痛流露于作品之中，如其前吴伟业的《秣陵春》、《通天台》、《临春阁》剧和归庄的《万古愁》曲，以及与其同时孔尚任的《桃花扇》传奇，便是明显的例子。当然，洪昇并不是遗老，但他的老师陆繁弨就是明朝殉节忠臣陆鲲庭的儿子。他生平最敬仰的陆讲山(陆繁弨的伯父),曾因庄廷钺刻《明史》案受牵连。他的生活、思想受明代遗老的影响是很深的。他在自己诗中即曾吟咏:"兴亡今古恨,酹酒向渔樵。"(《多景楼》)即便如《长生殿》结尾的曲子:"旧霓裳,新翻弄,唱与知音心自懂,要使情留万古无穷。"也不应该只看作是对情的歌颂,而与《桃花扇》最后〔哀江南〕曲子在思想情感上有共通之处。

与这一思想密切联系的是作品中表现的民族意识。这在"疑谶""合围""侦报""骂贼"诸出中显示的尤为明显。忠臣郭子仪在京城内见杨国忠窃弄权威,安禄山滥膺宠眷,把个朝纲弄得不成样子,心中极其愤怒道:

> 〔柳叶儿〕哎!不由人冷飕飕冲冠发竖,热烘烘气夯胸脯。……呀,便教俺倾千盏饮尽了百壶,怎把这重沉沉一个愁担儿消除。

后来,终于在他带领士兵英勇不屈的斗争下平息了安禄山的叛乱,重立了唐朝社稷。"骂贼"一出描写艺人雷海青崇高的民族气节,他见到安禄山进入长安之后,称孤道寡,气势汹汹。满朝文武官员都贪生怕死,觍颜事敌。自己气愤填膺,于大宴凝碧池之时,不惜冒着生命危险,抱着琵琶责骂安禄山道:

> 〔元和令〕恨子恨泼腥膻莽将龙座渰,癞蛤蟆妄想天鹅啖,生克擦直逼的个官家下殿走天南。你道恁胡行堪不堪!纵将他寝皮食肉也恨难劖。谁想那一班儿,没掂三,歹心肠,贼狗男。

他又骂那些无耻投敌的官员道:

> 〔上马娇〕平日家张着口将忠孝谈,到临危翻着脸把富贵

贪。早一齐儿摇尾受新衔,把一个君亲仇敌当做恩人感。咱只问你蒙面可羞惭?

最后,他以高渐离击筑掷秦王的英勇精神用琵琶撞击安禄山,并喊道:"我掷琵琶,将贼臣碎首报开元。"结果未击中,反被安禄山杀害。在座的奸臣却喝彩道:"杀得好,杀得好! 一个乐工思量做起忠臣来,难道我每吃太平宴的倒差了不成!"接着唱道:

〔尾〕大家都是花花面,一个忠臣值甚钱! (笑介)雷海青,雷海青,毕竟你未戴乌纱识见浅!

这里赞扬了雷海青的英勇可敬,同时辛辣地讽刺了那班奸臣贼子,原来戴乌纱帽见识高的人,都是些毫无廉耻卖国求荣者辈。洪昇虽然写的是唐代历史,但是作为一个惯于"白眼踞坐,指古摘今"的人,这里显然是影射清朝初年的社会现实的。

此外,《长生殿》还表现了对被压迫者的深切同情。洪昇是歌颂李、杨爱情的,但对他们为追求爱情给人民造成的苦难,却表示无限的愤慨。"进果"一出里老田夫有如下的唱辞:

〔十棒鼓〕田家耕种多辛苦,愁旱又愁雨。一年靠这几茎苗,收来半要偿官赋,可怜能得几粒到肚。每日盼成熟,求天拜神助。

这是他们平时的生活状况。当李隆基迫令西川和海南道贡献荔枝使臣的马跑来时,他们的命运更悲惨了,一片禾苗被马踏毁,赖以生存的八口之家失去了保障。一个算命的瞎子也被踏死,他的妻子要求给偿命,老田夫不禁感叹道:"哎! 那跑马的呵,乃是进贡鲜荔枝与杨娘娘的,一路上来,不知踏坏了多少人,不敢要他偿命,何况你这一个瞎子!"这里包含着作者无限的感慨,渗透了深切同情的热泪。洪昇不但同情田夫、瞎子，并且也同情驿吏、使臣，以及其他出中所写的被压迫人物郭从谨和六军士卒等。他的这种思想倾向，在作品中散发出感人的力量。

（三）唐明皇、杨贵妃评价

唐明皇和杨贵妃是《长生殿》中的两个中心人物，它的内容是十分丰富和复杂的。我们必须结合他们的政治地位、生活环境，也就是他们的阶级性和历史具体性来分析，否则就不能正确地理解这两个人物形象的复杂内容。

唐明皇、杨贵妃是封建社会的帝王和妃子，阶级地位决定着他们不可有像一般人的夫妻生活，而具有浓厚的荒淫、糜乱的情调。但是，也不应该否认他们之间确实有真正的爱情存在，这又与历代帝王的荒淫无耻生活不同，洪昇即因为"念情之所钟，在帝王家罕有"，才把《舞霓裳》改写成《长生殿》的。不过，洪昇更加集中地描写这种"情"，把他们写成互守誓言、生死不渝的爱情。

唐明皇对杨贵妃的爱情并非一开始就真诚，而和一般封建帝王对待妇女一样，主要是形体上的色欲追求，如"春睡"中所描写的："试把绡帐慢开，龙脑微闻，一片美人香和。瞧科，爱他红玉一团，压着鸳衾侧卧。"只是观看玩赏，充分表现了一个最高统治者空虚无聊的神态。从色欲追求出发，唐明皇虽然有贴心的伴侣杨贵妃，却还召幸虢国夫人，从而引起杨贵妃的忌妒，最后竟迁怒杨贵妃，将杨贵妃赶出宫去。但是，唐明皇对杨贵妃毕竟有一定的感情，当他把杨贵妃赶出宫之后，立即精神上感到更大的空虚，因此悔恨道："咱一划儿粗疏，不解他十分娇婑。"以至于"触目总是生憎，对景无非惹恨"。其后当杨贵妃献发来时，他竟感动得落泪。"复召"一出写杨贵妃真正回来了，他惊喜而又愧悔："喜得玉人归矣，又愁他惯娇嗔背面啼，那时将何言语饰前非？罢罢，这原是寡

人不是,挤他百般亲媚,酬他半日分离。"(〔下小楼〕)这些都说明
唐明皇对杨贵妃是有情意的,并且经过挫折之后,这种情意更深
了。他说:"从今识破愁滋味,这恩情更添十倍。"

这之后,唐明皇对杨贵妃的情感更提高了,他不仅欣赏杨贵妃
的舞姿、睡态,而有感于她的聪明、才华和多情,因此心中有些钦
敬。但是,作为一个封建帝王,他的阶级习性不可能改变,他背着
杨贵妃和梅妃又续起旧情,从而惹出"絮阁"一出的风波。这里,
他荒淫无耻的行为受到深刻的批判,在杨贵妃的挟持下,他愧悔交
集,形貌十分窘迫,结果他认识到杨贵妃是"情深妒亦真"。这便
进一步净化了他对杨贵妃的情,以致发展到"密誓"中誓同生死的
阶段。杨贵妃为自己的命运而忧心:"怕花老春无剩,宠难凭。"便
牵着唐明皇的衣襟哭泣不休,唐明皇则以肯定的语气答道:"妃子,
休要伤感,朕与你的恩情,岂是等闲可比!"唐明皇此时已经认识到
自己对杨贵妃应该负责,因此,郑重地向双星盟誓。

唐明皇对杨贵妃的爱情就是这样逐渐培养起来、坚定起来的。
他既多情又荒淫,二者在他身上是统一的,假若只描写他多情的一
面,而忽略他荒淫的一面,那就没有概括出一个封建帝王的阶级本
质,反之,若只写他荒淫的一面,而忽略他多情的一面,就没有表现
出这一人物的历史具体性,那便不是唐明皇了。作者巧妙地处理
了这个问题,表现了高度的现实主义艺术概括力。

对杨贵妃这个人物,作者更集中地加以描写,为了美化她,将
正史中"杨氏……始为寿王妃"和"禄山母事妃,来朝必宴饯结观"
(《新唐书·后妃传》)等所谓"史家秽语,概削不书"(自序)。把
她塑造成一个聪明、美丽、多情多艺的妇女。杨贵妃性格的基本特
征是娇妒。这种性格的形成,并非偶然,而有其特定的环境。作为
集"三千宠爱在一身"的贵妃,必然养成"娇嗔"的习性,在"后宫佳

丽三千人"的情况下,也不可能不产生"嫉妒"。宫廷生活培育了她的性格,反过来她又以这一性格应付宫廷的环境,"旁讶""幸恩"两出即描写她与自己姊妹之间的嫉妒和矛盾,结果酿成大祸。她自称:"我含娇带嗔,往常间他百样相依顺,不提防为着横枝,陡然把连理轻分。"(〔榴花泣〕)可见平时她是以"娇嗔"争宠的。为了争宠对情敌则嫉妒之极,当自己被册为贵妃时,立即逼迫梅妃迁往东楼,接着自制《霓裳羽衣曲》来压倒《惊鸿舞》,以杜绝唐明皇对梅妃藕断丝连的情意。在"夜怨"一出中,她还说:"江采蘋,江采蘋,非是我容你不得,只怕我容了你,你就容不得我也。"她的表现,正如宫女所说:"娇痴性,天性忒厉害。"但是,她也有不得已之处,因为在那种生死予夺的环境中,争取统治者宠爱的斗争,是关乎自己生死荣辱的大事,失去了唐明皇的宠爱,自己的生命也就失去了保障。从此,我们可以看出杨贵妃的性格具有多么深刻的社会意义。

杨贵妃性格有"妒"的一面,同时也有"情"的一面。她对别人猜忌嫉妒的过程,也可说是对唐明皇爱情的争取和占有的过程。从全剧的总倾向看,杨贵妃的情比唐明皇真挚得多。从"定情"开始,她就看着金钗钿盒吐露自己的心愿说:"惟愿取情似坚金,钗不单分盒永完。"后来被唐明皇逐出宫后,又曾登御书楼瞭望宫殿,剪青丝以表衷肠。当她听到唐明皇召梅妃时,竟一夜哀怨,转侧徘徊,"寸心如剪"。自己气愤之极,取了金钗钿盒,要把"深情密意从头缴!"这些都显示出她的"妒"含有对"情"的追求在,所谓"情深妒亦真"。七夕,她对着牛郎织女默默祈祷:"愿钗盒情缘长久订,莫使做秋风扇冷。"她指着双星对唐明皇说:"妾想牛郎织女,虽则一年一见,却是地久天长。只恐陛下与妾的恩情,不能够似他长远。"她所担心的,也就是她所追求的。为了求得唐明皇的爱情,她熬尽了心血和眼泪,终于取得"在天愿为比翼鸟,在地愿为连理枝。天长地久有时尽,此誓绵绵无绝期"的美满结局。

杨贵妃长期的爱情生活,充满了嫉妒、痛苦和哀伤,这正是帝王宫廷生活环境所赋予她的,是作者对这种环境中后妃的典型写照。

从"定情"到"密誓"是唐明皇和杨贵妃爱情逐渐趋向坚定专一的过程,同时也是人民的苦难和国家的危机步步加深的过程。作为现实主义作家,洪昇真实地描写出统治阶级奢侈淫靡的生活和人民的悲惨遭遇以及国家覆亡的因果关系。"定情"之后紧接着便是"贿权",写安禄山贿赂杨国忠欺上瞒下免了他的死罪。"春睡""禊游""旁讶""幸恩"等出之后,就是"疑谶",写整个社会危机四伏,"朱甍碧瓦总是血膏涂"的阶级矛盾一触即发。"闻乐""制谱"之后,便是"权哄""进果",写安禄山和杨国忠互相倾轧,进荔枝的使臣踏践人命和庄稼。"舞盘"中的舞姿方歇,"合围"里安禄山操练兵马的声势已起。"絮阁"中的纷争烦恼未解,"侦报"里安禄山的叛迹已萌。"密誓"中情意绵绵的语声犹闻,"陷关""惊变"里的阶级矛盾随即大爆发。作者就是如此写出了李、杨的爱情与社会政治生活的密切关系,结果酿成了"埋玉"一出中马嵬坡的大悲剧。正如唐明皇痛哭中申诉的:"这钗和盒是祸根芽,长生殿怎欢洽,马嵬驿怎收煞。"(〔红绣鞋〕)作者深刻地揭示出这一历史悲剧的社会根源。

马嵬坡之变是《长生殿》戏剧冲突发展的转折点。从此以后,作品所表现的社会现实,已经不像前半部之为统治阶级与被统治阶级的矛盾,而是广大人民为收复国土与异族统治者安禄山作斗争的民族矛盾了。尽管唐代的历史实际上不一定如此,但《长生殿》确是这样表现的。因为矛盾性质转化了,所以作者对唐明皇和杨贵妃就不像前半部那样多的批判，而主要是同情、追念和赞颂，把这两个人物更提高、升华了，把他们的"情"描写成更纯净诚笃的生死不渝的爱情了。马嵬坡之变以后，江山易主，贵妃殉难，瞬息的繁华和欢乐，顷刻间化作一片荒凉。唐明皇感到无限的痛苦和空虚，于疾风凄雨之夜，倍加思念杨贵妃。他忏悔自己的负情，感到活着毫无意义，唯想死了和杨贵妃在阴间相会，才能偿自己平生之愿。此时唐明皇除了对杨贵妃炽烈地追求外，别无邪思秽念。道士杨通幽在"觅魂"一出中对后半部唐明皇的思想情感作了全面概括地说明：

> 〔后庭花滚〕那上皇呵！精诚积岁年，说不尽相思累万千。镇日家把娇容心坎镌。每日里将芳名口上编。听残铃剑阁悬，感衰梧秋雨传。暗伤心肺腑煎，漫销魂形影怜。对香囊呵惹恨绵，抱锦袜呵空泪涟。弄玉笛呵怀旧怨，拨琵琶呵忆断弦。坐凄凉，思乱缠，睡迷离，梦倒颠。一心儿痴不变，十分家病怎痊。痛娇花不再鲜，盼芳魂重至前。

他是如此的虔诚和忠贞，以至于织女听了大受感动，为他续了旧缘，偿了夙愿，在月宫与贵妃团圆了。

马嵬坡之变以后，杨贵妃的魂灵还在追逐唐明皇的銮舆，并且说："只有痴情一点一点无摧挫，挤向黄泉，牢牢担荷。"（〔五更转〕）在"情悔"中也说："只有一点那痴情，爱河沉未醒。"一切都可以悔，唯有情不能悔，矢志"纵冷骨不重生，挤向九泉待等"。因为她悔了罪，上天要她恢复仙籍，她却极不满意地说："敢仍望做蓬莱座的仙班？只愿还杨玉环旧日的匹聘。"在"补恨"中她又对织女说：

> 〔小桃红〕位纵在神仙列，梦不离唐宫阙，千回万转情难

灭。(起介)娘娘在上,倘得情丝再续,情愿谪下仙班。双飞
若注鸳鸯牒,三生旧好缘重结。(跪介)又何惜人间再受
罚折。

为了"缘再结",情愿"谪下仙班",到"人间再受罚折",表现了顽强
不屈的对人间生活的追求。这就是杨贵妃这一人物形象在此戏的
后半部所以诱人的原因。

　　洪昇在塑造这两个人物时,发挥了丰富的想像力,赋予他们以
浓厚的浪漫主义色彩。他们为了追求"缘再结"的理想,遭受了无
数的波折和苦痛,终于在优美的富于现实生活气息的月宫重圆了。
实现了所谓"但使有情终不变,定能偿夙愿"的理想。

　　唐明皇和杨贵妃是洪昇呕心沥血创造的两个人物形象,通过
这两个人物形象揭示了封建社会统治阶级和被压迫人民的矛盾、
民族之间的矛盾以及统治阶级内部的矛盾等,这两个人物形象反
映了那个时代社会历史生活的一个侧面,我们可以借此认识历史、
认识封建社会。这就是这两个形象的意义。

(四)《长生殿》所表现的作者思想的矛盾

　　洪昇是一个现实主义作家,在他的思想观点中存在着深刻的
矛盾,这集中地表现在他对唐明皇和杨贵妃两个人物的塑造上和
对安史之乱这段历史的评价上。

　　洪昇对唐明皇和杨贵妃寄予深切的惋惜和同情,在不违背生
活真实的情况下,尽可能地把他们描写成完美无缺的人物,极力为
他们的罪过开脱。在作者看来,正是"杨国忠窃弄威权,安禄山滥
膺宠眷,把一个朝纲……弄得不成样子"。"那里是西子送吴亡,
错冤做宗周为褒妲"。当然更不是"英主"唐明皇的过失了。但
是,作者又根据自己对生活的理解和对历史的观察,写出了每一件
事都与唐明皇、杨贵妃的荒淫生活相关连,他们又成了历史的罪

人，这正显示了作者世界观的深刻矛盾。当他看到唐明皇和杨贵妃荒淫腐朽的生活给人民带来灾难时，也表现了无限的怨恨和痛惜。"进果"中使臣的马将人民蹂躏得无法生存时，他借剧中人物感慨说："杨娘娘，杨娘娘！只为这几个荔枝呵……"此外，他还有"天宝皇帝，只为宠爱贵妃娘娘，朝欢暮乐，弄坏朝纲"的话。这种矛盾在"看袜""弹词"两出中表现得更为明显。李暮、道姑与郭从谨、一位老丈对杨贵妃的态度就完全不同，李暮和道姑对贵妃的遗物充满了留恋、珍惜之情，郭从谨则相反，认为这是亡国的根源。郭从谨憎恨锦袜说："这等遗臭之物要他何用！"而李暮则为贵妃辩解说："休只埋怨贵妃娘娘。"又，在"埋玉"一出中作者显然是支持陈元礼领导六军逼杀杨贵妃的正义行动，但又通过杨贵妃怨责陈元礼说："唉！陈元礼，陈元礼，你兵威不向逆寇加，逼奴自杀！"对杨贵妃的遭难表示深切的同情。他这种思想观点中的矛盾，实质上是现实生活矛盾斗争的反映。洪昇生活在清朝初年，当时他亲闻亲见到异族统治者对人民群众摧残、杀戮和迫害的事实，并且自己也身被其难，因此便激起了对敌人的仇恨和对故国的思念。他就怀着这种思想情感对唐明皇和杨贵妃进行创造，极力美化他们。同时洪昇是一个正直有节操的人，他对唐明皇和杨贵妃荒淫腐朽的生活给人民带来的灾难和痛苦，又表现了极大的怨恨和愤慨，对他们的罪恶行为给以深刻的批判。随着现实生活中阶级矛盾和民族矛盾的尖锐化，洪昇思想观点的矛盾到戏剧的后半部更深刻了，以至于在"雨梦"一出中对他曾经支持和同情过的六军首领陈元礼，也经过一场噩梦将他杀掉。这正是作者思想观点矛盾进一步激化的结果。

尽管如此，作者的思想矛盾并没有解决。他揭示出李隆基和杨贵妃确是这一历史悲剧的制造者，他意识到这一点，所以让他们悔罪。唐明皇悔恨说:"此乃朕之不明,以至于此。"("献饭")杨贵妃对天忏悔说:"只想我在生所为,那一桩不是罪案,况且兄弟姊妹,挟势弄权,罪恶滔天,总皆由我,如何忏悔得尽?"("情悔")以此来解除人民对他们的痛恨,即所谓"孔子删书而录秦誓,嘉其败而能悔"(自序)之意。最后以"补恨"来弥补他们生命中的缺遗,同时也作为对自己矛盾着的思想暂时的调和。

从作品中的表现看,洪昇的历史观是封建社会传统的历史观,把帝王将相看作历史的主人。但他同时是一个有进步思想的人,是一个对社会生活有深刻认识、对被压迫人民深切同情的作家,他据此去观察社会现实,却能在《长生殿》中描写一段历史,就像它实际存在的一样,是一部尖锐深刻的阶级斗争史。

(五)《长生殿》的艺术成就和影响

《长生殿》的思想内容是丰富深刻的,与之相适应,艺术成就也是很高的。在戏曲语言方面,《长生殿》主要是吸取了元曲的曲辞加工镕铸而成的,具有典丽、淳厚和生动的元曲本色。如"弹词"一出,李龟年向听众弹唱天宝遗事,由缓歌慢舞到突变掺过,最为传神:

〔六转〕恰正好呕呕哑哑霓裳歌舞,不提防扑扑突突渔阳战鼓,划地里出出律律纷纷攘攘奏边书,急得上上下下都无措。早则是喧喧嗾嗾惊惊遽遽仓仓卒卒挨挨拶拶出延秋西路,銮舆后携着个娇娇滴滴贵妃同去。又只见密密匝匝的兵,恶恶狠狠的语,闹闹吵吵轰轰割割四下喳呼,生逼散恩恩爱爱疼疼热热帝王夫妇。霎时间画就了这一幅惨惨凄凄绝代佳人绝命图。

把从霓裳舞到马嵬坡之变的过程,以及其间错综复杂的情感,凭借琵琶的调子瑽瑽铮铮地传达出来，使听众落泪，心弦为之震荡。用这种语言描写人物，就能使每个人物充分性格化。如唐明皇、郭子仪、雷海青以及进荔枝的使臣等，一出场便显示出极其鲜明的性格特征。这比《桃花扇》有时使一个文化教养不高的人物也操持文雅的辞语要高出一筹。《长生殿》在语言上取得如此高的成就，是洪昇对金元曲子长期研究的结果，他吸取了金元曲子的精华，完成了一种有自己统一风格的戏曲语言。

《长生殿》的情节极其严密、细腻。全剧以金钗钿盒为中心线索，其他各类情节都围绕着这一线索，纵横枝蔓，交织成篇。这方面的成就，吴舒凫在批语中即指出："钿盒自定情后凡八见，翠阁交收，固宠也。马嵬殉葬，志恨也。墓门夜玩，写怨也。仙山携带，守情也。璇宫呈示，求缘也。道士寄将，征信也。至此重圆结案。大抵此剧以钿盒为经，盟言为纬，而借织女之机梭以织成之。呜呼，巧矣！"在这一中心线索贯通下，又产生了前后两个半部的几条枝干。前半部有李、杨的宫廷生活和杨国忠、安禄山之互相倾轧与人民的苦难和整个社会即将崩溃的两个情节。后半部则有写杨贵妃的仙界生活与唐明皇等的现实感受的两个情节。这些情节参差错落，交相辉映。王季烈《螾庐曲谈》云："其选择宫调，分配角色，布置剧情，务令离合悲欢，错综参伍。搬演无虑劳逸不均，观听者觉层出不穷之妙。自来传奇排场之胜，无过于此。"所评极其确当。

《长生殿》的音乐曲调也极尽其妙，历来已有定评。徐麟在序文中说："若夫措词协律，精严变化，有未易窥测者。"王季烈《螾庐曲谈》也说："能恪守韵调，无一字一句逾越，为近代曲家第一。"可见洪昇对曲律用功之深。近人吴梅在《长生殿传奇斠律》一文中说："昉思守法之细，非云亭山人所可及。"

关于《长生殿》的结构，历来有许多争论，其中最有代表性的是叶堂《纳书楹曲谱》卷四所谓"长生殿……于开宝遗事,撮采略遍,故前半篇每多佳制。后半篇则多出稗畦自运,遂难出色"。意即后半部不如前半部。这一看法为后来许多评论者所赞同。其实后半部也并非作者凭空"自运",洪昇在例言中说:"唐人有玉妃归蓬莱仙院,明皇游月宫之说,因合用之,专写钗合情缘。"可见也是有根据的。但是,作者因为"曲终难于奏雅",即进行修润加工等匠心的创造,"稍借月宫促成之",这并没有什么不好,而是更加强了后半部的浪漫主义色彩,更富有感人的力量。因此,《长生殿》的结构虽然到"埋玉"为止,鲜明地显示出前后两篇的界限,虽然某些关目有冗漫之嫌,像"仙忆""见月""驿备"等,远不如《桃花扇》之别致严整,但从总的方面看,确是一部不容分割的有机的统一整体。

《长生殿》的思想和艺术成就都是相当高的,因而在当时和后代都产生了广泛的影响。徐麟在序文中说,当它问世之后,"一时朱门绮席,酒社歌楼,非此曲不奏,缠头为之增价"。吴舒凫的序文也说:"爱文者喜其词,知音者赏其律,以是传闻益远。畜家乐者,攒笔竞写,转相教习。优伶能是,升价什伯。他友游西川,数见演此,北边南越可知也。"此外,朱彭说:"昉思工乐府,宫商不差唇吻,旗亭画壁,往往歌之,以故儿童妇女无不知有洪先生者。"当时还有"家家收拾起,户户不提防"的谚语("收拾起"是《千钟禄》中"惨睹"里的句子。"不提防"是《长生殿》中"弹词"里的句子)。可见《长生殿》在人民群众中影响之大了,它已经成为人民群众喜爱的重要剧目。

《长生殿》在许多方面很像《牡丹亭》,有人说它是"一部闹热牡丹亭"(例言)。所谓"闹热"就是指李、杨生死不渝的爱情与当时的政治环境密切联系着,震荡着一个历史时代,因而显得波澜壮阔。

六、孔尚任及其《桃花扇》

《桃花扇》是我国戏曲史上最有价值、最脍炙人口的剧目之一。作者孔尚任以凄婉、痛楚的笔调宣泄着自己的胸怀。他通过描写侯方域和李香君悲欢离合的故事，来寄托对亡明的深沉悲悼情感，并表现了对明末清初那一历史时期动荡的社会生活的爱和憎、愤慨和哀伤、追求和失望。

（一）孔尚任的时代、生平与《桃花扇》的创作

孔尚任生活在明清之交的时期，这一历史时期是涂满了中国人民的血和泪的时期，是我国人民生活中有名的一段痛史。

这一时期，明统治者以昏聩、残暴的统治和剥削造成人民物质和精神之极端匮乏，导致大批农民破产，逼迫农民掀起了以张献忠、李自成为首的大规模的起义风暴，席卷了北京的明代王朝。堪痛的是这些雄姿英俊的农民起义军，由于历史条件的限制和明朝汉奸地主与清朝统治者的镇压，遭到了悲惨的失败！

这一时期之所以令人悲痛，还因为满族统治者的铁蹄横冲直撞，踏破了中国北部的壮丽山河，并以血腥杀戮的手段继续向大江以南推进，最后终于渡过长江，俘虏了福王。从此全国人民便长期地处在血腥的黑暗统治之下。

孔尚任生在南明福王被俘和清兵在扬州屠城之后三年，即顺治五年（1648），死在戴名世因《南山集》案件被害之后七年，即康熙五十七年（1718），共活了七十一岁。这一时期，清朝统治政权已经稳定，并逐渐巩固了。因此，他们不但在军事上进行杀戮，而且在文化思想上对全国人民进行麻醉和奴役。他们颁行八股取士制度，借以桎梏青年士子的思想，窒息人们的民族意识。他们严禁士子妄立社名，纠众盟会。规定凡投剌往来，不许用同社同盟字

样,违者治罪。借以结社的罪名,对士子大加杀戮。他们还采取欺骗利诱的手段诏举山林隐逸,开明史馆,以笼络遗民志士。这种欺骗手段实行的结果,使一部分腐朽堕落的士大夫变了节,作了满族统治者的帮凶,但大部分士子却始终坚持着自己的理想和政治见解,在满族统治者刀俎之间表现得坚贞、不屈,并以启蒙的"民主"观点提出了政治上的要求。清统治者为了进一步迫害中国人民,又大兴文字狱,有名的庄廷鑨刻《明史》案件(1663)、戴名世(1711)、汪景祺(1725)、查嗣庭(1726)、吕留良(1729)等案件都发生在《桃花扇》产生的前后。清朝统治者这一系列的罪恶措施,在《桃花扇》中都有不同程度的反映。

这一时期与明朝末年比好像是升平盛世,但内里却蕴藏着更难忍的沉闷和痛苦。正像《桃花扇·先声》中老赞礼歌颂当时的情况说:"日丽唐虞世,花开甲子年。山中无寇盗,地上总神仙。"而实质上也像他自己所说的是:"哭一回,笑一回,怒一回,骂一回。"所谓哭、笑、怒、骂并不能锋芒外露,只能是腹诽心谤,是一种精神上的隐痛。这便是当时的时代气息,作为一个现实主义作家,孔尚任极敏锐地呼吸到这种时代的气息,并通过《桃花扇》反映了出来。

孔尚任字季重,号东塘,别号岸塘,自称云亭山人。祖籍山东曲阜,是孔子的远代孙。他少年时曾应试,中秀才。后来曾在山东曲阜的石门山中长期过着隐居生活,并将礼、乐、兵、农的研究作为自己的精神寄托。虽然如此,他并未忘情现实,而始终系心于现实,这一时期他开始计划写《桃花扇》,便说明了这一点(见《桃花扇本末》)。到他三十七岁(1684)这一年,由于大家拥戴他出来主持祭祖庙的"释菜"典礼,他才开始出山。同年,康熙路过山东,举行祭孔庙的大典,他又承担了主持祭祀的事宜,并得到康熙的褒奖,被"特简为国子监博士",从此开始了他的仕宦生涯。后来又被派到江南去视察淮河海口。他奔波于江淮之间,踏遍了明末四镇鏖兵的地带。他驻留过扬州,游历过金陵,凭吊过史可法的衣冠冢,瞻仰过明孝陵,浏览了南明的残山剩水,听到了一些故老传闻,这对他继续创作《桃花扇》起了很大作用。这时期或在这之前,他虽然讲了一些对"皇帝"的拔擢极感荣幸的话,但是他自己曾说:"所云笑者非真笑,而歌者非真歌也。"(《湖海集》卷十一《与雪谷兄》)他真是血满胸臆、泪渍衣衫,情感的冲动使他不得不完成这部长久"秘之枕中"的《桃花扇》了。经过一段较长的酝酿时期,到康熙三十八年(1699)才正式写成这部沉渍着血泪的著作(见《桃花扇本末》)。《桃花扇》写成之后,震动了剧坛,孔尚任也因之"名满京华"(孔宪彝《阙里孔氏诗钞》)。不久《桃花扇》传入内府,而孔尚任便罢官了。孔尚任罢官的原因我们不了解,但当与《桃花扇》的写作不无干系。《桃花扇》写的是"史",是弘光南渡的佚史。作者想以孔子修史的笔法来诛伐乱臣贼子,正如作品中老赞礼所说:"有褒有贬,作《春秋》必赖祖传;可咏可歌,正《雅》、《颂》岂无庭训?"而清朝统治者是严禁私人修史的,庄廷鑨私刻《明史》案便是具体的事例。孔尚任虽然写的是戏剧,但他却自比作《春秋》,那么他的下场是可以想见的。又他的《放歌赠刘雨峰》诗有云"命薄忽遭文字憎,缄口金人受诽谤",也说明他的罢官,应与《桃花扇》的写作有关。

　　孔尚任罢官之后,在朋友的劝导下,于康熙四十一年(1702)又回到山东曲阜过他的隐居生活去了,直到逝世。孔尚任一生的著作,除《桃花扇》之外,还有《大忽雷》杂剧,并与顾天石合撰的《小忽雷》传奇。诗文有《湖海集》、《岸堂集》等。然以《桃花扇》成就最高,他也以《桃花扇》传名后世。

（二）《桃花扇》的内容与两个中心人物侯方域、李香君

《桃花扇》是一部杰出的剧作,内容是描写明末复社名士侯方域侨居南京,经朋友杨龙友介绍,和名妓李香君订了婚约。阉党阮大铖欲结交侯方域,托人送去丰盛的妆奁,被李香君坚决退还。后来侯方域为阮大铖谗害,被迫离开南京,避难于淮安漕抚史可法处。李自成进京,崇祯缢死煤山,阮大铖、马士英等拥立福王得势,大力逮捕复社诸人,并逼迫李香君嫁漕抚田仰。李香君坚决不屈,以头撞地,血溅在侯方域赠给她的一把宫扇上,后杨龙友在扇上点染成一枝桃花。清兵南下,陷南京,国破家亡,李香君、侯方域在道观里会见,被道士点化后,两人分别出家。作者的写作目的在《桃花扇小引》中说:

> 《桃花扇》一剧,皆南朝新事,父老犹有存者。场上歌舞,局外指点,知三百年之基业,堕于何人?败于何事?消于何年?歇于何地?不独令观者感慨涕零,亦可惩创人心,为末世之一救矣。

其意在揭示南明灭亡的原因,并总结历史经验。从他具体地描写看,明朝“三百年之基业”并非覆灭于甲申之变,而是由于福王的昏庸淫乐,阮大铖、马士英的倒行逆施、出卖民族利益,高杰、刘良佐等的互相残杀、争夺地盘的结果,而清兵的南下,则作为一个大背景,处处点染,主宰并促使这种倾覆形势的发展。孔尚任即借着对许多人物的塑造,真实、历史地揭示出那个充满着血和泪、悲和恨、悲宕和苦痛、追求和探索的南明覆亡的命运。

《桃花扇》里两个中心人物即李香君和侯方域,全部戏剧都是通过这两个人物的活动交织在一起的。侯方域是明末复社中的一个重要成员。他处在那个大动荡的时代环境里,预感到国家的危

机。但是,和一般士大夫一样,他不了解农民起义的重要意义,因此不可能支持已经兴起的农民起义军抵抗满族统治者入侵和肃清奸臣阉党。而他自己对当时形同累卵的局势又无能为力,这就形成了他思想、精神上的苦闷。这种苦闷在他一出场时即表现出来:"偏是江山胜处,酒卖斜阳,勾引游人醉赏,学金粉南朝模样。暗思想,那些莺颠燕狂,关甚兴亡。"(〔恋芳春〕)为了摆脱这种痛苦,他曾从各方面寻求慰藉,排遣自己的愁闷,如吟诗会文、觅朋访友、寻花问柳等,所谓"人到秦淮解尽愁"(第六出)。他的这种行动,一方面,固然是由于他在纷乱、动荡的现实生活面前的迷惘,另一方面,也是他对生活的热情探索和追求。除了原有的复社一些同伙外,他去"听稗",找到了自己的同调柳敬亭,去"访翠",寻得了自己终身伴侣李香君。他对李香君的钟情,实质上是他对现实生活极端苦闷的反映,李香君令他产生了思想上的共鸣。

　　侯方域有自己的政治理想,他希望实行合乎儒家规范的廉洁政治,希望以复社为基础形成一个温文儒雅、廉洁清正的政治集团。这种政治理想,从当时反对奸臣贼子的角度看,无疑有进步意义。他对这种理想曾热情地追逐过,他对待阉党滥官所采取的疾恶如仇的态度,修札劝左良玉不要兴无名之师以扰乱京城的治安,都是他对理想政治的坚持。他为坚持自己的政治观点,曾经受过多次的迫害。如由于修书劝左良玉不可兴无名之师,便被阮大铖诬为有意引左良玉进京,迫使他不得不离开南京,与李香君诀别。诚所谓有冤难申、有恨难忍,"硬叠成曾参杀人"、"强书为陈恒弑君"了。又如"逮社""会狱"两出更进一步写他及其同社人员遭受的迫害,侯方域在狱中见到的是一幅阴森境界:

　　〔忒忒令〕碧澄澄月明满天,凄惨惨哭声一片,墙角新鬼带血来分辩,我与他死同仇,生同冤,黑狱里半夜作白眼。

在这里,侯方域与一切死难的冤魂所表现的同仇敌忾的精神栩栩如生。

侯方域也有一定的才略和家国观念。当他被迫离开南京之后,便到扬州去做史阁部的参谋,后来又随高杰去防河。由于整个国家局势的急转直下,如崇祯的丧亡,南明福王被迎立,阉党重新把持朝政,诸将争夺权位,北方形势日趋紧急等,使他的才略也无济于事,只是更加深了他的顾怀国家的思想:

> 〔绕池游〕飘飘家舍,怎把平安写。哭苍天满喉新血,国仇未雪,乡心难说,把闲情丢开后些。

他的全部思想情绪都集中在国家社稷的命运上,他看到四镇鏖兵争霸的局势不可收拾时,就万分沉痛地说:

> 〔香柳娘〕恨山河半倾,恨山河半倾,怎能重构,人心瓦解忘恩旧。

当国家危难时,他就"把闲情丢开后些",要报效国家。但当高杰不听劝诫,防河失败,大势已去时,他又心灰意冷,重新唤起与李香君的旧情。归途中遇见了苏昆生,二人同到南京找李香君去了。

侯方域是明末复社的一个重要成员,他廉洁清正、温文儒雅,对待事物的态度和看法,所经历的遭遇和感受等,在复社成员中有代表意义。他也有缺点,即曾经为了阮大铖要成全他与李香君结婚的妆奁,几乎丧失了气节。所幸这一错误立刻得到改正,并不损害他整个人品。他不愧为一个有才智、有理想、有气节的人物。

李香君是一个具有高贵品质的妇女,她聪明、伶俐、勇敢,有气节。她的一生与南明的政治事件密切联系着。因此,她感受到当时沉郁、苦闷的时代气息,她一出场即说:"这春愁怎替,那新词且记。"和侯方域之对她的观感一样,她见了侯方域也得到了精神的寄托。她对侯方域的爱情是有对生活共同认识的思想基础的。但是,她的勇敢、有气节、是非分明等却远非侯方域所能及。"却奁"一出,侯方域为了个人利益,几乎丧失立场交纳阮大铖,而李香君的态度却完全不同:

> (旦怒介)官人是何说话,阮大铖趋附权奸,廉耻丧尽,妇人女子,无不唾骂。他人攻之,官人救之,官人自处于何等也?
>
> 〔川拨棹〕不思想,把话儿轻易讲。要与他消释灾殃,要与他消释灾殃,也提防旁人短长。官人之意,不过因他助我妆奁,便要徇私废公,那知道这几件钗钏衣裙,原放不到我香君眼里。(拔簪脱衣介)脱裙衫,穷不妨,布荆人,名自香。

这里写出了李香君的性格与侯方域性格中妥协一面的尖锐对立。她是这样的刚烈,以至使侯方域自惭形秽,悔悟到"节和名非泛常,重和轻须审详",因此把全部箱笼都退还杨龙友。李香君这种行为表现了她思想、灵魂的内在美,侯方域认识到了这一点,称赞她:"脱去一套绮罗,十分容貌又添十分。""辞院"一出,侯方域为形势所迫,不得不离开南京,但犹眷恋着与李香君之燕尔新婚,香君则说:"官人素以豪杰自命,为何学儿女子态?"这种高尚品格对侯方域的性格产生重要影响。

李香君是我国封建社会中被压迫、被蹂躏的一个歌妓,她具有真正人的情感。当她找到一个理想的、和思想认识上一致的伴侣时,便以自己的终身相托。侯方域为避难逃走之后,她即"洗粉黛,抛扇裙,罢笛管,歇喉唇"为他守节。但是,这种愿望在当时是不能实现的,因为统治阶级不允许她过真正人的生活。不久,南明新朝的漕抚田仰便遣媒来觅她做妾了,而她坚决地拒绝,她对媒人说:

> 〔锦后拍〕这题目错认,这题目错认,可知定情诗红丝拴

紧,抵过他万两雪花银。卖笑哂,有勾栏艳品,奴是薄福人,不
愿入朱门。

作为一个歌妓,李香君为了生存才出卖自己的色艺,因此她憎恶并
鄙视金钱,认为"定情诗"可以"抵过他万两雪花银"。她坚决要等
待她的理想伴侣,绝不入朱门。不达到这一目的,"便终身守寡,只
不嫁人"。她这种对理想生活的坚持,是任何力量所不能动摇的。
她是可敬的,同时又是可悲的,因为如此只能使她的命运陷入更悲
惨的境地。"守楼"一出便是写马士英为了维护自己阶级的"尊
严",进一步逼迫李香君嫁给田仰的事,他大怒道:"了不得,了不
得! 一位新任漕抚,拿银三百,买不去一个妓女?"李香君的态度
则是:

> (旦唱)〔摊破锦地花〕案齐眉,他是我终身倚。盟誓怎
> 移,宫纱扇现有诗题,万种恩情,一夜夫妻。(末)那侯郎避祸
> 逃走,不知去向,设若三年不归,你也只顾等他么? (旦)便等
> 他三年,便等他十年,便等他一百年,只不嫁田仰。……(小旦
> 劝介)傻丫头,嫁到田府,少不了你的吃穿哩! (旦)呸! 我立
> 志守节,岂在温饱。忍寒饥,决不下这翠楼梯。(小旦)事到
> 今日,也顾不的他了。(叫介)杨老爷放下财礼,大家帮他梳
> 头穿衣。……(旦持扇前后乱打介)(末)好厉害,一柄诗扇倒
> 像一把防身的利剑。(小旦)草草妆完,抱他下楼罢。(末抱
> 介)(旦哭介)奴家就死不下此楼。(倒地撞头晕卧介)(小旦
> 惊介)呵呀! 我儿苏醒,竟把花容碰了个稀烂。(末拾扇介)
> 你看血喷满地,连这诗扇都溅坏了。

从此,我们可以看出,李香君在敌人淫威面前表现得多么坚强勇
敢! 李香君并非轻生,相反她有强烈的求生欲。当她处在最苦难

的时机,苏昆生问她:侯郎回来后,你也不下楼吗? 她肯定地回答说:"那时锦片前程,尽俺受用,何处不许游耍,岂但下楼!"她十分珍惜自己的生命,但当紧要关头,又不惜以自己的生命保持自己的气节,这正显示出她人格的光明和磊落。

李香君揉碎了自己的花貌,鲜血溅污了扇子。杨龙友又把这几滴血痕加以点染,画成一枝红艳的桃花,这就是她命运的影子,是为"薄命人写了一幅桃花照",在我们民族生活习惯上,桃花是旧社会妇女命运的象征,所谓"桃花薄命,扇底飘零",给人们以沉痛、悲惨的感受。桃花越妖艳,人们这种感受越深。而李香君的扇子是血溅桃花,这既显得悲惨,又显得壮烈!

孔尚任塑造李香君这一人物时,注入了浓厚的赞颂色彩。李香君经过摧折后,精神面貌越显得绰约了,身姿也越显得矫健了。她好像要战胜一切,随时准备着应对新风暴的来临、新事变的产生。果然,阮大铖、马士英等又凌逼她去陪筵。她决心借此机会发泄胸中的愤懑,揭露统治阶级面目的肮脏和丑恶,她说:"俺做个女祢衡,挝渔阳,声声骂,看他懂不懂。"她痛骂道:

　　〔江儿水〕妾的心中事,乱似蓬,几番要向君王控。拆散夫妻惊魂进,割开母子鲜血涌,比那流贼还猛。做哑装聋,骂着不知惶恐。

　　〔五供养〕堂堂列公,半边南朝,望你峥嵘,出身希贵宠,创业选声容,后庭花又添几种,把俺胡撮弄,对寒风雪海冰山,苦陪觞咏。

　　〔玉交枝〕东林伯仲,俺青楼皆知敬重。干儿义子从新用,绝不了魏家种。冰肌雪肠原自同,铁心石腹何愁冻。吐不尽鹃血满胸,吐不尽鹃血满胸。

李香君的悲愤、痛苦、仇恨的情绪全部发泄出来了。在敌人面前表现了威武不屈的崇高气节。后来,她终于被推入雪坑,打入内宫去了。当满族统治者逼近南京时,她才从兵荒马乱中逃了出来,但仍然坚持着自己的理想,要到天涯海角、十洲方外去找侯郎,结果追逐到栖霞山中去了。

李香君的一生,就是经过这许多巨大的波澜和摧折而结束的。她走尽了人生的途程,找到了一个不够理想的归宿,她隐遁起来了。但是,她在疾风凄雨中与黑暗势力作斗争的音容、英姿却栩栩如生,永不衰竭。

李香君和侯方域最后都隐居于栖霞山中,但他们并未忘情现实,他们还"拿住情根死不松"。当乙酉年七月十五日张瑶星设道场给"崇祯皇帝"修斋追荐,他们邂逅相遇时,还痛哭流涕各诉衷情。张瑶星点化道:

> 呵呸!两个痴虫,你看国在那里,家在那里,君在那里,父在那里?偏是这点花月情根,割他不断么!

他们才"冷汗淋漓,如梦忽醒",从此便真正修真入道了。很明显,他们入道,并非是对宗教的虔诚,而是由于现实社会的黑暗、自己的苦闷,驱使他们寻找到精神的避难所。这是对人间苦海的批判,对当时社会的否定,是他们故国之思的表现。

从入道之后,他们不再悲伤、感叹、哀怨和痛苦了,一切都以恬淡的态度处之。这并不说明他们已经排除了人间的痛苦,相反是他们的痛苦发展到更深沉的境地。

(三)《桃花扇》中的其他人物

《桃花扇》中除了李香君和侯方域之外,还描写了柳敬亭、苏昆生和史可法一些可敬的人物。柳敬亭、苏昆生是两个勇敢、侠义、有高尚节操的民间艺人。这一阶层的人物,在旧社会所受的迫害更深,他们不可能受多少教育、读多少经传之类的典籍。但是,他们却熟知许多稗官野史,而这正是他们谋生的资本,也是他们愤世嫉俗、冷嘲热讽、发泄不平的材料。如柳敬亭通过说"太师挚适齐",来批判当时天下无道的社会现实,通过说"秦叔宝见姑娘",来激发左良玉效忠国家的思想。言词慷慨激昂、淋漓悲宕,充分地表露了他对现实的态度和看法。

作为被压迫的民间艺人,生活对他们的磨炼太深了,使他们具有宏大的胆量和深远的见识,能随机应变、唇枪舌剑地应付最险恶的环境。如"投辕"一出,柳敬亭为了劝诫左良玉不要兴无名之师以扰乱京城,来到戒备森严的左氏辕门之外。士兵以为他是奸细,他则说:"两个没眼色的花子,怪不得饿的东倒西歪的!"士兵问他:"怎么知道我们挨饿呢?"他说:"不为你们挨饿,我为何到此!"士兵因此信任他是解粮来的,引他去见左良玉。他见了左良玉慷慨陈述移防南京之不当,说到激昂处,随手把茶杯摔碎:

> (小生怒介)呵呀!这等无礼,竟把茶杯掷地。(丑笑介)晚生怎敢无礼,一时说的高兴,顺手摔去了。(小生)顺手摔去,难道你的心做不得主么?(丑)心若做得主呵,也不教手下乱动了。(小生笑介)敬亭讲的有理,只因兵丁饿的急了,许他就粮内里,亦是无可奈何之一着。(丑)晚生远来,也饿急了。元帅竟不问一声儿。(小生)我倒忘了,叫左右快摆饭来。(丑摩腹介)好饿,好饿!(小生催介)可恶奴才,还不快摆!(丑起介)等不的了,竟往内里吃去罢。(向内行介)(小生怒介)如何进我内里?(丑回顾介)饿的急了。(小生)饿的急了就许你进内里么?(丑笑介)饿的急了也不许进内里,元帅竟也晓的哩!(小生大笑介)……

这里,柳敬亭那种诙谐、任侠、机变的性格生动地呈现出来了。真是唇枪舌剑,讥讽所向,无可回避,把坐镇一方的元帅说得哑口无言,不得不放弃移防南京的计划。

同样,苏昆生在"草檄"一出里,为了拯救侯方域,亲自向左良玉去求援。他冒着危险,于深夜戒严的时候,违背军法来唱曲,希望能乘机得见左良玉,场面十分紧张。不同的是苏昆生的诙谐、任侠、机变不如柳敬亭,而忠义、淳厚则过之。他为了李香君曾跋山涉水到处寻找侯方域,为了左良玉曾冒险去劝解黄得功不要在坡矶截杀。这两个人物虽然个性不同,但对现实的态度却基本是一致的,即对奸臣阉党是痛恨的,对满族入侵者是仇视的,对为国捐躯的民族英雄是歌颂的。"余韵"一出中的渔樵话旧,淋漓、充分地表现出他们怀恋故国的深沉、悲悼的情怀。

《桃花扇》中的史可法,与历史的记载相同,是一个民族英雄的形象。他忠义、正直,一心要为国家百姓作贡献。马士英等在南京迎立福王的事完成之后,为了排挤他,命令他督师江北,他却毫无猜疑地认为是"正好戮力报效"的机会。当然,史可法还有他的阶级局限性,对农民起义不了解,并且是仇视的。他认为崇祯的被迫自缢,是应该报的国仇。但是,他的思想行动的重要意义,是对满族统治者的反抗和保卫明朝江山的坚定信念。他的这种思想行动在"誓师""沉江"两出中表现得最突出。"誓师"是写史可法号召自己的三千子弟兵坚守扬州,反抗已经侵入淮扬境地的满族军队。但是,他三令五申都得不到士兵的任何反应,得到的消息只是要抢劫、逃跑、投降等,军心涣散了。在国家危难当头,他无计所施,不禁号啕大哭:"都想逃生,漫不关情,这江山倒像设着筵席请。哭声祖宗,哭声百姓,哭的俺一腔血,作泪零。"(〔二犯江儿水〕)哭得血泪沾襟,结果激发了士兵献身明王朝的精神。他们誓死要"守住这座扬州城",听从史阁部的号令:"上阵不利,守城;守城不利,巷战;巷战不利,短接;短接不利,自尽。"他们都要做威武不屈、誓死报国的英雄。"沉江"一出是"誓师"的发展,扬州城已经被满族军队突破,士兵们正在奋勇抗敌。史可法为了明朝三百年的社稷,不肯轻易丧失自己的生命,便跳下南城逃了出来,准备投奔南京。不料南京秩序已乱,福王已经潜逃,眼看江山易主,自己走投无路,便投江自尽。孔尚任描写史可法临死前的思想活动十分细致复杂,如:

> (外顿足哭介)〔普天乐〕撇下俺断篷船,丢下俺无家犬,叫天呼地千百遍,归无路,进又难前。(登高望介)那滚滚雪浪拍天,流不尽湘累怨。(指介)有了,有了,那便是俺葬身之地。胜黄土,一丈江鱼腹宽展。(看身介)俺史可法亡国罪臣,那容的冠裳而去。(摘帽,脱袍、靴介)摘脱下袍靴冠冕。……(外)你看茫茫世界,留着俺史可法何处安放。累死英雄,到此日看江山换主,无可留恋。(跳入江翻滚下介)

作者把史可法的死,描写得十分壮烈,给人以英雄美的感受。这正是孔尚任鲜明的思想倾向的表现。史可法殉国了,他的精神却永存不朽,"其后四方弄兵者,多假其名号以行"(《明史·史可法传》),他已经成为人民反抗满族入侵的号召者了。

孔尚任以饱和着感情的笔塑造了这些正面人物,这些人物的性格在不同程度上都体现了那个时代的特征。

(四)《桃花扇》的艺术成就

《桃花扇》是一部诗剧,它最诱人的魅力就是它风格的悲壮美,这种诱人的悲壮美当然是通过人物塑造体现出来的,但是,与作品其他方面的艺术成就也是分不开的。孔尚任以自己的艺术才能,挥动着一支饱和着情感的笔,创造出与一般古典戏剧不同的、具有独特成就的作品。

首先,作者在创作过程中,除了一般地运用现实主义的文学创作方法之外,还运用了我国传统的寓褒贬的修史笔法。他把这两种方法成功地结合起来,通过对人物的刻画来进行褒贬。作者所采用的史笔,在第一出中老赞礼即有明确的表述,他说:"但看有褒有贬,作《春秋》必赖祖传,可咏可歌,正《雅》、《颂》岂无庭训?"从《桃花扇》中显示出作者的褒贬态度是极其鲜明的。他把明末复杂的政治斗争大体上划分为两种政治势力:一个是以吴应箕、陈贞慧、侯方域为代表的复社,另一个是以马士英、阮大铖为代表的阉党。他对复社诸贤的廉能清正是肯定、推崇的,对阉党等奸臣贼子则是口诛笔伐。从这一总的思想、态度出发,他对李香君的富贵不能淫、贫贱不能移、威武不能屈的气节是歌颂的,对柳敬亭、苏昆生的侠义豪爽的精神是赞扬的,对史可法的英勇杀敌、为国捐躯的民族气节是讴歌的,对杨龙友则既有肯定又有批判,肯定他倾向复社的一面,批判他对阉党帮闲的一面。作者的褒贬尺度十分严峻,只要有人稍微动摇或产生潜意识的错误念头,立刻笔墨加之。侯方域为了一点聘礼曾经动摇,他便通过李香君之口给以尖锐的批判。当然,这些同时也是鲜明的现实主义创作方法的表现。他这种严峻的寓褒贬精神,不但在重要场面上,即使在一些琐碎的生活细节中,谈笑之间,也显示出来。如柳敬亭在媚香楼对大家所讲的一段笑话:

　　(丑)就说笑话。(说介)苏东坡同黄山谷访佛印禅师,东坡送了一把定瓷壶,山谷送了一斤阳羡茶,三人松下品茶。佛印说:"黄秀才茶癖天下闻名,但不知苏胡子的茶量如何?今日何不斗一斗,分个谁大谁小。"东坡说:"如何斗来?"佛印说："你问一机锋,叫黄秀才答。他若答不来,吃你一棒,我便记一笔,胡子打了秀才。你若答不来,也吃黄秀才一棒,我便记一笔,秀才打了胡子了。末后总算,打一下,吃一碗。"东坡说："就依你说。"东坡先问："没鼻针如何穿线?"山谷说："把针尖磨去。"佛印说："答的好。"山谷问："没把的葫芦怎生拿?"东坡答："抛在水中。"佛印说："答的也不错。"东坡又问："虱在裤中,有见无见?"山谷未及答,东坡持棒就打。山谷正拿壶子斟茶,失手落地,打个粉碎。东坡大叫道："和尚记着,胡子打了秀才了。"佛印笑道："你听哩哪一声,胡子没打着秀才,秀才倒打了壶子了。"(众笑介)(丑)众位休笑,秀才利害多着哩,(弹壶介)这样硬壶子都打坏,何况软壶子。

通过这段笑话来肯定复社中的新进秀才,批判阉党的主要成员阮胡子。随口讲来,都是讥讽。这类例子作品中还有不少,"听稗"一出中柳敬亭说《论语》"太师挚适齐"一段平书,对乱臣贼子给以口诛笔伐。这种鲜明的对社会生活中善和恶、美和丑的褒贬态度贯穿着全部戏剧。

其次,《桃花扇》在结构上也有其独特成就,这一点前人已经认识到了。《曲海扬波》卷一评论说："《桃花扇》卷首之'先声'一出,卷末之'余韵'一出,皆云亭创格,前此所未有,亦后人所不能学也。一部极凄惨极哀恸极忙乱之书,而以极太平起,以极闲静极空旷结,真有华严镜影之观。"这种在戏剧起结方面的新鲜、别致的创造,不但表现在全剧的首尾,也表现在上下卷的首尾上。上卷开场是"先声",收场是"闲话",下卷开场是"孤吟",收场是"余韵",它们各有起讫,同时,又统一连贯,成为一部完整的有机的戏剧结构。揭示出"那热闹局就是冷淡的根芽,爽快事就是牵缠的枝叶"(十出)的社会治乱的原因。

在全部结构中起重要作用的人物是老赞礼,通过老赞礼把整个戏剧连贯起来,并且随时指点、引导人们去认识历史、认识生活。这一点前人也曾指出:"《桃花扇》之老赞礼,云亭自谓也,处处点缀入场,寄无限感慨。卷首之试一出'先声',卷中之加二十一出'孤吟',卷末之续四十出'余韵',皆以老赞礼作正角色,盖此诸出者,全书之脉络也。其'先声'一出演白云:'更可喜把老夫衰态也拉上了排场,做了个副末角色,惹的俺哭一回,笑一回,怒一回,骂一回,那满座宾客,怎晓得老夫就是戏中之人!'此一语所谓文家之画龙点睛也。全书得此,精神便活现数倍,且使读者加无限感动,可谓妙文。'孤吟'一出结诗云:'当年真是戏,今日戏如真,两度旁观者,天留冷眼人。''余韵'一出演白云:'江山江山,一忙一闲,谁赢谁输,两鬓皆斑。'凡此皆托老赞礼之口,皆作极达观之语。然其外愈达观者,实其内愈哀痛、愈辛酸之表征也。"(《曲海扬波》卷一)这段评论是得要领的。老赞礼是以作者为模型创造的,因此,老赞礼所发泄的哀愁、沉郁和痛苦,实际上即是作者自己思想感情的流露。老赞礼在整个戏剧结构中所起的作用,很大程度上也是作者自己性格的体现。作者如此处理老赞礼这个人物,更便于直接抒发自己的思想、情感和观点。足以显现《桃花扇》结构的严整、清新、别致和独特的风格。

最后,《桃花扇》在语言上也有与其他戏剧不同的个性。那就是它采用的是诗的语言,而不是曲的语言。当然,我并不是说其中没有曲的成分,而且有些曲子如"题画"一出中的〔朱奴儿〕几乎完全是元曲的本色。但是,从总的语言格调来看,诗的气氛却占主导地位。这一点,我们拿同时代的戏剧《长生殿》来作比较,便可以清楚地分辨出来。《长生殿》一般地都采用曲的语言,如"闻铃"一出写唐明皇的凄楚心境:

〔武陵花〕淅淅零零,一片凄然心暗惊。遥听隔山隔树,战合风雨,高响低鸣。一点一滴又一声,一点一滴又一声,和愁人血泪交相迸,对这伤情处,转自忆荒茔。白杨萧瑟雨纵横,此际孤魂凄冷,鬼火光寒,草间湿乱萤……

我们再看《桃花扇》中"听稗"一出写侯方域的愁闷情绪:

〔懒画眉〕乍暖风烟满江乡,花里行厨携着玉缸,笛声吹乱客中肠,莫过乌衣巷,是别姓人家新画梁。

从这里我们可以看出两种不同的语言格调,很明显,《桃花扇》的语言有着浓厚的诗的气氛,和同时人吴梅村的诗比较,更显示出他们共同的时代特征。而《长生殿》所表现的则完全是曲的意境。《桃花扇》所传达出来的语言韵律是悲壮、哀怨的,其悲壮、哀怨的韵律震动着人们的心弦,激起人们的反响。

《桃花扇》在艺术成就上是很高的,"但以结构之精严,文藻之壮丽,寄托之遥深论之……冠绝前古矣"(《曲海扬波》卷一)。可是,《桃花扇》之所以能给人们以非常美的感受,还不只是由于它艺术形式上的原因,更重要的是由于它表现了人们为自己国家的生存、为反抗满族统治者的杀戮与汉族官僚地主的迫害而进行斗争的悲剧式的死亡。在他们悲剧式的死亡中,显示了他们美的品质。其中史可法的死,以及李香君面对一系列的摧残始终不屈,所以显得特别美,其根本原因就在这里。

《桃花扇》是一部壮丽的悲剧,这一悲剧的冲突是在全国人民反抗满族统治者统治时期产生的。它取材于明末一段历史,但它所反映的却不限于此,而是包括作者生活过的清朝初年的全部社会生活。作为现实主义成就很高的《桃花扇》,它所反映的现实生活很难使人辨别清到底哪些是属于明代末期的,哪些是属于清朝初年的,二者是以血和泪交织在一起的。实际上,《桃花扇》是反映了从明末到清初整整一个世纪——17 世纪——的惨痛的历史时代。

《桃花扇》反映了这一历史时期人们的悲痛、愤慨、反抗、斗争以及追求与失望的精神活动,最后以耐人寻味的深湛的沉思作结束。《桃花扇》是一部生动感人的悲剧,但是它给人们的影响并不是颓废和悲伤,而是一种无形的精神力量。在"余韵"一出中,苏昆生和柳敬亭渔樵话旧时所唱的〔离亭宴带歇指煞〕一支曲子云:

> 将五十年兴亡看饱。那乌衣巷不姓王,莫愁湖鬼夜哭,凤凰台栖枭鸟。残山梦最真,旧境丢难掉,不信这舆图换稿。诌一曲哀江南,放悲声唱到老!

这种沉郁、悲痛、呜咽的音调和声腔,在二百多年后的今天,像深山空谷的回音,仍然余波袅袅地激荡着人们的心弦。由于它深切感人,所以当时引起轰动,"王公缙绅,莫不借抄,时有纸贵之誉"(《桃花扇》本末)。从而盛演不衰。

七、蒋士铨及其剧作

(一)蒋士铨的生平和创作

蒋士铨生于雍正三年(1725),卒于乾隆五十年(1785)。他字心馀,又字苕生,号清容,又号藏园,江西铅山人。幼年家境贫困,依靠母亲教读诗书,刻苦研读,因此成就也高。他二十二岁中举,三十三岁举进士,三十六岁总纂《南昌县志》,三十八岁授翰林院编修,从四十二岁到五十一岁从事十年教育工作,曾任绍兴蕺山书院、杭州崇文书院、扬州定安书院院长职务,后以候补御史结束他的政治生活。他生平矜尚气节,有人劝他去景山为内廷优伶填曲词,以期得到皇帝的赏识,他一言谢绝。他标榜节孝,在修《南昌县志》时,对"节烈"一类特别推崇。这些思想在他的剧作中都有反映。他不但在戏曲创作上有成就,所作之诗古文辞也极负盛名,共有《忠雅堂文集》十二卷、《忠雅堂诗集》二十六卷和《补遗》二卷、《铜弦词》二卷。当然,他主要文学成就是在戏剧方面,所作戏剧共十六本,即《康衢乐》、《忉利天》、《长生箓》、《升平瑞》、《采樵图》、《采石矶》、《庐山会》、《空谷香》、《桂林霜》、《四弦秋》(杂剧)、《雪中人》、《香祖楼》、《临川梦》、《一片石》、《第二碑》(杂剧)、《冬青树》。前七种已经见不到了,后九种合称《藏园九种曲》,比较通行。

蒋士铨是一位有骨气的作家,同时又是江西人,所以他特别推崇汤显祖,在戏剧创作上也追逐汤显祖,《临川梦》便是具体地体现。

(二)《临川梦》的内容

《临川梦》是以描写伟大的戏剧家汤显祖的生平事迹为内容的,作者"杂采各书,及玉茗堂集中所载种种情事……摹绘先生人品"(《临川梦》自序),把汤显祖塑造成一个有卓越才华、高尚节操、不迕权贵、为当权者所抑、宦途潦倒、家居二十年、白首事亲的"忠孝两全"的人物。显然,作者赋予汤显祖这个人物以自己的理想,把汤显祖更理想化了,表现了对这个人物的无限景慕。

汤显祖生活的时代,正是张居正、申时行先后当政的时代,他们都凶恶残暴、独掌大权、生杀予夺、肆无忌惮,造成"主少国疑之祸,方滋未艾"的社会危机四伏。他们还各树党羽、朋比为奸、互相倾轧,使当朝的政治腐败至极。汤显祖生活在这个环境中,深忧国家的危难,憎恨权臣的专横,当张居正以中状元笼络他时,他严辞谢绝:"公相自宝其权,匹夫独守其志。我汤显祖即使终身穷困而死,断断不羡那郁轮袍之富贵也。"他矢志"权相不死,终身不中",认定"富贵一时,名节千古",把自己的万种情怀谱写成《牡丹亭》,以寓怨尤不平之气。

他忧伤国事,缅怀民艰,当国家危亡之际,肯置生死于度外,上疏指责时弊。"抗疏"一出从辅臣申时行、大学士许国,直勘到吏科杨文举、礼科胡汝宁:

〔破第二〕厚禄贵官,所以酬公直。朝廷权柄,私门援作恩例。吮痈舐痔,胁肩谄笑,由他怒喜。正士心寒,投簪去矣。

……

〔歇拍〕奉诏赈恤,贪污尤异,经过地方,凡官吏,恣婪索,尽无遗。彩缎金花,以及折乾等礼,似山堆。敲剥灾民,抛妻卖儿。

由于他上疏直勘贪官污吏,结果被谪为广东徐闻典史。后来虽然又升为浙江遂昌县令,做出了一番政绩,但从总的方面看,汤显祖是潦倒痛苦的一生。作品所写的他从《谱梦》、《改梦》到《续梦》(包括《邯郸》、《南柯》两梦)的四梦创作过程,实际上是他的痛苦和不满不断深化的过程,到最后归结为人生即梦幻。

作者笔下的汤显祖不但有气节,而且有理想。他在遂昌县令任上所取得的一些政绩,正是他理想政治的具体化。但是,他在宦途中受到了挫折,自己的理想不能真正实现,又没有其他出路,因此便消沉下来。他这种生活道路,在封建士大夫阶层有代表性。

作品中还创造了一个由于醉心于《牡丹亭》而死的娄江俞二姑的形象。俞二姑有卓越的才识,对汤显祖的才华、品德、遭遇极其赞赏和同情。作者在自序中说:"独惜娄江女子,为公而死,其识力过于当时执政远矣!"这是赞扬俞二姑,实际上是抒发他一己之情。俞二姑最了解汤显祖,也最认识汤显祖,她认为《牡丹亭》虽然是"游戏之文,然其中感慨激昂,是一个有血性的丈夫。他写杜女痴情,至死不变,正是借以自况。"俞二姑之所以读《牡丹亭》而死,并非羡慕杜丽娘得谐佳偶,而是因为自己也"做了个不逢时女秀才",自己的遭际和杜丽娘相同之故。她对汤显祖特别景慕,认为是知己,并且要养娘在她死后把手批的《牡丹亭》设法送给汤显祖。她的鬼魂也到处寻找汤显祖,"魂从知己,其忘死耶?"(《聊斋志异·叶生》)俞二姑就是为了寻找不幸中的同调,才这样生死不渝的追求。俞二姑是蒋士铨的影子,蒋士铨在她身上概括了自己的思想和观点、愤慨和不平。

《临川梦》最明显地体现着蒋士铨对社会人生的理解和看法,他那种"以生为死,以醒为梦"(《自序》)的观念,可以说是他苦痛的生活遭遇在他精神世界中的反映。

《临川梦》的结构是松散的,有些出目与作品的主要内容无关,如"哮叛""遣跛""双噬"等,是全剧的赘瘤。

(三)其他剧作及其特点

《临川梦》是蒋士铨作品中成就最高者,是他的代表作。除此之外,比较有意义的还有《空谷香》、《冬青树》、《四弦秋》、《桂林霜》等。

《空谷香》是叙写作者的知交南昌知县顾孝威的姜姚氏的故事,姚氏死后,作者去吊唁,听顾孝威叙述姚氏生平的不幸遭遇,深受感动,因而谱成此曲。姚氏名梦兰,幼年丧父,随母改适孙虎,数年母又卒,她便依靠孙虎为生。孙虎是个市井恶棍,游手好闲,唯利是图,以女儿为奇货可居,到处出卖。其初,卖给顾孝威作姜,未过聘金,诱于财势,又转卖给官僚子弟吴赖,逼迫梦兰两次自杀。之后,在群众的支持和扬州知县鲁学连的帮助下,才得与顾孝威成婚。作者极力歌颂姚梦兰之"做人凛烈纲常,有勇有智,是一个女中丈夫,人中侠客,富贵不足动其心,死生不足夺其志"。她很重气节,听说某人家女子贪钱背婚约而另许别人的事,便抑制不住恼恨说:"这样没志气的东西,好不可恨!"当吴赖以财势骗娶她时,她愤怒地抗议:"呀啐!爹爹将我已许顾家。你主人身为民牧,怎敢强夺良家子女!"并指责吴家说:

> 〔小桃红〕……尽他一家儿吃与着,把百姓膏脂尽量歆,将赤子皮肤剥,裁成段罗,我是个无福人儿怕折磨。

表现了坚贞不屈的气节。姚梦兰思想上还有仁孝的方面,她父亲被押,她把自己的衣钗给他做盘费。曾救助她的卜氏夫妻死亡,她寄赠银子给代理棺木。奉新县令尹其明在大难临头时需要钱,她肯以钏环相助。但是,这些描写都不很自然,好像是作者主观意图的附加。

和《空谷香》的人物情节相似、写姬妾悲苦命运的,还有《香祖楼》,但思想意义不及《空谷香》远矣。

《冬青树》是写南宋将亡时,文天祥、谢枋得忠于国家的事。其中特别歌颂了文天祥的忠贞不屈和大义凛然,在敌人刀俎之下,慷慨陈辞:"食禄官事,为国捐躯,这都是大丈夫应为之事,你要杀便杀,何必苦苦饶舌!"("抚节")在临刑之时,他也毫不畏惧,并且痛骂了奸臣贼子一番,以泄胸中之愤,然后从容就义。在凶暴的敌人面前,他显得那样崇高顽强而不可辱,他的高尚品格和民族气节堪比"冬青"。

此剧中还描写了唐珏因元朝官吏掘宋代皇帝陵墓,而召集里巷中人收葬遗骨的事。作者对此,抒发了无限感慨。

《四弦秋》是根据白居易的《琵琶行》编撰的,描写白居易的坎坷不遇。显然是蒋士铨借他人之酒杯浇自己的块垒。

《桂林霜》写吴三桂据云南叛清，巡抚马雄镇忠于清室，骂吴三桂而死。《雪中人》写铁丐吴六奇的故事，《一片石》、《第二碑》都写为明宁王妃娄氏立碑的故事。这些作品表现出作者的思想局限性很大，没有什么价值。

和李渔的剧作相似，蒋士铨的作品有一定的思想价值，同时也有浓厚的封建糟粕。他的作品的总特点，即都反映了当时社会的动荡、危机以及农民起义，但是，他对农民起义却恨之入骨，歌颂了一些镇压农民起义的人物如吴六奇等。他对贪官污吏是不满的，但对封建统治者却无限忠诚，极力赞扬马雄镇这个忠于清室的奴才。他描写了一些妇女的悲剧命运，并寄予一定的同情，但却用宿命论的观点解释她们的悲剧根源，劝诫她们（特别是姬妾）要安于现状，不要反抗，如对姚梦兰便是如此。要之，他的作品是精华与糟粕杂陈的。

蒋士铨的戏剧构思极为细巧，如《空谷香》用出目"丝引"概括红丝为其主人顾孝威觅妾的情节，又用一盆兰花衬托姚梦兰的性格。《香祖楼》用出目"兰因"概括仲文因裴某送他一盆兰花联系到娶妾的故事。情节都十分精巧细腻。

他的戏剧语言具有诗的格调，梁廷枏《曲话》谓其"吐属清婉，自是诗人本色"。曲词蕴藉、典丽而酣畅，如《四弦秋》中之"送客"一出写琵琶女的胸怀：

　　　〔北沽美酒带太平令〕冶游稀，闭绿苔。洗红妆，嫁茶客，他一去浮梁不见来。守空船难耐，欢娱梦，好伤怀。把四弦收，一声裂帛，曲终时，低鬟重拜，料西舫东船不解，只一片江心月白。您呵，做官人荣哉美哉，为甚的青衫泪洒？把一个白江州无端哭坏。

其曲白极为简要,有时用"四六"体,这缘于他对四六文有过研究,曾评注过《四六法海》。如《空谷香》中"虎穷"一出的判词全用四六文,蕴藉自然,而无斧凿痕迹。李调元评云:"蒋心馀士铨曲为近时第一,以腹有诗书,故随手拈来,无不蕴藉,不似笠翁辈一味优伶俳语也。"(《雨村曲话》卷下)近人朱湘曾把他与李渔作过简单比较认为:蒋氏戏曲中的道白作得简雅,是一些好文;笠翁戏曲中的道白作得精警,是一些好戏文。蒋氏的上场诗在风趣上下笔,是一些好诗;笠翁的下场诗在字眼上着眼,是一些好戏文。朱湘的比较,未免偏于枝节。我们从总体上看,蒋士铨是写的戏曲,为了读者;李笠翁是演的戏曲,为了观众。这是他们最大的区别。

和蒋士铨同时,有唐英作传奇十六种,合称《古柏堂传奇》。其中《面缸笑》比较好,其他各种都没有什么意义。又有杨潮观作杂剧三十二种,合称《吟风阁》,着重抒写性灵,重视舞台表演,兼有李笠翁和蒋士铨剧作的特点。

第三节 小 说

清代小说出现大发展的局面,其表现是小说的形式比以前更加多样,有长篇巨制,有传奇式的短篇,还有连环的长篇。写作技巧更加成熟,它已经不像明代那样,无论长篇或短篇都是文人在群众创作的基础上加工编撰而成的,而是作家独立创作的,在性格、环境和细节描写方面更加充分细致、更典型化了。它反映的社会生活更深刻更广泛,几乎接触到社会的各个方面,现实主义和浪漫主义结合得更加紧密了。其中传奇式的短篇如《聊斋志异》是继承六朝志怪、唐宋传奇发展而来,结构紧严的长篇巨制如《红楼梦》是继承《金瓶梅》发展而来,连环式的短篇如《儒林外史》是继承《水浒传》结构形式发展而来。此外,《水浒后传》《说岳全传》、《隋唐演义》都是《水浒传》创作精神的发展。

一、蒲松龄及其《聊斋志异》

(一)蒲松龄的生平及其创作思想

《聊斋志异》是我国历史上成就最高的短篇小说集,作者蒲松龄(1640—1715),字留仙,号柳泉,山东淄川(今淄博市)人。他出生在一个小地主和知识分子家庭中,高祖、曾祖都是秀才,父亲蒲槃才是个童生。这样的家庭环境培养了他的举业心,少年时代科场比较顺利,十九岁考上了秀才。以后则屡试不第,到七十一岁始被录取为贡生。他一生穷愁潦倒,三十一岁时为生活所迫,应同乡孙蕙之聘,到宝应县做幕宾。时间不久,第二年便回来了。这期间他体验到一些官场生活,写了《南游诗》集,其中不少篇章揭露了"达官显宦"的奢侈生活。回家之后,便到同县乡宦毕家做塾师,毕家藏书很多,给他以浏览古书秘籍的机会,对他的文学修养的提高有很大作用。这期间,他又几次去应乡试,皆未中,之后他便把主要精力集中于《聊斋志异》的创作中了。他在《自志》中谈到了自己创作的艰苦过程,说明了自己进行创作时的悲惨境遇和愤激心情,说明了自己搜集了多少材料,经过了多少思想斗争和辛勤劳动才完成这部艺术品的。同时也申述了他的艺术观点和所继承的艺术传统。他推崇屈原、庄子、刘义庆、干宝、李贺、苏东坡等,并以继承他们的精神为己志。屈原赋香草美人,李贺吟牛鬼蛇神,都是有所感而发的自然天籁之音。那么,他所写的狐、魅、花、妖,也是有感于社会的不平,"遄飞逸兴,狂固难辞",始"成孤愤之书"的。

蒲松龄对封建社会有深刻的了解,对人民的生活也有充分的认识。从现有材料看,他长期生活在农村,和广大人民保持着紧密

的联系。他为人民受灾，悲愤而上书(《救荒急策上布政司》)；为
人民受压迫，恼怒而责斥孙给谏(《上孙给谏书》)；为人民被剥削，
激昂而攻击官府(《放生池碑记》)；为修成一座桥梁而欢欣，为久
旱降甘霖而高兴；为循吏薄税敛而喜悦。为了人民的需要，他还作
了《农桑经》、《日用俗字》、《婚嫁全书》、《药崇书》等有益于人民
日常生产、生活和教育的著作，而且都是"备乡邻之急，志之不已"
(《药崇书序》)。他对生活的深入了解，对人民疾苦的深切体验，
是促成他作品成功的基础。

　　蒲松龄是通过幻想的形式反映现实的，他是按照自己的生活
方式和生活特点去设想、安排天堂地狱并创造鬼、狐、花、妖的性格
的，他笔下的阴曹地府和鬼、狐、花、妖都是现实社会关系的复制。
《于去恶》篇中即正面说明"盖阴之有诸神，犹阳之有守令也。得
志诸公且不睹坟典，不过少年持敲门砖，猎取功名"。《凤仙》篇也
感叹说："嗟乎！冷暖之态，仙凡固无殊哉！"他是以神奇的人物来
概括当时的社会生活的，所以，其风格"颖发苕竖，诡恢魁垒"(张
元《柳泉蒲先生墓表》)，"其义足以动天地，泣鬼神"(蒲立惠《书
跋》)，表现出卓越的艺术力量和思想深度。

（二）歌颂被压迫者的反抗斗争和叛逆性格

　　《聊斋志异》最突出的内容是歌颂被压迫者的反抗斗争，并强
化这种斗争，使被压迫者最后取得胜利。蒲松龄笔下许多被压迫
被剥削被掠夺的人物，都不甘于自己的处境和遭遇，总是通过各种
形式和封建统治阶级进行斗争，不达到目的决不甘休，这种彻底的
反抗精神是《聊斋志异》思想内容最鲜明的特色。

　　《聊斋志异》中创造了不少顽强、刚烈、有彻底反抗性的人物，
他们在反封建斗争中无论男女都肯赴汤蹈火、坚贞不屈，抛头颅、
洒热血也在所不惜。席方平的父亲被羊姓富豪打死，他出生入死

要替父亲报仇,从城隍、郡司一直告到冥王。然而这些地方都被羊某贿赂好了,不但不受理案件,反而用威胁诱骗的方法要席方平屈服。席方平受尽了械梏、杖责、炮烙、锯解等毒刑,冥王问他敢再讼否? 他激愤地说:

> 大冤未伸,寸心不死,若不言讼,是欺王也,必讼!

经受了各种严刑峻法,始终不屈。同样商三官的父亲被豪强打死,她到官府去告,官府弃置不理,她迫不得已,暗中投作戏优,到豪强家去陪筵,夜间伺隙将豪强杀死。再如:隐姓埋名三年最后斩下仇人首级的侠女、为丈夫报仇乘机手刃敌人的庚娘、忍辱含垢"卧薪尝胆"的冯生等,他们都是那样果敢智慧、英勇无畏,将大仇不报引为终身遗恨,直到把敌人消灭,才算泄了胸中不平之气。作者对他们这种反抗斗争精神和勇敢、侠义的性格倾注着满腔热情,尽情地歌颂:"千古烈丈夫中,岂多匹俦哉!"(《庚娘》)"愿天下闺中人买丝绣之"(《商三官》),以志纪念,并广其传。

他们或者是由于自己被迫害而起来反抗,或者有感于被压迫者的负屈含冤,见义勇为而与压迫者展开生死斗争,其基本精神是对敌人的不屈服,被压迫者战胜压迫者,人民的力量战胜反动的力量。他们或者死后变成鬼魂雪了冤(《窦氏》),或者由聂政代替报了仇(《聂政》),或者化作巨龙在阴雨天里把豪强的头攫去(《博兴女》),有的化作猛虎龁吞了恶霸的头(《向杲》),有的由灌口二郎伸冤(《席方平》),有的由侠义之士雪恨(《红玉》),王鼎杀了狱卒,夺取伍秋月而出(《伍秋月》),周仓振臂击仆县令,使朱生冤情大白(《冤狱》),最后都使正义得到伸张。这些人都具有不屈不挠的斗争意志和英勇无畏的反抗精神,他们对自己的悲惨遭遇不是负屈含冤了事,而是坚决彻底的报仇,妥协对他们来说是不可能

的。因为他们了解到"馁怯者鬼益侮弄之,刚肠者不敢犯也"(《章
阿端》)。他们宁为玉碎不求瓦全。这一切促使他们成为具有浪
漫主义的性格特征。这些人物的斗争都是为作者所理想化了的,
它不拘泥于具体的实际生活,而且超出实际生活,甚至是逆着实际
生活而出现的。实际生活中并未出现聂政死后替人报仇,以及周
仓、灌口二郎和巨龙,而作者却创造了这些形象。这种逆着实际生
活而行的人物,从其性格本质看,却是最能体现生活的特点和规律
的,因为他们反映了人民群众的反抗意志和正义心。

　　蒲松龄所描写的被压迫者向压迫者的反抗斗争精神,甚至在
他创作的一些寓言故事中的禽兽身上也体现出来。《禽侠》中的
鹳鸟每次生幼雏都被巨蛇吃掉,后来有一只大鸟腾空飞来,"以爪
击蛇,蛇首立堕",为鹳鸟报了仇。《义鼠》篇中的一只老鼠,为了
抢夺被毒蛇衔去的自己的同伴,和毒蛇展开了反复的斗争,直到蛇
"吐死鼠于地上",才肯罢休。这些寓言故事都以象征、比喻的方
式来揭露现实的矛盾和斗争,具有深刻的意义。寓言在我国文学
中有悠久的传统,从庄子、列子到唐朝的柳宗元、皮日休、陆龟蒙、
罗隐以及宋末元初的邓牧等,源远而流长。不同的是庄子、列子多
以寓言来说明一个哲学道理,而柳宗元以后的寓言小品主要是抨
击现实、鞭挞现实。鲁迅用"几乎全部是抗争愤激之谈"(《南腔北
调集·小品文的危机》)来概括它的内容,就说明了它的现实主义
精神。蒲松龄便是直接继承柳宗元等这种寓言文学传统的。蒲松
龄描写了被迫害被摧残者的反抗和斗争,写他们在与敌人作斗争
中的英勇神态。他们的"神情一何可畏!"遇人不避,"而意凛如
也"(《侠女》)。表现了他们临阵不惧、敌忾同仇的无畏精神。

　　蒲松龄笔下这些理想化的形象和情节,是建筑在他对现实社
会深刻观察和分析的基础之上的。从作品中我们可以看到他目光

的锐利和发掘的深广,同时从他的其他诗文中也可以得到同样的认识。他在《放生池碑记》中说:"贪生杀,以是而司牧于上,举凡钱谷之输将,庸讵有念民膏而抚字者乎?刑名之出入,庸讵有得民情而哀矜者乎?工役之兴作,庸讵有惜民力而轸恤者乎?……鱼其有知,必且聚族而谋,相与大恐,使知有恐,而杀身之怨,始有专归矣。"封建统治者的剥削、压迫、奴役,使遭杀身之怨的广大人民,必然将自己的愤怒怨恨集中于他们,和他们展开誓死的斗争。这正是当时现实生活的特点和规律。蒲松龄所创造的许多具有浪漫主义特色的形象和情节,它的深刻意义,就在于体现了这种特点和规律。

《聊斋志异》另外一项重要内容,是歌颂叛逆性格,赞美高尚品质,鞭挞庸俗和品德卑下的人。《聊斋志异》中写了不少人和鬼、狐、花、妖的爱情故事,奇特的是这些鬼、狐、花、妖都和人生活在一起,和人做朋友、结夫妻,鲁迅所谓"多具人情,和易可亲"(《中国小说史略·清之拟晋唐小说及其支流》)者也。他们一般对封建社会都不是驯服的,有些是带叛逆性,大部分则具有高尚的品格。作者把人间和鬼域以及花神的境界结合起来,在人间得不到的东西,可以到鬼域去追求,也可以到花神方面去寻觅。他们所追求的爱情和友谊,往往成为与社会发生冲突的原因。《连城》就是极优秀的一篇,女子连城背叛了她父亲史孝廉把她许配给盐商的婚约,而自由地追求贫士乔生,盐商对她进行迫害,她悲愤而死,乔生去吊也痛悼气绝。在阴间相见,二人表现了一种凄惨、痛楚的情感:

> 见连城与一白衣女郎,泪睫惨黛,藉坐廊隅。见生至,骤起似喜,略问所来。生曰:"卿死,仆何敢生!"连城泣曰:"如此负义之人,尚不吐弃之,身殉何为?然已不能许君今生,愿

矢来世耳!"

誓同生死,不折不挠,最后果然复生,二人结为夫妻。盐商又来威逼,她又以死来抵抗。他们为了争取自由理想,而反对封建门阀制度,蔑视权势。他们可以为理想而死,为理想而生,理想可以生死人、肉白骨。这一点在精神实质上是汤显祖《牡丹亭》的发展。同样具有叛逆的反封建性的人物很多,《封三娘》中的范十一娘被父母和邑宰所迫,许配给某绅士的儿子,她却矢志"非孟生,死不嫁"。果然当临妆出嫁时,为了忠于孟生的爱情,自刭而死。《青梅》中的婢女青梅见张生贤良,怂恿小姐阿喜嫁他。阿喜父亲嫌张生贫穷,不许。青梅愿自媒自嫁,求阿喜向主人说情,发誓"不济,则以死继之"。表现同样内容、具有同样性格特征的作品和人物,还有《阿宝》、《宫梦弼》、《宦娘》、《阿绣》、《陈锡九》、《薛慰娘》、《寄生》、《锦瑟》、《细侯》、《瑞云》等。这些人物形象的共同倾向,是反对封建门阀制度,蔑视封建礼教,追求婚姻自由,为了坚持理想不惜牺牲一切。他们都是富有智慧的青年,柔肠侠骨,多情尚义,坚贞不屈,敢于冲破封建制度的一切藩篱,誓为争取自己的理想而奋斗到底。

《聊斋志异》描写内容的离奇,不单纯在于写了鬼、狐、花、妖的奇,更重要的在于写了不少人物的奇异品格。作者在《褚生》篇的赞语中说:"其志其行,可贯日月,岂以其鬼故奇之欤!"作者自己就是尚气节,"重名义,而孤介峭直,尤不能与时相俯仰"(张元《柳泉蒲先生墓表》)。他曾赋秦松云:"今祖龙已亡,山河屡易。扛鼎雄君,歌风赤帝,玉帐妖姬,铁衣猛士,七叶金貂,千年常砺,一皆草腐烟消,香埋珠碎,独有大夫(秦松)存昂藏之瘦骨,亘古今而不坠。"(《秦松》)这种对品格的崇高和自我修养,同样渗透在他的人物创造之中。《乔女》篇的乔女是受不平之遇的下层妇女,因貌丑故年长不能婚配,找个丈夫不幸又死去,立誓不再嫁。孟生妻死要续娶,感于乔女的贤德,欲娶她抚养孤子,乔女以貌丑,坚决不嫁。后来孟生死,孤儿啼哭于室中,乔女奋然愿代孟生抚养孤儿,她说:

> 妾以奇丑,为世不齿,独孟生能知我,前虽固拒之,然固已心许之矣。今身死子幼,自当有以报知己。

因而抚养孤子由读书、娶妻到入泮,才算了结平生之愿。她的急人之难、舍己为人的精神和孤介峭直的品格,显示了极其感人的力量。《香玉》中的牡丹花精和黄生结成生死之交,不料,游人将其移植家中,它便"日就萎悴"。花神为他们的至诚所感,令其复生,花大如盘。无奈道士砍其连株,它又"憔悴寻死"。它坚贞不屈,任何事故和手段都不能改变其节操,动摇其意志。蒲松龄赞美这些人的高尚品格,尚气节,重仁义,特别强调了知己之情、生死之交等,这在那种勾心斗角、尔虞我诈的封建社会是有积极意义的。《聊斋志异》中创造了许多高洁的人物,我们称许的不只是他们的高洁,更重要的是因为他们不与世俗同流合污,不与封建统治阶级妥协,对理想表现了大胆的坚持。

　　和这种倾向相对立,《聊斋志异》还进行了对封建社会一切庸俗、丑恶、黑暗、市侩小人的批判,对自私自利、守财奴、吝啬鬼的讽刺,对轻薄儿、贪婪者、品德卑下人的嘲谑等。《崂山道士》中一个世家子弟到崂山学道,心志不诚,不肯吃苦,反而要学得道术,请求道士传他入墙钻壁之法:

> 道士笑而允之,乃传以诀,令自咒毕,呼曰:"入之。"王面墙不敢入。又曰:"试入之。"王果从容入,及墙而阻,道士曰:"俯首骤入,勿逡巡。"王果去墙数步,奔而入,及墙,虚若无物,回视,果在墙外矣。大喜入谢。道士曰:"归宜洁持,否则

不验。"遂资斧遣之归。抵家自诩遇仙，坚壁所不能阻。妻不
信，王效其作为，去墙数尺，奔而入，头触硬壁，蓦然而踣。妻
扶视之，额上坟起，如巨卵焉。

这是对那些居心不善者的鞭挞，对心志不诚而想窃得利益的市侩
作风的讥讽，正像作者所说"世之为王生者，正复不少"。蒲松龄
笔下这种庸俗、贪婪的市侩，充斥于整个封建社会。朱孝廉见到僧
寺墙壁上的散花天女便想入非非（《画壁》）。滨州秀才知道自己
的朋友狐仙善幻术，便要求他帮助自己生财（《雨钱》）。他们卑鄙
自私、损人利己，视财如命，当牛瘟盛行的时候，却将医牛瘟病的方
子秘而不传（《牛癀》）。当风浪大作，船将倾覆的当儿，恐怕载重
易沉，遂将同伴推上另一只船（《孙必振》）。他们要求道士教给自
己骗人的把戏，好去骗人（《单道士》），自己吝啬成性，"一毛所不
肯拔"（《募缘》），以至于"非儿女婚嫁，坐无宾，厨无肉"（《霍
女》），把积累下来的钱都藏在佛像脑后，临死之前还"登佛坐，抱
佛头而笑"（《死僧》）。他们好色贪鄙，品德败坏，见年轻妇女便尾
缀不辍（《瞳人语》），或装作自缢以逗少妇一笑（《戏缢》），或见异
思迁，毫无真情可言，为了获得新欢，不惜把前妻驱逐出门（《阿
霞》）。对这一切丑恶、肮脏、污秽、卑下的社会现象，作者都给以
无情的揭露、讥讽、鞭笞和批判。写他们的咎由自取，给他们以应
得的惩罚。贪欲好色者，最后落得妻妾两空。刻薄吝啬者，被别人
将财产挥霍殆尽。欲嫁祸于人者，反而自被其祸。欲损人，反而害
己。或受天谴，或被人惩，要之，都归于"赏善罚淫"（唐梦赉
《序》），表现了人民的爱憎、人民的善恶观念和人民对这些黑暗腐
朽卑鄙的社会现象深恶痛绝的情感。

（三）愤慨社会的不平和官吏的腐败

《聊斋志异》对封建社会一切不平现象进行了指责、抨击和控

诉,其愤慨激烈的情绪甚至发展到怀疑、质问和否定天道的地步。这种愤慨是由于蒲松龄一生的不平遭遇所引起的,它像一股不可抑制的力量冲击着封建社会。蒲松龄是个一生不得意的人,从十九岁"以县、府、道三第一,补博士弟子员",以后"如棘闱,辄见斥"(张元《柳泉蒲先生墓表》),直到七十一岁才援例成为贡生。在《责白髭文》中借对白髭的指责,发泄自己的愤慨说:"我方抱苦业,对寒灯,望北阙,志南溟。尔乃今年一本,明年一茎,其来滚滚,其出营营,如襁褓之客,别去复来,荒芜之草,刬尽犹生,抑何颜之厚而不一赧也。""其生平之侘傺失志,获落郁塞,俯仰时事,悲愤感概,又有以激发其志气"(张元《柳泉蒲先生墓表》)。在《自志》中他描写自己凄楚、孤愤的心情道:"惊霜寒雀,抱树无温,吊月秋虫,偎栏自热,知我者其在青林黑塞间乎!"蒲松龄基于对封建社会的愤懑和不平,在自己的作品中就表现了对封建社会的指责、控诉和反抗精神。《叶生》中的叶生,"文章词赋,冠绝当时",但却终生困于场屋。丁乘鹤看见他的文章大为激赏,为他游扬于学使,结果仍然落第。他因此立意把平生所学全部教给丁乘鹤的儿子,一则以报知己,一则"借福泽为文章吐气,使天下知半生沦落,非战之罪"。《司文郎》里登州宋姓,生时颇负才名,但屡试不中,死后郁愤不减,找到王平子,"极力为他山之攻"。王入试不料又被黜,他竟号啕大哭,悲痛不能自止。《于去恶》篇的于去恶死后,到阴间因科场失意,忽而抚掌大笑,忽而泫然流涕。从这些人物的实际遭遇中体现了作者对封建社会的不满,对科举制度的批判,有才学者终沉草莽,目不睹坟典者却得高中。他自己也激动地说:"嗟乎!行踪落落,对影长愁。傲骨嶙嶙,搔首自爱。叹面目之酸涩,来鬼物之揶揄。频居康了之中,则须发之条条可丑;一落孙山之外,则文章之处处皆疵。古今痛苦之人,卞和唯尔;颠倒逸群之物,伯乐伊谁。抱刺于怀,三年灭字。侧身以望,四海无家。人生世上,只须合眼散步,以听造物之低昂而已。"(《叶生》)这是他自身的不平,同时也是对封建社会的控诉。

作者控诉了封建社会贤愚颠倒、曲直混淆的现实,也批判、指斥了科举制度对人们精神上的奴役、麻痹,使人们精神失常、肢体残废。王子安由于日夜盼望中高科,以至于醉梦中都听道报子连报他中了举人、进士,做了翰林等。屡呼长班不应,顿足斥骂,倾跌在地上,口里还大喊:"长班可恶,我故惩之。"多么可笑可悲。杨大洪听说报考优等的报子来了,心想必有自己,正在吃饭,急出追问,知道落第之后,便嗒然沮丧,咽食入鬲,遂成病块。此外,像《司文郎》、《贾奉雉》等篇都描写了这些人被科举制度弄得神魂颠倒,疯疯癫癫。他们为什么这样热衷科举呢? 作者在《胡四娘》中揭示得很清楚,胡四娘的丈夫程孝思是胡家四个女婿中最贫的一个,在胡家受尽了讥讽揶揄,甚至嘲笑他称之为"贵人"。四娘也因之大受冷遇。后来程孝思得中高科,形势立刻变了:

> 申贺者,捉坐者,寒暄者,喧杂满屋。耳有听,听四娘;目有视,视四娘;口有道,道四娘也。

谜底揭穿了,所谓"贫贱则父母不子,富贵则亲戚畏惧",就是封建社会的风尚,封建社会的道德、人情。

作者对这种腐朽堕落的社会习尚表示极大的不满,对封建制度所造成的人们精神上的失常状态给以辛辣的讥讽和嘲笑,同时对他们也充满了同情和悲悯,所谓"当局者痛哭欲死,而自旁观者视之,其可笑甚焉"(《王子安》)。作者在其《大江东去·寄王如水》的词中,也表现了同样的感情:"天孙老矣,颠倒了天下几多杰士。蕊宫榜放,直教那抱玉卞和哭死! 病鲤暴腮,飞鸿铩羽,同吊寒江水。见时相对,将从何处说起?　　　　每每顾影自悲,可怜肮脏骨,销磨如此!糊眼冬烘鬼梦时,憎命文章难恃。数卷残书,半窗寒烛,冷落荒斋里。未能免俗,亦云聊复尔尔。"他的郁郁不平之气,他的痛苦、辛酸、怨恨、懊丧全都发泄出来了。当然他这种不平之鸣,不只是表现在科举仕进上,也表现在其他方面。像《考弊司》中的闻人生大呼:"惨惨如此,成何世界!"就是对残暴刑法的控诉。《公孙九娘》中写于七起义被屠杀,九娘"枕上追述往事,哽咽不成眠",并口占两绝,其中有云:"忽启缕金箱里看,血腥犹染旧罗裙。"其凄婉悲痛的情绪,也是对清朝统治者屠杀政策的控诉。《林四娘》中的四娘那种悲凉凄恻的故国之思,她的《伊凉词》的哀婉之音,追忆当时宫中的情况,"谈及式微之际,则哽咽不能成语"。她的诗所表现的那种激荡人心的感情,都是对造成她死难的那个社会的愤慨和不平。此外,对其他方面题材的描写,也表现了同样的思想倾向。但是,为了更实际地说明问题,所以采用与他切身经历有密切关系的部分来论述。

蒲松龄由于个人不得志及一生的不平遭遇,从而对封建社会的认识更清楚了,"仕途黑暗,公道不彰,非袖金输璧,不能自达于圣明,真令人愤气填胸"(《与韩刺史樾依书·寄定州书》)。这就是他的愤激之言。社会的不平激起他更强烈的反抗精神。他对封建的神权和天道发生了怀疑,对它提出了正面的指责和质问。他为徐公做官廉正爱民,结果却被暴雷击死的事而感叹:"天公之愦愦,不已多乎!"(《龙戏珠》)由于宗子美的终日取乐,最后招致应得的祸患而从反面提出"世之长困而不一亨者,又何以为解哉?"(《嫦娥》)他为张济于家降临福神魁星,结果却终身潦倒、家破人亡而质问道:"彼魁星者,何以不为福而为祸也?"(段刻本《聊斋志异拾遗》)又在《祭莃虫文》中说:"神如正直,当不如此!"并作《问天词》对历史上一切黑白颠倒、曲直混淆、贤愚不辨的现象,提出了强烈的抗议。这些都是对封建的神权、天道的怀疑、指责和否定。在封建社会里所谓天道、神权,都是封建统治阶级权力意志的体现,否定天道、神权,就具有反封建的意义。在我国文学史上许多作家都曾对封建的神权和天道从不同的角度提出过质问和抗议,屈原的《天问》、司马迁的《伯夷列传》、陶渊明的《怨诗楚调示庞主簿邓治中》、关汉卿的《窦娥冤》,都基于社会的不平,对封建社会、历史,对天、神发出了反抗的呼声。蒲松龄就继承了他们这种反抗和斗争精神。

《聊斋志异》对贪官污吏进行了鞭挞和批判,批判他们的虎狼本性。对清官廉吏也予以赞扬,赞扬他们为民伸冤的精神。蒲松龄对贪官污吏的揭露和讥笑,随时流于笔端,笔之所到,意即寓焉。《纪灾后编》有这样一则:"某邑诸生告灾于令,呈蚄。令咄之,谓是什么物?何足称灾!又呈豆螟,始骇,始诘名。一生答曰:'此所谓糊突虫也。'闻者皆匿笑。"这个所谓父母官,不过同样是个荼毒人民的糊涂虫而已。《聊斋志异》中的《梦狼》就是写这类糊涂官荼毒人民的罪恶。他们在任时只顾逢迎上司,毫不爱抚人民,因为他们认识到做官的关窍在取悦于上司,"上台喜,便是好官。爱百姓,何术复令上台喜也!"因此他们便不顾百姓的死活,专去敲剥、纳贿、蚕食民命。衙署里蠹役满堂,群狼当道,白骨如山,造成民冤四伏的局势。作者揭露他们都"贪暴不仁,催科尤酷,毙杖下者,狼藉于庭"。或者"官虽小,莅任百日,诛五十八人矣"(《潞令》),或者媚上取宠,"疏告九重,谓民乐输",敲扑农民,"比追乐输"谷款(《韩方》)。湖南巡抚"位极人臣,赇赂贪婪,不可悉数"(《王者》)。王县令听讼时,按罪的轻重,罚良民交纳蝴蝶自赎,在"堂上千百齐放,如风飘碎锦,王乃拍案大笑"(《放蝶》)。宫廷中喜欢促织之戏,每年向人民征敛,逼得人民家破人亡(《促织》)。这些昏官暴吏,以民命取乐,作恶多端,死有余辜。作者感叹道:"天子偶用一物,未必不过此已忘,而奉行者则为定例。加之官贪吏虐,民日贴妇卖儿,更无休止。天子一跬步皆关民命,不可忽也。"(《聊斋志异》手稿)这里不但批判了一般昏官暴吏,也攻击了最高统治者,指出了从皇帝、公卿到一般官吏都是人民苦难的制造者,"官宰半强寇,有不操矛弧者耶"(《成仙》)?可是,作者的主旨还不只是批判这些,而在于批判当时的残暴的政治制度,作者引用孔子的话说:"苛政猛于虎也。"

《聊斋志异》一方面对贪官污吏和黑暗政治进行批判,另一方面也歌颂人民反对贪官污吏和残暴统治的斗争。湖南巡抚把贪污的赃款派人押送京师,半路却被侠义之士盗劫而去(《王者》)。白翁之子在还乡途中,被受冤的人民将头割掉(《梦狼》)。这种斗争反映了被压迫人民要求报仇的希望和心愿,所谓"为一邑之民泄冤愤耳!"

《聊斋志异》不但揭露了"昔之民社官,皆为势家役"(《王大》)的官府的阶级实质,而且也赞扬了极其个别的廉洁官吏,写他们爱护人民,断案贤明。《王十》篇的附则中写邑宰张石年的清廉作风:

> 肆中得二负贩者,其一逃去,其一被执至官。公问:"贩者二人,其一焉往?"贩者云:"奔去矣。"公曰:"汝股病不能奔耶?"曰:"能奔。""既被捉,必不能奔,果能,可起试奔,验汝能否?"其人奔数步欲止。公曰:"大奔勿止。"其人疾奔,竟出公门而去。

贩私盐本来是违犯封建国法的,但张石年鉴于他们为生活所迫,竭锱铢之本,求升斗之息,竟把他们放了,其爱民作风令人敬佩。张石年离开淄川的时候,作者曾赋悲喜十三谣赠别,其中也写到当地人民对他的爱戴和尊敬。这些官员为百姓的苦难担忧,竟至于感动蝗神,使他所管辖的地区免受灾害(《柳秀才》)。另一部分官员理案断狱十分明哲,具有敏锐的洞察力和判断力,所以能解除民冤。如《胭脂》篇中写施公经过周密的调查研究,将一个复杂案子廓清。他仔细审查,并反复思之,"拍案曰:'此生冤也!'"因此"移案再鞫"。他从追逼、叱诈、对证、分析中查出凶手毛大,从而推翻了经太守吴公判断过的如山铁案。周元亮根据一柄诗扇,便把杀害范小山妻子的真正凶手调查出来(《诗谳》)。于中丞凭借自己的经验和智慧发现路上抬死人的一伙是强盗(《于中丞》)。此外,像《老龙船户》中的朱徽荫、《太原狱》中的孙公,都以丰富的经验智慧理清了冤状。这里我们看到了许多况钟和海瑞的形象,他们明哲、智慧和神奇,善于处理头绪纷繁的案件,使民冤得伸。作者怀着一种喜悦的心情对他们加以赞扬,为他们写传记,"以补循吏传之所不及者"(《邵临淄》),希望对后来的昏官庸吏有所劝诫,"志之,以风有位者"(《新郑狱》),作者用心之苦可谓良深。但是,这类官吏在当时是极少见的,一郡之中"其实可称为官者……一人而已"(《一员官》),这又是对封建社会的极大讽刺。

(四)揭露家庭内部的矛盾和冲突

《聊斋志异》中有不少篇章是揭露封建社会家庭内部的矛盾和冲突的。这部分作品虽然形式上写的是家庭问题,实际上却联系着广阔的社会生活面。其内容包括以下几个方面:兄弟之间争夺财产,悍妇凌辱丈夫,翁姑虐待儿媳,继母迫害子女,家庭衰落引起豪强的欺凌等等。

《仇大娘》篇写仇仲被强寇掳去,强豪欲夺其妻邵氏做妾,邵氏矢志不屈。流氓无赖魏名者,又挑拨仇仲之子仇福、仇禄的关系,怂恿仇福与弟析产而居。仇福听信他的话,结果自己的财产全被骗走了,又将妻子卖给恶霸赵阎罗。其妻不从,即"拔笄刺其喉",以示反抗。魏陷害了仇福夫妻,又设计谋害仇禄,诬告仇禄通盗,被流徙远方。其内容重点地揭露了统治阶级怎样千方百计地迫害无辜良民,揭露了他们的阴险本性。他们犯了法,应该鞭楚,但"隶相顾,无敢用刑",可是他们对人民却用毒刑笞楚。作品描写了仇氏一家母子、夫妻、兄弟之间的仇恨,同时揭示了这种仇恨是当时社会造成的。《曾友于》中写曾家有七个儿子,嫡妻所生的儿子被强寇掳去,其余六个儿子,孝、忠、信是继室所生,悌、仁、义是妾所生。孝等以悌、仁、义出身卑贱,鄙弃不齿。仁、义等因而忿怒,各结党相仇。及至仁、义母死,孝等不期服,并不准合厝。仁、义极为愤怒,欲去逼问。经兄悌宽解之,才作罢。不久孝妻卒,仁、义鼓且吹。孝大怒,纠合诸弟,前去殴打,声震里党,因此仇恨益深。仁、义年幼,动辄被敲扑,力不能敌,行路之间,怀揣利刃,以图暗杀。正当此时,长兄归来,也分得财产,为仁、义雪恨,"批挞诸弟,而于孝等尤甚"。曾氏全家都处在这种互相殴打、互相仇视的敌对的关系中,这正是封建社会家庭中人与人之间的关系的典型写照。作者揭露了封建伦理的虚伪本质,表面上是孝、悌、忠、信,实质上则是尔虞我诈。此外,如青州民娶了继室,两个儿子唯恐继母生子,分去自己的财产,当父亲酶醉的时刻,竟下毒手将其睾丸割去(《单父宰》)。段瑞环老年无子,大受诸侄的欺凌,侄子乞贷,一句话不相应,便怒呈声色,"欲嗣一侄,则群侄阻挠之"。当他死时,"诸侄集柩前,议析遗产"。其妻连氏悲痛不能自禁,希望留沃野一所,以赡养老稚都不可能(《段氏》)。封建宗法制度就是这样腐朽、矛盾百出,它所规定的那些伦理关系,并不能真正维持住私有制的社会生活。有人预料到老年的悲剧,当自己不能生育时,便爽利为丈夫娶妾(《林氏》)。这在老无所终,鳏寡孤独皆无所养的社会中,是一种不得已而为之的行动。蒲松龄笔下这些兄弟之间的争夺,往往是十分愚蠢可笑的,宋氏兄弟为了看风水择墓地而争执不决,结果将父亲的灵柩委于路侧,长期不葬(《堪舆》)。大商听从妻子的言语,竟仇恨自己的弟弟二商(《二商》)。作者对这种人与人之间的倾轧、仇恨关系表示深恶痛绝,对封建伦理也进行了批判,而对那些有道德的人如曾友于、二商则给以尽情的赞扬。

《聊斋志异》中还揭露了封建家庭中妯娌之间的矛盾,揭露了在那个社会里妯娌之间地位的高低,决定于丈夫的社会经济地位。《镜听》中写郑氏兄弟二人都是文学士,同去应试,回来以后在家庭中有这样一段变化:

> 时暑气犹盛,两妇在厨下炊饭饷耕,其热正苦。忽有报骑登门,报大郑捷。母入厨唤大妇曰:"大男中式矣! 汝可凉凉去。"次妇怨恻,泣且炊,俄又有报二郑捷者,次妇力掷饼杖而起,曰:"侬也凉凉去!"

尖锐、深刻地揭露了封建家庭中那种世俗利害关系,谴责了婆母以功名利禄逐高低的卑下思想。在《珊瑚》中进一步创造了一个悍谬不仁的婆母典型,她虐待自己的媳妇珊瑚,珊瑚每日早晨靓妆去问安,她谓"其诲淫,诟责之",珊瑚毁妆而进,她"益怒,投颊自挝"。珊瑚进退维谷,左右为难。她则"触物类而骂之,意皆在珊瑚"。珊瑚被逐出门,为婶母王氏收留,她仍气汹汹去追逼。逼得珊瑚走投无路。她把媳妇当作奴隶对待,与媳妇的关系是压迫者与被压迫者的关系。作者鞭挞了她的凶悍残暴,所以令其幼子娶妻,骄悍戾沓尤过于她,驱使其婆母若娼婢,作为对她的惩罚。

《聊斋志异》创造了各种各样的悍暴、凶残的妇女典型,她们虐待自己的丈夫、公婆、兄弟等,特别是对丈夫极尽敲扑、诟骂、奴役之能事。《马介甫》篇中的尹氏对丈夫杨万石"少迕之,辄以鞭挞从事"。杨万石因为无子,娶妾王氏,却"旦夕不敢通一语"。王氏怀孕,她竟褫衣惨掠,并命令"万石跪受巾帼,操鞭逐出"。她对公公、弟弟也同样悍暴,不让公公吃饱穿暖,弟弟也不敢有任何不满的表示。在他们之间除了互相仇恨之外,并没有真正夫妻和兄嫂之情。《江城》中高番的妻子樊氏也如此,她视高番如寇仇,常挞逐出户,高则"畏若虎狼,即偶假以颜色,枕席之上,亦震慑不能为人"。人们婚嫁本来是为了更美满的生活,但在封建社会婚嫁却结成血海深仇,所谓"百年鸳偶,竟成附骨之疽,五两鹿皮,或买剥床之痛"者也。作者自己也不禁感叹道:"故饮酒阳城,一堂中唯有兄弟;吹竽商子,七旬余并无室家。古人为此,有隐痛矣!"(《马介甫》)这些泼妇悍谬绝伦,她们依靠娘家的官势,痛殴丈夫,毒打前妻的孤子(《吕无病》);她们也恃仗娘家的豪富,和自己兄弟一道,来凌辱夫婿(《锦瑟》);她们对自己的子女十分溺爱,对前妻之子则酷虐备至(《张诚》);她们虐待妾所生之子,逼迫丈夫逃亡远方(《大男》);或者当妾盘肠生产时,暗中把针刺入肠中,以陷害之(《阎王》);或者用奸诈的手段逼迫媵妾自刭而死(《邵女》),作者并不能认识"妒妇"是产生于封建伦理和一夫多妻制,只是对她们恨之入骨,希望能有像邵公那样的邑宰杖责她们,使她们改过自新,能做到"邑有贤宰,里无悍妇"(《邵临淄》)的境地。

《聊斋志异》从各个方面揭露了封建社会家庭中之互相倾轧和仇恨的关系,并且深刻揭示了产生这种人与人的关系的根源,是封建社会的私有制和阶级压迫的形势,因而也就从这几方面对封建制度进行了抨击。

（五）创造劳动人民的形象

《聊斋志异》中创造了不少劳动人民的形象,描写他们由于社会的黑暗与不平激起的为受难者报仇雪恨的重然诺、轻生死、舍己为人的品格。《田七郎》篇中的田七郎就是这样一个人,他是个猎户,性格耿介,任侠而尚义,不妄与人交,也不无故受人馈赠。他的妻子病卒,殡葬时将朋友武承休托他购买虎皮的钱花光,他便日夜思念所以报之,竟为争猎山豹,殴伤人命,下在死因牢中。武承休贿赂邑宰,把他救了出来,温言慰藉。他并不称谢,只唯唯应承而已。何其冷淡!然而这正是他的恩义观念更深沉的表现。当武承休受无辜之难时,他不惜牺牲自己的生命,为含冤的朋友报仇,宰割了敌人。在自己奄奄一息的时刻,还手操利刃,决了赃官污吏的头。和田七郎相近的人物是《崔猛》篇中的崔猛,他刚强、爽直,路见不平便拔刀相助。他的性格像烈火,一切封建社会的黑暗和不平都能引起他强烈的燃烧。他耳闻邻妇虐待婆母,便跳墙将该妇女剖剥而死。他待母极孝,母亲怕他闯祸,曾痛加杖械。以后仍然"一见不平,若不自禁"。他随母亲去吊丧,路上遇见强豪掠夺李甲的妻子,便"气涌如山,鞭马向前,意将用武"。母亲呼道:"噫,又欲尔耶?"他才被迫停止下来。但是对一个忠于被压迫者的人物,怎能抑制住自己的思想感情呢!因此他的内心陷入了严重的矛盾和冲突之中:

> 既吊而归,不语亦不食,兀坐直视,若有所瞑。妻诘之,不答。至夜,合衣卧榻上,辗转达旦。次夜复然,启户出,辄又还卧,如此三四。妻不敢诘,惟惴以听之。既而迟久乃反,掩扉熟寝矣。是夜有人杀某甲于床上,刳腹流肠。

直至真正杀了豪强才能安眠。对这样正直博大的人物作者是尽情歌颂的,把希望寄托于他们,希望他们为受难者伸冤报仇,削尽天下之不平:"使荆轲能尔,则千载无遗恨矣。苟有其人,可以补天网之漏。"(《田七郎》)

此外,《聊斋志异》中创造的劳动人民的形象,还有肯于把未经山怪吃掉的旅客送出山外的刚毅勇敢的猎户女郎(《大人》),为人民消除狐狸之害的旷大仁厚的农人(《农人》),疾恶如仇、慷慨豪侠的农妇(《农妇》),为父报仇、连杀三狼的机智孝义的耕者(《耕者》),奋不顾身从巨蟒嘴里救出兄长来的勇敢的樵夫(《斫蟒》)等等。这些人物都是作者从同情和赞扬的思想感情出发创造的,因此能真实正确地概括出劳动人民的某些优良品质。

这里附带谈谈蒲松龄对待农民起义的态度问题。蒲松龄是反对农民起义的,他在一些无论正面或侧面描写农民起义的作品里,都称农民起义为"盗"和"贼",甚至像在《白莲教》、《小二》里那样,说他们"左道惑众",劝诫已经加入起义军的人,改邪归正。这些都是不可抹杀的事实,是他的阶级偏见的体现。但是,与此同时,他也未忽略去描写这些农民军的女子之高尚道义行为:"会山左大饥,人相食。女乃出菜,杂粟赡饥者,近村赖以全活,无逃亡焉。"(《小二》)并且赞叹说:"乃盗也有是女耶? 培塿无松柏,此鄙人论耳。"(《柳生》)何况有的篇章还正确地反映出农民起义的威力:"官不敢捕,后受抚,邑宰别之为盗户。凡值与良民争,则曲意左袒之,盖恐其复叛也。"(《盗户》)当时"官署多狐,宰有女为所惑,聘术士来,符捉入瓶,将炽以火。狐在瓶内大呼曰:'我盗户也。'闻者无不匿笑"(《盗户》)。嘲笑了统治阶级的腐朽无能和对农民起义军的畏惧,甚至狐狸也以"盗户"的名义来威胁他们。不但如此,《聊斋志异》还反映出农民起义的历史悲剧,对农民起义的死难者寄予深切的同情,像《公孙九娘》、《宅妖》篇中所表现的那样。《公孙九娘》取材于山东栖霞的于七起义,写于七起义之被镇压和清统治者屠杀之惨,其中除莱阳生之外所有人物都是被难者。他们虽被戮为鬼,但冤魂不散,追述往事,哽咽不能成语。公孙九娘告诉莱阳生自己所居之处是"莱霞里,里中多两处新鬼,因此为名"。这说明人民对这件事所怀之遗恨,用死难者的乡里来命名,以永志不忘。莱阳生对他们的遭遇表示深沉的感慨、悲悼和同情,这实际上是作者思想情绪的流露。在《宅妖》里,同样描写了谢迁领导的农民军被杀戮的悲惨状况:"尸填墀,血至充门而流。""往往白昼见鬼,夜则床下燐飞,墙角鬼哭"。这些冤鬼并大声疾呼:"我死得苦!""因而满庭皆哭"。笔墨之间也显示了作者对他们的同情和对杀戮者的批判态度。《野狗》篇虽然未表现这种鲜明的态度,但也反映出那些刽子手的凶残。

蒲松龄是反对农民起义的,同时对农民起义的死难者却寄予深切的同情,并揭示出他们的反抗威力及其历史悲剧。他的这种态度和他对人民的关怀、爱护,对劳动者的英勇斗争精神的赞扬是一致的。

总之,《聊斋志异》的思想内容可以总括为以下几方面:歌颂被压迫者勇敢、侠义的性格和刚毅彻底的反抗精神,赞美叛逆者坚贞不屈的斗争意志和高洁孤介的品格,鞭挞庸俗、丑恶和道德卑下的人,控诉封建社会各种黑暗和不平,大胆地怀疑和否定封建的神权和天道观念,批判滥官污吏和残暴的政治制度,赞扬为人民伸冤的清官廉吏,揭露封建私有制家庭的内部矛盾,塑造劳动人民的高尚品格等等。其意义在强固人们的生活意志,唤醒人们对现实一切黑暗、腐朽现象的反抗心。

但是,《聊斋志异》的思想内容是复杂的,除了精华之外,还有不少糟粕。作者宣传了一些果报思想和宿命观念,宣传了某些忍耐和不抵抗主义。当然,并非他所有描写因果报应内容的作品都毫无意义,例如,显贵者由于不仁,而减寿早亡(《禄数》),其中包含着对达官贵人的憎恨。但这种思想体系却是封建主义的。像人们所熟悉的《邵女》篇,写邵女甘心受大妇的鞭笞,自己毫无反抗不满的表示,并且说:"亦自顾命薄,聊以泄造化之怒耳。"作者对她这种屈辱的忍受还大加赞赏。此外在其他篇目中,甚至在一些有积极意义的作品中,也不同程度的流露出这种宿命论和果报观念。《聊斋志异》中还有一些庸俗的描写,如关于色情或妻子如何博得丈夫的欢心等。有些篇章,作者确是单纯追求情节的离奇,缺乏社会生活内容。这都是作者世界观落后而造成的。

全面评价《聊斋志异》,它不愧为一部伟大的作品。蒲松龄挥动着艺术的魔杖,驰骋于幻想的天地之中,创造了许多丰富瑰丽的人物和形象,"人非化外,事或奇于断发之乡;睫在目前,怪有过于飞头之国"。把满腔愤激情绪寓于幽冥之境,"寄托如此,亦足悲矣"(《自序》)!

《聊斋志异》成书之后,对后代小说创作影响很大,出现了许多《聊斋志异》体的笔记小说,主要有纪晓岚的《阅微草堂笔记》、沈起凤的《谐铎》等,但都不如《聊斋志异》文学成就高。

二、曹雪芹及其《红楼梦》

(一)曹雪芹的家世和他的性格

《红楼梦》是我国古典现实主义小说最伟大的作品。作者曹雪芹,名霑,字梦阮,号芹溪居士,河北省丰润县人,清兵入关之后,入正白旗内务府籍。他的家庭从他曾祖父到他父亲三代都任职江宁织造,其炫赫气派可以想见。他的曾祖曹玺,祖父曹寅,曹寅生子曹颙,颙死,又过继曹頫,曹雪芹当是曹颙的遗腹子(见《故宫周刊》八十四期,李玄伯《曹雪芹家世新考》)。他曾随祖父在江宁织造衙门,经历过一段豪华生活。不料雍正六年(1728)不知曹頫为何被抄家丢官,全家北返,曹雪芹也来到北京,这时他大约十四岁左右,生活的冲击,使他思想感情发生了许多波动和变化。但是,在北京时的具体情况,我们了解得很少,只知道他中年景况极其穷困,住在西山一带,"举家食粥"(敦诚语),有一个儿子,也不幸夭折。他死于乾隆二十七年(1762)除夕(见甲戌本第一回眉批:"壬午除夕,书未成,芹为泪尽而逝。"),生年不确切,但根据他的好友敦诚《挽曹雪芹》诗:"四十年华付杳冥"和张宜泉《伤芹溪居士》诗:"年未五十而卒",可能他是四十多岁死的。假定他活了四十七八岁,从他死年往上推算,约当生于康熙五十四年(1715)左右。他自己曾说创作《红楼梦》是"披阅十载,增删五次",这十年当在他三十多岁到四十多岁之间,若再早些恐怕不能完成在思想、艺术上如此成熟的伟大作品。

曹雪芹生活在极富于文学气息的家庭环境之中,祖父曹寅工诗词,善书法,著有《楝亭诗钞》五卷、《词钞》一卷、传奇两本,并刻古书十馀种,世称曹楝亭本。在这样环境陶冶下,形成了他优厚的文学教养和素质。

曹雪芹的思想、性格,我们从别人的诗文集中能窥见一些轮廓。裕瑞《枣窗闲笔》说他"善谈吐,风雅游戏,触景生春,闻其奇谈,娓娓然令人终日不倦。是以其书绝妙尽致"。他的朋友常把他比作阮籍、淳于髡、刘伶,如敦诚即说他"步兵白眼向人斜"(《赠曹雪芹》),说他"相逢况是淳于辈"(《佩刀质酒歌》),说他"鹿车荷锸葬刘伶"(《挽曹雪芹》)。这说明他的思想性格和这些人有许多相同之处,他是一个愤世嫉俗,佯狂不羁、高谈纵酒、傲骨嶙嶙的人物。他工诗画,但却不以之去讨好贵族帝王。他的诗风追求新奇,很像李贺,敦诚即说:"爱君诗笔有奇气,直追昌谷披篱樊"(《寄怀曹雪芹》)。今天,他只有两句诗保存在敦诚《四松堂集》之《鹪鹩庵笔麈》中,兹抄录如下:

　　白傅诗灵应喜甚,定教蛮素鬼排场。

也可以看出其诗风的奇气横溢。

　　曹雪芹潦倒一生的经历,他优厚的文学修养,他愤世嫉俗、狂放不羁、"燕市哭歌"(敦敏语)的思想、性格,都是促成《红楼梦》高度文学成就的重要因素。

　　但是,曹雪芹并未彻底完成这部巨著,他只写了八十回,张问陶《船山诗草》中之《赠兰墅鹗同年》诗注云:"传奇《红楼梦》八十回以后,俱兰墅所补。"高鹗,字兰墅,别号红楼外史,汉军镶黄旗人。其具体生卒年代不详,约生活在乾隆、嘉庆年间。从他为《红楼梦》作的序有云"闲且惫矣",以及写贾宝玉中乡魁看,他有明显的功利思想。但是,不能抹杀他续《红楼梦》的功绩。他体会了曹雪芹的创作意图,并根据现实生活的逻辑,保持了原作的思想倾向,使情节和结构也细腻完整,长期在群众中流传。他的著作除《红楼梦》外,还有《高兰墅集》、《兰墅诗钞》、《吏治辑要》等。但是,他的文学成就,还要"数《石头记》"(薛玉堂《兰墅十艺题词》)。

(二)《红楼梦》的现实主义成就

　　《红楼梦》的现实主义成就是很高的,人们称它是我国封建社会的百科全书。它之所以有如此高的成就,与曹雪芹的创作思想有密切关系。据《红楼梦》本身所表明的,曹雪芹创作这部作品时,曾经历过长期的艰巨苦痛的过程,吸收了前人的创作经验,确定了自己的美学观点,提出了自己的创作主张。在第一回里,他借

石头和空空道人的谈话,宣布创作《红楼梦》的意旨云:

> 我师何必太痴! 我想历来野史的朝代,无非假借"汉""唐"的名色,莫如我这石头所记,不借此套,只按自己的事体情理,反倒新鲜别致。况且那野史中,或诮谤君相,或贬人妻女,奸淫凶恶,不可胜数;更有一种风月笔墨,其淫秽污臭,最易坏人子弟。至于才子佳人等书,则又开口"文君",满篇"子建",千部一腔,千人一面,且终不能不涉淫滥。——在作者不过要写出自己的两首情诗艳赋来,故假捏出男女二人名姓,又必旁添一小人拨乱其间,如戏中的小丑一般。更可厌者,"之乎者也",非理即文,大不近情,自相矛盾;竟不如我这半世亲见亲闻的几个女子,虽不敢说强似前代书中所有之人,但观其事迹原委,亦可消愁破闷;至于几首歪诗,也可以喷饭供酒;其间离合悲欢,兴衰际遇,俱是按迹循踪,不敢稍加穿凿,至失其真。

这是一篇现实主义创作宣言,在这篇宣言中,他批判了历史上那些公式化概念化的作品,提出"新鲜别致"的有独创性的创作思想。这种思想是在他对当时的社会生活有充分深刻的认识、并具有丰富优厚的艺术修养的基础上产生的。这种思想促成《红楼梦》巨大的思想深度和艺术高度。

《红楼梦》是以贾府为描写中心,而揭开整个封建社会生活面的。它描写了贾府由鼎盛到衰败的趋势,并触及到贾府的亲戚史、薛、林、王等贵族之家的没落景况。这些家族的命运,可以概括整个贵族集团的命运,也可以概括两千年来古老封建社会发展到末期的命运,它是这个古老封建社会必然走向崩溃灭亡的历史道路的反映。清代康、雍、乾三朝在经济上之一度繁荣,正是封建社会崩溃前的"回光返照",表面上极煊赫,内部却极空虚,并且正酝酿着巨大的变化。《红楼梦》中所谓"外面的架子虽没很倒,内囊却也尽上来了"(二回)。或者是"外头体面里头苦"(五十三回)。便说明这一社会现实。造成这种形势的原因,主要是封建贵族阶级骄奢淫逸的结果。在《红楼梦》中,我们可以看到他们许多豪华的宴会,他们修建大观园,他们生日、殡丧排场之阔绰,他们仆人婢女之众多等等。正如作品所表明的:"如今人口日多,事务日盛,主仆上下,都是安富尊荣,运筹谋划的竟无一个。那日用排场,又不能将就省俭。"(二回)这种骄奢淫逸的生活,完全是建立在对农民残酷剥削的基础之上的,是榨取农民的血汗而来的。《红楼梦》中曾不只一次地提到地租问题,从乌进孝年终交地租的单子上,就可以看出地主阶级对农民剥削的严重,贾珍还对乌进孝说:"这一二年里赔了许多,不和你们要,找谁去!"(五十三回)贾琏在最艰难的时刻向鸳鸯求助说:"这两日,因老太太千秋,所有的几千两都使了。几处房租、地租,统在九月才得,这会子竟接不上。"(七十二回)王夫人在一次吃饭时说:"这一二年旱涝不定,庄上的米都不能按数交的。这几样细米更艰难,所以都是可着吃的做。"(七十五回)这一切都说明贵族地主阶级的锦衣玉食,都是农民血汗的结晶。在他们残酷的剥削下,农民的生活正像刘姥姥所说"连吃的没有"(六回),以至于"都要饿死了"(一百十三回),不得已则"盗贼蜂起"(一回)。农民贫困的结果,使社会上的寄生阶级失去了生活凭借从而逐渐衰落下去,这就是《红楼梦》所反映的。因此,我们认为《红楼梦》所反映的,不仅是贾府和其他贵族集团的没落,而是整个封建社会的土崩瓦解,其衰败的特点,是从内部开始的,正如探春说的,是"自杀自灭",所以才"一败涂地呢!"(七十四回)

　　《红楼梦》描写了贵族地主阶级的奢侈淫逸生活和农民的苦

难遭遇的因果关系,反映了他们的对立和矛盾,但是,更主要的是描写作为封建社会诸关系集中表现的贾府的矛盾和斗争。这种矛盾和斗争错综复杂,然而大体上可以划分为两个阵营、两种思想、两种观点,一个以贾宝玉、林黛玉、晴雯为代表,一个以贾政、王夫人、薛宝钗、袭人为代表。两个阵营营垒分明,以如何对待封建制度的态度区别开来。前者是反封建、反迫害,追求美好生活的,后者是卫护封建道德和封建秩序的。这两个阵营矛盾斗争的严酷程度,有时竟达到坚壁清野的地步。王夫人喝令凤姐、王善保家的等抄检大观园,便是很好的例证。这是一种生与死的斗争,是你死我活的斗争,贾宝玉即曾经屡次表示"也就顾不得死活!"(三十二回)"我便为这些人死了,也是情愿的"(三十四回)。林黛玉也由于不屈服于封建制度的迫害而染成一身重病,并终于死亡。他们都宁为玉碎不做瓦全。此外,如探春的反抄检,鸳鸯的反掠夺,晴雯的反迫害,尤三姐的反淫乱等,都是十分壮烈的斗争场面。其结果,有的惨叫而亡,有的投井而死,有的吞金丧命,有的被逐被卖、被凌辱被鞭笞,整个贾府是大变迭起,死亡相继,稍不留意,便死无葬身之地。贾府中所发生的每一件事,细想起来,都令人触目惊心。但是,作者在处理或表现这些斗争时,并没有丝毫简单化的倾向,在对待丰富多样的生活方面,作者是极其严肃认真的,他真实地揭示了人物性格的复杂性,从而也揭示了生活本身的复杂性。宝玉、黛玉原来是极憎恶宝钗、袭人的,但有时又很接近他们,宝玉接近他们正表明了生活中的矛盾和斗争,黛玉把宝钗的计谋错认作好心好意,做了她的俘虏,正反映了黛玉的天真纯洁。他们与贾母、王夫人基于自己的爱好对这班人的赞扬、鉴赏有本质的区别。又如玩弄人命的凤姐,封建卫道者宝钗,作者也没有把她们谴化,她们的结局也是悲剧的,因为这是封建社会把她们撮弄的结果。

曹雪芹塑造了众多的少女形象,她们的美不仅表现在容貌上,更主要的蕴含在她们性格之中。她们都具有纯洁高尚的品质,具有感人的崇高道德力量。但是,她们都是被迫害者,她们的下场都是悲惨的,所谓"千红一哭,万艳同悲"。她们都是封建制度下不幸的牺牲者。

《红楼梦》还描写了贵族阶级生活的荒淫无耻和道德的败坏。如贾赦年已过半百,还要强娶鸳鸯,贾珍则淫乱自己的儿媳,贾琏贾蓉更到处偷鸡戏狗,这便是为什么宝玉"见了男子便觉浊臭逼人"(二回)的原因。他们对自己的丑言秽行不但不以为羞,反而视为当然。对贾琏的淫乱行为,贾母即曾说:"小孩子们年轻,馋嘴猫儿似的,那里保的住呢? 从小儿人人都打这么过。"(四十四回)贾蓉也恬不知耻地说:"从古至今,连汉朝和唐朝,人还说'脏唐臭汉',何况咱们这种人家! 谁家没有风流事?"(六十三回)对这些,作者通过焦大的口大骂一场。可卑的是,他们这种行为是在卫护封建道德的名义下进行的。他们标榜"贞操",而暗中干的却是"偷狗戏鸡,爬灰的爬灰,养小叔子的养小叔子"(七回)。他们提倡"孝行",贾敬死了,贾珍却不顾大孝在身,去与尤氏姊妹厮混。这就深刻地揭露封建道德的虚伪,揭露了这班人灵魂的卑鄙龌龊。

《红楼梦》表现了各种各样的斗争,上自王公大臣,下至村夫走卒,各个阶级、阶层的人物都在作者笔下显现出来,其间有宫廷与王府之间的矛盾,各郡王之间的矛盾,家族之间的倾轧,骨肉之间的陷害,豪强之间的掠夺,僧侣村夫之间的诱骗等。这些斗争都是通过人物性格表现的,因此更显示出其尖锐化和多面化,以至于消融在每一个细节之中。《红楼梦》就是从描写现实生活各种复杂的矛盾和斗争中,揭露封建社会政治制度、道德风尚、文化教育等的腐朽、堕落和衰败的。对这个社会中一切阴毒、黑暗、丑恶、愚昧的现象,都通过贾宝玉的思想、行为、言论和认识作了深刻的批判。贾宝玉和林黛玉以及其他一些纯洁善良有高尚品质的人物,他们的结局都是悲惨的,他们好像失败了,但是,他们的思想、行为却宣判了封建社会从经济结构到它的政治、思想、宗教、道德、教育等全部上层建筑的大崩溃!

(三)贾宝玉的典型意义

贾宝玉和林黛玉是《红楼梦》中两个中心人物,全部《红楼梦》即是以这两个人物的恋爱悲剧展开18世纪社会生活的。怎样评价这两个人物呢? 我们认为他们二人都是一定历史时期的产儿,他们出生于我国封建社会末期——18世纪60年代。他们出生时,清初那些大思想家顾炎武、黄宗羲、王夫之等的反封建反理学的民族民主运动已成过去,以洪秀全、杨秀清为首的太平天国运动还未起来,整个社会正处在表面平静状态中。但其内部却蕴孕着新的变化,已经危机四伏,阶级关系又在分化,在许多方面显示出山雨欲来风满楼的征兆,历史正面临着一个新的转折点。贾宝玉和林黛玉就是在这封建社会的子夜诞生的。他们是这一时期从没落贵族阶级分化出来的人物,是贵族阶级的"逆子",代表这个阶级的叛逆意识。他们是当时不满现实制度,要求改变现状,具有进步思想的人物典型。他们不同于以前的顾、黄、王诸大家,也不同于以后的知识分子,他们的精神面貌具有它那个时代的、阶级的特点。

贾宝玉出生于一个封建大家庭,父母双全,兄妹众多,并有祖母的娇宠,更重要的他是荣国府祖业唯一的直接继承人,这就是为什么贾母叫他"命根子"的原因。唯其如此,贾政对他特别关心,因为他的贤与"不肖"关系贾府的命运,关系封建道统的继承问题。贾政对他期望很大,希望把他教育成贵族阶级的忠臣孝子,把他教育成封建伦理的接班人。当宝玉出生不久,他就"试他将来的志向",宝玉"伸手只把些脂粉钗环抓来玩弄",他"因此不甚爱惜"(二回)。这并非说宝玉在襁褓中即懂得反封建,只能说明他的幼稚、纯真,一个无意识的举动,便引起封建卫道者的冷眼相待。

　　贾宝玉的反抗意识产生得比较早,他预感到那个时代的腐朽和贵族阶级的没落,经常表现出一些与世俗不同的思想、言论和行为,惹起人们对他的贬责,说他"行为偏僻性乖张"(三回),说他疯、狂、痴、傻等,其实,这些正是他不屈服于封建伦理的精神特征。他以这种精神对待社会人生,对待人伦道德,以这种精神反抗封建主义的传统思想,这是宝玉思想性格的总倾向。

　　贾宝玉和封建社会的冲突、和封建礼制的冲突,尖锐地表现在受教育的问题上。贾政屡次命令宝玉上学,宝玉则屡次借故"逃学"这一事件构成《红楼梦》中一条鲜明的线索。围绕这条线索,还有贾母、王夫人、宝钗、袭人及黛玉、晴雯等。宝钗、袭人等经常劝诫他好好读书,黛玉、晴雯则对他表示深切的同情,并设法代他解除因不爱读文章而形成的精神上的痛苦。因为他不爱读文章,贾政曾不止一次地大发脾气,喝令他"自今日起,再不许做诗做对的了,单要学习八股文章。限你一年,若毫无长进,你也不用念书了,我也不愿有你这样的儿子了"(八十一回)。贾政要宝玉读书的目的,就希望他"学个成人的举业,才是终身立身成名之事"(八十一回)。贾政企图把宝玉培养成贵族阶级的孝子贤孙,宝玉却不肯就范,偏偏爱作些诗词以抒写胸怀、陶冶性情,认为那些八股文章"原非圣贤之制撰,焉能阐发圣贤之奥!"不过是"饵名钓誉之阶",乃"平素深恶"(七十三回)。他骂那些猎取功名富贵的人为"国贼禄鬼"、"须眉浊物"(三十六回)。即使他的好友史湘云劝他"常会会这些为官做宦的,谈讲谈讲那些仕途经济,也好将来应酬事务"，他也大觉逆耳，以言相讥。他诅咒那些"文死谏"、"武死战"的臣子，"只顾他邀名"、"图汗马之功"（三十六回），而误君误国。他不愿为国君而死，而愿于被压迫的女儿的眼泪汇成的长河中漂泊而死，认为这才"死的好!"这就表现了贾宝玉对被压迫者的同情。贾宝玉后来虽然中了举，但始终未做贵族阶级的忠臣孝子，封建教育制度在他面前丧失了约束力。

作为一个贵族阶级的"逆子"、封建社会的背叛者，贾宝玉在婚姻问题上，也与封建的婚姻理念相对立，而要求一种平等的自由结合的婚姻，这鲜明地体现在他与黛玉恋爱的过程中。他和黛玉的爱情完全建立在互相尊重、谅解、友爱和对现实生活共同认识的基础之上。他们是根据自己的生活愿望和美的理想选择伴侣的。这正和贵族阶级的权力、要求和意志相矛盾，这一矛盾便是《红楼梦》悲剧的重心。在宝玉和黛玉对美好的爱情追求中，始终伴随着一个阴影，即"金玉良缘"。由此，便引起了他们之间的许多波折。元妃在端午节派人送来许多礼物，其中宝玉和宝钗是一样的，黛玉和探春、迎春、惜春是一样的。宝玉见了很诧异，深怕黛玉生疑，便将自己的也送给黛玉，任她选择，黛玉则说："我没这么大福气禁受，比不得宝姑娘，什么'金'哪'玉'的!我们不过是个草木人儿罢了!"又当黛玉听到宝玉赞扬自己从来不谈"仕途经济"的混账话时，她无限感慨："既你我为知己，又何必有'金玉'之论呢？既有'金玉'之论，也该你我有之，又何必来一个宝钗呢？"（三十二回）宝玉在梦中也禁不住叫骂道："和尚道士的话如何信得？什么'金玉良缘'？我偏说'木石良缘'!"（三十六回）可见贵族阶级对他们的命运已经做了"妥善"的安排。薛姨妈也曾对黛玉说"自古道'千里姻缘一线牵'"（五十七回），正是宣传婚姻问题上的宿命论，其实质也是坚持"金玉良缘"。这种观念是贵族阶级权力、意志的体现,宝玉和黛玉在爱情上为这种思想所拨弄以及和这种思想的斗争,都是和贵族阶级的权力、意志的矛盾和斗争。

宝玉对黛玉的爱情并不是一开始即很专一,起初他还常常动摇于宝钗和黛玉之间。他虽然鄙视宝钗的思想观点,但对其姿色之美却怀有羡慕之心,故常接近她,引起黛玉许多猜忌。经过许多矛盾、波折和生活历练之后,他对黛玉的爱情才逐渐坚贞净化起来。他曾对黛玉发誓说:"活着,咱们一处活着;不活着,咱们一处化灰、化烟。"(五十七回)宝玉和黛玉誓同生死爱情的重要特征,就在于他们有共同的思想基础、共同的生活理想,并且在长期中形成的感情,绝不同于历代一见钟情的恋爱故事,也不同于那些史传小说之把爱情理想寄托于蟾宫折桂。这也是他们反对封建婚姻制度比较深刻、彻底的表现。

贾宝玉对他出身的那个阶级表现了无限的憎恶和鄙弃,而对被压迫人民的不幸遭遇则表示深切的关怀和同情,特别是对女子的关怀和同情。他初次见到秦可卿的弟弟秦钟时,即自思道:"我虽比他尊贵,但绫锦纱罗,也不过裹了我这枯株朽木,羊羔美酒,也不过填了我这粪窟泥沟:'富贵'二字,真真把人荼毒了!"便是对他自己阶级的鄙弃。相反,他对出身贫寒、职位卑贱的人则表示由衷的尊重和敬慕,如对"一贫如洗"的柳湘莲的友情,对被愚弄的艺人蒋玉菡的景仰等。更突出的是他对女孩子的同情和敬重,他认为"天地间灵淑之气,只钟于女子"(二十回)。认为女子最纯洁最高尚,并得出结论说:"女儿是水做的骨肉,男人是泥做的骨肉,我见了女儿便清爽,见了男子便觉浊臭逼人!"(二回)当然,女儿并不是一个阶级,但在封建社会她们一般都是不幸者和被压迫者,因此,对她们的同情和尊重,也就是对被压迫者的同情和尊重。至于他所接触的贾府那些男子,如贾珍、贾琏、贾蓉等荒淫无耻,恣意妄为,倒真是"浊臭逼人"！这实质上也是嗅到了自己阶级的浊臭和腐朽。

他见了香菱,便暗想:"可惜这么一个人,没有父母,连自己的本姓都忘了,被人拐出来,偏又卖给这个霸王!"(六十二回)当平儿因贾琏和凤姐的争斗,无辜被打之后,他心想:"平儿并无父母兄弟姊妹,独自一人,供应贾琏夫妇二人,贾琏之俗,凤姐之威,他竟能周全妥帖,今儿还遭荼毒,也就薄命的很了!"(四十四回)此外,他常代丫环们开脱罪过,包揽过错等,都是对这些被压迫者、不幸者的同情,他好像要把这些女儿的一切苦难都担荷起来,表现了一种博大的爱心。他要把"屋里的人,无论家里外头的","回太太全放出去,与本人父母自便"(六十回),使丫环春燕听了喜欢的不得了。他为这些被压迫者、不幸者鸣不平,质问道:"晴雯犯了什么滔天大罪!""想是他过于生得好了,反被这个好带累了!"(七十七回)他向封建社会控诉,《芙蓉诔》就是一篇庄严、激烈、情感沉郁的控诉书:

> ……岂道红绡帐里,公子情深;始信黄土陇中,女儿命薄!汝南斑斑泪血,洒向西风;梓泽默默余衷,诉凭冷月。呜呼!固鬼蜮之为灾,岂神灵之有妒?毁诐奴之口,讨岂从宽?剖悍妇之心,忿犹未释!
>
> ……

这不单是为晴雯的悲惨遭遇控诉,也是为一切被迫害女儿的血泪控诉。

宝玉对待女子的爱,不是色欲的追求,而是出于一种尊重和同情心,他见了平儿,便惋惜:"贾琏唯知淫乐悦己,并不知作养脂粉。"(四十四回)即表现尊重女子的意思。他之所以讨厌老太婆,也并非因为老太婆生得不美,而如春燕所说:"怨不得宝玉说'女孩儿未出嫁是颗无价珠宝,出了嫁不知怎么就变出许多不好的毛病儿来;再老了,更不是珠子,竟是鱼眼睛了! 分明一个人,怎么变出三样来。'这话虽是混账话,想起来真不错。别人不知道,只说我妈和姨妈,他老姐儿两个,如今越老了,越把钱看的真了!"(五十九回)这就是说女人越老越沾染许多世俗观念、习气,已失去本来纯真的面目,因此宝玉才厌恶她们。

在封建伦理关系上,据说他"只有父亲、伯叔、兄弟之伦,因是圣人遗训,不敢违忤"(二十回)。但在实际行动中宝玉是经常违忤的,他认为这都是些俗套,乃生平最怕。他在贾环面前从来不以兄长自居,又曾告诉秦钟"以后不必论叔侄,只论弟兄朋友就是了"(九回)。至于对贾政、王夫人等始终恭谨敬之,也不能说明他赞成这种伦常关系。他受过父亲的毒打,母亲的训斥,体验到封建伦常关系的冷酷,他不敢违忤,正说明他精神上的深刻矛盾。

贾宝玉正是这样一个反对封建伦理,主张平等相待;反对封建婚姻制度,要求婚姻自由;反对封建教育制度,希望做一个不受封建礼法拘束的人。他憎恶贵族阶级,对被压迫者特别是对女子寄以深切的同情,并探求他们的出路。他有所反对,有所追求。但是,由于他处在那样的时代,出身于那样的阶级,时代传统的惰力和加于他的压力,家庭环境给予他的影响,使他的追求充满了无穷的痛苦。为了解除这种痛苦,他常常吞食宗教的麻醉剂,以求取精神上的解脱。这一切,正是18世纪由贵族阶级分化出来的知识分子在精神面貌上所体现出来的特点。最后,他出走了,他的行为宣布了他与封建社会和贵族阶级的彻底决裂!

(四)林黛玉及其他人物典型

林黛玉是封建社会、贵族阶级的叛逆少女,她所处的环境与贾宝玉有很大不同。她出生于支庶不盛的书香门第"清贵之家",幼年丧母,父亲为减轻内顾之忧,把她寄养于荣国府。后来父亲也不幸死亡,她便成为一个父母双亡、无依无靠的孤儿了。她在荣国府表面被尊为贵宾,实际则是一个寄食者。这些经历就形成了她见花落泪、对月伤怀的情绪。她经常自叹身世,见了双文便默想:"双文虽然命薄,尚有孀母弱弟,今我黛玉之薄命,一并连孀母弱弟俱无。"(三十五回)正像宝玉对宝琴所说:"林妹妹曾经离丧,作此哀音。"(七十回)

　　黛玉进入荣国府,到了一个新的环境,这里的封建礼法很严,对封建道德的要求也很高,她母亲曾对她说:"外祖母家与别人家不同",其理由就在这里。在家里娇养惯了的黛玉来到荣国府,自然存着戒心,她"步步留心,时时在意,不肯轻易多说一句话,多行一步路,惟恐被人耻笑了他去"(三回)。可见封建道德给予这个少女精神上多么沉重的压力。所幸,最初她还受到贾母的溺爱,因而也得到人们的宠敬。后来贾母对她的感情逐渐冷淡起来,她在人们眼中的地位也就衰退下去,以至于连丫头袭人也敢大胆地菲薄了。凤姐带领众人抄检大观园,因为宝钗是亲戚,不准去动,而黛玉却不以亲戚论,冷暖之态不是判然若揭了吗!具有高度敏感性的黛玉对此并非不知道,"病潇湘痴魂惊噩梦"便是变化中的现实在她头脑中的反映。这时期贾母及其同伙对黛玉不但没有溺爱和娇宠,而且是冷酷无情了,以至于在黛玉奄奄一息的当儿,贾府全家都去料理宝玉的婚事,竟连一个来探顾的也没有,紫鹃禁不住愤恨道:"这些人怎么竟这样狠毒冷淡!"(九十七回)黛玉死后,贾母反说:"这丫头也忒傻气!"(九十八回)封建伦理关系就是如此冷酷!

　　林黛玉处在这样的环境里,环境的因素作用于她的思想、性格,对她的思想、性格产生很大影响,同时她思想、性格的特征又反映和揭示了这个环境。黛玉思想性格的重要特征,是她坚强的反封建性和要求婚姻自由的精神。但是,由于封建制度的压迫和自己贵族阶级思想的限制,她的反抗和要求是以迂回曲折的形式表现出来的。黛玉对宝玉爱情的追求,经历着一段曲折痛苦的过程,她屡次试探宝玉对自己的心意,当宝玉真正表示自己纯洁爱的心灵时,她又立刻以一副严正的面孔怒目相视。宝玉也是如此。正如作者在旁注里所说:"原来宝玉……早存一段心事,只不好说出来。故每每或喜或怒,变尽法子暗中试探。那黛玉……也每用假情试探。因你也将真心真意瞒起来,我也将真心真意瞒起来,都只用假意试探。""两个人原是一个心,如此看来,却都是多生了枝叶,将那求近之心,反弄成疏远之意了"(二十九回)。结果引发了许多矛盾和冲突,其原因即在于"所存私心,难以备述"(二十九回)。在严酷的封建势力压迫下,黛玉不敢坦露自己的心理,往往表里不一致。"慧紫鹃情辞试莽玉"一回中紫鹃探得宝玉的真心,夜间告诉了黛玉。黛玉听后心里本来很高兴,但表面上却板着面孔说:你"这会子不歇一歇,还嚼什么蛆"!当紫鹃再往下说时,她更嗔怒道:

> 这丫头今日可疯了!怎么去了几日,忽然变了一个人?我明日必回老太太,退回你去,我不敢要你了。(五十七回)

黛玉精神上的这种矛盾,正说明了她反对封建制度、追求婚姻自由过程的曲折性。

和宝玉的自卑相反,黛玉性格的另一特征是自尊。这种自尊,就她处在寄人篱下的屈辱地位而言,是有其不甘于被侮辱被蔑视的积极意义的,同时也是对自己阶级尊严的坚持。王夫人即曾借对晴雯的谴责,以轻蔑的口吻讥讽她是"水蛇腰,削肩膀儿"(七十四回）。她意识到自己在贾府中的地位，时刻警惕着，因此一听到湘云说她像"小旦"，她便立刻恼怒起来。在封建统治者面前，她没有任何奴颜婢膝，始终是那样威严崇高。通过她的自尊自爱，便把封建社会对由贵族阶级分化出来的不幸者的被侮辱蔑视的社会现实和她的阶级性格揭示出来。

黛玉性格的另一特征是高度的敏感性，这种高度的敏感性，正反映了黛玉在那种环境中所遭受的不平和痛苦。贾母特地为宝钗做生日，对黛玉的生日却置之不顾；周瑞家的给姑娘们送花，把人家挑剩下的给了她。这些她都敏锐地表示不满，并给以尖刻的讥讽。有一次，黛玉在病中忽然听到外面有人大嚷道："你这不成人的小蹄子！你是什么东西，来这园子里头混搅！"黛玉听了大叫一声："这里住不得了！"立刻肝肠崩裂，哭的死了过去（八十三回）。原来，窗外一个老婆婆骂她外孙女，黛玉怀疑到自己身上来了。通过她的高度敏感性，反映了她被歧视被遗弃的社会地位和精神世界。

黛玉的一生是痛苦的一生，也是始终不懈地坚持反抗和追求希望的一生，她的痛苦和希望集中地表现在《葬花词》里。她看到了落花，就联想到自己的命运："花谢花飞飞满天，红消香断有谁怜！"同时也联想到自己在人生道路上所经历的历练折磨："一年三百六十日，风刀霜剑严相逼；明媚鲜妍能几时，一朝飘泊难寻觅。"最后表示自己的愿望说：

> 愿奴胁下生双翼，随花飞到天尽头。天尽头！何处有香丘？未若锦囊收艳骨，一抔净土掩风流；质本洁来还洁去，不教污淖陷渠沟。（二十七回）

《葬花词》剖露了黛玉的痛苦、遭遇和希望，同时也概括了封建社会女子的思想和命运。通过林黛玉的思想、性格，把封建社会对青年女子的各种压迫深刻地反映出来，把她们的悲痛、感伤、反抗和希望反映出来。这就是黛玉形象动人的原因。

和黛玉的思想、观点、脾性、爱好完全相反的人物是宝钗。宝钗是贵族家庭中正派小姐的典型，她端庄、威严、多谋，又含蓄、沉穆，"罕言寡语，人谓藏愚，安分随时，自云守拙"。她的一举一动都体现着封建道德的规范。宝玉最厌恶功名利禄，她却劝宝玉去应科中举。黛玉偶然看了一次《西厢记》和《牡丹亭》，她就规诫说：女子"只该做些针线纺绩的事才是"，不应该读书，既认得了字，就应该"拣那正经书看"，不要"见些杂书，移了性情，就不可救了"（四十二回）。她思想气质上具有封建阶级冷酷的特征，对被压迫者、不幸者毫无同情之心。金钏投井自杀，她认为"不过是个糊涂人，也不为可惜"，劝王夫人："十分过不去，不过多赏他几两银子"，也就尽了主仆之情了。她听到柳湘莲、尤三姐死的消息，也毫不动声色，认为是"前生命定"。可见她多么冷酷！她内心藏奸，嫁祸于人，用尽心机排斥黛玉，企图夺取宝二奶奶的地位。如她送衣服给金钏是一件事，让小红、坠儿怀疑自己的私情被黛玉听去又是一件事，还有对贾母、王夫人、凤姐等的奉承不计其数。她主张以朱子之学持家，曾指责探春"办了两天事，就利欲熏心，把朱子都看虚浮了"（五十六回）。她的言行举止都以封建道德为标准，她是封建道德的执行者，也是封建道德的牺牲者。被认为是宝钗影子的袭人，在思想倾向上，和宝钗是一致的。但她的行为仪表不像宝钗那样风姿高贵，而近于庸俗；奸诈多谋不像宝钗那样含蓄，而比较外露。这正适合她的丫环的身份和地位。她之所谓至贤至善，恰巧符合封建阶级的要求，从而得到王夫人的好评。对宝玉她费尽了心思，千方百计笼络宝玉，目的不外乎要争取一个妾的地位。向王夫人献策，让宝玉搬出大观园，最后竟将晴雯害死。她就是这样阴险狠毒，一副封建阶级的奴才相。

凤姐是作为一个封建统治者的人物来塑造的，她的思想作风集中了封建统治者的许多特点。用兴儿的话说，就是"心里歹毒，口里尖快"，遇见好事，先"抓尖儿"，遇见坏事，就"一缩头"，推到别人身上。她"嘴甜心苦，两面三刀，上头笑着，脚底下就使绊子，明是一盆火，暗是一把刀"（六十五回）。此外，她还积压着丫环的月例钱不发，拿去放高利贷；为了三千两银子，陷害了两条人命；用伪善的手段，逼死了尤二姐。她身上沾满了斑斑血迹。凶恶、奸诈、狡猾、刻薄她都占齐了。她的言行、作为反映了封建社会的黑暗和罪恶。

史湘云是一个天真爽直、性格开朗的少女，虽然也沾染了一些世俗观念，劝宝玉谈"仕途经济"，但与宝钗之坚决维护封建道德有本质的不同，而完全出于一种纯真和幼稚。她有高人雅士的作风，诗情酒兴都十分特出，风流跌宕，挥洒自如，是她那一阶层中的女子英豪。

《红楼梦》中对一些下层人物的描写也是很成功的，他们一般都具有勇敢不屈的反抗精神，与封建势力作誓死斗争的意志，他们思想性格中孕育着一种美的道德力量。晴雯便是其中最有代表性的人物。她憨直、粗犷、泼辣、倔强，身为奴才，却毫无奴才相，相反地敢于蔑视一切。怡红院被抄检的时候，她正病着，却不顾病弱的身体，挽着头发闯进来，"豁"一声，把自己的箱子掀开，两手提着箱底，往地下一倒，全部东西都倒出来。王善保家的回话说，自己是太太打发来的，将来要回太太去。她即指着王善保家的脸说："我还是老太太打发来的呢！"（七十四回）唇枪舌剑，所向无敌，表现了顽强的斗争精神。但是，反抗性越强，遭遇就越悲惨。以一片诚心对待宝玉的晴雯,结果被诬蔑为"狐狸精",而赶出去,负屈含冤而死。同样,鸳鸯在贾赦的淫威面前,也英勇果敢而不屈。她对贾母发誓说:"就是老太太逼着我,一刀子抹死了,也不能从命!"(四十六回)为了表示自己的决心,用剪子把头发铰掉。后来贾母死了,她自虑逃不脱魔掌,便以绳索结束了自己的生命。这是多么光明磊落的反抗性格。此外,尤三姐、紫鹃等也都具有鲜明的反抗性,都以反封建反迫害的精神挑动着广大读者的心弦。

《红楼梦》中创造了各个阶层的人物,其数量多达四百人以上。这些人物大部分都具有鲜明的个性。我们若读些清朝的野史笔记,更多地了解清朝统治下的社会生活和风俗习尚,就会认识到这些人物中相当多的部分具有典型性和历史真实性,从而也可以看出曹雪芹惊人的创作才能和艺术概括生活的能力。

(五)作者的世界观和现实主义创作

《红楼梦》以丰富的艺术形象表现了贵族地主阶级灭亡的必然趋势,表现了封建社会政治、教育、伦理、道德的总崩溃,并肯定了社会生活中新的理想——不受礼教束缚的平等自由的生活理想。但是,与这种鲜明的思想倾向伴随着的则有一脉"人生如梦"的"色空"观念,对所揭示的社会生活,常常给以虚无主义或宿命论的解释,作者攻击和反对的,常常又是他同情和惋惜的。这种矛盾,实质上是作者世界观矛盾的反映。从现有的材料看,曹雪芹是经历过剧烈的阶级分化和生活突变的,同时历史传统的影响、时代社会的培育,便形成了他世界观中的进步因素。曹雪芹思想中的进步因素,已经达到他那个时代极高的水平。这使他能忠于现实,描写出社会生活的真实,揭示出社会的本质和历史的规律性来。但是,曹雪芹是贵族地主阶级出身,又处在封建社会末期,阶级和时代的限制,使他的思想必然带有某些偏见,对所描写的生活不能

作正确的解释,如〔飞鸟各投林〕曲子对封建社会崩溃的根源解释说:

> 为官的,家业凋零;富贵的,金银散尽;有恩的,死里逃生;无情的,分明报应;欠命的,命已还;欠泪的,泪已尽:冤冤相报自非轻,分离聚合皆前定。欲知命短问前生,老来富贵也真侥幸。看破的,遁入空门;痴迷的,枉送了性命——好一似食尽鸟投林,落了片白茫茫大地真干净!

曹雪芹以艺术形象具体、真实地揭示了封建制度瓦解的社会根源,但他的主观解释却是宿命论的。这种现象在创造的一些重要人物身上也留下明显的痕迹。他笔下许多清净纯洁女儿的悲剧,从作品的艺术表现看,都是和当时的社会制度密切联系着,是当时社会制度造成的,但作者的主观解释却是命该如此。在第五回金陵十二钗正副册上,对这些人物的概括说明,即流露了这种落后观点。即便如宝玉和黛玉这两个作品的中心人物,作者也以“绛珠仙草”向“神瑛侍者”还泪来解释他们的悲剧根源。当然,重要的还不在于作者对这些问题的一般解释上,而在于他塑造这些人物时,就注入对这些人物性格的宿命论观念。如宝玉一生是反封建的,同时他一生也是为虚无主义所俘虏的。曹雪芹对封建社会和他所出身的阶级,一方面给以猛烈的攻击和揭露,另一方面对其没落衰败又表现出无限惋惜、留恋的情绪。因此,他在批判、鞭挞凤姐持家严酷、尖刻、凶狠时,也流露了对她的同情。鸳鸯即曾对尤氏、李纨说:“罢哟!还提‘凤丫头’‘虎丫头’呢。他的为人,也可怜见儿的!虽然这几年没有在老太太、太太跟前有个错缝儿,暗里也不知得罪了多少人。总而言之,为人是难做的:若太老实了,没有个机变,公婆又嫌太老实了,家里人也不怕;若有些机变,未免又‘治一经损一经'。"(七十一回)同样,他在批判探春对其生母赵姨娘背亲弃义的行为时,对她理家的才能也表示赞叹,并寄予挽回贾府衰败命运的希望。宝钗即曾称赞道:"善哉!三年之内,无饥馑矣。"李纨也说:"使之以权,动之以利,再无不尽职的了。"(五十六回)这些都渗透着作者自己的思想情感。说明作者并未彻底背叛他那个阶级、彻底否定封建社会,而对其充满了同情和惋惜。

曹雪芹极力歌颂贾宝玉的反抗精神,对他被打也挥洒了同情的热泪,但也流露出一种恨铁不成钢的情绪。对宝玉不谈"仕途经济"的作为,曹雪芹也尽情的歌颂,但却借警幻仙子的口规劝他"留意于孔孟之间,委身于经济之道"(五回),并以警幻来点化他醒悟。可见曹雪芹的世界观具有大胆的对传统伦理、道德、社会、政治的批判精神,同时也有由阶级偏见所带来的消极成分,对他那个阶级在情感上还保持着千丝万缕的联系。他既憎恶那个社会,又留恋那个社会;既鞭挞他那个阶级,又同情他那个阶级;要"补天",又没有力量;要挽回那些女儿的命运,又不可能;这便形成了他精神上的极大痛苦。开篇第一回便表现了作者思想、精神上这种矛盾和痛苦:

> 今风尘碌碌,一事无成,忽念及当日所有之女子,一一细考较去,觉其行止见识皆出我之上;我堂堂须眉,诚不若彼裙钗;我实愧则有余,悔又无益,大无可如何之日也!当此日,欲将已往所赖天恩祖德,锦衣纨绔之时,饫甘餍肥之日,背父兄教育之恩,负师友规训之德,以致今日一技无成,半生潦倒之罪,编述一集,以告天下:知我之负罪固多,然闺阁中历历有人,万不可因我之不肖,自护己短,一并使其泯灭也。所以蓬牖茅椽,绳床瓦灶,并不足妨我襟怀;况那晨风夕月,阶柳庭花,更觉得润人笔墨;我虽不学无文,又何妨用假语村言,敷演

出来,亦可使闺阁昭传,复可破一时之闷,醒同人之目,不亦
宜乎?

作者思想上的矛盾和痛苦,同样反映到作品中来,他愤世嫉俗的方
面,也即世界观进步的方面,指导他去观察社会、分析社会,加之他
生活经验丰富,体验社会深刻,在斗争实践中不断提高自己的思
想,使他思想中的消极部分居于次要地位,而通过艺术形象所反映
出来的社会生活和历史发展规律是最突出、最吸引人和最有说服
力的。因此,人们读了《红楼梦》,在内心引起的不是"色空",而是
关心现实生活,不是悲伤感叹,而是对生活的热烈追求。

(六)红楼梦的艺术特色和影响

《红楼梦》在艺术上成就很高,它宏伟的艺术结构、复杂多面
的人物性格、丰富深刻的细节描写、简洁细腻有极大生活容量的文
学语言,都与以前的文学作品表现出不同的特色,体现了艺术巨匠
曹雪芹非凡的艺术天才。

《红楼梦》艺术上一个鲜明特色,即是它的艺术结构的天然浑
成,其结构的自然纯真形态,犹如生活本身一样,好像未经过什么
精雕细琢的工夫,完全是生气勃勃的生活的再现。其中描写了许
多家庭生活细节、日常平凡事件,也写了一些波澜壮阔的大场面。
千头万绪,但看起来却脉络分明,有条不紊。它的每一段描写,哪
怕是极细微之处,也都是整个结构的组成部分,是时代生活不可缺
少的一环。我们若从其中抽去任何一个细节,都会造成这部艺术
品的很大漏洞,也会感到损害了生活的逻辑联系。与《水浒传》、
《三国演义》、《儒林外史》的结构之各成段落不同,它是一个高度
的有机体。与《聊斋志异》之带斧凿痕迹的描写不同,它是那样的
淳朴和自然。它的艺术结构毫不夸饰地体现了生活的特点和规
律,它完全是建立在生活真实的基础之上的。从第一回借甄士隐

和贾雨村的谈话作楔子,到最末回又以"甄士隐详说太虚情""贾雨村归结红楼梦"为结束,又从开篇缘起诗云:"满纸荒唐言,一把辛酸泪! 都云作者痴,谁解其中味?"到末回又承缘起作诗云:"说到辛酸处,荒唐愈可悲。由来同一梦,休笑世人痴!"也见出结构之完整和作者构思之精细与经营之苦心。这部作品结构之宏伟精细,确是超过它之前的文学作品,从"开辟鸿蒙"始,至全书的结尾,是一部伟大完整的历史悲剧合奏曲。

　　《红楼梦》在人物性格的塑造方面也十分成功,它生动、逼真、丰富而摇曳多姿。作者笔下人物性格的鲜明性,在日常谈话和对事物的态度中即表现出来。有一次,湘云拾到一张当票,不能识别是什么,拿着到处嚷,宝钗看了知道是弟媳岫烟丢的,告诉她不要再嚷了,即将岫烟家境贫寒,无人照管,邢夫人对她又刻薄,她二姐迎春又照顾不了,以致典当衣服维持自己的费用等解说了一通。大家听了各有不同表态:

　　　　黛玉听了"兔死狐悲,物伤其类",不免也要感叹起来了。湘云听了,却动了气,说道:"等我问着二姐姐去! 我骂那起老婆子丫头一顿,给你出气,如何?"说着便要走出去,宝钗忙一把拉住,笑道:"你又发疯了,还不给我坐下呢?"黛玉笑道:"你要是个男人,出去打一个抱不平儿;你又充什么荆轲聂政? 真真好笑!"湘云道:"既不叫问他去,明日索性把他接到咱们院里一处住去,岂不是好?"宝钗笑道:"明日再商量。"(五十七回)

如此简单的对话,黛玉、湘云、宝钗的声态并作,她们各自的性格都鲜明地表现出来。

　　作者在刻画人物性格时,更善于通过矛盾冲突来表现,使性格更尖锐、突出,使性格的内在意义揭示得更深刻。如"惑奸谗抄检大观园"一回,王夫人得到一个"绣春囊",便喝令凤姐、王善保家的等向大观园发动总进攻,使一向极平静的大观园登时处于紧张状态。在这场剧烈的斗争中,许多人物给我们以深刻的印象,像狐假虎威的王善保家的,怕得罪人的假善人王熙凤,顽强有反抗性的晴雯,维护自己阶级尊严的探春,懦弱无能的惜春,言带讥讽的紫鹃,内里藏奸的袭人等,她们的精神面目深刻、逼真的被揭示出来。总之,《红楼梦》在人物性格塑造方面精雕细琢的功夫是以前文学作品所不能比拟的。

《红楼梦》的细节描写也是非凡的。和其前的现实主义小说相比,《红楼梦》中关于生活细节的描写尤其多。但是,我们读起来并不感到厌倦,反而为这些细节所吸引。因为这些细节并不是一般的生活琐事,而是经过作者典型化了的生活关系,它具有丰富深刻的社会意义。一次,宝玉和黛玉由于互相试探对方的情意,而发生猜忌、口角,以至于砸玉、铰玉穗子,弄得不可开交。事后二人都后悔,宝玉则亲自找黛玉去赔罪:

> 幸而屋里没人。黛玉两眼直瞪瞪的瞅了他半天,气的"嗳"了一声,说不出话来。见宝玉憋的脸上紫涨,便咬牙用指头狠命的在他额上戳了一下子,"哼"了一声,说道:"你这个——"刚说了三个字,便又叹了一口气,仍拿起绢子来擦眼泪。(三十回)

这里表现了宝玉、黛玉由于不能正面表白自己的心意所受的折磨和痛苦,表现了黛玉的猜忌,表现了宝玉的赤诚,也表现了他们之间的爱和恨。这样简单的情节,概括了多么深刻的内容。《红楼梦》中许多细节像千丝万缕锦线一样交织成书,使这部作品犹如一幅美丽的织锦。《金瓶梅》也有许多细节描写，但近于琐碎、堆砌，未曾经过典型化，或典型化深度不够，远不能与《红楼梦》比。

《红楼梦》的语言艺术成就也是很高的，它充分体现了曹雪芹丰富的生活经历和高度的驾驭文字的技巧。《红楼梦》的语言特色，不仅表现在对北京话的运用上，更表现在它丰富的生活容量和准确、简洁、具有雕塑性的表达力。人们公认《红楼梦》对生活描写之细腻，但并非用繁冗的语言，而是用简洁、明快几句话，即概括深刻的内容。如刘姥姥初进荣国府，临走时凤姐问她"有什么说的"？她始终不肯开口，周瑞家的给她递了个眼色，她怎样呢：

> 　　未语先红了脸，待要不说，今日为何而来？只得勉强说道："论今日初次见，原不该说的；只是大远的奔了你老这里来，少不得说了……"（六回）

寥寥数语把一个乡下贫苦之人，由于生活所迫跑到城里远亲家求助那种窘迫、羞涩、碍难开口的神态全部烘托出来。又如宝钗吩咐小螺去告诉湘云、香菱有个外国美人来了，并做得好诗，让她们来看：

> 　　半日，只听湘云笑问："那一个外国的美人来了？"一头说，一头走，和香菱来了。众人笑道："人未见形，先已闻声"。（五十二回）

两句话即鲜明、准确地传达出湘云爽直开朗的性格。《红楼梦》的语言有它的多样性和丰富性，或文或白，或雅或俗，或粗或精，或俚或野，都赋予形象以立体感和生活的韵律感。《红楼梦》在语言方面的成就，为我国文学语言作出了重大贡献。

《红楼梦》犹如一座宏伟的建筑物，线条结构是那样地和谐匀称，风格又是那样地纯朴自然统一，它是清代社会斗争和文学发展的必然产物,它的出现标志着我国现实主义文学发展的一个高峰,标志着我国古典小说发展的一个新阶段。鲁迅即说:"自有《红楼梦》出来以后,传统的思想和写法都打破了。"(《收获》创刊号:《中国小说的历史的变迁》)即说明它在文学发展过程中的重要意义。

由于《红楼梦》的非凡成就,它问世之后便引起广大群众的爱好,同治、光绪年间北京就流行着"开谈不说《红楼梦》,纵读诗书也枉然"(《京师竹枝词》)的谚语。不但在北京,也流传到浙江,当时一些"士大夫爱玩鼓掌。传入闺阁,毫无避忌"(毛庆臻《一亭杂记》)。不但作为小说阅读,而且"串成戏出,演作弹词",使"观者为之感叹欷歔,声泪俱下"(清梁恭辰《劝戒录四编》卷四)。人们对宝玉和黛玉的恋爱悲剧寄予深切的同情,为他们的不幸愤慨、不平,认为他们不能美满的结合是天地间的恨事。因此,以后便出现了许多续作,如《后红楼梦》、《红楼后梦》、《续红楼梦》、《红楼复梦》、《红楼梦补》、《红楼补梦》、《红楼重梦》、《红楼再梦》、《红楼幻梦》、《红楼圆梦》、《红楼梦影》、《增补红楼》、《鬼红楼》等,"大率承高鹗续书而更补其缺陷,结以团圆"(《中国小说史略》)。这些作品所写的仅凭作者主观想象,缺少生活基础,违背生活真实,又文笔拙劣,因而不能流传,以至湮没无闻。

三、吴敬梓及其《儒林外史》

(一)吴敬梓的生平和思想

《儒林外史》的作者吴敬梓,字敏轩,晚年号文木,安徽全椒人,生于清康熙四十年(1701),卒于乾隆十九年(1754),生于一个"名门望族"的官僚家庭中。其曾祖弟兄五人,除国器为布衣外,国鼎、国缙、国龙都是进士,曾祖父国对是探花。国对之子吴旦,即吴敬梓的祖父是监生。吴旦的弟弟是举人。国龙有两个儿子,一是进士,一是榜眼。明清之际"五十年中家门鼎盛"(程晋芳《吴敬梓传》)。《儒林外史》第三十回郭铁笔恭维杜慎卿说:"尊府是一门三鼎甲,四代六尚书。门生故吏,天下都散满了,督、抚、司、道,在外头做,不计其数。"这正是对吴家景况的真实写照。但是,他父亲霖起却只是个拔贡,做了几年江苏赣榆县的教谕,"做官的时候,全不晓得敬重上司,只是一味希图着百姓说好,又逐日讲那些'敦孝悌,劝农桑'的呆话"(《儒林外史》三十四回高老先生的话)。结果惹得上司生气,把官爵弄丢了。吴霖起为人耿介,不与世俗同流合污,能"守子云之玄,安黔娄之贫"(《移家赋》),又有孝敬父母之心,早年曾因家中有高堂老母,而不去做官。他死后,家道更衰落了,吴敬梓在其《移家赋》中感叹道:"于是君子之泽,斩于五世,兄弟参商,宗族诟谇……若敖之鬼馁,而广平之风衰矣!"吴敬梓就是在这样没落的家庭环境中成长的。

　　吴敬梓受家庭环境、特别是他父亲的影响很深。由于母亲早卒,他十四岁就随父亲在赣榆任上,二十岁举秀才,二十三岁遭父丧。他父亲的思想品德给他留下了深刻的印象,他始终怀念不忘。像《儒林外史》中的杜少卿,每当有人提起和他父亲的关系时,他总是格外的招待和照顾。这正是吴敬梓自己情感的真实反映。他蔑视功名,放浪不羁,讲究孝悌和"文行出处",都与家庭环境和他父亲为人处事对他的耳濡目染有密切关系。

　　他"性复豪上,遇贫即施"(程晋芳《吴敬梓传》),不久便把万贯家资挥霍干净,奴仆也相继逃散。宗族邻里都鄙视他,他不得不于三十三岁那年迁往南京居住。三十六岁时,安徽巡抚赵国麟征他应"博学鸿词"科考试,他托病辞却。《儒林外史》大约就是在他三十六岁以后对举业完全绝了念头时写的。从此直到五十四岁在扬州逝世,他的生活是非常艰苦的,主要依靠卖文和朋友周济勉强维持生活，有时竟至于断炊。在扬州时遇见曾经富贵后来贫困的程晋芳，他握着程的手痛哭说："子亦到我地位，此境不易处也，奈何！"（程晋芳《吴敬梓传》）虽然如此，但他并不向艰难妥协，"生平见才士汲引如不及，独嫉'时文士'如仇，其尤工者，则尤嫉之……缘此，所遇益穷"（程晋芳《吴敬梓传》），始终表现出一种顽强的精神。

吴敬梓是憎恶当时社会的，憎恶当时社会的科举制度、功名利禄和腐败的道德风尚等。他的言行、著述、立说都与这个社会是对立的，他坚持"治经"，把"治经"作为"人生立命处"，也用来与这个腐败社会相对抗。他思想中有许多新的进步因素，如尊重下层人民、要求平等和企图突破封建秩序的羁绊等。但他的思想体系是正统的儒家思想，他企图利用孔孟所谓的"名教"，来改变当时的社会，挽回这个社会灭亡的命运。这实际上是不可能的，金兆燕在哭他诗中有句云："丈夫抱经术，进退触藩羝。于世既不用，穷饿乃其宜。何堪伍群小，颠倒肆诋欺！"（《甲戌仲冬送吴文木先生旅榇于扬州城外登舟归金陵》）正说明他的政治见解不能实现的矛盾和痛苦。

由此可见，吴敬梓一生经历了由富贵到贫贱的过程，也经历了一段严峻、痛苦的思想斗争。他接触到社会各个阶层，特别是知识阶层，看过别人的嘴脸，受到过冷遇，体察到世态的炎凉，经历了人情的冷暖。他的头脑更清醒、冷静起来，观察社会就更深入了。他不但看到那些无耻文人的卑鄙、堕落和官僚地主及其爪牙的腐朽、贪婪，而且还透过这些现象看到其与封建制度的联系。同时他对下层社会职业卑下的人们产生了感情，称许并赞扬了他们。这一切，正是《儒林外史》严肃的现实主义创作的基础。

《儒林外史》之外，吴敬梓还著有《诗说》七卷，《文木山房集》

五卷。《文木山房集》有古典文学出版社刊行本。《诗说》已失传，但从《儒林外史》中也可以看到他对《诗经》的一些见解。

(二)《儒林外史》对封建社会的批判

《儒林外史》主要内容是什么？它主要批判了些什么？作者借闲斋老人写的序中说：

> 夫曰"外史"，原不自居正史之例也；曰"儒林"，迥异玄虚荒渺之谈也。其书以功名富贵为一篇之骨：有心艳富贵而媚人下人者；有倚仗功名富贵而骄人傲人者；有假托无意功名富贵自以为高，被人看破耻笑者；终乃以辞却功名富贵，品地最上一层，为中流砥柱。篇中所载之人，不可枚举，而其人之性情、心术，一一活现纸上。读之者，无论是何人品，无不可取以自镜。

他简明清楚地说明《儒林外史》所写的是当时的知识分子，即所谓"儒林"，而中心内容则是批判这些知识分子的功名利禄观念，描写他们在追求功名利禄过程中的"性情"、"心术"、精神面貌和道德风尚。其目的在于"善者，感发人之善心；恶者，惩创人之逸志"。即有益于社会人心，所谓"经世致用"者也。

《儒林外史》以巨大的篇幅集中批判了科举考试和八股制艺。这是明代以后我国封建士大夫追求功名富贵的主要途径，所以作者首先从这里切入。八股制艺是封建社会发展到一定历史阶段的产物，到了清代康熙、雍正、乾隆三朝则登峰造极。当然，这绝非偶然，而与当时社会有密切联系。当时清朝的政权虽然已经巩固，但为了更强化其政权，进一步桎梏知识分子的思想，因此即极力提倡八股考试，并以功名利禄作诱饵，把一些毫无气节和意志不坚定的知识分子撮弄得心魂颠倒、精神失常，他们只会鹦鹉学舌，剽窃古人只言片语,而不能独立思考,抒发己见。这就造成整个文化界思想的停滞、腐朽。章实斋在其《答沈枫墀论学书》中说:"自雍正初年至乾隆十许年,学士又以四书文义相为矜尚……至目通经服古谓之杂学,诗古文辞谓之杂作。士不工四书文不得为通。又成不可药之蛊矣。"在这种情况下,"翰苑清才,而竟有不知司马迁、范仲淹为何代人,汉祖、唐宗为何朝帝者"(康有为《请废八股、试帖、楷法试士,改用策论折》)。可见八股制艺对人民思想奴役的情况。由此也可以认识、了解《儒林外史》批判科举制度的重要意义。

吴敬梓在《儒林外史》前几回中,描写了两个科场中的人物,即周进和范进。他们都是淳厚又老实的人,但在科场上一直考到五六十岁也未考取个秀才,蹭蹬潦倒,生活无着。周进起初做私塾教师,尚勉强糊口,后来被辞掉,不得已和他姐丈金有余等商人一起做生意。到省城去,偶然见到贡院,便勾起心思,请求进去浏览一下,不料见了号板,即"一头撞在号板上,直僵僵不醒人事",经别人救活后,又"放声大哭起来","直哭到口里吐出鲜血"。人们"见他真切",便凑了些钱替他捐了个监生,他即感激不尽地说是"重生父母",来世"变驴变马也要报效!"范进中举一段也写得深刻入微。他是个五十多岁的老童生,后来好不容易考取个秀才,又要去考举人,为向岳父要盘费,被岳父骂得狗血喷头:"这尖嘴猴腮,也该撒泡尿自己照照,不三不四,就想天鹅屁吃!"但他终于偷着去考了一次,回家时"家里已是饿了两三天",自己抱了一只鸡,插着草标,到集上去卖。报子来报喜,有人来寻他,告诉他中了。他不信,不耐烦地说:"你晓得我今日没有米,要卖这只鸡去救命,为什么拿这话来混我?"当他回家真正看到报帖之后,两手拍了一下,笑了一声道:"噫,好了! 我中了!"接着"往后一跤跌倒,牙关咬紧,不醒人事。"被人救活之后,他竟疯了,遍街乱跑。这两个人物的行为既可笑又可悲,科举制度对人们思想奴役如此之深,使一些知识分子丧魂失魄,忘乎所以,一生除了举业之外,别无所求。封建统治阶级的手段多么阴毒!

这些知识阶层为什么如此热衷举业呢?难道只为了追求一个秀才吗?所谓"苦读了几年书,秀才也不曾做得一个"。不是的,作者更深入地揭示了他们热衷举业的原因。如周进、范进中举之后,有送田产的,有送店房的,有送细瓷杯盘的,还有破落户投身为仆的。范老太太起初并不了解他儿子为什么那样迷恋科举,当她知道细瓷杯盘和丫环使女都是自家的时候,才领会到其中的真义,随即一声大笑,昏迷不醒。周进最初多么尴尬卑下,后来做了广东学道,主考时看到范进在严冬季节,"还穿着麻布直裰,冻得乞乞缩缩",自己则"绯袍金带,何等辉煌"!作者并未正面表示意见,全是纯客观地描写,一"辉煌",一"乞缩",显示出功名利禄在他们思想观念中的重要地位。功名利禄使这些知识分子堕落无耻、迂妄无知,整天揣摩八股,把八股文奉为经典。马二先生即曾说,读书是为了应举,应举就是为了做官。并且说孔子生在现今"也要念文章,做举业,断不讲那'言寡尤,行寡悔'的话"(十三回)。高翰林高谈龙虎榜时,认为"我朝二百年来,只有这一桩事是丝毫不走的,摩元得元,摩魁得魁"(四十九回)。鲁编修则认为天下知识学问尽在于八股文,"八股文若做的好,随你做什么东西,要诗就诗,要赋就赋。都是一鞭一条痕,一掴一掌血"(十一回)。在他的教养下,鲁小姐也大读文章讲八股,"每日丹黄烂然,蝇头细批"。当她发现自己的丈夫蘧公孙不善此道时,便"愁眉泪眼,长吁短叹",为自己的前途担忧。"好好一个清净洁白的女子,也学的沽名钓誉,入了国贼禄鬼之流!"(《红楼梦》三十六回)这些人都是八股文虏诚的遵奉者和热烈的宣传者,一谈起八股制艺来,好像要先焚香沐浴似的那样郑重、严肃、认真。然而他们的灵魂却是那样空虚、无聊和龌龊,他们越严肃认真,越令人感到卑鄙可笑。这是吴敬梓讽刺艺术所达到的成功效果。

科举制度毒化了知识分子,腐蚀了思想界,对科举越热衷的人,头脑越冬烘,不学无术,道德败坏。张静斋、汤知县、范进在一起谈论历史人物,即暴露了他们的迂腐和无知:

> 张静斋道:“想起洪武年间,刘老先生……”汤知县道:“那个刘老先生?”静斋道:“讳基的了。他是洪武三年开科的进士,‘天下有道’三句中的第五名。”范进插口道:“想是第三名?”静斋道:“是第五名,那墨卷是弟读过的。后来入了翰林。洪武私行到他家,就如‘雪夜访普’的一般。”(四回)

刘基是元朝至元年间的进士,元亡后朱洪武曾聘他,他不来,后经总制孙炎请来,在南京建立一座礼贤馆让他住。朱洪武根本没有“私行到他家”的事。这些举人进士们却“口若悬河”,当作“本朝确切典故”来谈论,真是可笑极了。又范进被钦点为山东学道,竟连苏轼是谁都不知道。八股制艺把人们给荼毒了。

科举制度的实行,人们不但不追求知识,也不砥砺德行,令人们道德败坏,丧尽廉耻,到处招摇撞骗。如匡超人本来是一个朴厚愚孝的人,靠自己劳动维持贫苦的家庭生活,由于受社会风气的熏陶,也读起八股文来,并终于中了举。从此,他就变了,虚伪、奸诈、欺骗无所不用其极。他在李给谏面前扯谎,说家里没有妻子,骗娶了辛小姐;又向别人吹牛,说自己是“正途出身,考的是内廷教习,每日教的多是勋戚人家子弟”;又说自己的文名也够了,山东、山西、河南、河北、陕西五省读书人家里都供着“先儒匡子之神位”。

当别人指出，"先儒"是逝世之儒时，他也禁不住面色绯红。这些人就是如此卑鄙、无耻。他们的生活、阶级地位变了，思想感情、道德面貌也随之变化，可见他们的堕落不是个人的原因，而是封建社会和科举制度促成的。

此外，作者还批判了当时社会中一些假名士。他们连那些无知之辈通过科举求取功名的能力也没有，只得以扯谎骗人混饭吃。如古貌古心的杨执中，怪模怪样的权勿用，开头巾店的景兰江，盐务巡商支剑峰，骗子手牛浦等。他们标榜风雅，到处做偷鸡扒狗的勾当，疯疯癫癫丧尽廉耻。在这种社会风习影响下，俚俗风尚变了，人们都趋炎附势、利欲熏心。作者集中描写了五河县的败坏风俗：

> 五河的风俗，说起那人有品行，他就歪着嘴笑；说起前几十年的世家大族，他就鼻子里笑；说那个人会做诗赋古文，他就眉毛都会笑。问五河县有什么山川风景，是有个彭乡绅；问五河县有什么出产稀奇之物，是有个彭乡绅；问五河县那个有品望，是奉承彭乡绅；问那个有德行，是奉承彭乡绅；问那个有才情，是专会奉承彭乡绅。却另外有一件事，人也还怕，是同徽州方家做亲家。还有一件事，人也还亲热，就是大捧的银子拿出来买田。（四十七回）

正如余大先生所说："我们县里，礼义廉耻，一总都灭绝了！"作者对这些恶劣风尚深恶痛绝，给以尖锐的讽刺和批判。

在对清代社会的剖析批判中，作者对封建礼教的虚伪、残酷也给以深刻地揭露和鞭挞。王德、王仁兄弟二人都是科场出身的所谓"廪膳生员"，他们口头上讲的都是礼义廉耻，说自己"全在纲常上做工夫"，但行动上都丧尽廉耻，完全为了银子。他们接受了严监生的钱，便不顾骨肉之情，当自己的妹妹卧床不起时，就把严监生的姨太太立为正室（五回）。范进和荀玫正身穿重孝，一个到高要县去打秋风，装做尽孝，不用象牙筷子，却大吃其虾仁圆子。一个匿丧不报，偷着去求周司业、范通政保举。这些人就是如此利欲熏心，趋炎附势。作者通过他们自己的言行揭示出他们所尊奉的礼教的虚伪骗人。此外，封建礼教的确也毒害了一些心地纯良的人，他们本来很朴实，由于受礼教的荼毒，便一心一意要做封建社会的顺臣或"良民"，虔诚地崇拜封建道德信条，结果害了自己。王玉辉就是这样的人物。他女婿死后，女儿要殉节，他不但不阻拦，反而劝她这样做，他说："我儿，你既如此，这是青史上留名的事，我难道反拦阻呢！你竟是这样做罢。"他的妻子痛哭流涕地劝女儿，他却在家"依旧看书写字，候女儿的信息"。当他女儿绝食殉夫的消息传来后，他的妻子哭得死去活来，他却对妻子说："你哭他怎的？他这死的好，只怕我将来不能像他这一个好题目死哩！"说着仰天大笑："死的好！死的好！"当他女儿的神主入节孝祠那天，全县的官、绅、士子等名教人物都来入祭，"在明伦堂摆席，通学人要请了王先生来上坐，说他生这样好女儿，为伦纪生色"。他这时却"转觉心伤，辞了不肯来"。其后"在家日日看见老妻悲恸，心下不忍"，便到外地去游玩排遣，"一路看着水色山光，悲悼女儿，凄凄惶惶"。来到苏州，"见船上一个少年穿白的妇人，他又想起女儿，心里哽咽，那热泪直滚出来"。这一段描写，深刻地揭露出礼教吃人的本质，揭露出礼教的野蛮和残酷。王玉辉毕竟是一个普通人，具有父亲对女儿的抚爱心肠。

　　这件事不能不引起他内心的矛盾和痛苦，这正是冷酷的礼教与淳朴的人伦关系的深刻矛盾的反映。

　　吴敬梓在作品中还批判了清代吏治的腐败。这些官吏大都出身于科举考试,都昏庸、贪佞、凶狠、暴虐。他们不顾人民生活的艰苦,贪而无厌地盘剥。高要县的汤知县听张静斋的话,为了向上司表示"清廉",指望来日"升迁",当禁宰耕牛的时候,把向他行贿的五十斤牛肉枷在回民老师父的脖子上,牛肉生蛆,把老师父咬死了(四回)。王惠出任南昌太守,接任时先问:"地方人情,可还有什么出产?词讼里可也略有些什么通融?"接任后立刻衙门里便是"戥子声,算盘声,板子声"。他可真做到了"三年清知府,十万雪花银"的地步(八回)。彭泽县境内两只盐船被抢了,押船人到县里去告。县令怕损害自己的声名,便声严辞厉地说:"本县法令严明,地方清肃,那里有这等事!"遂责令"两边如狼如虎的公人,把舵工拖翻,二十毛板,打得皮开肉绽"(四十三回)。看吧!这些表面似乎很清廉的父母官,其实是敲剥百姓的民贼。他还与地主勾结在一起,收租征税,无所不为,"百姓敢怒而不敢言",于忍无可忍之时,或自杀,或为"盗"。虞博士在路途中见一农夫自杀,问其原因,他说:"替人家做着几块田,收些稻,被田主斛的去了。父亲得病,死在家里,竟不能有钱买口棺木。"又如四川境内的木耐,山东道上的"响马",长江边上抢盐船,都"因是冻饿不过,所以才做这样的事!"这便揭露了清代全盛时期的内在本质,说明这个表面威严炫赫的封建王朝,内部矛盾则一触即发。

《儒林外史》批判了封建社会腐朽、黑暗、丑恶等许多侧面,它对这许多侧面的批判,几乎都与科举制度相联系。这并非把这一制度的罪恶强调到不适当的程度,相反地正说明它作为一种上层建筑,对当时社会腐败、衰亡所产生的重要作用。八股制艺毒化了人们的精神灵魂,毒化了思想界,毒化了整个社会,这正是作品集中批判的。

(三)《儒林外史》所反映的作者的社会理想

吴敬梓在对封建社会批判的同时即显示出他对社会的看法、

观点和理想。但更主要是通过他塑造的正面人物表现出来。在第一回他就写了王冕这个嶔崎磊落的人物,回目云:"说楔子敷陈大义,借名流隐括全文",那么,这一回即概括了全书的主旨和作者的社会理想。所谓"名流",即文中所写的王冕。王冕是一个安贫乐道的人物,"天文地理,经史上的大学问,无一不贯通"。但他却不愿做官,也不愿见官,讲孝道,听母亲的话,认为"这些做官的都不得有甚好收场!"他反对八股制艺,认为读书人有了这条荣身之路,便"把那文行出处都看得轻了"。在政治上反对"以兵力服人",主张"以仁义服人"等。他的这些社会观、政治观、伦理观,同时也是吴敬梓社会理想的主要内容。吴敬梓就是按照这种理想来塑造正面人物的。

　　吴敬梓笔下的正面人物有虞育德、庄绍光、迟衡山、萧云仙和杜少卿等,这些人的共同特点,即品德纯良、有真才实学、尊重自己也尊重别人,蔑视功名利禄,反对八股制艺。迟衡山便说:"而今读书的朋友,只不过讲个举业,若会做两句诗赋,就算雅极的了。放着经史上的礼、乐、兵、农的事,全然不问!"因此,他建造了一所吴泰伯祠,"春秋两仲,用古礼古乐致祭;借此大家习习礼乐,成就出些人才,也可以助一助政教"(三十三回)。其他人物虽然具体思想不尽相同,但总的精神是一致的。萧云仙镇守青枫城所推行的开垦农田、兴修水利、教民识字、立先农坛、祭祀礼乐,就是这种理想的具体实施。虞育德被人称为"真儒",有极高的封建道德修养。庄绍光则住在玄武湖边著书立说、议论礼乐。这些人的作为都不同程度地体现了作者的社会理想。作者不满意封建社会,批判封建社会,并企图改变这个社会,但他用来代替这个社会的则是儒家的礼乐政治,即召唤过去的亡灵来为现实服务,这是不可能实现的,也是他自身的悲剧。

　　除了这几个人物外,吴敬梓的社会理想更集中地体现在杜少卿的思想品行中。杜少卿是作者以自己为模型进行塑造的。他"品行文章是当今第一人",是个"豪杰"。他轻视钱财,"听见人向他说些苦,他就大捧出来给人家用"。他挥霍、洒脱,蔑视功名富贵,憎恶府衙官员,不肯与他们来往。臧蓼斋说王知县很仰慕他,劝他去拜访,他愤恨地说:"他想着我!叫他把梦做醒些!"他反对科举制度,辞却统治者对他的征辟,认为"学里秀才,未见得好似奴才",要过逍遥自在看花饮酒的生活。当臧蓼斋向他表露自己的利禄观念时,他斥责道:"你这匪类,下流无耻极矣!"他反对男尊女卑的婚姻,竟能冒天下之大不韪,"携着娘子的手……在清凉山冈子上走了一里多路"。使路旁的人"目眩神摇,不敢仰视"。这在当时确是不简单的事,是向封建伦理挑战。他对婚姻问题有明确的看法,认为娶妾最伤天理,要为朝廷立法:"人生须四十无子,方许娶一妾,此妾如不生子,便遣别嫁。"这种看法虽然含有娶妻生子为传宗接代的封建观念,但是他尊重女性,反对一夫多妻制,在当时却是极其新颖的思想。他反对封建迷信,憎恨风水之说,也要为朝廷立法:"但凡人家要迁葬,叫他到有司衙门递个呈纸,风水具了甘结",若把坟挖开看,风水说错了,便"一刀把这奴才的狗头斫下来。那要迁坟的,就依子孙谋杀祖父的律,立刻凌迟处死"。这种思想在当时也是难能可贵的。他主张"治经"为"人生立命之处",因此在解释《诗经》时即贯彻了这一主张。如他解《女曰鸡鸣》篇说:

　　但凡士君子横了一个做官的念头在心里,便先要骄傲妻子。妻子想做夫人,想不到手,便事事不遂心,吵闹起来。你看这夫妇两个,绝无一点心想到功名富贵上去,弹琴饮酒,知命乐天。这便是三代以上修身齐家之君子。(三十四回)

他又说:"溱洧之诗,也只是夫妇同游,并非淫乱。"此外,对《凯风》也作了新的解释。在程、朱理学弥漫的时期,人们都根据朱注解经,他却一反时代的思潮,独抒己见,向封建理学挑战。

杜少卿憎恶长官,轻视权威,反对迷信,蔑视功名,凡是封建社会束缚自己个性的事物,他都把它们撕破、扯毁并视如土芥。基于这种反抗精神,他赞扬沈琼枝说:"盐商富贵奢华,多少士大夫见了就销魂夺魄;你一个弱女子,视如土芥,这就可敬的极了!"沈琼枝也说:"今天二位先生,既无狎玩我的意思,又无猜疑我的心肠。我平日听见家父说,南京名士甚多,只有杜少卿是个豪杰,这句话不错了。"(四十一回)这不能不说是他二人反封建精神的契合。

杜少卿是地主阶级的"逆子",是封建社会的"背叛者"。因此,地主阶级教导子侄,"就以他为戒",像《红楼梦》中的贾宝玉,后人也教导子女"莫效此儿形状"一样。杜少卿和贾宝玉在精神面貌上极其相似,不过少卿的思想没有宝玉那些虚无主义色彩,而沾染了不少理想化了的封建道德观念。他企图通过"敦孝悌,劝农桑"等古代道德来改变现实。他握手送别虞育德离别南京时曾说:"老叔已去,小侄从今无所依归矣!"表现了一种感伤绝望的情绪。虞育德在辞爵回家时,也对杜少卿说,要混些俸禄,"每年养着我夫妻两个不得饿死就罢了"(四十六回)。萧云仙虽然按自己的理想治理了青枫城,后来也弄得赔了房产又折兵。庄绍光也声息渺然。他们的一套社会理想都幻灭了。他们想用儒家的礼乐兵农政治来改革这个社会,挽救这个社会的命运,但社会仍然沿着龌龊、腐朽、黑暗的方向而窳败下去,这是作者所最悲痛的。

吴敬梓的思想观念中,妇女问题占有重要位置。他特别为妇女的被侮辱被压迫鸣不平,前文谈到杜少卿的一些事例,即说明了这一问题。此外,他在作品中还创造了一个勇敢、果断、有反抗精神的妇女形象沈琼枝。沈琼枝被盐商宋为富骗去做妾，她却设法逃出来，到南京以卖诗生活。宋为富勾结官府，派差役去南京捕捉，她毫无惊慌地问："是都堂衙门的？是巡按衙门的？"然后喝令："轿夫，你抬我到县里去!"威严镇定，声色俱厉。到了县衙门，知县升堂逼问，她义正辞严地说：

> 宋为富强占良人为妾，我父亲和他涉了讼，他买嘱知县，将我父亲断输了，这是我不共戴天之仇。况且我虽然不才，也颇知文墨；怎么肯把一个张耳之妻去事外黄佣奴？故此逃了出来。这是真的。（四十一回）

她光明磊落、无私无畏的精神，诚然可敬。差役向她要钱，她回答："我便不给你钱，你敢怎么样？"勇敢、果断地拒绝。她具有富贵不能淫、贫贱不能移、威武不能屈的性格。作者以一支倾注着感情的笔把她描绘成一个光彩夺目的形象。

吴敬梓憎恶那些假名士和靠剥削敲诈为生的无赖，而赞赏那些下层社会、职业卑下、"自食其力"的人物。艺人鲍文卿说："骨头里挣出来的钱才做得肉。"作者因此称赞他"颇多君子之行"。作者在作品的最后还描写了四个市井中的奇人，一个是写字的季遐年，一个是卖火纸筒的王太，一个是开茶馆的盖宽，一个是做裁缝的荆元，他们都以自己的劳动为生，博得作者的赞许。作者把这四个人物的出现安排在万历二十三年，当时南京的名士都逐渐销磨尽了，"花坛酒社，都没有那些才俊之人；礼乐文章，也不见那些贤人讲究"。他们的出现，给那个空虚寂寞的时代增添了一丝微弱的生气。但是，无论如何也不能挽救那个社会江河日下之势。所以，荆元席地弹琴，于老者听到细微之处，不觉凄然泪下。

吴敬梓的社会理想有反封建的进步的一面，也有封建的保守的一面。他不满意当时的社会现实,想挽回世道人心。但是,他把希望寄托在推行儒教的礼、乐、兵、农的政策上,然而坚持这类儒教的文人学士都风流云散了,他的理想变为幻想,希望变为失望,最后沉痛地说:"看官! 难道自今以后,就没有一个贤人君子可以入得'儒林外史'的么?"这是作者理想破灭后无奈何的慨叹!

(四)《儒林外史》的艺术成就及其影响

《儒林外史》在艺术上有卓越的成就。鲁迅说:"迨吴敬梓《儒林外史》出……于是说部中乃始有足称讽刺之书。"(《中国小说史略》)讽刺是《儒林外史》最出色的成就。鲁迅认为"讽刺的生命是真实",那就是说,讽刺文学是建筑在忠于现实基础之上的。但是,讽刺毕竟与一般文学的表现方法不同,"它所写的事情是公然的,也是常见的,平时是谁都不以为奇的,而且自然是谁都毫不注意的。不过事情在那时却已经不合理、可笑、可鄙,甚而至于可恶。但这么行下来了,习惯了,虽在大庭广众之间,谁也不觉得奇怪;现在给它特别一提,就动人"(《什么是讽刺》)。鲁迅对讽刺的见解,应该就是从《儒林外史》创作经验总结出来的,《儒林外史》的讽刺艺术表现,与鲁迅的见解完全是一致的。

《儒林外史》的讽刺,是建立在对现实社会严格的褒贬基础之上的,也如鲁迅所说:"秉持公心,指摘时弊。"(《中国小说史略》)作者对所批判的社会现象采取十分冷静严格的态度,对否定的人物,自不必说给以深刻的讽刺,即使一些正面人物,思想行为上有可疵之处,也予以申斥。像杜少卿蔑视金钱、肯帮助别人,好交朋友。但他交友却无原则,有时竟与一些假名士、骗子等在一起,如娄老爹批评的,是"贤痴不明"。萧云仙治理青枫城失败后,拿着卷子到处求人题诗、撰文,记述自己的功劳,以垂不朽,也沾染了一般官吏的庸俗习气。虞育德是个道德高尚的人,为了帮助汤相公,把家里的房子给了他,汤相公把房子拆卖、花光了,到南京又向他求助,他又给了他一些银子,并且说他拆卖房子是应该的。如此宽厚之人,未免超乎人情常理。又如凤四老爷是个侠义之人,他却帮助万里由一个假中书变成真中书。余大先生是个砥砺德行者,后来却到无为州去打秋风、受贿赂。对这些正面人物,作者并不因为偏爱,对他们思想性格的庸俗丑恶面予以迁就,而同样给以挖苦和讥讽。

相反对一些否定人物,若有可取之处,作者也不一笔抹杀。像辛东之、金寓刘、储信、伊昭、景本惠、臧荼等,都是庸俗、无聊、恶劣之辈,但他们都不是功名利禄中人,是当时的不得意者,因此作者让他们都参加祭泰伯祠大典。至于那些毫无肯定之处的人物,作者就无情地批判和讽刺。这都体现了《儒林外史》严格的现实主义精神。

《儒林外史》的创作风格,也如鲁迅所说,是"戚而能谐,婉而多讽"(《中国小说史略》)。作者对所描写的对象极尽讥讽嘲笑之能事,但在讥讽中又寄以深切的同情,使人们感到它的可笑、可悲和可憎,在对他们喜笑怒骂、可悲可悯中即揭露了封建社会的黑暗和腐朽。这便是这部作品风格高的原因。像严贡生那样的吝啬鬼,到处招摇撞骗,吹牛拍马,自己的次子与周府结亲,他准备大张罗一番,雇了吹手和彩轿执事等,但他过于刻薄,应该八钱银子一班的吹手,他只给二钱四分低银子,还扣二分戥头。所以迎亲那日,除了一乘轿子和几个红帽子外,别的都未来,吉时已到,不能再等,只得到周府去迎:

> 那周家敞厅甚大,虽然点着几盏灯烛,天井里却是不亮。这里又没有个吹打的,只得四个戴红黑帽子的,一递一声,在黑天井里喝道,喝个不了。来富看见,不好意思,叫他不要喝

了。周家里面有人吩咐道："拜上严老爷,有吹打的就发轿,没吹打的不发轿。"正吵闹着,四斗子领了两个吹手赶来,一个吹箫,一个打鼓,在厅上滴滴打打的,总不成个腔调。两边听的人笑个不住。周家闹了一会儿,没奈何,只得把新人轿发来了。(六回)

通过这一事件,把严贡生那卑劣、吝啬、滑稽、可笑的灵魂揭示出来,此即所谓"戚而能谐,婉而多讽"。讽刺更深刻、嘲笑更尖锐的是"方盐商大闹节孝祠"一节。五河县利欲熏心,人们都趋炎附势,特别是那些诗礼人家更丧尽廉耻。虞、余两家的举人进士不送自己的叔祖母、伯母、叔母入节孝祠,反而去送地方豪绅方老六的母亲入祠。无奈何,虞华轩和余大先生只有自己送来。在节孝祠门口,一边是虞、余两家奉神主的破亭子歪抬着,一边是方家奉老太太神主的旗罗伞盖的大亭子,吹打弹唱俱备,后面跟着一班是乡绅,一班是秀才。"余、虞两家的举人、进士、贡生、监生,共六七十位,都穿着纱帽圆领,恭恭敬敬跟着走","余、虞两家的秀才,也有六七十位,穿着襕衫、头巾,慌慌张张,在后面赶着走"。作者写到这里,把笔锋一转说:"那余、虞两家到底是诗礼人家,也还厚道,走到祠前,看见本家的亭子在那里,竟有七八位走过来作一个揖,便大家簇拥着方老太太的亭子进祠去了。"这些都是余、虞诗礼人家所行之礼,但他们的作为恰足以揭露其所行诗礼之虚伪,是对这些利欲熏心之辈的深刻讽刺。他们卑鄙无耻,又可悲可怜。《儒林外史》许多细节描写,都委婉曲折而寓讥讽,同样具有耐人寻味的深刻意义。

吴敬梓描写人物,是通过人物的行动语言来揭示人物的思想性格,很少静止的心理描写,也不把事件的原委直接叙述出来,而是从人物性格的基本特征和倾向中推断出来,如对严监生死的描写:

　　　　严监生临死之时,伸着两个指头,总不肯断气;几个侄儿和些家人都来讧乱着问,有说为两个人的,有说为两件事的,有说为两处田地的,纷纷不一;只管摇头不是。赵氏分开众人,走上前道:"爷,只有我能知道你的心事。你是为那灯盏里点的是两茎灯草,不放心,恐费了油。我如今挑掉一茎就是了。"说罢,忙走去挑掉一茎。众人看严监生时,点一点头,把手垂下,登时就没了气。(六回)

这节描写"无一贬词,而情伪毕露"(《中国小说史略》)。严监生为什么生病以至于死亡呢?作者并未直接告诉我们,但我们可以从他思想性格的基本特征方面去推论。他有钱,但不舍得买人参吃,却必须拿大捧银子笼络一般无赖之徒,特别要应付他舅爷王德、王仁。他"每晚算账,直算到三更鼓",赵氏劝他:"你心里不自在,这家务事就丢开了罢。"他始终不肯,结果卧床不起。在床上还"想着田上要收早稻,打发了管庄的仆人下乡去,又不放心,心里只是急躁"。在秋风飒飒、落叶萧萧的早晨,心里虚怯,长吁了一口气,把脸朝床里面睡下。如此,结论得出来了,严监生是被万贯家私累死的。

吴敬梓善于通过人物言行的矛盾来揭露人物思想灵魂的丑恶、卑鄙,用人物自己的行动来否定自己的言论。如严贡生向张静斋表白自己"为人率真,在乡里之间,从不晓得占人寸丝半粟的便宜,所以历来的父母官,都蒙相爱"。说话之间有人来告诉他:"早上关的那口猪,那人来讨了。在家里吵哩!"(四回)又如万里以秀才身份冒充中书,向高翰林、施御史、秦中书夸耀自己、吹嘘自己,忽然来了二十多个快手,把他揪住,锁套了去,将"众人吓的面面相觑"。巧妙在他们的话讲得那样津津有辞,他们的态度那样威严肃正,而揭穿他们假面具的事件又是这样突如其来,令人骇然、惊惧、似信又疑,从而更辛辣地讽刺了他们行为的卑劣,不知羞耻。

《儒林外史》的语言特点是刚劲、简练、丰富、犀利。描写人物用极简单的几句话就能传神,使所写的"官师、儒者、名士、山人,间亦有市井细民,皆现身纸上,声态并作"(《中国小说史略》)。能绘影描形,勾魂摄魄。如牛浦与牛玉圃联宗,称牛玉圃为叔祖,在牛玉圃面前装孙子,但在别人面前又自吹自擂,抬高自己,压制别人。他对子午宫的道士扯谎说:

> 那董老爷好不好客!记得我一初到他那里时候,才送了帖子进去,他就连忙叫两个差人出来请我的轿。我不曾坐轿,却骑的是个驴。我要下驴,差人不肯,两个人牵了我的驴头,一路走上去,走到暖阁上,走的地板格登格登的一路响。董老爷已是开了宅门,自己迎了出来,同我手挽着手,走了进去,留我住了二十多天。(二十三回)

这段描写,语言多么洗练、生动、犀利,把一个市侩的精神世界生动深刻地勾勒出来。

《儒林外史》的结构与其他长篇小说不同,即"虽云长篇,颇同短制"(《中国小说史略》),没有一个主要人物贯穿全书,而是几个人物自成故事段落。当然,各段落之间并非没有联系,每段中有主要人物和次要人物,前一段中的主要人物,后一段便退居次要地位,段与段之间总是通过一两个人物联系起来,这样,全书又形成一条伏线贯通首尾。这是为作品的内容决定的。作者在结构上是费过一番心思的,如开篇用王冕故事"敷陈大义"、"隐括全文",最后以四个市井奇人作结,余韵无穷,也可见出作者之匠心经营来。

《儒林外史》也有缺点,其中有些情节描写有重复之嫌,如范进中举后,由于过度欢喜竟"一跤跌倒,牙关咬紧,不醒人事",又如荀玫举进士，王惠立刻前去拜访，赠送房产什物等一类的描写，作品中还有不少，类乎因袭。还有几回写得不够真实，如郭孝子寻亲、汤奏大战野羊塘，内容平庸，文笔拙劣，可谓全书之疵。

《儒林外史》受其前的文学影响很深，特别是受《水浒传》的影响极其显著，作者好像有意识地向《水浒传》学习。如结构上之各成段落，而又引针穿线地联系起来；又如令许多人物参加祭泰伯祠，极像《水浒传》中之许多英雄会合于梁山泊。不过《水浒传》描写许多英雄上梁山，是阶级斗争发展的必然结果，《儒林外史》中众人之祭泰伯祠，则缺乏这种必然性。又如语言的简劲、犀利，写景犹如水墨画境，与《水浒传》也极相似。像娄家三、四公子自京城还乡路上一段景物的描写：

> 两公子坐着一只小船，萧然行李，仍是寒素。看见两岸桑阴稠密，禽鸟飞鸣。不到半里多路，便是小港，里边撑出船来，卖些菱、藕。两兄弟在船内道："我们几年京华尘土中，那得见这样幽雅景致？宋人词说得好：'算计只有归来是'。果然！果然！"（八回）

这与《水浒传》中对石碣村景致的描写何其相似！在人物描写上，胡屠户好像镇关西，郭孝子深山遇虎则好像武松打虎。可见《水浒传》对《儒林外史》影响之一斑。

此外，《儒林外史》受《聊斋志异》的影响也不少。它的讽刺手法应当是直接继承了《聊斋志异》的衣钵。它对科举制度的抨击和对热衷科举的封建文人精神面貌的刻画，在《聊斋志异》里都可以找到影像。像沈琼枝这样果敢、有反抗性、敢于蔑视敌人的妇女形象，在《聊斋志异》中也不乏其人。在反对风水迷信方面，《聊斋志异》中描写同样题材有《堪舆》。即就其结构而论，虽然受《水浒传》的影响很深，但从它自成段落，各自起迄看，也应当承受《聊斋志异》的遗泽。不过，《儒林外史》比《聊斋志异》晚五十年，社会向前发展了，康、雍、乾三朝的八股制艺更为登峰造极，社会道德风尚更加败坏，作者的思想观点也不同，从而决定了《儒林外史》的内容主要是讽刺科举制度和士大夫的功名利禄观念，在讽刺艺术上确是达到了空前卓异的境界。

吴敬梓的创作技巧和才能是纯熟、卓越的，他以一支犀利的笔，把封建社会利禄场中人物之卑鄙龌龊、吝啬自私、吹牛拍马、欺诈蒙骗、蝇营狗苟等的精神世界全部揭示出来，正如鲁迅所说："烛幽索隐，物无遁形。"其对这些丑恶社会现象之讽刺和鞭斥，亦犹鲁迅所说："诚微辞之妙选，亦狙击之辣手。"（《中国小说史略》）

《儒林外史》的文学成就，对后代文学影响也很大，晚清的《官场现形记》和《二十年目睹之怪现状》都是吸取它的经验而创作的。鲁迅的小说、杂文，从内容到形式都受着它的影响。鲁迅笔下的知识分子，在精神面貌上与吴敬梓所写的有着明显的联系。阿Q的精神胜利法，在吴敬梓塑造的一些人物身上也存在着，牛浦就是这类人物。

《儒林外史》的成就是如此之高，可是在封建社会中，越有才能的作家，其遭遇越悲惨，吴敬梓若没有这部小说，必将湮没无闻。程晋芳即感叹道："《外史》记儒林，刻画何工妍！吾为斯人悲，竟以稗说传！"（《怀人诗》十八首之一）《儒林外史》在文学史上有崇高的地位，吴敬梓的声名也因之永垂。

四、李汝珍及其《镜花缘》

《镜花缘》的产生，比《红楼梦》晚半个世纪，并直接受着《红楼梦》的影响，作者李汝珍是正面学习、吸取《红楼梦》的经验而创作的。在题材上也写的是"不唯金玉其质,亦且冰雪其心"的众多女子形象,和许多"闺阁琐事,儿女闲情"(一回)等。在结构上也借虚幻的形式为开端,以解颐的形式作结束。《红楼梦》的影迹在其中随处可见,但其成就远不及《红楼梦》。

(一)李汝珍的生平

《镜花缘》的作者李汝珍,字松石,直隶大兴人,确切的生卒年代不详,约生于乾隆二十八年(1763),卒于道光十年(1832),主要活动在乾隆、嘉庆期间。他一生"不屑屑章句帖括之学"(《李氏音鉴》余集序),因此未得过什么功名。二十岁左右曾到哥哥汝璜在江苏海州任职所,受业于凌廷堪,论文之暇,兼及音韵,受益很多。三十七八岁时曾在河南做过县丞,带领几十万民夫防御黄河决口。他为人"忼爽遇物,肝胆照人"(《李氏音鉴》石文煃序),不与统治阶级合作,以至穷愁潦倒,"耕无负廓田,老大仍驱饥"(孙吉昌《镜花缘题词》),平生所学极其广博,"工篆隶,猎图史,旁及星卜弈戏诸事,靡不触手成趣"(《李氏音鉴》石文煃序)。这些学问在《镜花缘》中都有反映。《镜花缘》是他晚年之作,是竭尽十余年的心血结晶。书末自云"镜中全影,且待后缘",可见还有续书未完成。除了《镜花缘》之外,他还著有《李氏音鉴》、《受子谱》、《围棋谱》等书。

(二)《镜花缘》的内容

《镜花缘》写的是唐武则天当政后,诏令百花齐放,众花神被迫遵命,但获天谴,谪于人间的一百位女子的行迹。作者的创作宗旨在四十八回中唐闺臣寻找父亲,见泣红亭碑记后的总论说得很明确:

> 以史幽探、哀萃芳冠首者,盖主人自言穷探野史,尝有所见,惜湮没无闻,而哀群芳之不传,因笔志之。……结以花再

芳、毕全贞者,盖以群芳沦落,几至澌灭无闻,今赖斯而得不
朽,非若花之重芳乎? 所列百人,莫非琼林琪树,合璧骈珠,故
以全贞毕焉。

他"穷探野史,尝有所见"的是什么呢? 是几千年来封建社会男女
不平等的现象,是女子被轻视被摧残的事实,是妇女被压迫的历
史。他经过一番探索,认识到"灵秀不钟于男子,贞吉久属于坤
元"(四十二回)。因此,他描写了众多的聪明、智慧、文才、武略的
闺阁女子,像极有文才的黑齿国学者黎红薇、卢紫萱,敢于和野兽
搏斗的魏紫樱,侠客颜紫绡,数学家米兰芳,女王阴若花,辅臣枝兰
香以及唐闺臣、廉锦枫、薛蘅香、姚芷馨、尹红萸、骆红蕖等才女。
对这些女子的赞扬和歌颂,实质上即对女子无才便是德的封建伦
理的否定,即对女子长期被蔑视,被压迫历史的批判。

黎红薇、卢紫萱不过十四五岁,却深通音韵经史,并往往有新
颖见解,把学问渊博的多九公问难得"只管发愣,无言可答",汗流
如雨,"满面青红,恨无缝可钻"(十八回)。唐敖惊叹道:"从未见
过世上竟有这等渊博才女! 而且伶牙俐齿,能言善辩!"(十八回)
以至于使多九公后来到其他国家,当听说谈学问,仍心有余悸。

李汝珍不但赞扬女子的才华,而且还传达出她们在社会生活
和政治地位方面的平等要求。唐闺臣对她叔叔唐敏说:"今既开科
考文,自然男有男科,女有女科了。不知我们女科几年一考?"同时
她还想"当今既是女皇帝,自然该有女秀才、女丞相,以做女君辅
弼"(七回)。这种男女平等的要求是书中的重要思想。武后开女
科诏云:"惟天地英华,原不择人而畀。"作者对武后开女科,给以
热情地歌颂,认为是亘古未有之盛典,普天下的女子都对这次科试
抱有强烈的愿望,并为她们中试感到荣幸。

为了揭露和批判封建社会男女之不平等,作者集中创造了一

个女儿国,写女子当政,男子治内事,一切风俗习惯皆反其道而行之。如林之洋偶然被选做该国的贵妃,受尽缠足、穿耳、毒打、倒吊等等凌辱,像"将脚面弯曲折作两段,十指俱已腐烂,日日鲜血淋漓"(三十四回)。所受之残酷待遇,令人不寒而栗。作者借此以抒泄胸中之愤,同时也批判了封建社会对女子非人性的摧残。对男子纳妾,作者也极力反对,认为那都是"只知有己,不知有人",违反忠恕之道。两面国大盗的妻子警告她丈夫:"不讨妾则已,若要讨妾,必须替我先讨男妾。"(五十一回)也反映了被压迫妇女要求平等的呼声。

《镜花缘》除了反映、关注妇女问题之外,还揭露、讽刺了封建社会风俗的败坏和道德的堕落。多九公、唐敖、林之洋到海外各国,随处访问风俗习尚、社会世情,在某种程度上即乾、嘉时期丑恶社会面貌的写照,其中有对人情世态的讥讽,如翼民国人们因为"最喜奉承"、"爱戴高帽子","所以渐渐把头弄长了"(二十七回)。两面国以贵贱论人,见穿绸衫的人,便尽情恭维,见穿布衫的人,便"陡然变了样子,脸上冷冷的,笑容也收了"(二十五回)。富贵场中还流行着一种不以支系联宗,而以富贵联宗的风气,"久而久之,连他自己也辨不出是谁家子孙了"(三十九回)。阿谀奉承之风竟令人把自己的祖先都忘掉了。

有对贪婪自私者的诅咒和批判。如长臂国因为喜欢伸手贪便宜,"久而久之,徒然把臂弄的多长,倒像废人一般"(二十七回)。毛民国因生性吝啬,一毛不拔,"冥官投其所好,所以给他一身长毛"(十五回)。淑士国的吝啬鬼,喝完酒之后,还要把剩下的酒菜交给酒保,留待明日再吃。可谓吝啬极矣。

有对剥削者的揭露。如无肠国"因所吃之物,到了腹中随即通过,名虽是粪,但人腹内并不停留,尚未腐臭,所以仍将此粪好好收存,以备仆婢下顿之用。日日如此,再将各事极力刻薄,如何不富!"(十四回)多亏这些"富家不知土可当饭,他若晓得,只怕连地皮都要刮尽哩"(十六回)。对剥削阶级的剥削本质,揭露得何其深刻!

有对知识分子愚腐相的讽刺。如淑士国的驼背老者,坐在酒馆里,一边摇晃,一边吟哦"之乎者也"之类,当林之洋告诉酒保把酒拿错了时,他则摇手道:"吾兄既已饮矣,岂可言乎?你若言者,累及我也。我甚怕哉,故尔恳焉。兄耶,兄耶,切莫语之!"(二十三回)接着用几十个"之"字作对话。这种酸臭面目,是在"德行耆儒"、"通经孝廉"光明正大的匾额掩饰下出现的,因此更揭露了其腐朽的假象。

这些丑恶的社会相,虽然出现在遐方异域,但作者的着眼点却是乾、嘉时代的社会现实,通过对异国风光的描写来讽刺清代的社会,揭露清代社会的自私、吝啬、唯利是图、贪得无厌等,显示出历史上所谓乾、嘉盛世不过如此!

李汝珍对清代社会批判的同时,也提出了自己的社会理想。他批判了历史上妇女被蔑视被压迫的现象,提出了男女平等的主张;批判了吝啬、自私的社会世情,提出了"好让不争"的社会理想。君子国"无论富贵贫贱,举止言谈,莫不恭而有礼",亦且"耕者让畔,行者让路",市场交易则是卖者减价,买者增价。正是他理想的体现。此外,还批判了腐朽的学风,提出了实事求是的治学精神。如黑齿国女子对经史提出的新颖见解,即反映了他的观点。他反对八股制度,主张举行多科考试:"或以通经,或以明史,或以辞赋,或以诗文,或以策略,或以书启,或以乐律,或以音韵,或以刑法,或以历算,或以书画,或以医卜,只要精通其一。"(二十四回)这种社会理想和学术观点,是乾、嘉时代文人士子进步思想的体现。

《镜花缘》也表现了不少封建落后思想。李汝珍虽然描写了许多女子的才华和智慧，但却是按照曹大家《女诫》所谓妇德、妇言、妇容、妇功等封建伦理来写的。其中许多女子都具有节孝观念，如唐闺臣为了尽孝而海外寻父，还有不少才女，当丈夫讨伐武后而死后，自己为表示贞节，竟至于自杀。作者反对封建伦理，最终不能摆脱封建伦理观念的束缚。

《镜花缘》还宣扬了果报思想，认为人生"不能容忍，既生烦恼，自然要堕轮回了"（四十四回）。并借《左传》之"吉凶由人"、《尚书》之"作善降之百祥，作恶降之百殃"（七十一回）来宣传因果报应。同时也宣传色空观念，所谓"镜花冢"、"水月村"，即说明现实总归虚幻，因此劝诫人们逃避现实："苦海无边，回头是岸。"（四十四回）又以奴役者的观点看待奴仆，认为"这万世为奴的，他们总是见钱眼红，从不记得主人衣食恩养，一见了钱，就把主人恩情撇在九霄云外"（二十九回）。表现了反动的地主阶级立场。

《镜花缘》是一部瑕瑜并见的作品，思想倾向主要是积极、进步的，但局限性也很大。

（三）《镜花缘》艺术上的优、缺点

和思想内容瑕瑜并见相同，《镜花缘》在艺术上也有优点和缺点。

《镜花缘》的结构可以分为前五十回和后五十回两部分。前五十回主要写多九公、唐敖、林之洋到海外经商游览所见异国的风土人情和社会景象，三十多个国家的几十个生活侧面，通过他们连贯起来，并揭露了当时的社会现实。这是《镜花缘》的精华所在。后五十回是叙述武后开女科取士，录取一百名才女，设"红文宴"，共同庆祝。在宴会上大家共同表演书、画、琴、棋、医、卜、星相、音

韵、算法以及猜谜、行酒令等游戏。作者是在炫耀才华，以艺术创作为游戏，没有什么意义。因此，《镜花缘》的结构庞杂松弛，情节之间没有有机的联系，前后也不匀称，好像是一些社会现象的堆积。

《镜花缘》表现了丰富的想像力，作者创造了几十个类乎神话的国家。这些国家的名称和简单事迹都取自《山海经》，但其具体内容则采自清代的社会生活，因此，比原来的事迹情节丰富多了。如女儿国，据《大荒西经》记载："有人衣青，以袂蔽面，名曰女丑之尸。有女子之国。"《镜花缘》据此却创造了一个以女性为中心的社会。可见作者丰富的想像力并非源于古代神话，而产生于他那个社会的政治经济发展情况，和他自己参加的现实斗争所具有的生活经验等。

《镜花缘》的基本格调是讽刺，作者随时以讽刺的笔锋抨击封建社会一切丑恶、腐朽的现象。如以长人国讽刺自高自大者说："他只顾大了，那知上面有天，因此只好低头混了一世。"（二十回）又以结胸国讽刺好吃懒做者，以犬封国讽刺饮食过于奢侈者等。这种讽刺虽然不够深刻，不像《儒林外史》之辛辣犀利，但对揭露弊端、抨击现实仍有一定的作用。

《镜花缘》在艺术上有严重缺点，即作者没有创造出一个有个性有生命的人物，不少人物形象也不鲜明，使人看完之后不能留下一个明确的印象。即如多九公、林之洋、唐敖、唐闺臣是作者着笔比较多的人物，有各自的形象，如多九公之忠实淳朴、林之洋之钻营牟利、唐敖之落拓失意、唐闺臣之节孝贤能等，但是他们给人的感受又是那样淡薄！作者不是通过创造典型性格来概括生活、揭示生活的矛盾和规律的，而是通过人物的见闻来揭露现实；不是把自己的社会理想体现在人物的性格和行动中，而是通过人物的口语来说明;这就显得特别薄弱而没有艺术力量。

《镜花缘》在揭露现实时,也有不严肃之处,即往往以玩笑的态度对待之。如三十一回写唐敖与其侄女婉如猜哑谜,竟说出"放屁"的笑话来。在冀民国时,林之洋、唐敖的谈话中,以戏曲艺人开玩笑,以演员小旦开心取乐。这不仅是不严肃,而且是站在反动立场上去了。

李汝珍以游戏之笔写小说,过多地安排游戏场面,损害了作品的生活内容。

五、陈忱《水浒后传》、钱彩《说岳全传》、 褚人获《隋唐演义》

《水浒传》在我国文学史上取得了巨大成就,从而对后代产生了深远影响,清代文学在它的直接影响下,产生了《水浒后传》、《说岳全传》、《隋唐演义》三部小说。这三部作品虽然所写的内容不同,但其基本倾向和人物塑造方面,与《水浒传》是一致的。可以看出它们是在吸取《水浒传》的创作经验和描写方法的基础上,并根据当时的社会斗争创作成功的。它们是《水浒传》现实主义精神的发展。

(一)陈忱及其《水浒后传》

《水浒后传》作者陈忱,字遐心,号雁荡山樵,浙江乌程南寻镇人。其《九歌》诗云:"我生万历时",他大约是明万历到清康熙时期的人。他身历明朝亡国之痛和明末农民大起义的风暴,对封建王朝的昏庸腐朽和满族统治者的凶狠残暴,以及广大人民反抗斗争的力量,都有不同程度的认识。他痛恨满族统治者对广大人民的摧残,如其《禽言诗》云:"红颜飘泊绿髻蓬,镶黄旗下兵官押";悲痛国亡家破的现状,如《九歌》云:"三军恸哭王业锁,百事忽然如解瓦";对草泽英雄寄以无限的敬意和希望,如《九歌》云:"抱膝长吟环堵中,草泽自有真英雄。"他是一个有民族气节的人物,经常与明代遗民顾炎武、归玄恭相往来,在震州(苏州)组织惊隐诗社,以血泪写成不少爱国诗篇并俚曲、小说。今天所知者有《续廿一史弹词》(明杨慎有《廿一史弹词》)和《痴世界曲本》。晚年"卖卜自给","穷饿以终"(《乌程县志》)。

陈忱是怀着终身遗恨来续《水浒传》的,所谓"千秋万世恨无极,白发孤灯续旧编"(一回)。恨什么呢?恨道君昏庸,奸臣误国,草泽英雄"一片忠心,策功建名,不得令终,负屈而死"。因此,他要为英雄们作后传,目的在于"许多肝胆义士,岂可不阐扬一番,为后世有志者劝!"(一回)

《水浒后传》以宋与金、辽的和战为背景,描写广大农民起义军在这个大历史环境中,与封建统治阶级和奸臣卖国贼的英勇斗争。随着宋与金、辽关系的变化,宋朝国内的阶级关系也在变化。宋亡之前作品所表现的主要是农民阶级反对地主阶级的斗争,宋亡之后民族矛盾更突出了,农民起义斗争中即渗透了强烈的民族意识,表现为与外族统治者和奸臣卖国贼的斗争。因此,《水浒后传》是表现了两方面的内容,即阶级斗争和民族斗争,表现了鲜明的阶级感情和民族意识。

《水浒后传》的基本立场和观点,与《水浒传》是一致的,即歌颂农民起义。水浒英雄为什么再反呢?从情节上看是起源于阮小七凭吊梁山泊,李俊反抗巴山蛇。但从作品的主导倾向看,却是起源于封建统治者对人民的剥削和压迫,起源于反动政权对梁山英雄的搜捕和斩尽杀绝,也是官逼民反。这正是《水浒传》的基本精神。

阮小七凭吊梁山忠义堂,被张干办看见,要把他逮捕起来,他在张干办面前表现了坚强的斗争精神，喝道："那里钻出来这害民的赃贼，无事便来撩拨老爷！"（一回）结果把张干办杀了。阮小七泼辣、爽利、坚韧的性格，在《后传》中有进一步的发展。安道全和卢师越奉命到高丽国为其国王治病，归国途中路过登云山，孙立等留他们多住几天，卢师越心怀鬼胎要早回家，阮小七则怒言答道："莫说这个不入流的小人，就是赵官家触犯了老爷，也吃我一顿拳头。"（十三回）他不怕天，不怕地，不怕官司，甚至也不把封建帝王放在眼里。牛都监监押着黄信，阮小七及其同伴把黄信救了出来，并警告牛都监说："莫说你这蠢牛，便是宋官家在此经过，也要脱下平天冠做当头！"他的反抗性就是如此坚强，在他性格上体现着被压迫者斗争的怒火。

李俊同样是被迫害者，他和几个兄弟在太湖以捕鱼为生。当地的地主恶霸丁自燮（绰号巴山蛇）与太守吕志球相勾结，霸占大半个太湖，不准乡民捕鱼。李俊则冲破禁令，与他们进行坚决的斗争，骂那些守港者"狗奴才，朝廷血脉，如何占得！"要把"那巴山蛇皮都剥了，与百姓除害！"吕太守把他逮捕之后，他痛骂吕太守："那太湖是三州百姓的衣食饭碗！你为一郡之主，受朝廷大俸大禄，不爱惜百姓，反作权门鹰犬，禁作放生湖，平分鱼税。我等不过为百姓发公愤。"（九回）明显地表现了李俊性格的思想倾向。作者是把李俊当作宋江的继承人写的，写他深谋远虑、有策略、有计划，最终成为农民起义的总领袖。

此外，像乐和之机智勇敢，设计捉住吕太守、丁自燮的那种威武正义的反抗精神；穆春之杀死一伙僧侣恶霸，救出了蒋敬及无辜妇女，砍倒了焦面鬼，为人民除掉一害的彻底革命性；李应之火烧万庆寺等的反霸斗争，这都是尖锐的阶级斗争。他们思想行为的基本倾向，与《水浒传》是一致的。这是《水浒后传》的中心内容。

《水浒后传》在新的历史条件下还发展了《水浒传》中的民族思想。《水浒传》在征辽的情节中，表现了一定程度的民族思想，但不突出。《后传》在这方面表现得就很鲜明了。虽然作者并未写出农民起义军与辽、金直接正面的冲突，却描写了与卖国奸臣的尖锐斗争，这实际上是反对言和投降，是符合民族利益的斗争。作品描写出这些英雄人物对阶级敌人的仇恨，对民族敌人也是誓不两立的。呼延灼见奸贼汪豹引进金将斡离不，献了扬刘隘口，便大骂："叛贼！怎勾引奸细，背叛本朝！"（二十回）决心和汪豹周旋到底。关胜由于奸臣刘豫降金，自己不愿在他幕下为官，乞归乡里，刘豫要杀他，他说："生为大宋之臣，当南面受刑，怎肯向北而跪！"坚贞勇敢，誓死不屈。徽、钦二宗被俘之后，宋祚将终，李应等捉住蔡京、童贯、高俅、蔡攸四个奸贼来祭祀宋江及北狩二帝，也表现了强烈的民族感情："臣李应等为国除奸，上报圣祖列宗，下消天下臣民积愤！"（二十七回）然后历数奸臣的罪恶，使奸臣贼子受到正义的审判！裴宣当场弹剑作歌曰：

> 皇天降福兮，地裂天崩。二帝远狩兮，凛凛寒冰。奸臣播弄兮，四海离心。今夕殄灭兮，浩气一伸！

最后用鸩酒把他们药死，使浩然正义之气得到伸张，这叫做"渡黄河叛臣显戮，赠鸩酒奸党凶终"，是一段极其精彩的文字。

《后传》不仅描写了水浒英雄与奸臣贼子的斗争，也描写了李纲、李若水、宗泽与这些民族败类的斗争。如金兵临近都城之后，朝廷内部展开和与战的争论，李纲激愤慷慨，力主死守，昏庸的钦宗却听从奸相李邦彦的意见要逃走，太学生陈东激昂陈辞，指责时弊："太上皇帝任用群小，不理国事，渐至土崩瓦解。蔡京父子为宰相二十余年，妒贤嫉能，贪婪无厌，误国欺君；高俅、童贯皆一介小人,攀附蔡京,致身显爵,朋党弄权;王黼、杨戬扰乱朝纲,擅开边衅;梁师成结怨于北,朱勔贻祸于南。此数贼者,同流合污,败坏国政。"(二十二回)对当时政治的腐朽黑暗进行大胆地揭露和批判,表现了强烈的爱国热忱。

当此之时,封建统治者完全为奸臣包围,真正为国死节者很少。侍郎李若水坚贞不屈,被金兵以刀割颈裂舌而死,金将斡离不不禁感叹道:"辽国之亡,死义者十数;南朝唯李侍郎一人!"这是多么沉痛的讽刺!

《后传》对最高封建统治者也给予揭露和批判,如批判徽宗尊崇道教,听林灵素一番玄妙讲说便飘然欲仙,同时加倍宠信蔡京、王黼、童贯及刘贵妃;揭露钦宗听信李邦彦、白时中之言对金人采取不抵抗的政策,以致国破家亡;讽刺高宗昏庸腐败,忘父兄之仇,偷安淫乐,不肯举兵北伐,收复疆土。

《后传》中所表现的这些强烈的爱国思想,是在新的历史环境中对《水浒传》中民族思想的发展,也是作者自己爱国思想的反映。作者在写这些农民起义英雄时,在不同程度上都赋予他们这种思想,并把恢复国土的希望寄托在他们身上,他们到海外建立政权,正表明他们不屈服于外族统治的压力,要重整山河的愿望。

《后传》在内容上也有缺点,即宣传宿命论观点,用宿命论来解释社会现象。又渲染了不少神仙道化思想,如戴宗消极隐退,并为童贯传书递简,失掉了自己的阶级立场。对宋统治者一方面进行批判,一方面又十分热衷,如燕青冒着生命的危险到金营去见徽宗,所谓"草野全忠",并引为终生幸事。这都是作者落后思想的反映。

《后传》在艺术上也继承了《水浒传》的许多优良成分而又有自己的创造。在人物塑造上能把握住人物性格的阶级特征,不同阶级的人物表现不同的性格。在语言上则是简洁洗练，有极强的表达力，用之于写景，则明朗单纯，犹水墨画之生动有意境。结构是依据人物活动形成的，水浒英雄共建立了三个根据地，即以阮小七、孙立为骨干的登云山，以李应为首的饮马川和以李俊为首的金鳌岛，最后都会合于金鳌岛，开辟新的天地。这些人物起义斗争的不同阶段和形势，就决定了作品的结构特点：起初是个人反抗的线索，然后是三个根据地的线索，最后发展到高峰。作品结尾是大团圆结局，众英雄完婚。乃不免有狗尾续貂之嫌。

（二）钱彩及其《说岳全传》

《说岳全传》题为钱彩编次。钱彩其人，我们了解得很少，只知道他字锦文，仁和（杭州）人，大约生活在清康熙、雍正年间。从作品中可以看出，他有强烈的民族思想。

钱彩编纂《说岳全传》，是综合了历史上所有关于岳飞故事的文学题材。清代以前岳飞抗金故事一直在群众中流传，为群众所喜爱，并通过各种群众艺术形式进行创作，如杂剧《东窗事犯》、话本《游酆都胡母迪吟诗》、小说有嘉靖间熊大木的《大宋中兴通俗演义》、万历间余应鳌的《大宋中兴岳王传》和邹元标的《岳武穆王精忠传》、崇祯间于华玉的《岳武穆尽忠报国传》以及弹词、子弟书等。钱彩《新增精忠演义说本岳王全传》就是在这些民间艺术基础上综合加工而成的，保持了浓厚的民间艺术色彩。

《说岳全传》的增订者金丰在序言中说："从来创说者不宜尽出于虚，而亦不必全出于实。苟事事皆虚则过于诞言，而无以服考古之心，事事皆实则失于平庸，而无以动一时之听。"这一创作主张具体说明了《说岳全传》所写既有史实根据，又有文学虚构。我国文学史上不少群众创作，其初都是掇取一部分有意义的历史事件为题材，经过不断创作，使这部分史实越来离历史越远，而与群众的斗争生活接近起来,《三国演义》、《水浒传》、《西游记》等如此,《说岳全传》也如此。《说岳全传》描写了在民族矛盾和阶级矛盾极端尖锐的情况下岳飞反抗异族侵略的勇敢斗争精神、牛皋疾恶如仇英武坚贞的劳动人民性格,描写了统治阶级的腐朽荒淫、奸臣贼子的专权卖国的丑行,歌颂了爱国志士顽强不屈的崇高气节,寄托了广大人民征服侵略者的坚定信念和收复国土的雄心壮志。此即其所"动一时之听"者。

　　《说岳全传》与《水浒后传》相同,也以《水浒传》续集自居。《水浒传》对它产生巨大的影响,其中许多英雄人物都是水浒英雄的再现或他们的后代,如呼延灼、燕青、阮小二的儿子阮良、关胜的儿子关龄、韩滔的儿子韩起龙和韩起凤等。即便如岳飞和牛皋,与《水浒传》中的宋江和李逵在精神面貌上又何其相似! 在一些场面和情节的描写上也有《水浒传》的影迹,如张邦昌之骗岳飞入分宫楼与林冲之被骗入白虎堂;岳飞被十二道金牌调回临安途中问津于道悦和尚与宋江征辽回来去参禅等,都极其相近。可见《说岳全传》的思想倾向和艺术描写与《水浒传》的深刻联系。

　　《说岳全传》着重地描写了岳飞这个人物,且不管岳飞其人在历史上如何,只就作品表现的看,则是个极为复杂的形象。他一方面是反抗异族侵略、保卫祖国的民族英雄,另一方面却是镇压农民起义、维护忠孝节义等封建道统的统治阶级的忠实信徒。他自幼即有"替国家办得事业,自己挣得功名"(四回)的思想,少年时枪挑了小梁王,被人们引为一时的美谈。他生活在民族矛盾和阶级矛盾极端尖锐的时代,时代精神培育了他,使他成为文才武略兼备的人物。他忠于宋朝,以恢复宋朝的江山为己任,发誓说:"我岳飞以身许国,志必恢复中原,虽死无恨!"(五十九回)因此,南征北战,粉碎了敌人的猖狂进攻,八盘山、青龙山、爱华山打败了金兀

尤,在湖广定计五路进取中原,牛头山保住了康王,于汉江杀尽了
金兵,为宋朝立下了汗马功劳。敌人闻声丧胆,百姓尊崇敬爱,朱
仙镇人民对他依恋难舍,扬子江边的艄公愿不要报酬把他渡过江
去。他对手下将领都以手足称呼,平等相待,深受他们的尊敬。这
些都是作为民族英雄的岳飞思想行为的进步方面。岳飞思想行为
还存在落后甚至反动方面,那就是对农民起义的敌视,他曾进剿过
鄱阳湖、太湖、爱华山的起义军,并且当结义兄弟牛皋等为生活所
迫,要去打家劫舍时,他坚决与他画地绝交,认为这是背叛朝廷大
逆不道的事。他极端推崇忠孝节义,并身体力行,对母亲的教育唯
命是从,不敢越雷池一步。曹宁杀死了自己的汉奸父亲,投奔了
他,他却不收,逼得曹宁自杀。岳云、张宪去狱中看他,他却把他们
绑起来同去接赐死的圣旨,结果三人一同死在风波亭上。他对统
治者的迫害逆来顺受,一丝反抗性也没有,唯圣旨是听。可见作者
不但要把他写成一个民族英雄,而且要把他写成封建道德的化身,
通过他宣传了爱国思想,也宣传了忠、孝、节、义。由于他的言行体
现了浓厚的封建道德,令人感受的他只是一个为国效忠的神武形
象,生动具体性不够,缺乏鲜明突出的个性。

　　《说岳全传》塑造的最成功、最可爱和最有生命力的人物是牛
皋。他是农民的典型,曾以篛径为生,后来才与岳飞结为兄弟。他
有农民阶级那种粗朴、勇敢、忠诚的品质,犹如李逵,曾劝众兄弟:
"杀进城去,先把那奸臣杀了,夺了汴京,岳大哥就做了皇帝,我们
四个都做了大将军,岂不是好!"(十二回)他对封建统治者最仇
恨,他的生活经验教育了他,使他认识到封建皇帝没有一个好东
西,曾不止一次地辱骂道:"那个瘟皇帝,太平无事,不用我们;动起
刀兵来,就来寻着我们替他去厮杀,他却在宫里快活。"(四十七
回)并且揭露他们的反动本质:"大凡做了皇帝,尽是无情义的。

我牛皋不受皇帝的骗,不受招安!"(七十三回)牛皋为人最真诚,从来不说谎,在他身上没有一点儿虚假。他对待士卒"犹如赤子一般",士卒都乐为其用。对异族入侵者,他更誓不两立,"醉破番兵"一回,他深蹈敌阵,左冲右突,如入无人之境。那种英勇果敢的精神,引人入胜。许多同辈英雄都牺牲了,唯牛皋独存。最后金兀朮被他压在身上气死了,他自己也因此而乐死。作者对这个人物结局的处理,是破除常规的,但却足以表现这个爽朗、忠直、疾恶如仇的英雄性格。

《说岳全传》还歌颂了爱国忠臣陆登、梁夫人、张叔夜在敌人面前的坚贞不屈和李纲、宗泽、李若水等坚决反对奸臣贼子而要恢复祖国山河的伟大精神,也批判了张邦昌、秦桧等奸臣贼子丧尽廉耻、认贼作父、假传圣旨、陷害忠良的民族败类。作者在批判和歌颂的过程中,对爱国忠臣被残害,民族败类却得善终之曲直颠倒的现实产生了疑问,指控:"天地有私,鬼神不公!"对所谓天道发出强烈的不满:"伤忠臣之被害,恨贼子以全终。天道可知,鬼神安在? 俾奸回生于有幸,令贤哲死于无辜。侮鬼谤神,岂比滑稽之士? 好贤恶佞,实非迂阔之儒。是皆至正之心,焉有偏私之意?"(七十二回)这是作者对封建社会的控诉,也是对封建统治阶级权力意志之体现的天道的控诉。之后,他又作了一篇判辞,对社会中的不平现象及乱臣贼子的罪恶作了正义的审判,数其罪状,究其愆尤,定其罪刑为"历万劫而无已",这是正义的伸张,是人民正义心的体现。

《说岳全传》对封建皇帝同样给予讽刺。这些庸君,昏庸无能,荒淫无耻,苟且偷安,不敢抗击敌人,近谗佞而损忠良。张邦昌卖国求荣,钦宗还赞扬他"肯为国家出力,真是忠臣!"(十七回)金兵渡江,兵临金陵,高宗还在城中与妃子宴乐。作者对他们深怀痛恨,即使当徽、钦二帝被俘,受尽各种侮辱时,也毫无同情,并且诅咒:"是他们听信奸臣之语,贬黜忠良之报!"(十八回)燕青在海上遇见逃跑的高宗,并不去搭救,而喝令士卒"绑去砍了!"(三十六回)作品揭露了他们是宋朝灭亡的罪魁祸首。

作品后二十回写岳飞、牛皋的后代岳云、牛通等继承父志,完成抗金扶宋的事业,直打黄龙府,降服了金朝。反映了广大人民抗敌复国的愿望。

《说岳全传》也宣传了一些因果报应思想和忠孝节义等封建道德观念,用因果报应解释社会现象,以封建道德培养统治阶级人才。全书八十回,后二十回还侈谈神怪,炫耀妖异,荒诞不经,缺少真实的生活内容。在描写人物时,往往把一些英雄写成有爱近女色、侮辱妇女等流氓作风,使英雄形象大为减色。人物场面的描写与前六十回重复之处不少,也是全书之瑕。

《说岳全传》对后世文学的影响很大,对戏曲的影响尤为突出,如《八大锤》、《挑滑车》、《王佐断臂》等,都取材于其中,成为脍炙人口的剧目。

(三)褚人获及其《隋唐演义》

《隋唐演义》是清康熙十四年(1675),褚人获根据《隋唐志传》改写而成的。而《隋唐志传》则是明正德三年(1508)由名叫林瀚者依罗贯中的原本编订的。现在罗氏原本早已失传,林氏改本也不多见。据四雪草堂本《隋唐演义》作者序说:《隋唐志传》"始于隋宫剪彩,则前多阙略,厥后铺缀唐季一二事,又零星不联属,观者犹有议焉"。可见《隋唐志传》对隋初和唐代的描写极其简陋。褚人获独表于今所藏《逸史》,深感其中记载"隋炀帝、朱贵儿,唐明皇、杨玉环再世因缘事殊新异可喜",因此采取之作为总线索贯穿全书。还广泛地参阅了"正史及野乘所记隋、唐间奇事、快事、雅趣

事"(鲁迅《小说旧闻钞》),从隋文帝伐陈,杨广阴谋夺嫡开始,直
到唐明皇逝世为止,一百七十多年复杂的社会历史现象,都概括在
这一百回的长篇巨著之中。褚人获的功绩,在于他改变了《隋唐志
传》的"前多阙略"和后部"零星不联属"的缺点,而扩大和充实了
唐代的事迹,依照历史顺序来安排,以人物活动贯串书中。尤其七
十一回高宗朝以后,主要是他的创作,而前部则适当地保留着旧本
的优长,进行了加工。他在第一回开始说:

> 从来极富、极贵、极畅适田地,说来也使人心快,听来也使
> 人耳快,看来也使人眼快,只是一场冷落败坏根基都藏在里
> 边,不做千古骂名,定是一番笑话……止有草泽英雄,他不在
> 酒色上安身立命,受尽的都是落寞凄其,倒会把这干人弄出来
> 的败局,或是收拾,或是更新,这名姓,可常存天地。

从这段话里,我们可以清楚地看出褚人获对社会历史的看法,和他
创作的宗旨。他认为统治集团的骄奢淫逸,是社会动乱的原因,只
有"草泽英雄"才能推动历史、改变现实。因此,他以鄙视、嘲笑的
态度揭露了统治阶级腐朽、奢侈、荒淫、残暴等罪恶,用赞扬的笔锋
叙述起义英雄坚决的反抗意志和勇敢的斗争精神。他以鲜明的态
度,从统治阶级和起义英雄两种不同的生活方面,描写了隋、唐之
间一系列的历史故事。

《隋唐演义》是一部封建统治阶级的罪恶生活史。历史上任
何一个封建王朝,夺权谋位的斗争都是统治阶级内部斗争的重心。
贵族之间、官僚之间的矛盾,也经常是围绕着这一重心而产生和发
展的,《隋唐演义》的描写,使我们能具体认识到这一斗争的剧烈
和残酷性。如隋文帝的两个儿子勇和广,都是独孤后所生,长子勇
被立为太子,杨广则想:"我与太子一样弟兄,他却是个皇帝,我却

是个臣子。日后他登了九五,我却要山呼万岁去朝他。这也还是小事,倘有毫厘失误,他就可以害得我性命。"这种皇帝的特权引诱着他,他决心谋夺东宫,和自己的哥哥残杀。他乘机"阳为孝谨,阴布腹心,说他过失,称己贤孝"骗得父母的欢心,并设法"总握兵权,还得结交外臣,以为羽翼",又要贿通在朝僚属,收买后宫大小内侍,以扩充自己的势力。结果,他胜利了,被立为太子。他表面把自己装扮成孝顺、贤良、俭朴的人,暗中却暴虐、荒淫、奢侈无所不为。他父亲文帝生病时,他进宫问安,乘机调戏文帝的宠妃陈夫人,文帝知道后立即要下诏召回已废的太子。在紧急关头,杨广不惜下最凶狠的毒手,一面派人去杀死哥哥,一面使人带领武士进宫害死父亲。从此他取得皇帝的地位和权势,便可以恣意妄为,挥霍淫荡了。这正是封建统治者谋夺王位的最终目的。

和贵族之间残忍、凶暴的斗争相一致,官僚之间也结党营私进行尖锐的斗争。如宰相李林甫"奸狡异常,心虽甚忌杨国忠,外貌却与和好;又畏太子英明,常思与国忠潜谋倾陷;又能揣知安禄山之意,微词冷语,说着他的心事,使之心服惊佩,却又以好言抚慰之,使之欣感不忘,因而朋比为奸,迎合君心,以固其宠"。可见这些官僚之间的互相排斥与勾结,总是以维护个人权势而转移的。后来杨国忠和安禄山为了争权夺宠而互相倾轧,导致了天宝十四年一次激烈的民族冲突,使唐帝国的国势由此衰败下来。这正说明他们争权夺利是不顾国家的安危的,国家政治的黑暗、紊乱以致崩溃,便是这般人胡作非为的结果。这正是作品所显示的。

作品更深刻、尖锐地暴露了统治者的奢侈、昏庸和荒淫的生活,其中许多具体、生动的描写,在"正史"中是不容易见到的。如写隋炀帝登帝位之后,立即大选嫔妃,广设离宫别馆,到处搜索"嘉花瑞草,珍禽奇兽",来充实自己的苑囿,每天笙歌宴饮,恣意狂荡、淫乐，充分表现了封建统治者生活的荒淫。一些贵戚、官僚也都依仗权势而骄奢淫逸。如宇文惠及就是"倚着门荫，少不得做了官，目不识丁，胸无点墨"的特权阶级。又杨氏兄妹，即凭藉着杨玉环在宫中得宠，都封官赐爵受到特殊的待遇。他们喜欢听别人的谄谀，接近嬖佞之臣，忠言逆耳，对那些忠耿、正直敢于批评朝政的官吏，往往加以杀害或斥逐。如唐时的秦国模、秦国桢兄弟即由于忠言直谏而被排挤、谴责的。

值得珍视的是作者对这些现象，并不是客观的描述，而是从他们穷奢极欲的生活给人民带来的无限痛苦加以指责的。这使得《隋唐演义》的思想内容有更充分、更积极的意义。作者指出统治者生活中所用的物品，"哪一件不是民财买办？哪一件不是民力转输？且中间虚冒侵克，哪一节不在小民身上？"像隋炀帝开发运河，起动民夫四百多万，"那里管农忙之际，任你山根石脚都要凿开，坟墓民居尽皆发掘。那些丁夫，受苦万千。"这就严重地破坏了生产力，人民生活极端困苦，但赋税、劳役有增无减，人民只有破产流亡。作品揭露了当时的阶级矛盾极其尖锐，农民起义一触即发。

《隋唐演义》描写了隋朝末年爆发的一系列的农民起义运动，像窦建德、李密等领导的就是当时声势浩大的起义队伍。他们都是具有不同性格和不同遭际的"草泽英雄"，对暴政酷吏表现了刻骨的仇恨，有着相同的奋斗目的，即誓共生死，劫富济贫。其中窦建德、单雄信、程咬金、罗士信以及秦琼等人物，都是经过作者精心刻画活现在人们面前的形象。他们都肝胆相照，有远见卓识，对现实有明确的看法，他们的反抗斗争贯彻着颠覆旧政权，建立新朝廷的目的。如足智多谋的徐懋功说：

> 主上摧刃父兄，大纲不正，即使修德仁仁，还是个逆取顺守。如今好大喜功，既建东京宫阙，又开河道，土木之工，自长

安直至余杭,那一处不骚扰遍了。只看这些穷民,数千百里来做工,动经年月,回去故园已荒,就要耕种,资费已竭,那得不聚集山谷,化为盗贼? 况主上荒淫日甚,今日自东京幸江都,明日自江都幸东京,还要修筑长城,巡行河北,车驾不停,转输供应,天下何堪? 那干奸臣,还要朝夕哄弄,每事逢君之恶。

在这种社会环境和对现实的认识下,他们便挺身而出施展作为。窦建德即曾击案愤恨地说:"国家这些赃狗少不得一个个在我们弟兄手里杀尽。"他们以一种积极干预现实,以平靖天下为己任的精神活跃起来。罗士信得到贪官的资财,分发给饥苦的百姓。他们还拘捕奉钦差点选绣女和诈人财物的宦官,杀死凌辱掠夺民间妇女的势要权豪宇文公子。他们的行为和水浒英雄相同,是那么英勇、正义,能为百姓泄愤除害,所以作者说:"世上有义气的强盗原少不得。"

这些英雄的奋起反抗,为维护人民利益而斗争,并非偶然,而是由于他们自己即是被迫害者。在那残暴的社会制度下,他们的命运和人民联系在一起,被恶势力逼迫走向反叛的道路。尽管他们中间有像单雄信、尤俊达是庄主员外,秦琼、李密是贵族将门之后,徐懋功、王伯当是知识分子,但这并未妨害他们与罗士信、程咬金这些穷人的联合。当然,他们走向反抗道路的经过是曲折的,他们各自通过不同的经历而成为农民起义重要一员,这一点也和《水浒传》描写的相同。其中写得最出色的是秦琼的一生。秦琼是齐国死节名将秦彝之后,由寡母抚养成人,最喜"拈枪拽棒",而且"有勇仗义,又听母亲教诲",经常"散财结交,济弱扶危"。他早年的生活理想,据他自己表述:"我累代将家,若得志,为国家提一支兵马,斩将搴旗,开疆展土,博得一个荣封父母,荫子封妻;若不得志,有这几亩薄田,几树梨枣,尽可以供养老母,抚育妻儿。"但母亲则希望他得到一个小差使，以立功图进。他于是遵从母命，做了自己不愿做的"捕盗都头"，希冀和祖父一样做出一番大事业来。但他又感叹道："怎低头向这些赃官府下，听他指挥？……若要咱和同水密，反害良民，满他饭碗，咱心上也过不去。"秦琼的命运在刚开始时就已经注定了，因为在那种官府中，只有丧心害民才能立住脚，而做那样"亏心事"，他又不甘心，所以只能处处被排挤、凌逼、陷害、几乎断送了性命，连累了老母妻儿。最后，他不再犹疑，放弃了为隋天子"干得些事出来"的念头，参加了起义队伍。此外，像窦建德、单雄信、贾润甫等人的起义，也各有不同的生动、曲折的过程。总之，作者通过对这些英雄人物活动的描写，揭示出"官逼民反"的过程。

《隋唐演义》所表现的历史观，与《三国演义》之"话说天下大事，分久必合，合久必分"不尽相同，作者承认"天下治乱尝相承"，但认为"久治或可不至于乱，而乱极则必至于复治"。在这种对历史现象的解释下，作者描写了隋朝末年的农民起义队伍在推翻隋朝政权之后，展开了规模很大的统一战争。这些起义队伍各割据一方，互相杀戮，彼此争夺，企图扩充自己的势力，以重新建立一个强大的封建政权。但现实情况是要建立一个新政权，其政治措施、方针政策，必须一定程度上符合人民的利益、满足人民的要求。作者在描写这个争夺建立统一政权的斗争时，即从这一角度着眼的。如其中对李密即予以严格的批判，因为他杀掉起义的伴侣翟让，以骄傲的态度对待共同起义的将士们，不能从善纳谏，最后终于失势以至灭亡。而窦建德所领导的割据政权是一支仁义之师，当李世民破了夏国时，百姓都不忍分散其积蓄，因为"夏主治国，节用爱人"。作者的赞颂态度极其鲜明。

作者还歌颂了英主如隋文帝、唐太宗、唐明皇初年的政治成就,赞扬了魏徵、狄仁杰、姚崇等能臣名相,认为历史上一定的阶段"有英主,即有一二持正不阿之元宰,遇事敢言之侍从,应运而兴,足以挽回天意,维持世道,其关系岂浅尠哉!"这也表现了作者的历史观。

此外,作者在妇女和婚姻问题上也表现出卓越的见解。如红拂女对待自己的婚姻问题,在作品中描写的何等机智、刚毅和果敢! 花木兰认为"难道忠臣孝子,偏是带头巾做得来?"所以满怀雄心地代父从军,要做出一番大事业来。只有十三岁的窦线娘,为了抗拒朝廷点选绣女,"尽将家产货卖,招集亡命,竟要与州吏差官对垒起来"。这些妇女都那么积极地要求掌握自己的命运,在事业上不甘落后于"须眉男子",每当一个朝代覆亡时,即有一些有气节、不甘屈顺敌人者自杀殉国或遁入空门以示反抗。作者以尊敬和赞颂的笔墨描写了这些耸然而立的形象。作者还描写了诗人李白的磊落、洒脱、高傲的人格,和其他一些有气节、耿直、正义的人物。相形之下,那畏死偷生的陈后主,荒淫奢侈的隋炀帝,随波逐流的隋萧后,残忍阴毒的唐韦后等,是多么丑恶、渺小而可卑! 作者以丰富、突出的形象使读者认识到封建统治阶级的面目,并了解了"草泽英雄"的力量。

《隋唐演义》的艺术成就,在人物塑造方面,能够刻画出较具体独特的性格。如对程咬金之坦率、爽朗,在他的行动和语言中表现得那么逼真、生动! 长叶林夺取皇银时,他不做"无名的好汉",便和官军通了姓名。二十三回"酒筵供盗状"时,作者对他的性格给予极精细的描写。又如第六十回单雄信临刑前,弟兄们相陪饮酒的场面,不但突出了程咬金,也描写了单雄信、秦琼、徐懋功等人物。作者写单雄信觉察到自己死期已定,竟掀髯大笑,表现出"大丈夫视死如归"的气概。秦、徐二人由于无法挽救这一弟兄的生命而沮丧、绝望，又不忍让单雄信知道这个消息，所以竭力抑制自己辛酸、痛楚的感情以安慰这将死之人。程咬金的表现则不同，他感叹道："反不如在山东时众兄弟时常相聚、欢呼畅饮，此身到可由得自主；如今弄得几个弟兄七零八落，动不动朝廷的法度，好和歹皇家的律令，岂不闷人！"这些人物在紧要关头的言行，各表现出鲜明的性格特征。作者对他们的描写充满了感情。

《隋唐演义》的组织结构是非常宏伟的。全书凡一百回，七十多万字，纵的方面以历史时代为序，从隋朝写到唐代中叶；横的方面铺述极广，有隋宫盛事，有官僚间的倾轧，有草泽英雄起义，有隋末唐初的割据战争，最后集中在对唐朝内外矛盾冲突的描写上，中间还穿插了许多宫廷宴乐，文人事迹等。每个故事各有起迄，故事与故事之间又互相交错衔接，如窦建德奋身起义、最后遁入空门，李密以及秦琼等人的行径，隋萧后曲折复杂的经历等，来龙去脉都非常清楚。尤其前七十回，一方面写宫廷的腐败靡乱；一方面写草泽英雄的正义反抗，互相对比，使作品的中心思想更加鲜明。

《隋唐演义》的语言简练而又富有形象性，在一定程度上还保存着说唱文学的格调。但也有缺点，鲁迅即指出："惟其文笔，乃纯如明季时风，浮艳在肤，沉著不足，罗氏轨范，殆已荡然，且好嘲戏，而精神反萧索矣。"(《中国小说史略》)而且中间插入诗词过多，显得累赘、琐碎，使叙述松散，影响文章的表达力。此外，《隋唐演义》的内容有较大的缺点，即作者感到《逸史》所载关于隋炀帝、朱贵儿和唐明皇、杨玉环再世姻缘的说法，很"新异可喜"。他认为"事虽荒唐，然亦非无因，安知冥冥之中不亦有账簿登记此类，以待销算也"。因此，他依照、继承《逸史》的精神，而大加渲染，用以作为全书的"始终关目"。并且写隋炀帝是大老鼠托生，武则天是李密的后身，因此也就不能摆脱吉凶征兆的传统观念和对因果报应的宣传。虽然如此,但其中所写隋、唐之间一系列历史故事,暴露统治阶级的奢侈、腐朽和残暴,歌颂整顿乾坤的农民起义的英雄,却是作品的中心内容,是最有意义的,所以二百多年来在广大群众中流传。

我国古代戏曲、小说发展到清代,各类文体都达到了高峰,传奇如《长生殿》、《桃花扇》,小说如长篇的《红楼梦》、短篇的《聊斋志异》、虽云长篇颇同短制的《儒林外史》,这些作品内容之丰富、深刻,艺术成就之高,是其以前的作品所不能比拟的,也是其后难乎为继的。它们既是古代戏曲、小说的高峰,又是其总结。此后数十年,直到道光二十年(1840)爆发了鸦片战争,社会产生了重大变化,进入了新的历史时期。